唐人軼事彙編

程千帆

唐人軼事彙編

一

周勛初 主編

嚴杰 武秀成 姚松 編

上海古籍出版社

圖書在版編目(CIP)數據

唐人軼事彙編／周勛初主編;嚴杰,武秀成,姚松編.—2版.—上海: 上海古籍出版社, 2015.7（2025.3重印）
ISBN 978-7-5325-7414-8

Ⅰ.①唐… Ⅱ.①周… ②嚴… ③武… ④姚… Ⅲ.①歷史人物—生平事迹—中國—唐代 Ⅳ.①K820.42

中國版本圖書館CIP數據核字(2014)第221541號

再版責編：劉賽 郭時羽
校對人員：侯奇偉 等
技術編輯：隗婷婷

唐人軼事彙編
（全四册）
周勛初 主編
嚴 杰 武秀成 姚 松 編
上海古籍出版社出版發行
（上海市閔行區號景路159弄1-5號A座5F 郵政編碼201101）
（1）網址：www.guji.com.cn
（2）E-mail：guji1@guji.com.cn
（3）易文網網址：www.ewen.co
上海中華商務聯合印刷有限公司印刷
開本850×1168 1/32 印張74.5 插頁21 字數1,620,000
2015年7月第2版 2025年3月第8次印刷
印數：5,951—6,550
ISBN 978-7-5325-7414-8
Ⅰ·2865 定價：398.00元

前　言

傅斯年在《史料學方法導論》中説「官家的記載時而失之諱」，「私家的記載時而失之誣」。陳寅恪在《〈順宗實録〉與〈續玄怪録〉》一文中持同樣見解，提出了治史的一項原則，體現了學術思想的進步，文曰：

> 通論吾國史料，大抵私家纂述易流於誣妄，而官修之書，其病又在多所諱飾，考史事之本末者，苟能於官書及私著等量齊觀，詳辨而慎取之，則庶幾得其真相，而無誣諱之失矣。

這項原則的提出，是他縱觀吾國史料之後得出的結論，符合實際。

公私纂述的常見弊端

「私家纂述易流於誣妄」，這容易理解。考其原因，則有如下數端：

（一）囿於見聞，易滋誤端　那些出身世家與個人社會地位高的作者，因爲經歷的事情多，接觸的人也多，記載的事情，出於耳聞目見，也就比較可信。例如趙璘撰《因話録》六卷，《四庫全書總目》稱「璘家世顯貴，又爲西眷柳氏之外孫，能多識朝廷典故。《東觀奏記》載唐宣宗索《科名記》，鄭顥令璘採訪諸家科目記，撰成十三卷上進，是亦嫻於舊事之明徵。故其書雖體近小說，而往往足與史傳相參」。①但如《雲溪友議》的作者范攄，本是江湖散人，居留多在吴越一區，交游中乏多聞博識之士，記叙的内容，往往出於道聽途説，不可信從。例如他在《江都事》中叙李紳故事，云李紳治民嚴酷，致使「邑人懼禍渡江過淮者衆」，顯然過於誇張。當然，小説中的記載也不大可能純出編造，往往以一些不可靠的傳説爲根據。《新唐書》卷一八一《李紳傳》言開成初爲河南尹，「紳治剛嚴」，惡少「皆望風遁去」，《雲溪友議》却記作一般平民「户口逃亡不少」了。書中還説「騾子營騷動軍府，乃悉誅之」，尤屬張冠李戴。「騾子營」乃蔡州軍事，見《舊唐書》卷一四五《吴元濟傳》與一六一《劉沔傳》。吴傳云：「地既少馬，而廣畜騾，乘之教戰，謂之『騾子軍』，尤稱勇悍，而甲仗皆畫爲雷公星文以爲厭勝。」可知此事與李紳全然無涉。

（二）朋黨成見，故意歪曲　史稱唐代之亡，乃由三個問題所觸發：藩鎮、宦官、朋黨。中唐之後，小説言及朋黨之争者甚多。牛李之争此起彼伏，持續數十年之久，把許多文士都捲了進去，他們記叙的東西，難免帶有偏見。例如李黨中人劉軻著《牛羊日曆》，就對牛僧孺等人肆意醜詆；牛黨中人盧言著《盧氏雜説》，也曾引用一些不可信的材料對李德裕肆意攻擊，且對對方政治上的失敗持幸災樂禍的態度。②假如輕信這些材料，也就會受到欺騙，從而作出不合實際的結論。

① 參看拙撰《趙璘考》，載《古代文獻研究集林》第一集，陝西師範大學出版社一九八九年版。
② 參看拙撰《盧言考》，載《學術月刊》一九八七年第四期。

（二）攘善諱惡，任意抑揚　我國士人常有用文字發泄私怨的情况。例如有人作《補江總白猿傳》，惡意污蔑歐陽詢，云是白猿所生。但也有另一種情况，有人爲了盜竊虚名，宣揚自己的家庭，往往將他人的一些事迹歸在自家身上，形成迷惑不清的情况。例如《鄴侯家傳》中記載德宗時宣武節度使劉玄佐入朝一事，云是出於李泌的勸告，就不符事實。《資治通鑑》貞元二年十一月「壬寅，玄佐與陳許節度使曲環俱入朝」，胡三省注：「韓滉既遺劉玄佐以入朝之資，又大出賞勞以動其一軍之心，玄佐雖欲不入朝，得乎？」又引《考異》曰：「《鄴侯家傳》曰：『韓相將入朝覲，先公令人報：「比在闕庭已奏，來則必能致大梁入朝。今來，所望善諭以致之。」十二月，劉玄佐果入朝。』司馬光隨後加按語曰：「此蓋李繁掠美。今從《柳氏叙訓》。」可以想見，這類事情如無史家進行考辨，也就會一直混淆不清地傳播下去。

私人著述之所以出現上述情况，容易理解。因爲作者閉門著書，不受任何約束，如果文德不高，也就會出現「誣妄」之弊。即使他文德尚佳，也想努力徵實，但個人見聞有限，終究會有缺失的地方，難免出現「誣妄」的流弊。

「官修之書」的情况應該好些了吧。從史料的來源、史官的待遇、修史的組織措施等方面來説，條件總是要好得多。但史官修史也會出現種種問題，這裏有社會的原因，也有個人的原因。

史官修史一般總是把皇帝的實録作爲基本的史料。我國自周代起，就已建立起了完整的史官制度，記言記事，各有所司，歷代都有相應的建置。按理來説，由日常起居官記下的起居注，再在這基礎上整理出來的實録，應該是最爲可信的了。實際情况並不如此。且不説地方官吏及朝廷禀報的材料是否全然可靠，就在修史的人編纂實録時，也要受到當時政局的影響，增删材料，抹煞事實，甚至徹底加以改寫。例如韓愈撰《順宗實録》，叙宦官的劣迹甚爲切實，隨即遭到宦官的忌惡，以致憲宗、文宗兩朝多所修改，詳見《舊唐書》卷一五九、《新唐書》卷一四二《路隨傳》。

從個人原因來説，史德不佳，而又憑藉高位，那也會出現極爲荒謬的事。例如初唐時期的許敬宗，以迎合高宗、武后而得寵，主持史局後，利用修史謀求私利，竭盡顛倒黑白之能事。《舊唐書》卷八二《許敬宗傳》曰：

> 敬宗自掌知國史，記事阿曲。初，虞世基與敬宗父善心同爲宇文化及所害，封德彝時爲内史舍人，備見其事，因謂人曰：「世基被誅，世南匍匐而請代；善心之死，敬宗舞蹈以求生。」人以爲口實，敬宗深銜之。及爲德彝立傳，盛加其罪惡。敬宗嫁女與左監門大將軍錢九隴，本皇家隸人，敬宗貪財與婚，乃爲九隴曲叙門閥，妄加功績，並升與劉文静、長孫順德同卷。敬宗爲子娶尉遲寶琳孫女爲妻，多得賂遺，及作寶琳父敬德傳，悉爲隱諸過咎。太宗作《威鳳賦》以賜長孫無忌，敬宗改云賜敬德。白州人龐孝泰，蠻酋凡品，率兵從征高麗，賊知其懦，襲破之。敬宗又納其寶貨，稱孝泰頻破賊徒，斬獲數萬，漢將驍健者，唯蘇定方與龐孝泰耳，曹繼叔、劉伯英皆出其下。虚美隱惡如此。初，高祖、太宗兩朝實録，其敬播所修者，頗多詳直，敬宗又輒以己愛憎曲事删改，論者尤之。然自貞觀已來，朝廷所修五代史及《晉書》、《東殿新書》、《西域圖志》、《文思博要》、《文館詞林》、《累璧》、《瑶山玉彩》、《姓氏録》、《新禮》，皆總知其事，前後賞賚，不可勝紀。

這些著作，大都已經失傳，有的史書却還在流傳。對待那些經過許敬宗之手的文字，當然應該鄭重檢覈的了。

許敬宗的修史，固然竭盡任意抑揚之能事，但總還有一點事實根據在，還不能説是捕風捉影的編造。而像五代之時南唐的編寫家世，則純出於憑空虛構，更無史實可言。司馬光《答郭純長官書》曰：

李昪起於廝役，莫知其姓，或云湖州潘氏子。李神福俘之，以爲僮僕。徐温丐之以爲子。及稱帝，慕唐之盛，始自言姓李。初欲祖吴王恪，嫌其誅死，又欲祖鄭王元懿，命有司檢討二王苗裔。有司請爲恪十世孫，昪曰：「歷十九帝，十世何以盡之？」有司請以三十年爲一世，議後始定。（《温國文正公文集》卷六一）

南唐立國不久，因而構擬的世系未能列入正史。但可以設想，假如南唐一統天下，政權鞏固，綿延數世，那麽史官依據上述李唐世系而撰寫的歷史，又有什麽信史可言。①

① 《舊五代史》卷一三四《僭僞列傳》云：「〔李〕昪自云唐玄宗第六子永王璘之裔。唐天寶末，安禄山連陷兩京，玄宗幸蜀，詔以璘爲山南、嶺南、黔中、江西四道節度採訪等使。璘至廣陵，大募兵甲，有窺圖江左之意，後爲官軍所敗，死於大庾嶺北，故昪指以爲遠祖。」《新五代史》卷六二《南唐世家》：「〔昪〕自言唐憲宗子建王恪生超，超生志，爲徐州判司；志生榮。乃自以爲建王四世孫，改國號曰唐。立唐高祖、太宗廟，追尊四代祖恪爲孝静皇帝，廟號定宗；曾祖超爲孝平皇帝，廟號成宗；祖志孝安皇帝，廟號惠宗；考榮孝德皇帝，廟號慶宗。」於此可見南唐李昪僞造世系所造成之混亂情況。

從所處的地位來説，史官本人也承受着很大的心理負擔。依常理而言，史官纂修當前的歷史，因爲史料容易徵集，應該更有可能成爲信史；但上至帝王，下至達官貴人，牽涉到父祖或本人的歷史評價，無不竭力給史官增加壓力。《新唐書》卷一三二《吴兢傳》曰：「初與劉子玄撰定《武后實録》，叙張昌宗誘張説誣證魏元忠事，頗言『説已然可，賴宋璟等邀勵苦切，故轉禍爲忠，不然，皇嗣且殆』。後説爲相，讀之，心不善，知兢所爲，即從容謬謂曰：『劉生書魏齊公事，不少假借，奈何？』兢曰：『子玄已亡，不可受誣地下。兢實書之，其草故在。』聞者嘆其直。説屢以情蘄改，辭曰：『徇公之情，何名實録？』卒不改。世謂今董狐云。」可見其時吴兢處境的艱難和守正之不易了。韓愈本以護持道統自命，以爲修史可「誅奸諛於既死，發潛德之幽光」（《昌黎先生集》卷一六《答崔立之書》），但也怕當史官而受禍。他任史官修撰後，在《答劉秀才論史書》中沮喪地説，史官「不有人禍，則有天刑」（《昌黎先生集》卷二）。於此可見史官因職務公開之故，易受人事的糾纏，不像司馬遷那樣：《史記》雖被後代列入正史，但出於一人之手，司馬遷本想藏之名山，傳之後世，因此未受干擾，可以保留更多的個人見解。

韓愈的這種態度，很受時人指責。柳宗元就曾激烈地批判他尸位素餐之不當。但韓愈提到的種種難處，如云「傳聞不同，善惡隨人所見，甚者附黨，憎愛不同，巧造語言，鑿空構立善惡事迹，於今何所承受取信，而可草草作傳記令傳萬世乎？」確實也是令人感到棘手的事。

以上種種，均可爲傅、陳二氏之説提供例證：即私家纂述易流於誣妄，官修之書又多所諱飾。

正史小說的界綫區劃

自唐初起，修史的任務由皇家控制，當時完成的前五史（《周書》、《北齊書》、《梁書》、《陳書》、《隋書》）等都由朝廷遴選人才撰寫，一般由宰相領銜主持工作，如《隋書》一書，就由長孫無忌主持，其中的《經籍志》部分，則由魏徵主持。由此可見朝廷上下對於這項工作的重視。又如《晉書》一書，唐太宗還親自爲司馬懿、司馬師、陸機、王羲之四人撰寫傳論，因此該書署稱「御撰」。儒家向來重視修史，「孔子作《春秋》而亂臣賊子懼」，統治者以爲抓住修史一環，在正名份和正人心等方面可起巨大作用，因此他們不惜花費巨大的人力和物力，去從事這項工作。自唐代起，修史成了一種制度，後起王朝的重要任務之一，就是組織人力，修前代歷史。五代之時，石晉命宰相趙瑩領銜纂修《唐書》，宋初以爲此書修得不理想，乃命宋祁、歐陽修等重修，於是出現了所謂新、舊兩部《唐書》。元代修《宋史》，明初修《元史》，清初修《明史》，儘管書成後水平未必有多高，但修史的規模更大，組織更健全，刊刻也更爲及時。清亡後，北洋政府也組織人力修成《清史稿》，可見公家修史之事，在封建社會之中已成陳規。

自唐代起，朝廷還把若干史書列爲考試進士的指定用書，《玉海》卷四九引《兩朝志》曰：「國初承唐舊，以《史記》、兩《漢書》爲三史，列於科舉。」這樣士子也就必須精研史書。這類經過皇家核准的史書，其地位也就不同於一般的史籍了。

在封建社會裏，儒家中人特別重視正名份的工作。歷史書的情況千差萬別，確是魚龍混雜。繼前四史之後，由朝廷組織人員編寫，並用皇帝名義頒佈的史書，也都榮膺「正史」的稱號了。這類斷代史採用的都是紀傳體，首列帝王本紀，與其他編年體、紀事本末體不同，這也是這一類書榮獲「正史」一名的原因。①

阮孝緒著《正史削繁》九十四卷，這一名詞始見於此。其書已佚，不知他把哪些著作稱爲「正史」。其後的目録書中沿襲不改。史而稱「正」，則其書自尊，與其他霸史、雜史等著作，自有高下之別了。

目下列入正史的史書，有二十四種，亦即所謂二十四史。這些書中，水平高下懸殊，對於史料的處理，也大有出入。例如《宋書》、《南齊書》、《梁書》、《陳書》，多依實録及各家行狀等材料編纂，與之性質相同的《南史》，就喜採擇小説入史了。五代石晉時張昭遠等編《舊唐書》，因爲唐代中期以前的帝王實録和國史還有留存的，於是在很多地方利用了這類史料，尤其是在一些帝王的本紀中。宋祁、歐陽修等編《新唐書》時，以爲中唐以後記載的史實頗多殘缺，但又没有其他材料可作補充，於是大量吸收雜史及小説入史了。後人對此頗多批評，但也有人公平地指出，正由於宋祁、歐陽修吸收了其他材料，才使此書有關中唐之後的記載比較完整，從而在整體水平上比之《舊唐書》有所提高。

宋祁、歐陽修等人編纂《新唐書》時，利用了哪些材料，因爲没有什麽具體的記載，讀者雖然可以比勘

① 《明史》把編年體的史書也列入了「正史」，但清代乾隆年間纂修《四庫全書》時，明令僅以紀傳體爲「正史」，而將編年體剔出單列。《四庫全書總目》卷四五「正史類」下提要曰：「正史體尊，義與經配，非懸諸令典，莫敢私增，所由與稗官野記異也。」

而知，但仍難以確説。司馬光著《資治通鑑》，利用了哪些史料，則可推循而得。李燾在《上〈續資治通鑑長編〉表》中説：

司馬光之作《資治通鑑》也，先使其寮採摭異聞，以年月日爲叢目，叢目既成，乃修長編。唐三百年，范祖禹實掌之，光謂祖禹：「長編寧失於繁，無失於略。」今《唐紀》取祖禹之六百卷删爲八十卷是也（《文獻通考·經籍考》卷二〇引）。

可喜的是，司馬光在定稿時，將材料去取過程中思考的一些問題記録了下來，另編成《考異》三十卷，從而使人可以瞭解到他掌握的是哪些材料。

司馬光在《進書表》中也説他曾「偏閱舊史，旁採小説」，「又參考羣書，評其同異，俾歸一塗，爲《考異》三十卷」。近人對此作了很多研究，張須《通鑑學》以《通鑑考異》所列書名爲主，旁及正文所引，分爲十類，計爲正史二十五種，編年史二十九種，又譜録八種，别史五十四種，雜史六十七種，霸史三十五種，傳記十八種，又碑碣七種，奏議八種，又别集十六種，地理十種，小説十五種，諸子九種，總計三百零一種。①但據其他學者的統計，以爲數字還有出入。② 由於各人對某些書的書名和性質理解不同，統計之時看法

① 《通鑑學》卷上第三章《通鑑之史料及其鑒别》，開明書店一九四八年版。

② 陳光崇《張氏〈通鑑學〉所列〈通鑑〉引用書目補正》，以爲實有三百五十九種，高振鐸《〈通鑑〉參據書考辨》，以爲實有三百三十九種。二文均載劉乃和、宋衍申主編《〈資治通鑑〉叢論》一書，河南人民出版社一九八五年第一版。

必然也有所不同，因此要説哪一種數字絶對正確，甚爲難説，而且有些書用過之後未必都在《考異》中留下名字，因此司馬光掌握的史料，應該比時人標明的書單更爲豐富。

南宋時期的學者也曾談到司馬光運用史料的不拘一格，《容齋四筆》卷十一《册府元龜》中説：

以唐朝一代言之，叙王世充、李密事用《河洛記》，魏鄭公諫争用《諫録》，李絳議奏用《李司空論事》，睢陽事用《張中丞傳》，淮西事用《凉公平蔡録》，李泌事用《鄴侯家傳》，李德裕太原、澤潞、回鶻事用《兩朝獻替記》，大中吐蕃尚婢婢等事用林恩《後史補》，韓偓鳳翔謀畫用《金鑾密記》，平龐勛用《彭門紀亂》，討裘甫用《平剡録》，記畢師鐸、吕用之事用《廣陵妖亂志》，皆本末粲然。然則雜史、瑣説、家傳，豈可盡廢也？

《資治通鑑》是我國編年史中的名著，在封建社會的各個王朝中占有極爲重要的地位，清初修《明史·藝文志》，還被列入「正史」之中。司馬光在處理史料時，就没有什麽先入之見，而是通過比勘考覈，擇其可信者加以吸收。這種處理材料的態度，將私著的地位大大提高了。可見嚴正的史學家都能接受官書與私書並重的觀點，只是在二者分量的估計上還是會有不同。

輕視小説的傳統觀念不易改變

以上所論，説明古代一些傑出的歷史學家在處理史料時已能打破種種偏見，把一些前人認爲不能入史的材料也吸收進去，但從大多數人來説，仍然認爲二者之間的價值大有不同。從這裏可以感受到傳統觀念的力量之悠久與巨大。

大家知道，宋代帝王極爲重視文化建設，宋初曾有四大書的編纂。這四種書，性質有所不同：《太平御覽》爲類書，《太平廣記》爲小説總集，《文苑英華》爲文學總集，《册府元龜》爲政治通史。前三種書，在太宗時編成，後一種書，即《册府元龜》一千卷，則在真宗時編成。

按《册府元龜》原名《歷代君臣事迹》，真宗詔改此名，以爲可作後世君臣的龜鑒。《玉海》卷五四《册府元龜》下載真宗對輔臣曰：「所編《君臣事迹》，蓋欲垂爲典法，異端小説，咸所不取。」因此，這書援引的材料大都出於正史，以朝廷的眼光來看，這是最爲純正可信的歷史材料。小説等等，材料不純，必須排斥在外。

如果説宋初修史時還有宋祁、歐陽修、司馬光等人廣泛地從雜史、小説等文獻中去發掘材料，那麼到了元代之後，也就不大見到這樣的工作方法了。自元代修《宋史》之後，一直到民國之初修《清史稿》，史官依據的材料，不出實録、行狀等等，因此這類史書雖説材料尚有可信處，但在事件細節上時嫌粗率，文字表達上時嫌平板，這應當也是史官執意排斥小説，有意與文學脱離關係的緣故。

爲什麼古人輕視小説，定要將之排斥出歷史範疇之外呢？

這與儒家傳統有關。宋代之後，儒家學説更向褊隘的方向發展了。

班固根據劉歆《七略》編成《漢書·藝文志》，《諸子略》中分列儒、道、陰陽、法、名、墨、縱横、雜、農、小説十家。班氏把小説置於末位之後，又説：「小説家者流，蓋出於稗官，街談巷語，道聽途説者之所造也。孔子曰：『雖小道，必有可觀者焉。致遠恐泥，是以君子弗爲也。』①然亦弗滅也，閭里小知者之所及，亦使綴而不忘。如或一言可采，此亦芻蕘狂夫之議也。」可見他對小説家的評價很低。而他隨後在爲《諸子略》作總結時又説：「諸子十家，其可觀者，九家而已。」則是又把小説一家開除出學術領域了。

自從《漢書・藝文志》借孔子的話爲小説定性之後，後起的目録書上也一直這麽看待，《隋書・經籍志》下的定義是：「小説者，街談巷語之説也。」言下之意，自然認爲小説不足登大雅之堂。但我國古來也有「泰山不讓土壤，河海不擇細流」之説，因此班固、魏徵等人隨後總是援用孔子的另一段話，「雖小道，必有可觀者焉，致遠恐泥」，表示可以有選擇地予以採用，這又爲後代個別史家的擴大史源找到了理論上的根據。

不管怎樣，古人認爲小説（包括性質相近的雜史、故事等）的史料價值很低，史官如果不是徹底排斥的話，也只能置於很次要的地位。

如上所述，只有司馬光等具有很高識見的史家，才能在援用所謂正史的材料之外，援用大量的私家著述，用作參證或補證之助。

元明兩代，史學上的成就不大，清代樸學興起，治學注重實事求是，與以前情況有所變化。這裏可以

① 此語出於《論語・子張》，實爲子夏之語。

援引一些著名學者的意見，以及他們處理史料的原則，藉以考察清代的史家在這問題上的進展。

考據之學，首求材料的齊備，以及處理材料時態度的客觀。梁啓超在總結清儒考證之學的通則時説：

> 一、凡立一義，必憑證據，無證據而以臆度者，在所必擯。
>
> 二、選擇證據，以古爲尚。……
>
> 三、孤證不爲定説。其無反證者姑存之，得有續證則漸信之，遇有力之反證則棄之。
>
> 四、隱匿證據或曲解證據，皆認爲不德。①

清儒根據這種精神進行考證工作，自然會擴大資料源頭，不局限於正史一途了。

考據之業以乾嘉爲盛，其時名家輩出，史學方面尤以錢大昕、王鳴盛和趙翼的成就爲大。今即以三人爲例，加以分析。

趙翼《廿二史劄記小引》曰：「間有稗乘脞説與正史歧互者，又不敢遽詫爲得間之奇。蓋一代修史時，此等記載無不蒐入史局，其所棄而不取者，必有難以徵信之處，今或反據以駁正史之訛，不免貽譏有識。是以此編多就正史紀、傳、表、志中參互勘校其有牴牾處，自見輒摘出，以俟博雅君子訂正焉。」此説

① 《清代學術概論》十三，《中國近代思想文化史史料叢書》，復旦大學出版社一九八五年九月第一版。

未免過於絶對，修史史官未必都能像司馬光那様，對稗官野史一一進行搜集和考覈。趙翼的這種觀點，只是一種正統觀念，因而對小説持排斥的態度。

錢、王二氏則有考據材料不囿於正史的見解。錢氏在《續通志列傳總叙》中説：

史臣載筆，或囿於聞見，采訪弗該，或怵於權勢，予奪失當。將欲補亡訂誤，必當博涉羣書，考唐、宋、遼、金、元、明正史之外可備取材者，編年則有司馬光、朱熹、李燾、李心傳、陳均、劉時舉、陳桱、薛應旂、王宗沐、商輅； 別史則有曾鞏、王偁、葉隆禮、宇文懋昭、柯維騏、王維儉、邵遠平； 典故則有杜佑、王溥、王欽若、馬端臨、章俊卿、王圻； 傳記雜事則有温大雅、劉肅、韓愈、王禹偁、鄭文寶、林坰、馬令、陸游、張唐英、宋敏求、李心傳、徐夢莘、杜大圭、徐自明、王鼎、劉祁、元好問、蘇天爵、陶宗儀、鄭曉、王世貞、沈德符、孫承澤等，遺書具在； 以及碑版石刻，文集選本，輿地郡縣之志，類事説部之書，並足以證正史之異同，而補其闕漏。（《潛研堂文集》卷十八）

但錢大昕《廿二史考異》全書仍很少引用小説，例如該書卷六十《孔戣傳》引《新唐書》本傳「戣爲華州刺史，明州歲貢淡菜蚶蛤之屬」，……此事《國史補》卷中《孔戣論海味》亦有記叙，《新唐書》本傳似即出此而錢氏不引，可見他不重引小説以考史。

王鳴盛在《十七史商榷序》中説：

二紀以來，恒獨處一室，覃思史事，既校始讀，亦隨讀隨校。購借善本，再三讎勘； 又搜羅偏霸雜史，稗官野乘，山經地志，譜牒簿録，以暨諸子百家，小説筆記，詩文别集，釋老異教；旁及於鐘鼎尊彝之款識，山林冢墓、祠廟伽藍、碑碣斷闕之文，盡取以供佐證，參伍錯綜，比物連類，以互相檢照，所謂考其典制事迹之實也。

由上可見，乾嘉學派的大師已經注意到了擴大史源，盡可能地搜集史料，對正史中的記載有所訂正。王氏還曾舉過一個生動的事例，説明小説入史的必要和價值。《十七史商榷》卷九三《歐史喜採小説薛史多本實録》條曰：

大約實録與小説，互有短長，去取之際，貴考核斟酌，不可偏執。如歐史〔朱〕温兄全昱傳，載其飲博取骰子擊盆呼曰「朱三，爾碭山一百姓，滅唐三百年社稷，將見汝赤族」云云。據〔王〕禹偁謂《梁史》全昱傳，但言其樸野，常呼帝爲三，諱博戲事。所謂《梁史》者，正指《梁太祖實録》。今薛史全昱傳亦不載博戲詆斥之語。歐公採小説補入，最妙。然則採小説者未必皆非，依實録未必皆是。

在當時來説，這是一種很進步的觀點。但王氏諸書可惜並不能全部貫徹這種觀點。《十七史商榷》中多次援引小説後，又隨之以訓斥，如卷九一論李紳云：「《南部新書》卷丁乃云『以吴湘獄仰藥而死』，小説家言不可盡信如此。新、舊《唐書》皆言湘之坐贓，乃羣小欲傾紳以及李德裕，而孫光憲《北夢瑣言》第六卷則謂紳鎮淮南，湘爲江都尉，有零落衣冠顔氏女寄寓廣陵，有容色，紳欲納之，湘强委禽焉。紳大怒，因其婚娶娉財甚豐，乃羅織執勘，准其俸料之外，有陳設之具，皆以爲贓，奏而殺之。紳本狂暴，此説恐當得情。紳罪甚大，得良死爲幸。新、舊書皆以湘實受贓，紳殺之非枉者，恐皆非實録。」這裏王氏的態度前後有矛盾，他一方面信從《北夢瑣言》之説，以爲這一小説的記載可信，而對《南部新書》的記載則持菲薄的態度。《南部新書》所記誠誤，但王氏的語氣則透露出了傳統的偏見。

由此可知，王鳴盛在處理史料的問題上曾有很好的意見，但在《十七史商榷》中仍然可以見到他一而再地提出小説不可信的見解。可見封建時代的文人不可能將小説真的提到與正史並列的地位。他們注重正史之外的材料，大都是想用以補正史之缺誤，孰重孰輕，地位還是截然不同的。

小説語言小説筆法入史的問題

上舉《十七史商榷》叙及朱全昱用土語責駡朱温的一番話，涉及史書中是否可用切合人物性格的語言來寫人物傳記的問題。這也就是説，歷史書中是否應該採用一些文學手法來塑造人物形象。

照理來説，這個問題早在實踐中得到解決。司馬遷作《史記》，叙寫的人物栩栩如生。如項羽其人，平日喑嗚叱咤，氣勢磅礴，而叙及項羽陷入垓下之圍時，則又充分表達出了英雄末路之悲，感人至深。他又喜用口語入史，如《陳涉世家》中叙其早年同夥驚嘆之詞「夥頤，涉之爲王沉沉者」，《留侯世家》中叙劉邦斥酈食其曰：「豎儒，幾敗而公事。」都曾博得學界的贊譽。

但當朝廷設局修史之後，常是起用墨守成規的史官執筆。他們只是注重文章典雅，因而反對採用俚詞俗語，由是産生的一些史書，非但文筆不生動，而且反映不出當時的歷史真實原貌。正像劉知幾在《史通·言語》篇中指責北朝修史時的情況所説：「其於中國則不然。何者？於斯時也，先王桑梓，翦爲蠻貊，被髮左衽，充牣神州。其中辯若駒支，學如郯子，有時而遇，不可多得，而彦鸞修僞國諸史，收、弘撰魏、周二書，必諱彼夷音，變成華語。等楊由之聽雀，如介葛之聞牛，斯亦可矣，而於其間則有妄益文彩，虚加風物，援引《詩》、《書》，憲章《史》、《漢》，遂使沮渠、乞伏，儒雅比於元封；拓跋、宇文，德音同於正始，華而失實，過莫大焉。」這也可以説是古時史書中的一種常見病。

在現代人看來，這類採用文學語言的问題，容易得出共識，因爲大家都已認識到歷史記載必須充分反映事實的原狀，那種舞文弄墨陷於虚假的文字，應當淘汰。

清代考證之業興起之後，學界更爲重視辨明事實真相，其時出現的一些名著，如顧炎武的《日知録》、錢大昕的《廿二史考異》等，目的都在辨明古時的一些社會現象和歷史事實。古代筆記小説中的一些記載時有失實之處，在他們看來，也就没有什麽史料價值，不足以作考史之助。可以説，這種情況到了陳寅恪的研究工作中才有根本的改變。

陳寅恪提出過「通性之真實」這一論點，當代其他史家似未涉及，應該認爲，這是一種具有重要價值的觀點，應該引起後人的足够重視。

筆記小説中的某些記載，雖然不合事實，但却反映了當代的社會風氣，從中可見當時人的社會觀念和真實心態，内涵甚爲深廣，具有很高的認識價值。

唐代士子通過科舉進入仕途，進士、明經和制科諸項，最受士子重視。其中尤以重詩賦的進士科爲熱門。明經科僅注重誦習經典，不足顯示才華，故不爲士人所重。陳寅恪在注視二者之間的關係時，視野甚爲開闊。他在考察牛、李二黨形成時，申論曰：

唐代貢舉名目雖多，大要可分爲進士及明經二科。進士科主文詞，高宗、武后以後之新學也；明經科專經術，兩晉、北朝以來之舊學也。究其所學之殊，實由門族之異，故觀唐代自高宗、武后以後朝廷及民間重進士而輕明經之記載，則知代表此二科之不同社會階級在此三百年間升沉轉變之概狀矣。①

陳氏隨後舉了三個例子説明這一問題。一出於《劇談録》，叙元稹事；一出於《東觀奏記》卷上，叙李珏事；一出於《新唐書》卷一八三《崔彦昭傳》。陳氏又在第二事下加注曰：「參《新唐書》壹捌貳《李珏傳》及《唐語林》叁《識鑒》類」；第三事下加案語曰：「此採自尉遲偓《中朝故事》。」由此可知，這後面兩個故事都出自小説私記，後爲正史所汲取。第一個故事尤有情致，故陳氏首先予以介紹，其文曰：

元和中，李賀善爲歌篇，爲韓愈深所知，重於縉紳。時元稹年少，以明經擢第，亦攻篇什，常交結於賀，日執贄造門。賀覽刺，不答遽入。僕者謂曰：「明經及第，何事看李賀？」稹慚恨而退。其後

---

①《唐代政治史述論稿》中篇《政治革命及黨派分野》，三聯書店一九五六年版。

〔稹〕以制策登科，及爲禮部郎中，因議賀祖諱晉〔肅〕，①不合應〔進士〕舉，賀遂致轗軻。韓愈惜其才，爲著《諱辯》明之，竟不成名。

康軿撰《劇談録》，頗多侈陳怪異，如神鬼靈應和武俠故事等，屬於傳奇一類，不盡實録。即如上面這條，文字即多疏誤，陳氏爲之補訂數處，始可通讀。而此說之不合事實，後世學者起而駁正者更不一而足。王士禛《古夫于亭雜録》卷二曰：「元擢第既非遲暮，於賀亦稱前輩，詎容執贄造門，反遭輕薄！小說之不根如此。」朱自清《李賀年譜》更用科學的手段論證道：「按元稹明經擢第，賀才四歲。事之不實，無庸詳辯。」可見用傳統的考據眼光來看，此說無價值可言。

陳寅恪以史學名家，考證工作之細密，博得了學術界的一致贊譽，而他在這一問題上則又表示出了另一種史學眼光，超越於事實的真實而探討當時的社會風氣。他說：

《劇談録》所記多所疏誤，自不待論。但據此故事之造成，可推見當時社會重進士輕明經之情狀，故以通性之真實言之，仍不失爲珍貴之社會史料也。②

「真實」云云，可分箇案之真實與「通性之真實」兩類，前者人人都能理解，後者則在陳氏之前，似未見

① 「祖」當爲「父」之誤。李賀父名晉肅，新、舊《唐書》及其他文獻記載均無異說。
② 載《唐代政治史述論稿》中篇《政治革命與黨派分野》。

有人注意。這一新的見解，予人以啓示，爲史料的活用打開了大門。筆記小説中儘多這類在細節上不合史實的記載，如能深入挖掘其内涵，則可窺測當時人們的共同心理，把握當時的社會風氣，於是那些有睽史實的記載又從另一方面發揮出其作用。從文學的角度來説，這一類文字或許可以説是符合「藝術的真實」的吧。

陳氏所以能够提出這一見解，應當與他獨具的文史高度綜合的研究方法有關。漢代之後，文史分流，史家考史，文士創作，每判爲二途，各不相涉。陳氏史學名家，開創了以史説詩和以詩説史的研究方法，從而針對文學的特點，提出了「通性的真實」之説，進一步溝通了文史的領域。

下面我們把周勛初撰《就〈唐語林校證〉事答客問》中的一段文字引用於下，以説明對這一問題的看法和對這類材料的運用。

問：筆記小説中的記載不管是否真實，都是有價值的麽？

答：可以這麽説。《唐語林》中的材料，大都是唐人記唐事，從中可以覘測時代風氣，了解唐代社會的一些特殊情況，這就有很高的認識作用和研究價值。例如《幽閒鼓吹》中有一則白居易見顧況的著名故事，並見《唐語林校證》卷三，文曰：「白居易應舉，初至京，以詩謁顧著作況。況睹姓名，熟視曰：『米價方貴，居亦不易。』及披卷，首篇曰：『咸陽原上草，一歲一枯榮。野火燒不盡，春風吹又生。』乃嗟賞曰：『道得箇語，居即易也。』因爲之延譽，聲名遂振。」這件事情是否實有，很難説，有的學者就認爲二人不可能在長安見面。但不管怎樣，這件軼事還是可以用來説明不少問題。一、唐人在應試之前，先要晉謁名流，獻上詩作，求得贊譽。這種行卷的作風，大作家在未成名前也無不如此。二、京師人口密集，生活水平很高，故有「居亦不易」之説。這使我們想到，杜甫四十三歲時居京，却把家眷安置在奉先，可能也嫌京城裏生活水平太高，因而不得不把家眷安置到郊區去。三、從顧況的贊語中可知，詩寫得好的人，在京城裏却也不難躭下去。這使人想到李白，他以布衣的身份，只是憑藉詩名，就能在京城裏輕鬆地生活。由此可知，那些内容不見得很可信的記載，有的却也包含着豐富的信息，可以從中了解到唐代文人的特有風氣和複雜心態。

問：這樣説來，筆記小説的情況很特殊，如何發揮其作用，關鍵在於人們的認識，是麽？

答：筆記小説的性質介於文史之間。説它是文吧，記的都是史實；説它是史吧，却又有文的特點，如誇張、渲染，甚至想象、虚構等。這種作品，讀之饒有興味。如果其中某個故事已爲正史所採納，那我還是願意再找原始記録一讀，因爲這像保持原汁的飲料一樣，從中往往可以發掘到更多的餘味。至於如何把這類材料用到科學研究上，那可就要根據使用材料時的特殊要求靈活處理了。①

小説私記材料的充分利用

小説私記中的記叙常與正史中的記載不同，人們進行判斷時，常以自己對這一類事情的成見作判

① 載《書品》一九八九年第一期。

斷，或依正史中的記載爲準，而排斥異説。陳寅恪重視小説私記中的材料，他在判斷異説之是否可信時，則將這類文字中涉及的問題放在當時的時代風尚中加以考察，而判斷其是否合乎情理，進而據之立論，闡發自己的新見。這裏可舉韓愈其人作爲例證。

宋代之後，韓文公的形象似已固定下來，作爲道統中的一位人員，必然品德高尚，行爲端方，甚至一不苟言笑，望而生畏。但唐宋筆記小説上却是記下了有關韓愈的另一個側面，也就引起了反覆的争論。

李肇《國史補》卷中有《韓愈登華山》一條記載，雖寥寥數語，却引起了後人的激烈争辯，文曰：

韓愈好奇，與客登華山絶峯，度不可返，乃作遺書，發狂慟哭。華陰令百計取之，乃下。

這番描寫，似乎有損於韓愈的形象，於是有人起而維護，根據他們堅持的「情理」而進行推斷，以爲李肇的記載乃不實之詞。

胡仔《苕溪漁隱叢話》後集曾引用兩家駁論，一爲《歷代確論》載沈顔《登華旨》，一爲《藝苑雌黄》引謝無逸所作《讀李肇〈國史補〉》，以爲李肇的記載「不諭文公之旨」、「不合於理」。顯然，他們不是根據事實而進行辯證，只是認爲韓愈既爲賢者，就不應該有此舉措，立論的根據是很不足的。

沈顔爲五代十國人。《昭德先生郡齋讀書志》卷四中録沈顔《聱書》十卷，云「右僞吴沈顔，字可鑄，傳師之孫。天復初進士，爲校書郎。屬亂離，奔湖南，辟巡官。吴國建，爲淮南巡官、禮儀使、兵部郎中、知制誥、翰林學士。順義中卒。……性閒淡，不樂世利，嘗病當時文章浮靡，仿古著書百篇，取元次山聱叟之説，附己志而名書。其自序云：『自孟軻以後千餘年，經百千儒者咸未有聞焉。天厭其極，付在鄙子。』其誇誕如此。」《登華旨》一文，看來就是《聱書》中的一篇了。魏泰在《東軒筆録》卷一五與《臨漢隱居詩話》二書以及邵博在《邵氏聞見後録》卷一七中辨此事時，均作沈顔《聱書》。沈顔自命爲儒家正統的傳人，自然要極力替韓愈辯解了。

韓愈在《答張徹》詩中曾經叙及登華山之事，且有「悔狂已咋指，垂誡仍鐫銘」之句，魏泰就是根據韓愈自述而斷定李肇的記載爲可信的。這裏還應注意的是，李肇與韓愈同時，且同朝爲官多時。對於同時人不含惡意的記載，後人自當加以重視。

《唐語林》卷六載韓愈的另一軼事，引起了更大的争論。

韓退之有二妾，一曰絳桃，一曰柳枝，皆能歌舞。初使王庭湊，至壽陽驛，絶句云：「風光欲動别長安，春半邊城特地寒，不見園花兼巷柳，馬頭惟有月團團。」蓋有所屬也。柳枝後踰垣遁去，家人追獲。及鎮州初歸，詩曰：「别來楊柳街頭樹，擺弄春風只欲飛。還有小園桃李在，留花不放待郎歸。」自是專寵絳桃矣。

《唐語林》是纂輯唐宋兩代五十種筆記小説而成的，此説出於何書，已無法考出，宋代好多類書和詩話中都提及此事，均云出自《唐語林》，想來王讜根據的是前代的某一記載。

此説隨後又引起了很多異説。邵博《邵氏聞見後録》卷一七：「孫子陽爲予言：『近時壽陽驛發地，得二詩石。唐人跋云：退之有倩桃、風柳二妓，歸途聞風柳已去，故云。』」則是斷言韓愈確有此事的了。二侍妾名字不同，或係傳聞之誤。但也有人起而反駁，以爲不足置信，蔣之翹輯注《唐韓昌黎集》卷一〇引《唐語林》、《邵氏聞見後録》後，加按語曰：「然其説甚不足信。退之固是偉人，歸來豈别無所念，而獨殷殷於婢妾。假思之，亦不過作懷人常語耳，更何必切名致意若此。況所云發地得詩石，則當時必韓公自立，他人豈便以去妾爲言，此韓公之意，蓋感慨故園景色，如《詩·東山》『有敦瓜苦，蒸在薪栗。自我不見，于今三年』同旨。其説宜不攻而自破也。」則是從迴護的立場出發，否定上述記載。

我國學界向有比興説詩的傳統。韓愈此詩本以美人香草的手法寫出，能否指實，無法確論，因此儘管歷代有人辯難，但還是得不出一致的結論。

五代陶穀《清異録》卷上：

昌黎韓愈晚年頗親脂粉，故事服食。用硫黄末攪粥飯啖鷄男，不使交千日，烹庖，名火靈庫。公間日進一隻焉。始亦見功，終致絶命。

這一記載，言韓愈因服食而死，與韓愈在文字中表明的態度似絶不相容。他在《故太學博士李君(于)墓志銘》、《故監察御史衛府君墓志銘》等文中曾强烈地反對服食，儘管各人服食的内容有所不同，但韓愈對此態度甚爲鮮明，似乎不大可能説的是一套，做的又是一套，蹈他人之覆轍而食苦果。

但白居易《長慶集》卷六二《思舊》一詩中有云：

閒日一思舊，舊游如目前，再思今何在，零落歸下泉。退之服硫黄，一病訖不痊，微之鍊秋石，未老身溘然；杜子得丹訣，終日斷腥膻；崔君誇藥力，經冬不衣綿。或疾及暴夭，悉不過百年，唯余不服食，老命反遲延。

這裏説到的「退之服硫黄」，又可與《清異録》中所説的韓愈服火靈庫之説聯繫起來，似乎韓愈確是因服食而死的了。但又有人起而力辨。如錢大昕在《十駕齋養新録》卷一六《衛中立字退之》條中轉引方崧卿辯證，云白詩中的退之，即韓愈所作《衛府君墓志》中的衛中立，衛中立字退之，這與韓愈本人的態度也可以一致起來。陳寅恪則又起而駁正，他據當時的社會風習和時人的行文格局立論，以爲白詩中的「退之」定屬韓愈無疑。他説：「樂天之舊友至交，而見于此詩之諸人，如元稹、杜元穎、崔羣，皆當時宰相藩鎮大臣，且爲文學詞科之高選，所謂第一流人物也。若衛中立則既非由進士出身，位止邊帥幕寮之末職，復非當日文壇之健者，斷無與微之諸人並述之理。然則此詩中之退之，固舍昌黎莫屬矣。」隨後他就舉張籍《祭退之》中「乃出二侍女，合彈琵琶箏」等語爲證，説明「韓公病甚將死之時，尚不能全去聲伎之樂，則平日於『園花巷柳』及『小園桃李』之流，自未能忘情。」因此他的結論是：「鄙意昌黎之思想信仰，足稱終始一貫，獨於服硫黄事，則寧信其有，以與唐代士大夫階級風習至相符會故也。樂天於煉丹燒藥問題，行爲言語之相矛盾，亦可依此解釋。」①應該説，陳氏對韓、白二家思想行爲的分析，結論更爲可信。

① 上引陳文，均見《元白詩箋證稿》附論（乙）《白樂天之思想行爲與佛道關係》，古典文學出版社一九五八年版。

《唐語林》卷三《方正》上有另一種記載：

韓愈病將卒，召羣僧曰：「吾不藥，今將病死矣。汝詳視吾手足支體，無誑人云『韓愈癩死』也。」

這一軼聞從未見人引用過，但似亦可與火靈庫之事聯繫起來考察。硫黄乃劇毒之物，中毒之人，皮膚潰瘍，類似癩病（麻瘋），而癩病向稱惡疾，冉伯牛染此病後，孔子哀稱「斯人也而有斯疾也」，①所以韓愈唯恐與之敵對的僧人混稱他得癩病而死，從而有此申明的吧。

由此可見，筆記小説中確是記載着許多不經見的軼聞，雖似與常識有違，實則更爲可信，可補正史之不足。這類軼聞常是反映出當時的民情風俗、時代風氣，更能表現文士的心態，在正統史家的筆下是很難見到的。當代的文史研究工作者必須克服輕視小説私記的傳統偏見，充分利用這方面的材料，才能突破前人的成説，而對一些複雜的史實作出新的解釋。

編纂《唐人軼事彙編》的一些考慮

正史與小説理應並列爲重要史料的原則既已確定，那就可以將每一個朝代的筆記小説按科學的方

① 見《論語·雍也》。

法分段彙輯，以供學者閲讀正史的同時，了解到民間對於這些人物的不同記載。

按民國初年坊間曾有前人編纂的《宋稗類鈔》和《清稗類鈔》等書出現，但印製粗糙，工作草率，引文不注出處，時或篡易原文，因此難作學術資料看待。丁傳靖輯《宋人軼事彙編》二十卷，可以説是首次出現的一部較好的斷代史方面的筆記小説總集。這書問世後，曾給研究宋代文史的人帶來不少方便。《宋史》篇幅甚巨，但囿于史書體例，只能讓人看到每個人的生平履歷，而看不到這些人的音容笑貌和思想活動。丁傳靖將筆記小説中的有關文字彙集起來，提供了不少以文學手法記叙下來的生動文字，讀之可給人留下深刻的印象。例如卷一叙太祖臨崩軼聞，引《燼餘録》記玉斧斫地事，又引《湘山野録》叙燭影斧聲事，就對太祖、太宗禪代之際的複雜情勢提供了不見正史的另一記載。又如卷一二叙二蘇事，引用多家記載，介紹東坡豪邁不羈的性格和機智詼諧的作風，研究蘇軾的人，閲讀這些文字之後，對於這位宋代第一文豪的豐富思想和複雜心態，一定會有更深的領會。但丁氏此書編纂時所訂體例不太嚴格，諸如引書不標卷數，書名每用省稱，文字隨便删節等，都會增加引用時的困難，甚至降低這些材料的價值。而且丁氏引書常出錯誤，例如卷一二引《清波雜志》曰：「崇寧、大觀間，海外詩盛行，朝廷雖嘗禁止，賞錢增至八十萬，禁愈嚴而傳愈多，往往以多相誇，士大夫不能誦坡詩，便自覺氣索，而人或謂之不韻。」實則此文原出朱弁《風月堂詩話》卷上；又如卷一引《詩話總龜》曰：「章聖常宴羣臣於太清樓，忽問市店酒有佳者否？中貴人對『唯南和仁酒佳』，亟命沽賜羣臣。又問近臣曰：『唐時酒每升價如何？』無有對者，唯丁晉公奏曰：『唐時酒每升三十錢。』章聖曰：『何以知之？』晉公曰：『臣嘗記杜甫詩曰：速來相就飲一斗，恰有三百青銅錢。』章聖大喜曰：『杜甫詩，自可爲一代之史。』」然今遍檢《詩話總龜》，無此文字。查錢謙益注《杜工部集》，首載諸家詩話，中引《古今詩話》，即此文。① 《詩話總龜》屢引《古今詩話》，不知丁氏所見之本是否確有此文？如果確有此文，也需向讀者有所交待才是。況且此文原出文瑩《玉壺清話》卷一，趙次公注《杜詩》亦曾引用，今《九家注杜詩》引趙次公注尚可見，該書雖然不注明出處，但亦當出於《玉壺清話》。丁書引作《詩話總龜》，即使有根據不能算錯，但未注明原出處，總嫌草率。這些不足之處，後人編纂類似著作時，應當避免。

唐代史書的編寫比較多樣，新、舊《唐書》並行，可互相補充，《資治通鑑》中的《唐紀》部分，又編寫得很出色。因此，後代學者研究唐代史實，瞭解唐代人物的活動，利用史書中的材料，有其方便之處。唐代筆記小說的寫作也極繁榮，不但著述的品種多，而且內容豐富，文字可觀，利用這方面的材料，可以大大地提高我們對唐代社會習俗和人物風貌的認識。只是唐代距今畢竟年代已遠，而且其時印刷術還未普遍利用，比之宋、明以後的著作，傳下來的相對來說就要少些。況且在世人輕視小說的情況下，唐代的一些筆記小說在流傳過程中經常遭人篡改，因此整理唐代筆記小說，也就更有其困難之處。

宋初錢易彙輯許多唐代筆記小說中的材料，成《南部新書》十卷；北宋王讜彙輯唐代和宋初的五十家筆記小說，成《唐語林》十卷，也因與上相同的原因，未能傳下完整的本子。《太平廣記》、《紺珠集》、《類

① 郭紹虞《宋詩話輯佚》中《古今詩話》部分漏輯此條。

説》、《説郛》以及其他一些類書中也留下一些筆記小説的片段文字，雖然也有許多有用的材料，可以幫助後人瞭解唐人的某些史實和唐代的某些人物，但也因同一主題的文字分散各處，學者即使想要多方搜集，一時也難以做到。針對這一情况，我們决定從事這項一人勞而萬人逸的工作，編纂這部《唐人軼事彙編》。

這項工作由南京大學古典文獻研究所的四名成員承擔。周勛初任主編，負責全書設計、通讀並整齊全稿和撰寫前言；嚴杰負責擬訂工作計劃，編製目録；姚松負責編製索引；嚴杰、武秀成和姚松從頭到尾參加了全書的編纂，但姚松因任所裏學術秘書，工作較繁，所以大部分的工作由嚴杰、武秀成擔任。經過四個寒暑的努力，前後三易其稿，始告完成。這是大家同心協力的結果，也是我古籍所在全國高等院校古籍整理研究工作委員會的支持下完成的一項較大的項目。我們熱誠地希望學術界予以批評和指導。

凡　例

一、本書所收人物，上起自隋入唐而主要事迹在唐代者，下至五代十國入宋而主要事迹在入宋以前者。全書收入近二千七百人。

二、本書人物編排次序，首列唐代諸帝及后妃、宗室、王子、公主，次列唐代各朝人物，再列五代諸帝及家人、五代人物、十國人物，均以活動時代先後爲序；末列不易確定具體時代者，則以所出資料之年代爲序。

三、本書以人爲目，每一條目均加以編號，主要事迹依時間先後爲序排列，年代不詳者則大體按類編排。

四、本書所收資料，一事而涉及數人者，悉列於主要人物名下，其他人物處則酌情以參見法提示。

五、本書不録正史，蒐採範圍以唐宋人撰雜史、傳記、故事、小説爲主。與正史記載類同之資料，其成書在正史之前者則録入，以見正史來源；其成書在正史之後而顯係採自正史者則不收。明清以來資料，除真實可信、未見更早記載者外，一般不再收入。類書從嚴。

六、本書不録志怪、傳奇或語涉迷信之荒誕記載，其記録名人佳話與反映社會風氣者，則酌情採用。

附後。

七、本書於每條後均注明出處。記載相近者，僅録其首出文字或記述較完備者，其他則將書名卷次附後。

八、本書採録書籍，選較好版本一種爲主。一般僅録原文，不作校勘。遇有顯誤者或異體字、避諱字等則徑改。誤文加圓括號（ ），改正或補足文義之字加方括號〔 〕。偶有考辨，則附於後。

九、書後附引用書目表，凡原書已佚、佚文僅見於他書引録而未單行者，則不列入。

唐人軼事彙編目録

卷三

卷四

卷五

卷六

卷七

卷　八

卷　九

卷十

卷十一

卷十二

卷十三

卷十四

卷十五

卷十六

卷十七

卷十八

卷十九

卷二十

卷二十一

卷二十二

卷二十三

卷二十四

卷二十五

卷二十六

卷二十七

卷二十八

卷二十九

卷三十

卷三十一

卷三十二

卷三十三

卷三十四

卷三十五

卷三十六

卷三十七

卷三十八

卷三十九

卷四十

唐人軼事彙編卷一

唐高祖

1　高祖太武皇帝，本名與文皇帝同上一字，後乃删去。嘗有碑版，鑿處具在。太武是陵廟中玉册定□，神堯乃母后追尊。顔公曾抗疏極論，爲袁傪所沮而寢。《尚書故實》。

2　高陵縣又有神堯先世莊田，今亦爲宫觀矣，有柏樹焉。相傳云：高祖在襁褓之時，母即置放柏樹之陰，而往餉田；比餉迴，日斜而樹影不移。即今柏樹是也。史傳不載，而故老言之。《玉堂閒話》（《廣記》三七四）。

3　先人宰陝之芮城縣，一村落皆李氏，蓋唐之遺族。高祖微時嘗居其地，有故宅基。民收高祖詔書十數紙，皆免賦役事，每云「不得欺壓百姓」。予舊有録本，近失去。《邵氏聞見後録》二六。

4　通義坊西南隅興聖尼寺：高祖潛龍舊宅。武德元年，以爲通義宫。六年，高祖臨幸，大宴羣臣，引見鄰里父老，頒賜有差。貞觀元年，立爲寺。高祖寢堂今見在。景雲二年，寢堂前枯柿樹忽更生枝條，鬱茂如故，有敕封植焉。《兩京新記》三。又《御覽》一七三引《西京記》。

5 高祖少神勇。隋末，嘗以十二人破草賊號無端兒數萬。又龍門戰，盡一房箭，中八十人。《酉陽雜俎》前集一。

6 隋煬帝與神堯高祖俱是獨孤外家，因是神堯與煬帝常侮狎。每朝謁退，煬帝皆有詞謔。後因賜宴，煬帝於衆因戲神堯。神堯高顔面皺，帝目爲阿婆面，神堯忿恚不樂。洎歸就第，怏悵不已。見文皇已下，但流涕而不言。次告竇皇后曰：「某身世可悲。今日更被上顯毀云阿婆面。據是，兒孫不免飢凍矣。」竇后欣躍曰：「此言可以室家相賀。」神堯不喻，謂是解免之詞。后曰：「公封於唐。阿婆乃是堂主，堂者唐也。」神堯涣然冰釋，喜悦。與秦、齊諸王，私相賀焉。《芝田録》（《廣記》一六三）。《隋唐嘉話》亦載，文已佚，《類説》五四、《紺珠集》一〇有節文。《唐語林》四。

7 大業初，帝爲樓煩郡守，時有望氣者云：「西北乾門有天子氣，連太原，甚盛。」故隋主於樓煩置宫，以其地當東都西北，因過太原，取龍山風俗道，行幸以厭之云。後又拜代王爲郡守以厭之。《大唐創業起居注》一。《感定録》（《廣記》一三五）。

8 見唐太宗4。

9 武士彠，隋時爲晉陽宫留守司録參軍。高祖爲留守日，士彠嘗詰朝於街内獨行，聞空中有言曰：「唐公是天子。」士彠尋聲不見有人，仍以此言白高祖。高祖悦之，曰：「幸勿多言。」其夜士彠夢高祖乘白馬上天。旦以聞，於是起義。《唐書》（《廣卓異記》一）。

10 唐高祖神堯皇帝將舉義師西入長安，忽夜夢身死，墜于牀下，爲羣蛆所食。及覺，甚惡之。乃詣智滿禪師而密話之。滿即賀曰：「公得天下矣。」大驚，謂滿曰：「何謂也？」滿曰：「身死，是斃也。墜于床，是下也。羣蛆所食者，是億兆之趨附也。人臣不敢直指天子，故曰陛下，是至尊之象也。甚吉。」又曰：「貧道爲沙彌日，嘗攻《易》，今敢爲公占之。」及卦成，曰：「得《乾》。飛龍在天，又帝王之徵也。」時太宗侍帝之側，滿又曰：「公子，大人極吉。」又語帝曰：「此公子福無量，何憂天下乎？」帝與太宗俱大悦。帝至霍邑，又夢甲馬無數，飛滿空中。帝問是何軍伍，對曰：「是公身中之神也。若無此，何以威制天下？」言訖，並飛入帝身。帝覺，召太宗言之。復曰：「吾事濟矣。」太宗拜于前，連呼萬歲者數四。帝復大悦。其後果即位，乃命復營其寺，賜額爲興義寺，以太原帝舊田宅業産並賜之，永充常住。今之寺内見有圓夢堂及塑師與帝並在。《洛中記異録》（張本《説郛》二〇、陶本《説郛》四九）。《廣德神異録》（《廣記》二七七）。

11 康鞘利將至，軍司以兵起甲子之日，又符讖尚白，請建武王所執白旗，以示突厥。帝曰：「誅紂之旗，牧野臨時所仗，未入西郊，無容預執，宜兼以絳，雜半續之。」諸軍矟旛皆放此。營壁城壘，幡旗四合，赤白相映若花園。開皇初，太原童謡云：「法律存，道德在，白旗天子出東海。」亦云「白衣天子」。故隋主恒服白衣，每向江都，擬于東海。常修律令，筆削不停，并以綵畫五級木壇自隨以事道。又有《桃李子歌》曰：「桃李子，莫浪語。黄鵠繞山飛，宛轉花園裏。」案：李爲國姓，桃當作陶，若言陶唐也。配李而言，故云桃花園，宛轉屬旌旛。汾晉老幼，謳歌在耳，忽睹靈驗，不勝歡躍。帝每顧旗旛，笑而言曰：「花園可爾，不知黄鵠如何？吾當一舉千里，以符冥讖。」《大唐創業起居注》一。

12 甲子，有白衣野老，自云霍太山遺來，詣帝请謁。帝弘達至理，不語神怪，逮乎佛道，亦以致疑，未之深信。門人不敢以聞。此老乃伺帝行營，路左拜見。帝戲謂之曰：「神本不測，卿何得見？卿非神類，豈共神言？」野老對曰：「某事山祠，山中聞語：『遣語大唐皇帝云：若往霍邑，宜東南傍山取路，八月初雨止，我當爲帝破之，可爲吾立祠廟也。』帝試遣案行，傍山向霍邑，道路雖峻，兵枉行而城中不見；若取大路，去縣十里，城上人即遥見兵來。」帝曰：「行逢滯雨，人多疲濕，甲仗非精，何可令人遠見？且欲用權譎，難爲之巧。山神示吾此路，可謂指蹤。雨霽有徵，吾從神也。然此神不欺趙襄子，亦應無負於孤。」顧左右笑以爲樂。丙寅，突厥始畢使達官、級失、特勤等先報，已遣兵馬上道，計日當至。帝曰：「地名賈胡，知胡將至。天其假吾此胡，以成王業也。」《大唐創業起居注》二。

13 唐北京受瑞壇。隋大業十三年，高祖令齊王元吉留守。辛丑，獲青石，若(龍)〔龜〕形，文有丹書四字，曰「李淵萬吉」。齊王獻之，文字映澈，宛若龜形。帝乃令水漬磨以驗之。數日，其字愈明，内外畢賀。帝曰：「上天明命，貺以萬吉，宜以少牢祀石龜，而爵龜人。」因立受瑞壇。《太原事跡雜記》(《廣記》一六三)。《大唐創業起居注》二。《廣德神異記》(《廣記》一三五)。

14 裴寂等又依光武長安同舍人强華奉赤伏符故事，乃奏神人太原慧化尼、蜀郡衛元嵩等歌謡詩讖。慧化尼歌詞曰：「東海十八子，八井唤三軍。手持雙白雀，頭上戴紫雲。」又曰：「丁丑語甲子，深藏入堂裏。何意坐堂裏，中央有天子。」又曰：「西北天火照龍山，童子赤光連北斗。童子木上懸白旛，胡兵紛紛滿前後。拍手唱堂堂，驅羊向南走。」又曰：「胡兵未濟漢不整，治中都護有八井。」又曰：「興伍伍，仁義行，武得九九得聲名。童子木底百丈水，東家井裏五色星。我語不可信，問取衛先生。」蜀郡衛元嵩，周天和五年閏十月作詩：「戌亥君臣亂，子丑破城隍；寅卯如欲定，龍蛇伏四方。十八成男子，洪水主刀傍。市朝義歸政，人寧俱不荒。人言有恒性，也復道非常。爲君好思量，何□□禹湯。桃源花□□，李樹起堂堂。只看寅卯歲，深水没黄楊。」《大唐創業起居注》三。

15 武德元年八月，以西突厥曷娑那可汗爲歸義王。曷娑那獻大珠，帝曰：「珠誠至寶，然朕寶王赤心，珠無所用之。」竟還之。《唐會要》九四。

16 武德二年二月，上親閲羣臣考績，以李綱、孫伏伽爲上第。上初受禪，以舞人安叱奴爲散騎侍郎，綱上疏論諫；伏伽亦諫賞獻琵琶弓箭者，及請擇正人爲太子諸王師友，皆言詞激切。故皆陟其考第，以旌寵之。《唐會要》八一。參見李綱2、孫伏伽1。

17 武德二年二月，武功人嚴甘羅行劫，爲吏所拘。高祖謂曰：「汝何爲作賊？」甘羅言：「饑寒交切，所以爲盜。」高祖曰：「吾爲汝君，使汝窮乏，吾罪也。」因命捨之。《唐會要》四〇。《南部新書》癸。《唐語林》一。

18 國朝以李氏出自老君，故崇道教。高祖武德三年，晉州人吉善行于羊角山見白衣老父，呼善行謂曰：「爲吾語唐天子：吾是老君，即汝祖也。今年無賊，天下太平。」高祖即遣使致祭立廟于其地。遂改浮山縣爲神山縣，拜善行爲朝散大夫。《封氏聞見記》一。《唐會要》五〇。

19 唐高祖武德三年，老君見于羊角山。秦王令吉善行入奏。善行告老君云：「入京甚難，無物爲驗。」老君曰：「汝到京日，有獻石似龜者，可爲驗。」既至朝門，果有邵州獻石似龜。下有六字，曰「天下安，千萬日。」《録異記》(《廣記》一三五)。

20 武德七年，遣刑部尚書沈叔安攜天尊像賜高麗，仍令道士往彼講《道德經》。《南部新書》甲。又《唐詩紀事》三引。

21 見蘇世長1。

22、23 見唐太宗11、35。

24 崔善爲明天文曆算，曉達時務，爲尚書左丞。令史惡其明察，乃爲謗書曰：「崔子曲如鉤，隨時待封侯。」高宗謂之曰：「澆薄之後，人多醜政。昔北齊奸吏歌斛律明月，高緯闇主遂滅其家。朕雖不明，幸免斯事。」乃搆流言者罪之。《大唐新語》七。《續世説》六。《能改齋漫録》一四。《唐詩紀事》四。案：據兩《唐書·崔善爲傳》及《續世説》、《唐詩紀事》，此爲高祖時事。

25 高祖嘗幸國學，命徐文遠講《孝經》，僧惠乘講《金剛經》，道士劉進嘉講《老子》。詔劉德明與之辯論，於是詰難鋒起，三人皆屈。高祖曰：「儒、玄、佛義各有宗旨，劉、徐等並當今傑才，德明一舉而蔽之，可謂達學矣。」賜帛五十疋。《大唐新語》一一。

26 帝特善書，工而且疾，真草不拘常體，而草跡韶媚可愛。嘗一日注授千許人官，更案遇得好紙，走筆若飛，食頃而訖。得官人等，不敢取告符，乞寳神筆之跡，遂各分所授官名而去。《大唐創業起居注》二。《書小史》一。

竇皇后

1 見唐高祖6。

唐太宗

1 太宗誕之三日也，有書生詣高祖曰：「公是貴人，有貴子。」因目太宗曰：「龍鳳之姿，天日之表也。公貴因此兒。二十必能安民矣。」《感定録》（《廣記》一三五）。

2 唐文皇帝未建義時，嘗飲酒醉卧劉文静家。文静坐樓上，見宅南大池中有白龍下飲水，池中大魚皆躍上岸以白數，良久乃隱。家人共見，極驚駭。太宗睡覺，謂文静曰：「醉中渴甚，夢入公家池中飲水，極清冷快意。」文静視其體，猶溼也。《寓簡》三。

3 見劉文静2。

4 太宗嘗進白高祖曰：「代傳李氏姓膺圖籙。李金才位望崇貴，一朝族滅，大人受命討捕，其可得乎？誠能平賊，即又功當不賞，以此求免，其可得乎？」高祖曰：「我一夜思量，汝言大有理。今日破家滅身亦由汝，化家爲國亦由汝。」《譚賓録》（《廣記》一八九）。

5 武德二年八月，曷娑那在長安，北突厥遣使請殺之，不許。羣臣皆曰：「保一人而失一國，後必爲患。」秦王曰：「人窮歸我，殺之不義。」久之，引曷娑那入内殿，既而送中書省，縱北突厥使者殺之。《唐會要》九四。

6 見尉遲敬德1。

7 太宗文皇帝平王世充，於圖籍有交關語言構怨連結文書數百事，太宗命杜如晦掌之。如晦復稟上當如何，太宗曰：「付諸曹吏行。」頃聞於外，有大臣將自盡者。上乃復取文書，背裹一物，擬石重，上親裹百重，命中使沉滹沱中，更不復省。此與光武焚交謗數千章者何異。《龍城録》下。

8　見房玄齡3。

9　太宗之爲秦王，府僚多被遷奪，深患之。梁公曰：「餘人不足惜，杜如晦聰明識達，王佐才也。」帝大驚，由是親寵日篤。杜僕射薨後，太宗食瓜美，愴然思之，遂輟其半，使置之於靈座。《隋唐嘉話》上。《大唐新語》一。

10　隋司隸薛道衡子收，以文學爲秦王府記室，早亡，太宗追悼之，謂梁公曰：「薛收不幸短命，若在，當以中書令處之。」《隋唐嘉話》上。《大唐新語》六。《唐詩紀事》三。

11　唐高祖校獵城外，太子建成、秦王世民、齊王元吉皆從。上命三子馳射角勝。建成有胡馬，肥壯而善蹶，以授世民〔曰〕：「此馬甚駿，能超數丈澗。弟善騎，試乘之。」世民乘以逐鹿。馬蹶，世民躍立於數步之外；馬起，復乘之，如是者三。顧謂宇文士及曰：「彼欲以此見殺。死生有命，庸何傷乎？」建成因令妃嬪譖之於上，曰：「秦王自言我有天命，方爲天下主，豈有混死？」上大怒，責世民曰：「天子自有天命，非智力可求。汝求之一何急邪？」世民免冠頓首，乞下法司案驗，上怒不解。《續世説》一二。

12　武德七年閏七月，秦王世民與虜遇於豳州。頡利、突利二可汗率萬騎奄至城西，秦王帥騎馳詣虜陣，告之曰：「國家與可汗和親，何爲負約，深入我地！我秦王也，能鬭，獨出與我鬭，若以衆來，我直以此百騎相當耳。」頡利不應。又遣騎前告之：「爾往與我盟，有急相救。今乃相攻，何無香火情！」突利亦不應。頡利見秦王輕出，又聞香火之言，疑突利與王有謀，乃遣止之曰：「王不須渡，我但欲申固盟約耳。」兵少卻。後雨久，虜弓筋膠俱解。秦王潛師夜進，頡利大驚，乃請和親。《唐會要》九四。

13 太宗將誅蕭牆之惡，以匡社稷，謀於衛公李靖，靖辭。謀於英公徐勣，勣亦辭。帝以是珍此二人。《隋唐嘉話》上。

14 武德九年十一月，太宗始躬親政事，詔曰：「有隋御宇，政刻刑煩。上懷猜阻，下無和暢。致使朋友遊好，慶弔不通；卿士聯官，請問斯絶。自今已後，宜革前弊，庶上下交泰，品物咸通。布告天下，使知朕意。」由是風俗一變，澆漓頓革矣。《大唐新語》一〇。

15 太宗每見人上書有所裨益者，必令黏於寢殿之壁，坐卧觀覽焉。《隋唐嘉話》上。《貞觀政要》二。

16 太宗：有人言尚書令史多受賂者，乃密遣左右以物遺之。司門令史果受絹一疋。太宗將殺之，裴矩諫曰：「陛下以物試之，遽行極法，使彼陷於罪，恐非道德齊禮之義。」乃免。《大唐新語》一。《唐會要》四〇。《唐語林》一。

17 太宗之平劉武周，河東士庶歌舞於道，軍人相與爲《秦王破陣樂》之曲，後編樂府云。《隋唐嘉話》中。

18 唐太宗貞觀元年宴日，奏《秦王破陣》之曲。蓋太宗在藩爲秦王時，士庶軍人相與作之。被甲持戟，象戰事。上嘆曰：「豈意今日登于雅樂，朕雖以武功定天下，終以文德綏海内。」遂令虞世南等改製歌詞，更名《七德舞》，舞者至一百二十人。《近事會元》四。《南部新書》己。

19 貞觀初放榜日，上私幸端門，見進士於榜下綴行而出，喜謂侍臣曰：「天下英雄，入吾彀中矣！」

《唐摭言》一五。同書卷一亦有記載。

20 進士榜頭，竪黏黄紙四張，以氈筆淡墨衮轉書曰「禮部貢院」四字，或曰：文皇頃以飛白書之。或象陰注陽受之狀。《唐摭言》一五。

21、22 見戴冑2、3。

23 貞觀初，太宗謂蕭瑀曰：「朕少好弓矢，自謂能盡其妙。近得良弓十數，以示弓工。乃曰：『皆非良材也。』朕問其故，工曰：『木心不正，則脈理皆邪，弓雖剛勁而遣箭不直，非良弓也。』朕始悟焉。朕以弧矢定四方，用弓多矣，而猶不得其理。況朕有天下之日淺，得爲理之意，固未及於弓，弓猶失之，而況於理乎？」自是詔京官五品以上，更宿中書内省。每召見，皆賜坐與語，詢訪外事，務知百姓利害，政教得失焉。《貞觀政要》一。

24 貞觀初，有上書請去佞臣者，太宗謂曰：「朕之所任，皆以爲賢，卿知佞者誰耶？」對曰：「臣居草澤，不的知佞者，請陛下佯怒以試羣臣。若能不畏雷霆，直言進諫，則是正人；順情阿旨，則是佞人。」太宗謂封德彝曰：「流水清濁，在其源也。君者政源，人庶猶水，君自爲詐，欲臣下行直，是猶源濁而望水清，理不可得。朕常以魏武帝多詭詐，深鄙其爲人，如此，豈可堪爲教令？」謂上書人曰：「朕欲使大信行於天下，不欲以詐道訓俗，卿言雖善，朕所不取也。」《貞觀政要》五。《唐會要》五一。

25 見張行成1。

26 貞觀二年，太宗謂右僕射封德彝曰：「致安之本，惟在得人。比來命卿舉賢，未嘗有所推薦，天下事重，卿宜分朕憂勞，卿既不言，朕將安寄？」對曰：「臣愚豈敢不盡情，但今未見有奇才異能。」太宗曰：「前代明王使人如器，皆取士於當時，不借才於異代。豈得待夢傅說，逢呂尚，然後爲政乎？且何代無賢，但患遺而不知耳！」德彝慙赧而退。《貞觀政要》三。案：《通鑑》一九二繫於貞觀元年。

27 太常少卿祖孝孫奏所定新樂。太宗曰：「禮樂之作，是聖人緣物設教，以爲撙節，治政善惡，豈此之由？」御史大夫杜淹對曰：「前代興亡，實由於樂。陳將亡也爲《玉樹後庭花》，齊將亡也而爲《伴侶曲》，行路聞之，莫不悲泣，所謂亡國之音。以是觀之，實由於樂。」太宗曰：「不然，夫音聲豈能感人？歡者聞之則悦，哀者聽之則悲，悲悦在於人心，非由樂也。將亡之政，其人心苦，然苦心相感，故聞之則悲耳。何樂聲哀怨，能使悦者悲乎？今《玉樹》、《伴侶》之曲，其聲具存，朕能爲公奏之，知公必不悲耳。」尚書右丞魏徵進曰：「古人稱，禮云，禮云，玉帛云乎哉！樂云，樂云，鍾鼓云乎哉！樂在人和，不由音調。」太宗然之。《貞觀政要》七。

28 見魏徵4。

29 貞觀二年，京師旱，蝗蟲大起。太宗入苑視禾，見蝗蟲，掇數枚而呪曰：「人以穀爲命，而汝食之，是害于百姓。百姓有過，在予一人，爾其有靈，但當蝕我心，無害百姓。」將吞之。左右遽諫曰：「恐成疾，不可。」太宗曰：「所冀移災朕躬，何疾之避！」遂吞之。自是蝗不復爲災。《貞觀政要》八。《唐會要》四四。《集異志》二。

30 貞觀二年，關中旱，大饑。太宗謂侍臣曰：「水旱不調，皆爲人君失德。朕德之不修，天當責朕，百姓何罪，而多遭困窮？聞有鬻男女者，朕甚愍焉。」乃遣御史大夫杜淹巡檢，出御府金寶贖之，還其父母。《貞觀政要》六。

31 貞觀二年，公卿奏曰：「依《禮》，季夏之月，可以居臺榭。今夏暑未退，秋霖方始，宫中卑濕，請營一閣以居之。」太宗曰：「朕有氣疾，豈宜下濕？若遂來請，糜費良多。昔漢文將起露臺，而惜十家之産，朕德不逮于漢帝，而所費過之，豈爲人父母之道也？」固請至于再三，竟不許。《貞觀政要》六。

32 見張玄素2。

33 貞觀初，太宗謂侍臣曰：「婦人幽閉深宫，情實可愍。隋氏末年，求採無已，至於離宫别館，非幸御之所，多聚宫人。此皆竭人財力，朕所不取。且灑掃之餘，更何所用？今將出之，任求伉儷，非獨以省費，兼以息人，亦各得遂其情性。」於是後宫及掖庭前後所出三千餘人。《貞觀政要》六。

34 貞觀初，太宗與黄門侍郎王珪宴語，時有美人侍側，本廬江王瑗之姬也。瑗敗，籍没入宫。太宗指示珪曰：「廬江不道，賊殺其夫而納其室。暴虐之甚，何有不亡者乎！」珪避席曰：「陛下以廬江取之，爲是邪，爲非邪？」太宗曰：「安有殺人而取其妻，卿乃問朕是非，何也？」珪對曰：「臣聞於《管子》曰：『齊桓公之郭國，問其父老曰：「郭何故亡？」父老曰：「以其善善而惡惡也。」桓公曰：「若子之言，乃賢君也，何至於亡？」父老曰：「不然。郭君善善而不能用，惡惡而不能去，所以亡也。」』今此婦人尚在左右，臣竊以爲聖心是之。陛下若以爲非，所謂知惡而不去也。」太宗大悦，稱爲至善，遽令以美人還其親族。《貞觀政要》二。

35 貞觀二年，隋通事舍人鄭仁基女年十六七，容色絶姝，當時莫及。文德皇后訪求得之，請備嬪御，太宗乃聘爲充華。詔書已出，策使未發。魏徵聞其已許嫁陸氏，方遽進而言曰：「陛下爲人父母，撫愛百姓，當憂其所憂，樂其所樂。自古有道之主，以百姓之心爲心，故君處臺榭，則欲民有棟宇之安；食膏粱，則欲民無飢寒之患；顧嬪御，則欲民有室家之歡。此人主之常道也。今鄭氏之女，久已許人，陛下取之不疑，無所顧問，播之四海，豈爲民父母之道乎？臣傳聞雖或未的，然恐虧損聖德，情不敢隱。君舉必書，所願特留神慮。」太宗聞之大驚，手詔答之，深自克責，遂停策使，乃令女還舊夫。左僕射房玄齡、中書令温彦博、禮部尚書王珪、御史大夫韋挺等云：「女適陸氏，無顯然之狀。大禮既行，不可中止。」又陸氏抗表云：「某父康在日，與鄭家往還，時相贈遺資財，初無婚姻交涉親戚。」並云「外人不知，妄有此説」。大臣又勸進。太宗於是頗以爲疑，問徵曰：「羣臣或順旨，陸氏何爲過爾分疏？」徵曰：「以臣度之，其意可識，將以陛下同於太上皇。」太宗曰：「何也？」徵曰：「太上皇初平京城，得辛處儉婦，稍蒙寵遇。處儉時爲太子舍人，太上皇聞之不悦，遂令出東宫爲萬年縣。每懷戰懼，常恐不全首領。陸爽以爲陛下今雖容之，恐後陰加譴謫，所以反覆自陳，意在於此，不足爲怪。」太宗笑曰：「外人意見，或當如此。然朕之所言，未能使人必信。」乃出敕曰：「今聞鄭氏之女，先已受人禮聘，前出文書之日，事不詳審，此乃朕之不是，亦爲有司之過。授充華者宜停。」時莫不稱歎。《貞觀政要》二。《魏鄭公諫録》二。案：《通鑑》一九四作貞觀八年事。

36 貞觀二年，太宗謂侍臣曰：「朕每夜恒思百姓間事，或至夜半不寐。惟恐都督、刺史堪養百姓以否。故於屏風上録其姓名，坐卧恒看，在官如有善事，亦具列於名下。朕居深宫之中，視聽不能及遠，所委者惟都督、刺史，此輩實治亂所繫，尤須得人。」《貞觀政要》三。

37 貞觀中，忽有白鵲搆巢於寢殿前槐樹上，其巢合歡，如腰鼓，左右拜舞稱賀。上曰：「我常笑隋煬帝好祥瑞，瑞在得賢，此何足賀！」乃命毁其巢，鵲放於野外。《酉陽雜俎》前集一。　案：《通鑑》一九三繫於貞觀二年。

38 太宗謂監修國史房玄齡曰：「比見前後漢史，載揚雄《甘泉》《羽獵》、司馬相如《子虚》《上林》、班固《兩都賦》，此既文體浮華，無益勸戒，何暇書之史策？今有上書論事，詞理可裨於政理者，朕或從或不從，皆須備載。」《大唐新語》九。《貞觀政要》七。

39 見杜如晦3。

40 李靖征突厥，征頡利可汗，拓境至於大漠。太宗謂侍臣曰：「朕聞主憂臣辱，主辱臣死。往者國家草創，太上皇以百姓之故，稱臣於突厥，未嘗不痛心疾首，志滅匈奴。今暫勞偏師，無往不捷，單于稽首，耻其雪乎！」羣臣皆呼萬歲。御史大夫温彦博害靖之功，劾靖軍無紀綱，突厥寶貨，亂兵所分。太宗捨而不問。及靖凱旋，進見謝罪，太宗曰：「隋將史萬歲破突厥，有功不賞，以罪致戮。朕則不然，當捨公之罪，録公之勳也。」《大唐新語》七。

41 太宗閲醫方，見《明堂圖》，人五臟之系咸附於背，乃愴然曰：「今律杖笞，奈何令髀背分受？」乃詔不得笞背。《隋唐嘉話》中。《唐語林》二。

42 太宗每謂人曰：「人言魏徵舉動疏慢，我但覺其嫵媚耳。」貞觀四載，天下康安，斷死刑至二十九人而已。户不夜閉，行旅不賫糧也。《隋唐嘉話》上。

43 太宗謂羣臣曰：「始人皆言當今不可行帝王道，唯魏徵勸我，今遂得功業如此，恨不得使封德彝等見之。」《隋唐嘉話》上。參見《大唐新語》一。

44 貞觀中，有河内人妄爲妖言，大理丞張藴古以其素狂病，不當坐。太宗以有情，令斬之，尋悔以無所及。自後每決死刑，皆令五覆奏。《隋唐嘉話》中。《貞觀政要》八。

45 貞觀中，林邑國貢白鸚鵡，性辯慧，尤善應答，屢有苦寒之言。太宗愍之，付其使，令還出於林藪。《貞觀政要》八。

46 見馬周5。

47 貞觀六年，右衛將軍陳萬福自九成宫赴京，違法取驛家麩數石。太宗賜其麩，令自負出以耻之。《貞觀政要》六。

48 太宗幸九成宫還京，有宫人憩湋川縣官舍，俄而李靖、王珪至，縣官移宫人於别所，而舍靖、珪。太宗聞之，怒曰：「威福豈由靖等？何爲禮靖等而輕我宫人？」即令按驗湋川官屬。魏徵諫曰：「靖等，陛下心膂大臣，宫人，皇后賤隸。論其委任，事理不同。又靖等出外，官吏倣闕庭法式；朝覲，陛下問人間疾苦。靖等自當與官吏相見，官吏亦不可不謁也。至於宫人，供養之外，不合參承。若以此加罪，恐不益德音，駭天下耳目。」太宗曰：「公言是。」遂捨不問。《大唐新語》一。《魏鄭公諫録》一。《唐會要》六五。《唐語林》一。

49 六年十二月四日，上臨朝，有誡懼之言。中書令温彦博曰：「陛下爲政若貞觀之初，則無憂于不治矣。」上曰：「朕其怠乎？」侍中魏徵進曰：「陛下貞觀之初，勵精思治，從諫如流，每因一事，觸類爲善。志存節儉，無所營求。比者造作微多，諫者頗忤，以此爲異耳。」上拊掌大笑曰：「良有是夫！」《唐會要》五二。《魏鄭公諫録》一。

50 貞觀七年，襄州都督張公謹卒，太宗聞而嗟悼，出次發哀。有司奏言：「準《陰陽書》云：『日在辰，不可哭泣。』此亦流俗所忌。」太宗曰：「君臣之義，同於父子，情發於中，安避辰日？」遂哭之。《貞觀政要》六。案：《通鑑》一九四作貞觀六年事。

51 貞觀七年，太常卿蕭瑀奏言：「今《破陣樂舞》，天下之所共傳，然美盛德之形容，尚有所未盡。前後之所破劉武周、薛舉、竇建德、王世充等，臣願圖其形狀，以寫戰勝攻取之容。」太宗曰：「朕當四方未定，因爲天下救焚拯溺，故不獲已，乃行戰伐之事，所以人間遂有此舞，國家因兹亦制其曲。然雅樂之容，止得陳其梗概，若委曲寫之，則其狀易識。朕以見在將相，多有曾經受彼驅使者，既經爲一日君臣，今若重見其被擒獲之勢，必當有所不忍，我爲此等，所以不爲也。」蕭瑀謝曰：「此事非臣思慮所及。」《貞觀政要》七。

52 太宗親録囚徒，歸死者二百九十人，令來年秋就刑。及期畢至，悉原之。《唐語林》一。

53 貞觀七年，工部尚書段綸奏進巧人楊思齊至。太宗令試，綸遣造傀儡戲具。太宗謂綸曰：「所進巧匠，將供國事，卿令先造此物，是豈百工相戒無作奇巧之意耶？」乃詔削綸階級，並禁斷此戲。《貞觀政要》六。

54 貞觀七年，太宗幸蒲州，刺史趙元楷課父老服黄紗單衣，迎謁路左。盛飾廨宇，修營樓雉以求媚。

又潛飼羊百餘口，魚數千頭，將饋貴戚。太宗知，召而數之曰：「朕巡省河、洛，經歷數州，凡有所須，皆資官物，卿爲飼羊養魚，雕飾院宇，此乃亡隋弊俗，今不可復行。當識朕心，改舊態也。」以元楷在隋邪佞，故太宗發此言以戒之。元楷慙懼，數日不食而卒。《貞觀政要》六。案：《通鑑》一九五作貞觀十二年事。

55 貞觀七年，蜀王妃父楊譽，在省競婢，都官郎中薛仁方留身勘問，未及予奪。其子爲千牛，於殿庭陳訴，云：「五品以上非反逆不合留身，以是國親，故生節目，不肯決斷，淹留歲月。」太宗聞之，怒曰：「知是我親戚，故作如此艱難。」即令杖仁方一百，解所任官。魏徵進曰：「城狐社鼠皆微物，爲其有所憑恃，故除之猶不易。況世家貴戚，舊號難理，漢、晉以來，不能禁禦，武德之中，以多驕縱，陛下登極，方始蕭條。仁方既是職司，能爲國家守法，豈可枉加刑罰，以成外戚之私乎！此源一開，萬端争起，後必悔之，將無所及。自古能禁斷此事，惟陛下一人。備豫不虞，爲國常道。豈可以水未横流，便欲自毁隄防？臣竊思度，未見其可。」太宗曰：「誠如公言，向者不思。然仁方輒禁不言，頗是專權，雖不合重罪，宜少加懲肅。」乃令杖二十而赦之。《貞觀政要》二。《魏鄭公諫録》二。《唐會要》五一。

56 貞觀八年，太宗將發諸道黜陟使，畿内道未有其人，太宗親定，問於房玄齡等曰：「此道事最重，誰可充使？」右僕射李靖曰：「畿内事大，非魏徵莫可。」太宗作色曰：「朕今欲向九成宫，亦非小，寧可遣魏徵出使。朕每行不欲與其相離者，適爲其見朕是非得失。公等能正朕不？何因輒有所言，大非道理。」乃即令李靖充使。《貞觀政要》五。

57 皇甫德參上書曰：「陛下修洛陽宫，是勞人也；收地租，是厚斂也；俗尚高髻，是宫中所化也。」太宗怒曰：「此人欲使國家不收一租，不役一人，宮人無髮，乃稱其意。」魏徵進曰：「賈誼當漢文之時，上書云『可爲痛哭者三，可爲長歎者五』。自古上書，率多激切。若非激切，則不能服人主之心。激切即似訕謗，所謂『狂夫之言，聖人擇焉』。惟在陛下裁察，不可責之。否則於後誰敢言者。」乃賜絹二十疋，命歸。《大唐新語》二。《魏鄭公諫録》一。《貞觀政要》二。《唐語林》三。

58　見魏徵15。

59　貞觀八年，左僕射房玄齡、右僕射高士廉於路逢少府監竇德素，問北門近來更何營造。德素以聞。太宗乃謂玄齡曰：「君但知南衙事，我北門少有營造，何預君事？」玄齡等拜謝。魏徵進曰：「臣不解陛下責，亦不解玄齡、士廉拜謝。玄齡既任大臣，即陛下股肱耳目，有所營造，何容不知？責其訪問官司，臣所不解。且所爲有利害，役工有多少，陛下所爲善，當助陛下成之，所爲不是，雖營造，當奏陛下罷之。此乃君使臣、臣事君之道。玄齡等問既無罪，而陛下責之，臣所不解；玄齡等不識所守，但知拜謝，臣亦不解。」太宗深愧之。《貞觀政要》二。《魏鄭公諫録》二。《大唐新語》二。《唐語林》一。　案：《唐會要》五一、《通鑑》一九六作貞觀十五年事。

60　見蕭瑀4。

61　貞觀十年，越王，長孫皇后所生，太子介弟，聰敏絶倫，太宗特所寵異。或言三品以上皆輕蔑王者，意在譖侍中魏徵等，以激上怒。上御齊政殿，引三品已上入坐定，大怒作色而言曰：「我有一言，向公等道。往前天子，即是天子，今時天子，非天子耶？往年天子兒，是天子兒，今日天子兒，非天子兒耶？我見隋家諸王，達官已下，皆不免被其躓頓。我之兒子，自不許其縱横，公等所容易過，得相共輕蔑。我若縱之，豈不能躓頓公等！」玄齡等戰慄，皆拜謝。徵正色而諫曰：「當今羣臣，必無輕蔑越王者。然在禮，臣、子一例，傳稱，王人雖微，列於諸侯之上。諸侯用之爲公，即是公；用之爲卿，即是卿。若不爲公卿，即下士於諸侯也。今三品已上，列爲公卿，並天子大臣，陛下所加敬異。縱其小有不是，越王何得輒加折辱？若國家紀綱廢壞，臣所不知。以當今聖明之時，越王豈得如此。且隋高祖不知禮義，寵樹諸王，使行無禮，尋以罪黜，不可爲法，亦何足道？」太宗聞其言，喜形於色，謂羣臣曰：「凡人言語理到，不可不伏。朕之所言，當身私愛。魏徵所論，國家大法。朕向者忿怒，自謂理在不疑。及見魏徵所論，始覺大非道理。爲人君言，何可容易！」召玄齡等而切責之，賜徵絹一千匹。《貞觀政要》二。《魏鄭公諫録》一。《續世説》一〇。

62 貞觀十年，治書侍御史權萬紀上言：「宣、饒二州諸山大有銀坑，採之極是利益，每歲可得錢數百萬貫。」太宗曰：「朕貴爲天子，是事無所少之。惟須納嘉言，進善事，有益於百姓者。且國家賸得數百萬貫錢，何如得一有才行人？不見卿推賢進善之事，又不能按舉不法，震肅權豪，惟道税鬻銀坑以爲利益。昔堯、舜抵璧於山林，投珠於淵谷，由是崇名美號，見稱千載。後漢桓、靈二帝好利賤義，爲近代庸暗之主。卿遂欲將我比桓、靈耶？」是日敕放令萬紀還第。《貞觀政要》六。《續世説》一。

63 貞觀十一年，太宗行至漢太尉楊震墓，傷其以忠非命，親爲文以祭之。房玄齡進曰：「楊震雖當年夭枉，數百年後方遇聖明，停輿駐蹕，親降神作，可謂雖死猶生，没而不朽。不覺助伯起幸賴欣躍於九泉之下矣。伏讀天文，且感且慰，凡百君子，焉敢不勗勵名節，知爲善之有效！」《貞觀政要》五。

64 太宗射猛獸於苑内，有羣豕突出林中，太宗引弓射之，四發殪四豕。有一雄豕直來衝馬，吏部尚書唐儉下馬搏之。太宗拔劍斷豕，顧而笑曰：「天策長史，不見上將擊賊耶？何懼之甚？」儉對曰：「漢祖以馬上得之，不以馬上理之。陛下以神武定四方，豈復逞雄心於一獸！」太宗善之，因命罷獵。《大唐新語》一。《唐會要》二八。《唐語林》一。

65 唐儉事太宗，甚蒙寵遇，每食非儉至不餐。數年後，特憎之，遣謂之曰：「更不須相見，見即欲殺。」隋文帝重高熲，初甚愛，後不願見，見之則怒。《朝野僉載》（《後村詩話》續集三）。

66 吏部尚書唐儉與太宗棋，争道。上大怒，出爲潭州。蓄怒未洩，謂尉遲敬德曰：「唐儉輕我，我欲殺之，卿爲我證驗有怨言指斥。」敬德唯唯。明日對仗云，敬德頓首曰：「臣實不聞。」頻問，確定不移。上怒，碎玉珽於地，奮衣入。良久索食，引三品以上皆入宴，上曰：「敬德今日利益者各有三：唐儉免枉死，朕免枉殺，敬德免曲從，三利也；朕有怒過之美，儉有再生之幸，敬德有忠直之譽，三益也。」賞敬德一千段，羣臣皆稱萬歲。《朝野僉載》（《後村詩話》續集三）。

67 貞觀十一年，著作佐郎鄧隆表請編次太宗文章爲集。太宗謂曰：「朕若制事出令，有益於人者，史則書之，足爲不朽。若事不師古，亂政害物，雖有詞藻，終貽後代笑，非所須也。只如梁武帝父子及陳後主、隋煬帝，亦大有文集，而所爲多不法，宗社皆須臾傾覆。凡人主惟在德行，何必要事文章耶？」竟不許。《貞觀政要》七。　案：《通鑑》一九五作貞觀十二年事。

68～70 見虞世南7～9。

71 太宗謂鄂公曰：「人言卿反，何故？」答曰：「臣反是實。臣從陛下討逆伐叛，雖憑威靈，幸而不死，然所存皆鋒刃也。今大業已定，而反疑臣。」乃悉解衣投於地，見所傷之處。帝對之流涕，曰：「卿衣矣。朕以不疑卿，故此相告，何反以爲恨？」《隋唐嘉話》中。《唐語林》五。

72 見尉遲敬德7。

73 貞觀十三年，褚遂良爲諫議大夫，兼知起居注。太宗問曰：「卿比知起居，書何等事？大抵於人君得觀見否？朕欲見此注記者，將却觀所爲得失以自警戒耳。」遂良曰：「今之起居，古之左、右史，以記人君言行，善惡畢書，庶幾人主不爲非法。不聞帝王躬自觀史。」太宗曰：「朕有不善，卿必記耶？」遂良曰：「臣聞守道不如守官。臣職當載筆，何不書之？」黄門侍郎劉洎進曰：「人君有過失，如日月之蝕，人皆見之。設令遂良不記，天下之人皆記之矣。」《貞觀政要》七。《大唐新語》三。　案：《唐會要》六三、《通鑑》一九六繫於貞觀十六年。

74 貞觀十四年，太宗謂房玄齡曰：「朕每觀前代史書，彰善癉惡，足爲將來規誡。不知自古當代國史，何因不令帝王親見之？」對曰：「國史既善惡必書，庶幾人主不爲非法。止應畏有忤旨，故不得見也。」太宗曰：「朕意殊不同古人。今欲自看國史者，蓋有善事，固不須論；若有不善，亦欲以爲鑒誡，使得自修改耳。卿可撰録進來。」玄齡等遂删略國史爲編年體，撰高祖、太宗實録各二十卷，表上之。太宗見六月四日事，語多微文，乃謂玄齡曰：「昔周公誅管、蔡而周室安，季友鴆叔牙而魯國寧，朕之所爲，義同此類，蓋所以安社稷，利萬民耳。史官執筆，何煩有隱？宜即改削浮詞，直書其事。」侍中魏徵奏曰：「臣聞人主位居尊極，無所忌憚，惟有國史，用爲懲惡勸善，書不以實，後嗣何觀？陛下今遣史官正其辭，雅合至公之道。」《貞觀政要》七。《唐會要》六三。　案：《通鑑》一九七繫於貞觀十七年。

75 貞觀十四年，冬十月，太宗將幸櫟陽遊畋。縣丞劉仁軌以收穫未畢，非人君順動之時，詣行所上表切諫。太宗遂罷獵，擢拜仁軌新安令。《貞觀政要》一〇。

76 太宗嘗止一樹下，曰：「此嘉樹。」宇文士及從而美之不容口，帝正色曰：「魏公常勸我遠佞人，我不悟佞人爲誰，意常疑汝而未明也，今日果然。」士及叩頭謝曰：「南衙羣官，面折廷争，陛下嘗不得舉手，今臣幸在左右，若不少有順從，陛下雖貴爲天子，復何聊乎？」帝意復解。《隋唐嘉話》上。《大唐新語》九、《唐語林》一。

77 太宗燕見衞公，常呼爲兄，不以臣禮。初嗣位，與鄭公語恒自名，由是天下之人歸心焉。《隋唐嘉話》上。

78 鄭公嘗拜掃還，謂太宗：「人言陛下欲幸南山，在外悉裝束了，而竟不行，何有此消息？」帝笑曰：「時實有此心，畏卿嗔，遂停耳。」《隋唐嘉話》上。《大唐新語》九。《唐語林》三。

79 太宗得鷂絶俊異，私自臂之，望見鄭公，乃藏於懷。公知之，遂前白事，因語古帝王逸豫，微以諷諫。語久，帝惜鷂且死，而素嚴敬徵，欲盡其言。徵語不時盡，鷂死懷中。《隋唐嘉話》上。《唐語林》三。　案：《梁谿漫志》五有考辨。

80 鄭公嘗出行，以正月七日謁見太宗，太宗勞之曰：「卿今日至，可謂人日矣。」《劉賓客嘉話録》，唐蘭考爲《隋唐嘉話》佚文。

81 魏徵爲秘書監，有告徵謀反者，太宗曰：「魏徵，昔吾之讎，只以忠於所事，吾遂拔而用之，何乃妄生讒構？」竟不問徵，遽斬所告者。《貞觀政要》六。

82 太宗常幸洛陽，頗見可欲，多治隋氏舊宫，或縱畋遊。魏徵驟諫，上忻然罷，曰：「非公，無此語。」《唐語林》三。

83 見長孫皇后1。

84 見魏徵27。

85 魏徵宅内，先無正堂，及遇疾，太宗時欲造小殿，而輟其材爲徵營構，五日而就。遣中使賫素褥布被而賜之，以遂其所尚。《貞觀政要》六。同書卷二亦有記載。《魏鄭公諫録》五。《大唐新語》一一。

86 魏徵寢疾，上曰：「卿必不起，豈無一言？」徵曰：「嫠不恤緯。」上曰：「真藥石也。」徵疾亟，上領幼女曰：「無以報卿功德，卿强開眼，認取新婦。」徵曰：「大事去矣。」終不能顧。後數年，以主嫁其子。《芝田録》、（張本《説郛》三、陶本《説郛》三八）。又《類説》一一引。

87 魏徵疾甚，太宗與太子再臨其第，徵加朝服拖紳。帝見徵悲懣，拊之泣慟，問所欲言，對曰：「嫠不恤緯而憂宗周之亡。」將以公主降其子叔玉，上以主從，目識新婦也。劉貺《續説苑》（《廣卓異記》二）。《魏鄭公諫録》五。

88 文貞公神道碑，太宗之文。時徵將薨，太宗嘗夢見，及覺，左右奏徵卒。故曰：「俄於髣髴，忽睹形儀。」復曰：「高宗昔日得賢相於夢中，朕今此宵失良臣於覺後。」《唐摭言》一五。《南部新書》己。

89 太宗謂梁公曰：「以銅爲鏡，可以正衣冠；以古爲鏡，可以知興替；以人爲鏡，可以明得失。朕嘗寶此三鏡，用防己過。今魏徵殂逝，遂亡一鏡矣。」《隋唐嘉話》上。《魏鄭公諫録》五。《獨異志》下。《唐語林》四。

90 見魏徵1。

91 貞觀十七年，太子右庶子高季輔上疏陳得失。特賜鍾乳一劑，謂曰：「卿進藥石之言，故以藥石相報。」《貞觀政要》二。《談賓録》（《廣記》一六四）。《唐會要》五五。

92 代州都督劉蘭謀反，腰斬之。將軍丘行恭希旨，探心肝而食。太宗責之曰：「典自有常科，何至如此！若食逆者心肝而爲忠孝，則蘭之心肝當爲太子諸王所食，豈到汝乎？」行恭慚謝而退。蘭本青州明經，遇亂爲鄉里所稱。保完青郡，遠近歸之。初降李密，密敗歸國，在代州爲遊客所告，遂族滅。《大唐新語》九。案：劉蘭，《通鑑》一九六作「劉蘭成」。

93 貞觀十七年，太宗圖畫太原倡義及秦府功臣趙公長孫無忌、河間王孝恭、蔡公杜如晦、鄭公魏徵、梁公房玄齡、申公高士廉、鄂公尉遲敬德、鄖公張亮、陳公侯君集、盧公程知節、永興公虞〔世〕南、渝公劉政會、莒公唐儉、英公李勣、胡公秦叔寶等二十四人於凌烟閣。太宗親爲之贊，褚遂良題閣，閻立本畫。及侯君集謀反伏誅，太宗與之訣，流涕謂之曰：「吾爲卿不復上凌烟閣矣！」《大唐新語》一一。《封氏聞見記》五。

94 中宗曾引修文館學士内燕，因賜遊觀。至凌烟閣，見〔侯〕君集像有半塗之跡。傳云：君集誅後，將堊塗之，太宗念其功而止。《封氏聞見記》五。

95 太宗中夜聞告侯君集反，起繞床而步，亟命召之，以出其不意。既至，曰：「臣常侍陛下幕府左右，乞留小子。」帝許之。流其子嶺南爲奴。《隋唐嘉話》上。

96 見侯君集1。

97 太子承乾既廢，魏王泰因入侍，太宗面許立爲太子，乃謂侍臣曰：「青雀入見，自投我懷中，云：『臣今日始得與陛下爲子，更生之日；臣有一孽子，百年之後當爲陛下煞之，傳國晉王。』父子之道，固當天性。我見其意，甚矜之。」青雀，泰小字也。褚遂良進曰：「失言。伏願審思，無令錯誤。安有陛下萬歲之後，魏王持國執權爲天子，而肯殺其愛子，傳國晉王者乎？陛下頃立承乾，後寵魏王，愛之踰嫡，故至於此。今若立魏王，須先措置晉王，始得安全耳。」太宗涕泗交下，曰：「我不能也。」因起入内。翌日，御兩儀殿，羣臣盡出，詔留長孫無忌、房玄齡、李勣、褚遂良，謂之曰：「我有三子一弟，所爲如此，我心無憀。」因自投于床，無忌争趨持，上抽佩刀，無忌等驚懼，遂良於手争取佩刀，以授晉王。因請所欲立，太宗曰：「欲立晉王。」無忌等曰：「謹奉詔。異議者請斬之。」太宗謂晉王曰：「汝舅許汝也，宜拜謝之。」晉王因下拜。移御太極殿，召百僚，立晉王爲皇太子，羣臣皆稱萬歲。《大唐新語》一。《唐會要》五。

98 太宗嘗怒苑西監穆裕，命於朝堂斬之。時高宗爲皇太子，遽犯顔進諫，太宗意乃解。司徒長孫無忌曰：「自古太子之諫，或乘間從容而言。今陛下發天威之怒，太子申犯顔之諫，誠古今未有。」太宗曰：「夫人久相與處，自然染習。自朕御天下，虚心正直，即有魏徵朝夕進諫。自徵云亡，劉洎、岑文本、馬周、褚遂良等繼之。皇太子幼在朕膝前，每見朕心説諫者，因染以成性，故有今日之諫。」《貞觀政要》二。

案：《唐會要》四以爲乃太子李承乾事。

99 貞觀十七年，十二月癸丑，太宗謂侍臣曰：「今日是朕生日。俗間以生日可爲喜樂，在朕情，翻成感思。君臨天下，富有四海，而追求侍養，永不可得。仲由懷負米之恨，良有以也。況詩云：『哀哀父母，生我劬勞。』奈何以劬勞之辰，遂爲宴樂之事！甚是乖於禮度。」因而泣下久之。《貞觀政要》七。《封氏聞見記》四。　案：《通鑑》一九八繫於貞觀二十年。

100 韋端符所撰《李衛公故物記》云：「三原令座中有客曰李丞者，衛公之冑，藏文帝賜書二十通，多言征討事，厚勞苦，『其兵事節度皆付公，吾不從中治也』。暨公疾，親詔者數四，其一曰：『有晝夜視公病大老嫗令一人來，吾欲熟知公起居狀。』權文公視此詔，常泣曰：『君臣之際乃如是耶！』」《容齋四筆》四。《記纂淵海》七一。

101 太宗將征遼，衛公病不能從，帝使執政以起之，不起。帝曰：「吾知之矣。」明日駕臨其第，執手與別，靖謝曰：「老臣宜從，但犬馬之疾，日月增甚，恐死於道路，仰累陛下。」帝撫其背曰：「勉之，昔司馬仲達非不老病，竟能自强，立勳魏室。」靖叩頭曰：「老臣請轝病行矣。」至相州，病篤不能進。駐蹕之役，高麗與靺鞨合軍，方四十里，太宗望之有懼色。江夏王進曰：「高麗傾國以抗王師，平壤之守必弱，假臣精卒五千，覆其本根，則數十萬之衆可不戰而降。」帝不應。既合戰，爲賊所乘，殆將不振。還謂衛公曰：「吾以天下之衆，困於蕞爾之夷，何也？」靖曰：「此道宗所解。」時江夏在側，帝顧之，道宗具陳前言，帝悵然曰：「時匆遽不憶也。」駐蹕之役，六軍爲高麗所乘，太宗命視黑旗——英公之麾也，候者告黑旗被圍，帝大恐。須臾復曰圍解，高麗哭聲動山谷，勣軍大勝，斬首數萬，俘虜亦數萬。《隋唐嘉話》上。《大唐傳載》。《唐語林》五。

102 貞觀十九年，太宗攻遼東安市城，高麗人衆皆死戰，詔令耨薩延壽、惠真等降衆止其城下以招之，城中堅守不動。每見帝幡旗，必乘城鼓譟。帝怒甚，詔江夏王道宗築土山，以攻其城，竟不能尅。太宗將旋師，嘉安市城主堅守臣節，賜絹三百匹，以勸勵事君者。《貞觀政要》五。

103 貞觀十九年，太宗征高麗，次定州，有兵士到者，帝御州城北門樓撫慰之。有從卒一人病，不能進，詔至床前，問其所苦，仍敕州縣醫療之，是以將士莫不欣然願從。及大軍回次柳城，詔集前後戰亡人骸骨，設太牢致祭，親臨，哭之盡哀，軍人無不灑泣。兵士觀祭者，歸家以言，其父母曰：「吾兒之喪，天子哭之，死無所恨。」太宗征遼東，攻白巖城，右衛大將軍李思摩，爲流矢所中，帝親爲吮血，將士莫不感勵。《貞觀政要》六。

104 鄭公之薨，太宗自製其碑文并自書，後爲人所間，詔令仆之。及征高麗不如意，悔爲是行，乃歎曰：「若魏徵在，不使我有此舉也。」既渡遼水，令馳驛祀以少牢，復立碑。《隋唐嘉話》上。《大唐新語》一。《唐語林》一。

105～107 見房玄齡9～11。

108 貞觀二十年秋，帝幸靈州，破薛延陁。時迴紇諸部遣使入貢，乞置官司。上爲詩序其事曰：「雪恥酬百王，除凶報千古。」公卿請勒石於靈州，從之。《唐詩紀事》一。

109 刑部尚書張亮坐謀反下獄，詔令百官議之，多言亮當誅，惟殿中少監李道裕奏亮反形未具，明其無罪。太宗既盛怒，竟殺之。俄而刑部侍郎有闕，令宰相妙擇其人，累奏不可。太宗曰：「吾已得其人矣。往者李道裕議張亮云『反形未具』，可謂公平矣。當時雖不用其言，至今追悔。」遂授道裕刑部侍郎。《貞觀政要》五。

110 二十一年九月，太宗辟人，從兩騎幸故未央宫。遇一衞士，佩刀不去，車駕至，惶懼待罪。太宗謂之曰：「仗司之失，非汝之罪，今若付法，當死者便數人」。因赦去之。《唐會要》二七。

111 太宗極康豫，太史令李淳風見上，流淚無言。上問之，對曰：「陛下夕當晏駕。」太宗曰：「人生有命，亦何憂也。」留淳風宿。太宗至夜半，奄然入定，見一人云：「陛下暫合來，還即去也。」帝問：「君是何人？」對曰：「臣是生人判冥事。」太宗入見，冥官問六月四日事，即令還。向見者又迎送引導出。淳風即觀玄象，不許哭泣，須臾乃寤。至曙，求昨所見者，令所司與一官，遂注蜀道一丞。上怪問之，選司奏，奉進止與此官。上亦不記，旁人悉聞，方知官皆由天也。《朝野僉載》六。

112 太宗俘虜天竺國人，就其中得方士那羅邇娑婆寐，自言二百歲，云自有長生之術。太宗深加禮敬，館之於金飈門内，造延年之藥，令兵部尚書崔敦禮監主之。發使天下，採諸奇藥異石，不可勝數。延歷歲月。藥成，服，竟不効。放還本國。《續世説》九。參見《酉陽雜俎》前集七。

113 高宗初立爲太子，李勣詹事，仍同中書門下三品，自勣始也。太宗謂之曰：「我兒初登儲貳，故以宫事相委，勿辭屈也。」勣嘗有疾，醫診之曰：「須龍鬚灰方可。」太宗剪鬚以療之，服訖而愈。勣頓首泣謝。他日顧謂勣曰：「朕當屬卿以孤幼，思之，無踰公，往不負李密，豈負於朕哉！」勣流涕而致謝，噬指出血。俄而沉醉，解御服以覆之。《大唐新語》一一。

114 太宗病甚，出英公爲疊州刺史，謂高宗曰：「李勣才智有餘，屢更大任，恐其不厭伏於汝，故有此授。今若即發者，我死後，可親任之。如遲疑顧望，便當殺之。」勣奉詔，不及家而行。《隋唐嘉話》中。《唐語林》五。

115 見唐玄宗22。

116 上嘗觀漁於西宫，見魚躍焉，問其故，漁者曰：「此當乳也。」於是中綱而止。《酉陽雜俎》前集一。

117 唐太宗盛飾宫掖，明然燈燭，與蕭后同觀之。謂曰：「朕施設孰與隋主？」蕭后笑而不答。固問之，曰：「彼乃亡國之君，陛下開基之主，奢儉之事，固不同爾。」帝曰：「隋主何如？」蕭后曰：「每至除夜，殿前諸位設火山數十，盡沉水香根。每一山焚沉香數車，以甲煎簇之，燄起數丈，香聞數十里。一夜之中，用沉香二百餘車，甲煎二百餘石。房中不燃膏火，懸寶珠一百二十以照之，光比白日。妾觀陛下殿前所焚是柴木，殿内所爇是膏油，但覺煙氣薰人。」太宗良久不言。口刺其奢，心服其盛。《續世説》九。

案：此或出《紀聞》（《廣記》二三六）。

118 王顯與文武皇帝有嚴子陵之舊，每掣褌爲戲，將帽爲歡。帝微時，常戲曰：「王顯抵老不作繭。」及帝登極，而顯謁奏曰：「臣今日得作繭耶？」帝笑曰：「未可知也。」召其三子，皆授五品，顯獨不及。

謂曰：「卿無貴相，朕非爲卿惜也。」曰：「朝貴而夕死足矣。」時僕射房玄齡曰：「陛下既有龍潛之舊，何不試與之？」帝與之三品，取紫袍、金帶賜之，其夜卒。《朝野僉載》五。

119 王無㝵好博戲，善鷹鷂。文武聖皇帝微時，與無㝵蒱戲争彩，有李陽之宿憾焉。帝登極，㝵藏匿不出。帝令給使將一鷂子於市賣之，索錢二十千。㝵不知也，酬錢十八貫，給使以聞。帝曰：「必王無㝵也。」遂召至，惶懼請罪。帝笑賞之，令於春明門待諸州麻車三日，並與之。㝵坐三日，屬灞橋破，唯得麻三車，更無所有。帝知其薄命，更不復賞。頻請五品，帝曰：「非不與卿，惜卿不勝也。」固請，乃許之，其夜遂卒。《朝野僉載》六。

120 唐貞觀中，張寶藏爲金吾長史。嘗因下直歸櫟陽，路逢少年畋獵，割鮮野食。倚樹長歎曰：「張寶藏身年七十，未嘗得一食酒肉如此者，可悲哉！」傍有一僧，指曰：「六十日内，官登三品，何足歎也。」言訖不見。寶藏異之，即時還京。時太宗苦病痢疾，衆醫不效，即下詔問殿廷左右，有能治此疾者，當重賞之。寶藏曾困此疾，即具疏答詔，以乳煎蓽茇方進。上服之，立瘥。宣下宰臣：與五品官。魏徵難之，逾月不進擬。上疾復作，問左右曰：「吾前服乳煎蓽茇有效。」復令進之，一啜又平復。上問曰：「嘗令與進方人五品官，不見除授，何也？」徵懼曰：「奉詔之際，未知文武二吏。」上怒曰：「治得宰相，不妨授三品；我天子也，豈不及汝邪？」乃厲聲曰：「與三品文官！」立授鴻臚卿，時正六十日矣。《獨異志》上。又《廣記》一四六引。《唐書》(《廣卓異記》八)。《續前定録》。參見張冏藏1。

121 薛萬徹尚丹陽公主。太宗嘗謂人曰：「薛駙馬村氣。」主羞之，不與同席數月。帝聞而大笑，置酒召對，握槊，賭所佩刀子，佯爲不勝，解刀以佩之。酒罷，主悦甚。薛未及就馬，遽召同載而還，重之踰于舊。《隋唐嘉話》中。《唐語林》五。

122　太宗虬鬚，嘗戲張弓掛矢。好用四羽大笴，長常箭一扶，射洞門闔。《酉陽雜俎》前集一。《獨異志》上。《南部新書》癸。

123　唐文皇虬鬚，壯冠，人號「髭聖」。《清異録》下。

124　天册府弧矢尺度，葢倍於常者。太宗北逐劉黑闥，爲突厥所窘，遂親發箭射退賊騎。突厥中得此箭，傳觀，皆歎伏神異。後餘弓一張，箭五隻，藏在武庫。歷代郊丘重禮，必陳於儀衛之前，以耀武德。惜哉，今與法物同爲煨燼矣。然此即劉氏斬虵劍之比也，豈不有所歸乎？《尚書故實》。

125　隋文皇帝時，大宛國獻千里馬，騣曳地，號曰「師子驄」。上置之馬羣，陸梁人莫能制。上令并羣驅來，謂左右曰：「誰能馭之？」郎將裴仁基曰：「臣能制之。」遂攘袂向前，去十餘步，踴身騰上，一手撮耳，一手摳目，馬戰不敢動，乃鞴乘之。朝發西京，暮至東洛。後隋末，不知所在。唐文武聖皇帝敕天下訪之，同州刺史宇文士及訪得其馬，老於朝邑市麵家挽磑，騣尾焦秃，皮肉穿穴，及見之悲泣。帝自出長樂坡，馬到新豐，向西鳴躍。帝得之甚喜，齒口並平，飼以鍾乳，仍生五駒，皆千里足也。後不知所在矣。《朝野僉載》五。

126　見長孫皇后。

127　貞觀二十一年八月十七日，骨利幹遣使朝貢，獻良馬百匹，其中十匹尤駿，太宗奇之，各爲製名，號曰十驥。其一曰騰雲白，二曰皎雪驄，三曰凝露白，四曰元光驄，五曰決波騟，六曰飛霞驃，七曰發電赤，八曰流金騧，九曰翔麟紫，十曰奔虹赤。《唐會要》七二。

128 骨利幹國獻馬百匹，十匹尤駿，上爲製名。決波騟者，近後足有距，走歷門三限不躓，上尤惜之。隋内庫有交臂玉猿，二臂相貫如連環，將表其轡。上後嘗騎與侍臣遊，惡其飾，以鞭擊碎之。《酉陽雜俎》前集一。

129 太宗欲見前代帝王事得失以爲鑒戒，魏徵乃以虞世南、褚遂良、蕭德言等采經史百家之内嘉言善語，明王暗君之跡，爲五十卷，號《羣書理要》，上之。太宗手詔曰：「朕少尚威武，不精學業，先王之道，茫若涉海。覽所撰書，博而且要，見所未見，聞所未聞，使朕致治稽古，臨事不惑。其爲勞也，不亦大哉！」賜徵等絹千疋，綵物五百段。太子諸王，各賜一本。《大唐新語》九。

130 黄帝《陰符經》，唐太宗令長孫無忌寫五十本，高宗又令寫百二十本。《吹劍録》四録。

131 見虞世南8。

132 太宗在雒陽，宴羣臣於積翠池。酒酣，各賦一事。太宗賦《尚書》曰：「日昃翫百篇，臨燈披五典。夏康既逸怠，商辛亦沉湎，恣情昏主多，克己明君鮮。滅身資累惡，成名由積善。」魏徵賦西漢曰：「受降臨軹道，争長趣鴻門。驅傳渭橋上，觀兵細柳屯。夜燕經柏谷，朝遊出杜原。終藉叔孫禮，方知天子尊。」太宗曰：「魏徵每言，必約我以禮。」《大唐新語》八。《唐詩紀事》四。《魏鄭公諫録》五。

133 十四年四月二十二日，太宗自爲真草書屏風以示羣臣。筆力遒勁，爲一時之絶。初購求人間書，凡真行二百九十紙，裝爲七十卷；草二千紙，裝爲八十卷。每聽覽之暇，得臨翫之。嘗謂朝臣曰：「書學小道，初非急務，時或留心，猶勝棄日。凡諸藝業，未有學而不得者也。病在心力懈怠，不能專精耳。朕少時爲公子，頻遭陣敵，義旗之始，乃平寇亂。執金鼓，必自指揮，觀其陣，即知其强弱。每取吾弱對其强，以吾强對其弱。敵犯吾弱，追奔不踰百數十步；吾擊其弱，必突過其陣。自背而反擊之，無不大潰。多用此制勝，思得其理深也。今吾臨古人之書，殊不學其形勢，唯在求其骨力。及得其骨力，而形勢自生耳。然吾之所爲，皆先作意，是以果能成也。」初置弘文館，選貴臣子弟有性識者爲學士，内出書命之令學。又人間有善書者，追徵入館。十數年間，海内從風矣。至十八年二月十七日，召三品已上賜宴於玄武門，太宗操筆作飛白書。衆臣乘酒，就太宗手中競取。散騎常侍劉洎登御牀引手然後得之，其不得者咸稱洎登御牀，罪當死，請以付法。太宗笑曰：「昔聞婕好辭輦，今見常侍登牀。」《唐朝叙書録》（《法書要録》四）。張懷瓘《叙書法》（《御覽》七四八）。《譚賓録》（《廣記》二〇九）、《尚書故實》《唐會要》三五。

134 唐太宗李氏，諱世民，高祖之次子。有隋末，首建大議，起太原，入長安，取天下如運諸掌。故史稱「除隋之亂，比迹湯、武；致治之美，庶幾成、康。」夫可謂近古之英主。方天下混一，四方無虞，乃留心翰墨，粉飾治具。雅好王羲之字，心慕手追。出内帑金帛，購人間遺墨，得真行草二千二百餘紙來上。萬機之餘，不廢模倣。先是釋智永善羲之書，而虞世南師之，頗得其體。太宗乃以書師世南，然嘗患戈脚不工，偶作「戩」字，遂空其落戈，令世南足之。以示魏徵，徵曰：「今窺聖作，惟戩字戈法逼真。」太宗歎其高於藻識，然自是益加工焉。世南既亡，以褚遂良侍書，凡人間所上羲之帖，惟遂良究其真贋，故所學尤勝。嘗謂朝臣曰：「書學小道，初非急務，時或留心，猶勝棄日。然亦未有不學而得者。朕少時臨陣料敵，以形勢爲主，今吾學書亦然。」又嘗作筆法、指意、筆意三説以訓學者，蓋所得其在是歟？ 復善飛白。一日宴三品以上於玄武門，作飛白以賜，臣下乘酒争取，以爲娛樂。 置弘文館，選貴遊子弟有字性者，出禁中所藏書，令斅學焉。 海内有善書者，亦許遣入館。 由是十年間翕然向化。 一日作真草屏幛以示羣臣，其筆力遒勁，尤爲一時之絶。 又嘗贊《羲之傳》，痛論字學，固亦見其髣髴。 觀夫淵源變態，出於筆端者，信非一日之習，其所由來遠矣。 今御府所藏一十有四。《宣和書譜》一。《譚賓録》（《廣記》二〇九）。《書小史》一。參見魏徵42。

135 十八年五月，太宗爲飛白書，作鸞鳳蟠龍等字，筆勢驚絶。 謂司徒長孫無忌、吏部尚書楊師道曰：「五日舊俗，必用服翫相賀。 朕今各賜君飛白扇二枚，庶動清風，以增美德。」《唐會要》三五。

136 太宗嘗以飛白書賜馬周，曰：「鳳鸞沖霄，必假羽翼；股肱之寄，要在忠力。」又高宗嘗爲飛白賜侍臣，戴至德，曰「泛洪源，俟舟楫」；郝處俊，曰「飛九霄，假六翮」；李敬玄，曰「資啓沃，罄丹誠」；崔知悌，曰「罄忠節，贊皇猷」： 其詞皆有比興。《唐語林》五。《書小史》一。

137 王右軍《蘭亭序》，梁亂出在外，陳天嘉中爲僧永所得。 至太建中，獻文宣帝。 隋平陳日，或以獻晉王，王不之寶。 後僧果從帝借搨。 及登極，竟未從索。 果師死後，弟子僧辯得之。 太宗爲秦王日，見搨本驚喜，乃貴價市大王書《蘭亭》，終不至焉。 及知在辯師處，便蕭翊就越州求得之，以武德四年入秦府。 貞觀十年，乃搨十本以賜近臣。 帝崩，中書令褚遂良奏：「《蘭亭》先帝所重，不可留。」遂秘於昭陵。《隋唐嘉話》下。參見《法書要録》三引何延之《蘭亭記》（《廣記》二〇八作《購蘭亭序》）。其文頗繁，體近傳奇，茲不録。

138《蘭亭》者，武德四年歐陽詢就越訪求得之，始入秦王府。麻道嵩奉教搨兩本，一送辯才，一王自收，嵩私搨一本。于時天下草創，秦王雖親總戎，《蘭亭》不離肘腋。及即位，學之不倦。至貞觀二十三年，褚遂良請入昭陵。後但得其摹本耳。《南部新書》丁。

139 太宗酷好法書，有大王真蹟三千六百紙，率以一丈二尺爲一軸，寶惜者獨《蘭亭》爲最，置於座側，朝夕觀覽。嘗一日附耳語高宗曰：「吾千秋萬歲後，與吾《蘭亭》將去也。」及奉諱之日，用玉匣貯之，藏於昭陵。《尚書故實》。

140 進士舒雅，嘗從鄭元素學。元素爲雅言：温韜亂時，元素隨之，多發關中陵墓。嘗入昭陵，見太宗散髮，以玉架衛之。兩廂皆置石榻。有金匣五，藏鍾、王墨跡，《蘭亭》亦在其中。嗣是散落人間，不知歸於何所。《江南餘載》下。案：《雲麓漫鈔》六綜合前人諸説而有詳論。

141 見閻立本6。

142《黄驄疊》：太宗定中原時所乘〔黄驄馬〕（戰馬也），後征遼，馬斃，上嘆惜，乃命樂工撰此曲。《樂府雜録》。又《御覽》五六八引。

143 太宗時，西國進一胡，善彈琵琶。作一曲，琵琶絃撥倍麄。上每不欲番人勝中國，乃置酒高會，使羅黑黑隔帷聽之，一遍而得。謂胡人曰：「此曲吾宮人能之。」取大琵琶，遂于帷下令黑黑彈之，不遺一字。胡人謂是宮女也，驚嘆辭去。西國聞之，降者數十國。《朝野僉載》五。又《廣記》二〇五引。

144 太宗常御安福門，謂侍臣曰：「聞西蕃人好爲打毬，比亦令習，曾一度觀之。昨昇仙樓有羣胡街裹打毬，欲令朕見。此胡疑朕愛此，騁爲之。以此思量，帝王舉動，豈宜容易，朕已焚此毬以自誡。」《封氏聞見記》六。案：《通鑑》一九九以爲高宗事。

145 太宗養一白鶻，號曰將軍。取鳥常驅至於殿前。然後擊殺，故名落雁殿。上恒令送書，從京至東都與魏王，仍取報，日往反數迴。亦陸機黃耳之徒歟！《朝野僉載》五。

146 太宗破高昌，收馬乳蒲桃種于苑，并得酒法。仍自損益之，造酒成緑色，芳香酷烈，味兼醍醐，長安始識其味也。《南部新書》丙。

長孫皇后

1 太宗曾罷朝，怒曰：「會殺此田舍漢！」文德后問：「誰觸忤陛下？」帝曰：「豈過魏徵，每廷爭辱我，使我常不自得。」后退而具朝服立於庭，帝驚曰：「皇后何爲若是？」對曰：「妾聞主聖臣忠。今陛下聖明，故魏徵得直言。妾幸備數後宮，安敢不賀？」《隋唐嘉話》上。《大唐新語》一。《獨異志》下。《唐語林》四。

2 太宗有一駿馬，特愛之，恒於宫中養飼，無病而暴死。太宗怒養馬宫人，將殺之。皇后諫曰：「昔齊景公以馬死殺人，晏子請數其罪云：『爾養馬而死，爾罪一也。使公以馬殺人，百姓聞之，必怨吾君，爾罪二也。諸侯聞之，必輕吾國，爾罪三也。』公乃釋罪。陛下嘗讀書見此事，豈忘之邪？」太宗意乃解。又謂房玄齡曰：「皇后庶事相啓沃，極有利益爾。」《貞觀政要》二。

3 長孫皇后侍太宗疾累月，晝夜不離側。常繫毒藥於衣帶，曰：「若有不諱，義不獨生。」貞觀十年，皇后疾篤，因取衣帶之藥以示上曰：「妾於陛下不豫之日，誓以死從乘輿，不能當呂后之地爾。」《續世說》八。

4 長孫皇后遇疾，漸危篤。皇太子啓后曰：「醫藥備盡，今尊體不瘳，請奏赦囚徒并度人入道，冀蒙福祐。」后曰：「死生有命，非人力所加。若修福可延，吾素非爲惡者；若行善無効，何福可求？赦者國之大事，佛道者，上每示存異方之教耳。常恐爲理體之弊，豈以吾一婦人而亂天下法？不能依汝言。」《貞觀政要》八。

5 長孫后號「觀音婢」。唐長孫皇后小字。《鑒誡録》二。

6 西京外城，朱雀街東第三橋，皇城之東第一街進業坊，隋無漏寺之故基，太子即其地建寺，爲文德皇后祈福，竹木森邃，爲京城觀游之最。《兩京新記》（《通鑑考異》一〇）。

7 錢有文如甲跡者，因文德皇后也。武德中，廢五銖錢，行開通元寶錢，此四字及書，皆歐陽詢所爲也。初進樣日，后掐一甲迹，因是有之。《譚賓録》（《廣記》四〇五）。又張本《說郛》七三引。《南部新書》丙。

徐賢妃

1 徐充容，太宗造玉華宮於宜君縣，諫曰：「妾聞爲政之本，貴在無爲。切見土木之功，不可兼遂。北闕初建，南營翠微，曾未逾時，玉華創制。雖復因山藉水，非架築之勞；損之又損，頗有無功之費。終以茅茨示約，猶興木石之疲；假使和雇取人，豈無煩擾之弊。是以卑宮菲食，聖主之所安；金屋瑶臺，驕主之作麗。故有道之君，以逸逸人；無道之君，以樂樂身。願陛下使之以時，則力不竭，不用而息之，則人胥悅矣。」詞多不盡載。充容名惠，孝德之女，堅之姑也。文彩綺麗，有若生知。太宗崩，哀慕而卒，時人傷異之。《大唐新語》二。《唐會要》三〇。《唐語林校證》四。

2　上都崇聖寺有徐賢妃妝殿。太宗曾召妃，久不至，怒之。因進詩曰：「朝來臨鏡臺，妝罷暫徘徊。千金始一笑，一召詎能來。」《大唐傳載》。《唐語林》四。《唐詩紀事》三。

唐高宗

1　高宗初扶牀，將戲弄筆，左右試置紙於前，乃亂畫滿紙，角邊畫處，成草書敕字。太宗遽令焚之，不許傳外。《酉陽雜俎》前集一。

2、3　見唐太宗97、98。

4　太宗征高麗，高宗留居定州，請驛遞表起居，飛奏事自此始。《隋唐嘉話》中。

5　見谷那律1。

6　見李元嬰2。

7　高宗王后性長厚，未嘗曲事上下。母柳氏，外舅奭，見內人尚宮，又不爲禮。則天伺王后所不敬者，傾心結之。所得賞賜，悉以分布。罔誣王后與母求厭勝之術。高宗遂有意廢之。長孫無忌已下，切諫以爲不可。時中書舍人李義府陰賊樂禍，無忌惡之，左遷壁州司馬。詔書未至門下，李義府密知之，問計於中書舍人王德儉。王德儉曰：「武昭儀甚承恩寵，上欲立爲皇后，猶豫未決者，直恐大臣異議耳。公能建策立之，則轉禍爲福，坐取富貴。」義府然其計，遂代德儉宿直，叩頭上表，請立武昭儀。高宗大悦，召見與語，賜寶珠一斗，詔復舊官。德儉，許敬宗之甥也，癭而多智，時人號曰智囊。義府於是與敬宗及御史大夫崔義玄、中丞袁公瑜等，覩時變而布腹心矣。高宗召長孫無忌、李勣、于志寧、褚遂良，將議廢立。勣稱疾不至，志寧顧望不敢對。高宗再三顧無忌曰：「莫大之罪，無過絶嗣。皇后無子，今欲廢之，立武士彠女，何如？」無忌曰：「先朝以陛下託付遂良，望陛下問其可否。」遂良進曰：「皇后出自名家，先帝爲陛下所娶，伏事先帝，無違婦德。愚臣不敢曲從，上違先帝之旨。」高宗不悦而罷。翌日又言之，遂良曰：「伏願再三審思。愚臣上忤聖顔，罪當萬死。但得不負先帝，甘心鼎鑊。」因置笏於殿階，曰：「還陛下此笏。」乃解巾叩頭流血。高宗大怒，命引出。則天隔簾大聲曰：「何不撲殺此獠！」無忌曰：「遂良受先帝顧命，有罪不可加刑。」翌日，高宗謂李勣曰：「册立武昭儀，遂良固執不從，且止。」勣曰：「陛下家事，何須問外人。」許敬宗又宣言於朝曰：「田舍兒剩種得十斛麥，尚欲换舊婦。況天子富有四海，立皇后有何不可？關汝諸人底事，而生異議！」則天令人以聞，高宗意乃定。遂廢王皇后及蕭淑妃爲庶人，因之别院。高宗猶念之，至其幽所，見其門封閉極密，唯通一竅以通食器，惻然呼曰：「皇后、淑妃何在，復好在否？」皇后泣而言曰：「妾得罪，廢棄以爲宫婢，何敢竊皇后名！」言訖嗚咽。又曰：「至尊思舊，使妾再見日月，望改此爲迴心院，妾再生之幸。」高宗曰：「朕即有處分。」則天知之，各杖一百，截去手，投於酒甕中，謂左右曰：「令此兩嫗骨醉可矣。」初，令宫人宣敕示王后，后曰：「願大家萬歲。昭儀長承恩澤，死是吾分也。」次至淑妃，聞敕駡曰：「阿武狐媚，翻覆至此，百生千劫，願我託生爲貓兒，阿武爲老鼠，吾扼其喉以報今日足矣。」自此禁中不許養貓兒。頻見二人爲祟，被髮瀝血，如死時狀。則天惡之，命巫祝祈禱，祟終不滅。《大唐新語》一二。《南部新書》甲。參見褚遂良10、11。

8　顯慶二年閏正月十四日，幸洛陽，勑每事儉約，道路不許修理。是日微雨，至灞橋，御馬蹶，御史中丞許圉師劾進馬官監門將軍斛斯政則罪合死刑，請付法。上曰：「馬有蹶失，不可責人。」特原之。《唐會要》二七。

9　顯慶四年，高宗因羣臣賀桃株生李，上曰：「隋煬帝世，常有野雀集於殿上，當上校尉唱云：『此是鸞鳥。』有衛士報云：『田野之中，大有此物。』乃笞衛士，奏以爲瑞，仍名此殿爲儀鸞殿，至今嗤笑。」《演繁露》四。

10　太宗車駕始幸洛陽宮，唯因舊宮無所改製，終於貞觀、永徽之間，荒蕪虚耗。置都之後，方漸修補。龍朔中，詔司農少卿韋機更繕造。高宗常謂機曰：「兩京朕東西二宅，來去不恒，卿宜善思修建。」始作上陽等宫。至武太后，遂定都於此，日已營構，而宫府備矣。《兩京記》（《太平御覽》一五六）。

11　上陽宫在皇城西南，東苑前苑東垂，南臨洛水，西亘穀水。上元中韋機充使所造，列岸修廊連亘。掘地得銅器，似盆而淺，中有隱起雙鯉之狀。魚間有四篆字，曰「長宜子孫」，時人以爲李氏再興之符。高宗末年常居此宫以聽政也。《東京記》（《御覽》一七三）。

12　大明宫南接京城之北面，西接京城之東北隅。初，高宗嘗患風痺，以宫内湫濕，屋宇擁蔽，乃於此置宮，司農少卿梁孝仁充使製造。北據高岡，南望爽塏，視終南如指掌，坊市俯而可窺。《西京記》(《御覽》一七三)。

13 見趙弘智1。

14 中書令郝處俊：高宗將下詔遜位於則天攝知國政，召宰臣議之，處俊對曰：「《禮經》云：『天子理陽道，后理陰德。』然則帝之與后，猶日之與月，陰之與陽，各有所主，不相奪也。若失其序，上則謫見於天，下則禍成於人。昔魏文帝著令，崩後尚不許皇后臨朝，奈何遂欲自禪位於天后。況天下者，高祖、太宗之天下，非陛下之天下。正合謹守宗廟，傳之子孫，不可持國與人，有私於后。惟陛下詳審。」中書侍郎李義琰進曰：「處俊所引經典，其言至忠，惟聖慮無疑，則蒼生幸甚。」高宗乃止。及天后受命，處俊已歿，孫象竟被族誅。始，則天以權變多智，高宗將排羣議而立之。及得志，威福並作，高宗舉動，必爲掣肘。高宗不勝其忿。時有道士郭行真出入宮掖，爲則天行厭勝之術。內侍王伏勝奏之。高宗大怒，密召上官儀廢之，因奏：「天后專恣，海內失望，請廢黜以順天心。」高宗即令儀草詔，左右馳告則天，遽訴。詔草猶在，高宗恐其怨懟，待之如初，且告之曰：「此並上官儀教我。」則天遂誅儀及伏勝等，並賜太子忠死。自是政歸武后，天子拱手而已，竟移龜鼎焉。《大唐新語》二。《唐語林》五。

15 總章中，高宗將幸涼州。時隴右虛耗，議者以爲非便。高宗聞之，召五品已上，謂曰：「帝五載一巡狩，羣后肆朝，此蓋常禮。朕欲暫幸涼州，如聞中外咸謂非宜。」宰臣已下，莫有對者。詳刑大夫來公敏進曰：「陛下巡幸涼州，宣王略，求之故實，未虧令典。但隨時度事，臣下竊有所疑，既見明敕施行，所以不敢陳黷。奉敕顧問，敢不盡言。伏以高黎雖平，扶餘尚梗，西道經略，兵猶未停。且隴右諸州，人户寡少，供待車駕，備挺稍難。臣聞中外實有竊議。」高宗曰：「既有此言，我止度隴，存問故老，蒐狩即還。」遂下詔停西幸。擢公敏爲黄門侍郎。《大唐新語》二。《唐會要》二七。《唐語林》一。

16 見狄仁傑6。

17 調露中，大帝欲封中岳，屬突厥叛而止。後又欲封，土番入寇，遂停。至永淳年，又駕幸嵩岳，謡曰：「嵩山凡幾層，不畏登不得，只畏不得登。三度徵兵馬，傍道打騰騰。」岳下遘疾，不愈，迴至宮而崩。《朝野僉載》一。

18 高宗末年，苦風眩頭重，目不能視。則天幸災逞己志，潛遏絶醫術，不欲其愈。及疾甚，召侍醫張文仲、秦鳴鶴診之，鳴鶴曰：「風毒上攻，若刺頭出少血，則愈矣。」則天簾中怒曰：「此可斬！天子頭上豈是試出血處耶？」鳴鶴叩頭請命，高宗曰：「醫之議病，理不加罪。且我頭重悶，殆不能忍，出血未必不佳。朕意決矣。」命刺之。鳴鶴刺百會及腦户出血。高宗曰：「吾眼明矣。」言未畢，則天自簾中頂禮以謝鳴鶴曰：「此天賜我師也。」躬負繒寶以遺之。高宗甚愧焉。《大唐新語》九。《譚賓録》（《廣記》二一八）。《獨異志》上。《芝田録》（《類説》一一）。《唐語林》五。

19 見郝處俊2。

20 高帝出獵，見大官刲羊，謂其無罪就死，以死鹿代之。《南部新書》戊。

21 漢武帝通西域，始以善幻人至中國。安帝時天竺獻伎，能自斷手足，刳腹胃，自是歷世有之。唐高宗惡其驚俗，勑西域開津不令入中國。《大周正樂》(《御覽》五六九)。

22 見高崔巍1。

23 胡楚賓屬文敏速，每飲酒半酣而後操筆。高宗每令作文，必以金杯盛酒，令飲，便以杯賜之。《譚賓録》(《廣記》一七四、二〇二)。《南部新書》辛。

24 《春鶯囀》：高宗曉聲律，晨坐聞鶯聲，命樂工白明達寫之，遂有此曲。《教坊記》。

25 龍朔二年四月，上自爲書與遼東諸將，謂許敬宗曰：「許圉師常自愛書，可於朝堂開示。」圉師見，甚驚喜，私謂朝官曰：「圉師見古跡多矣。魏晉以後，唯稱二王。然逸少多力而少妍，子敬多妍而少力。今觀聖跡，兼絶二王，鳳翥鸞廻，實古今書聖也。」《唐朝叙書録》(《法書要録》四)。《書小史》一。

26、27 見唐太宗130、136。

王皇后

1 見唐高宗7。

蕭良娣

1 見唐高宗7。

武皇后

1 則天初誕之夕，雌雉皆雊。右手中指有黑毫，左旋如黑子，引之長尺餘。《酉陽雜俎》前集一。

2 見袁天綱5。

3 唐太宗之代，有《秘記》云：「唐三代之後，即女主武王代有天下。」太宗密召李淳風以詢其事，淳風對曰：「臣據玄象推算，其兆已成。然其人已生在陛下宮内，從今不踰四十年，當有天下，誅殺唐氏子孫殆將殲盡。」帝曰：「求而殺之如何？」淳風曰：「天之所命，不可廢也。王者不死，雖求恐不可得。且據占已長成，復在宮内，已是陛下眷屬。更四十年，又當衰老，老則仁慈，其於陛下子孫或不甚損。今若殺之，即當復生，更四十年，亦堪御天下矣。少壯嚴毒，殺之爲血讎，即陛下子孫無遺類矣。」《譚賓録》（《廣記》一六三）。《感定録》（《廣記》二一五）。參見《定命録》（《廣記》二二四）。

4、5 見唐高宗7、14。

6 羣臣朝謁，萬方表奏，皆呼爲二聖。帝坐于東間，后坐于西間。后隨其愛憎，生殺在口。《唐曆》（《通鑑考異》一〇）。

7 永徽後，天下唱《武媚娘歌》，後立武氏爲皇后。大帝崩，則天臨朝，改號大周。二十餘年，武后彊盛，武三王梁、魏、定等並開府，自餘郡王十餘人，幾遷鼎矣。《朝野僉載》一。

8 咸亨以後，人皆云：「莫浪語，阿婆嗔，三叔聞時笑殺人。」後果則天即位，至孝和嗣之。阿婆者，則天也；三叔者，孝和爲第三也。《朝野僉載》一。

9 龍朔年已來，百姓飲酒作令云：「子母相去離，連臺拗倒。」子母者，盞與盤也；連臺者，連盤拗倒盞也。及天后永昌中，羅織事起，有宿衞十餘人於清化坊飲，爲此令。此席人進狀告之，十人皆棄市。自後廬陵徙均州，則子母相去離也；連臺拗倒者，則天被廢，諸武遷放之兆。《朝野僉載》一。

10 見李弘1。

11 見唐高宗18。

12 則天之廢廬陵也，飛騎十餘人於客户坊同飲。有一人曰：「早知今日無功賞，不及扶豎廬陵。」席上一人起出，北門進狀告之。席未散，並擒送羽林，鞫問皆實。告者授五品，言者斬，自餘知反不告，坐絞。《朝野僉載》（《廣記》二六三）。

13 則天稱尊號，以睿宗爲皇嗣，居東宮。雒陽人王慶之希旨，率浮僞千餘人詣闕，請廢皇嗣而立武承嗣爲太子。召見，兩淚交下。則天曰：「皇嗣我子，奈何廢之？」慶之曰：「神不享非類，今日誰國，而李氏爲嗣也！」則天固諭之令去，慶之終不去，面覆地，以死請。則天務遣之，乃以内印印紙，謂之曰：「持去矣。須見我，以示門者，當聞也。」慶之持紙，去來自若。此後屢見，則天亦煩而怒之，命李昭德賜杖。昭德命左右引出光政門外，昌言曰：「此賊欲廢皇嗣而立武承嗣。」命撲之，眼耳皆血出，乃榜殺之。《大唐新語》九。

14 見李昭德4。

15 駱賓王爲徐敬業作檄，極疏大周過惡，則天覽及「蛾眉不肯讓人，狐媚偏能惑主」，微笑而已。至「一抔之土未乾，六尺之孤安在」，不悦曰：「宰相何得失如此人。」《酉陽雜俎》前集一。《唐語林》二。《唐才子傳》一。

16 武后初爲明堂，明堂後又爲天堂五級，則俯視明堂矣。未就，並爲天火所焚。今明堂制度卑狹於前，猶三百餘尺。《隋唐嘉話》下。

17 武后爲天堂以安大像，鑄大儀以配之。天堂既焚，鐘復鼻絶。至中宗欲成武后志，乃斲像令短，建聖善寺閣以居之。今明堂始微於西南傾，工人以木於中鷹之。武后不欲人見，因加爲九龍盤糺之狀。其圓蓋上本施一金鳳，至是改鳳爲珠，羣龍捧之。《隋唐嘉話》下。

18 垂拱四年，則天于東都造明堂，爲宗祀之所，高三百尺。又于明堂之側，造天堂以侔佛像。大風摧倒，重營之。火災延及，明堂並盡。無何，又勅于其所復造明堂，侔于舊制。所鑄九州鼎，置于明堂之下。當中豫州鼎高一丈八尺，受一千八百石。其餘各依方面，並高一丈四尺，受一千二百石。都用銅五十六萬七百一十二斤。開元中，改明堂爲聽政殿，頗毁徹，而宏規不改。頂上金火珠迥出空外，望之赫然。省司試舉人，作《明堂火珠詩》，進士崔曙詩最清拔。其詩曰：「正位開重屋，陵空大火珠。夜來雙月滿，曙後一星孤。天浄光微滅，烟生望若無。還知聖明代，國寶在神都。」《封氏聞見記》四。

19 則天造明堂，于頂上鑄鐵爲鸑鷟，高二丈，以金飾之，軒軒若飛。數年，大風吹動，猶存其址。更鑄銅爲大火珠，飾以黄金，煌煌耀日，今見存焉。又造天樞于定鼎門，並番客胡商聚錢百萬億所成。其高九十尺，下以鐵山爲脚，鑄銅爲二麒麟，以鎮四方。上有銅盤，徑三丈。蛟龍人立，兩足捧大火珠，望之如日初出。鐫文于柱曰：「大周萬國述德天樞。」後開元中推倒，銅入上方。《大唐新語》(《廣記》二三六)。

20 李嶠少負才華，代傳儒學，累官成均祭酒、吏部尚書，三知政事，封鄭國公。長壽三年，則天徵天下銅五十萬餘斤，鐵三百三十餘萬，錢兩萬七千貫，於定鼎門内鑄八稜銅柱，高九十尺，徑一丈二尺，題曰「大周萬國述德天樞」，紀革命之功，貶皇家之德。天樞下置鐵山，銅龍負載，獅子、麒麟圍遶，上有雲蓋，蓋上施盤龍以托火珠，珠高一丈，圍三丈，金彩熒煌，光侔日月。武三思爲其文，朝士獻詩者不可勝紀。唯嶠詩冠絶當時，其詩曰：「轍跡光西崦，勳名紀北燕。何如萬國會，諷德九門前。灼灼臨黄道，迢迢入紫煙。仙盤正下露，高柱欲承天。山類叢雲起，珠疑大火懸。聲流塵作劫，業固海成田。聖澤傾堯酒，熏風入舜絃。欣逢下生日，還偶上皇年。」後憲司發嶠附會韋庶人，左授滁州别駕而終。開元初，詔毁天樞，發卒銷爍，彌月不盡。洛陽尉李休烈賦詩以詠之曰：「天門街裏倒天樞，火急先須卸火珠。計合一條絲線挽，何勞兩縣索人夫。」先有訛言云：「一條線挽天樞。」言其不經久也。故休烈詩及之。士庶莫不諷詠。天樞之北，韋庶人繼造一臺，先此毁拆。《大唐新語》八。又《廣記》二四〇、《唐詩紀事》一三引。

21 萬歲通天元年，鑄九鼎成，置于東都明堂之庭，后自製《曳鼎歌》，令曳者唱和焉。開元二年，太子賓客薛謙光獻東都九鼎銘，其蔡州鼎銘，武后所制。文曰：羲農首出，軒昊膺期。唐虞繼踵，湯禹乘時。天下光宅，域内雍熙。上玄降鑒，方建隆基。紫微令姚元崇奏曰：聖人啓運，休兆必彰，請宣付史館。明皇御名已兆於此。《唐詩紀事》三。

22 唐同泰於洛水得白石紫文，云「聖母臨水，永昌帝業」，進之，授五品果毅，置永昌縣。乃是白石鑿作字，以紫石末和藥嵌之。後并州文水縣於谷中得一石還如此，有「武興」字，改文水爲武興縣。自是往往作之。後知其僞，不復採用，乃止。《朝野僉載》三。

23 則天封嵩岳，大赦，改元「萬歲登封」。壇南有大槲樹，樹杪置金雞，因名樹爲金雞樹。《封氏聞見記》四。《唐語林》五。

24 見朱前疑1。

25 則天好禎祥，拾遺朱前疑説夢云，則天髮白更黑，齒落更生。即授都官郎中。司刑寺囚三百餘人，秋分後無計可作，乃於圜獄外羅牆角邊作聖人跡，長五尺。至夜半，三百人一時大叫。内使推問，云：「昨夜有聖人見，身長三丈，面作金色，云『汝等並冤枉，不須怕懼。天子萬年，即有恩赦放汝』。」把火照之，見有巨跡，即大赦天下，改爲大足元年。《朝野僉載》三。又《廣記》二三八引。

26 周聖曆年中，洪州有胡超僧出家學道，隱白鶴山，微有法術，自云數百歲。則天使合長生藥，所費巨萬，三年乃成。自進藥於三陽宫，則天服之，以爲神妙，望與彭祖同壽，改元爲久視元年。放超還山，賞賜甚厚。服藥之後三年而則天崩。《朝野僉載》五。

27 大足中，有祆妄人李慈德，自云能行符書厭，則天於内安置。布豆成兵馬，畫地爲江河，與給使相知削竹爲槍，纏被爲甲，三更於内反，宫人擾亂相殺者十二三。羽林將軍楊玄基聞内裏聲叫，領兵斬關而入，殺慈德、閹豎數十人。惜哉，慈德以厭爲客，以厭而喪。《朝野僉載》三。又《廣記》二八五引。

28 見李昭德1。

29 予數見還往説，天后時有獻三足烏，左右或言一足僞耳。天后笑曰：「但史册書之，安用察其真僞乎？」《唐書》云：天授元年，有進三足烏，天后以爲周室嘉瑞。睿宗云：「烏前足僞。」天后不悦。須臾，一足墜地。《酉陽雜俎》續集四。《南部新書》戊。

30 見俞文俊1。

31 漢發兵用銅虎符。及唐初，爲銀兔符，以兔子爲符瑞故也。又以鯉魚爲符瑞，遂爲銅魚符以珮之。至僞〔周〕，武姓也，玄武，龜也，又以銅爲龜符。《朝野僉載》（張本《説郛》二）。又《海録碎事》五。《演繁露》一〇引。

32 天授中，則天好改新字，又多忌諱。有幽州人尋如意上封云：「國字中『或』，或亂天象，請『□』中安『武』以鎮之。」則天大喜，下制即依。月餘有上封者云：「『武』退在『□』中，與囚字無異，不祥之甚。」則天愕然，遽追制，改令中爲「八方」字。後孝和即位，果幽則天於上陽宫。《朝野僉載》一。

33 則天革命，舉人不試皆與官，起家至御史、評事、拾遺、補闕者，不可勝數。張鷟爲謡曰：「補闕連車載，拾遺平斗量。杷推侍御史，椀脱校書郎。」時有沈全交者，傲誕自縱，露才揚己，高巾子，長布衫，南院吟之，續四句曰：「評事不讀律，博士不尋章。麵糊存撫使，眯目聖神皇。」遂被杷推御史紀先知捉向左臺，對仗彈劾，以爲謗朝政，敗國風，請於朝堂決杖，然後付法。則天笑曰：「但使卿等不濫，何慮天下人語？不須與罪，即宜放却。」先知於是乎面無色。《朝野僉載》四。

34 武后以吏部選人多不實，乃令試日自糊其名，暗考以定等第。判之糊名，自此始也。《隋唐嘉話》下。

案：今本《劉賓客嘉話録》亦載此條，唐蘭考爲誤入。

35 唐武后朝會宣諭：「卿等是我門客。」《李衛公詩話》(《古今事文類聚》新集二〇)。

36 見張說3。

37 見張嘉貞1。

38 見薛懷義2。

39 蘇州嘉興令楊廷玉，則天之表姪也，貪狠無厭。著詞曰：「迴波爾時廷玉，打獠取錢未足。阿姑婆見作天子，傍人不得棖觸。」差攝御史康訔推奏斷死。……有敕：楊廷玉改盡老母殘年。《朝野僉載》二。又《廣記》三二九引。

40 周御史彭先覺無面目。如意年中，斷屠極急，先覺知巡事，定鼎門草車翻，得兩羖羊。門家告御史，先覺進狀，奏請合宮尉劉緬專當屠，不覺察，決一頓杖，肉付南衙官人食。緬惶恐，縫新褌待罪。明日，則天批曰：「御史彭先覺奏決劉緬，不須。其肉乞緬喫却。」舉朝稱快。先覺於是乎慚。《朝野僉載》(《廣記》二六三)。

41 周長壽中，斷屠極切。左拾遺張德，妻誕一男，秘宰一口羊宴客。其日，命諸遺補，杜肅私囊一餤肉，進狀告之。至明日，在朝前，則天謂張德曰：「郎妻誕一男，大歡喜。」德拜謝。則天又謂曰：「然何處得肉？」德叩頭稱死罪。則天曰：「朕斷屠，吉凶不預。卿命客，亦須擇交。無賴之人，不須共聚集。」出肅狀以示之。肅流汗浹背，舉朝唾其面。《廣記》二六三。《續世說》一二。

42 洛東龍門香山寺上方，則天時名望春宮。則天常御石樓坐朝，文武百執事班於外而朝焉。《大唐傳載》。《唐語林》五。

43　武后將如洛陽，至閿鄉縣東，騎忽不進，召巫，言晉龍驤將軍王濬云：「臣墓在道南，每爲樵者所苦。聞大駕今至，故求哀。」后敕：去墓百步，不得耕殖。至今荆棘森然。《隋唐嘉話》下。又《廣記》二八三引作《國朝雜記》。

44　見姚崇3。

45～50　見狄仁傑19～28、30。

51　見王方慶2。

52　見吉頊4。

53　長安末，張易之等將爲亂，張柬之陰謀之，遂引桓彦範、敬暉、李湛等爲將，委以禁兵。神龍元年正月二十三日，暉等率兵將至玄武門，王同皎、李湛等先遣往迎皇太子於東宫，啓曰：「張易之兄弟，反道亂常，將圖不軌。先帝以神器之重，付殿下主之，無罪幽廢，人神憤惋，二十三年於兹矣。今天啓忠勇，北門將軍、南衙執政，剋期以今日誅凶竪，復李氏社稷。伏願殿下暫至玄武門，以副衆望。」太子曰：「凶竪悖亂，誠合誅夷。如聖躬不康何？慮有驚動，請爲後圖。」同皎諷諭久之，太子乃就路。又恐太子有悔色，遂扶上馬，至玄武門，斬關而入，誅易之等於迎仙院。則天聞變，乃起見太子曰：「乃是汝邪？小兒既誅，可還東宫。」桓彦範進曰：「太子安得更歸！往者天皇棄羣臣，以愛子託陛下。今太子年長，久居東宫，將相大臣思太宗、高宗之德，誅凶竪，立太子，兵不血刃而清内難，則天意人事，歸乎李氏久矣。今聖躬不康，神器無主，陛下宜『復子明辟』，以順億兆神祇之心。臣等謹奉天意，不敢不請陛下傳立愛子，萬代不絶，天下幸甚矣。」則天乃卧不語，見李湛曰：「汝是誅易之兄弟人耶？我養汝輩，翻見今日。」湛不敢對。湛，義府之子也。《大唐新語》一。

54　太后善自粉飾，雖子孫在側，不覺其衰老。及在上陽宫，不復櫛頮，形容羸悴。上入見，大驚。太后泣曰：「我自房陵迎汝來，固以天下授汝矣，而五賊貪功，驚我至此。」上悲泣不自勝，伏地拜謝死罪。由是三思等得入其謀。《唐統紀》（《通鑑考異》一二）。

55　《萬歲樂》。唐史云：明皇分樂爲二部。堂下立奏，謂之立部伎；堂上坐奏，謂之坐部伎。坐部伎六曲，而《鳥歌萬歲樂》居其四。《鳥歌》者，武后作也，有鳥能人言「萬歲」，因以製樂。《通典》云：《鳥歌萬歲樂》，武太后所造，時宫中養鳥能人言，嘗稱萬歲，爲樂以象之。舞，三人衣緋，大袖，並畫鸜鵒冠，作鳥象。《碧鷄漫志》四。

56　武后朝宰相石泉公王方慶，瑯琊王也。武后嘗御武成殿閲書畫，問方慶曰：「卿家舊法書存乎？」方慶遂集自右軍已下至僧虔、智永禪師等二十五人各書一卷，進上。后命崔融作序，謂爲《寶章集》，亦曰王氏世寶也。《尚書故實》。《書小史》二。

57　天授二年臘，卿相欲詐稱花發，請幸上苑，有所謀也。許之。尋疑有異圖，乃遣使宣詔曰：「明朝遊上苑，火急報春知：花須連夜發，莫待曉風吹！」於是凌晨名花布苑，羣臣咸服其異。后託術以移唐祚，此皆妖妄，不足信也。大凡后之詩文，皆元萬頃、崔融輩爲之。《唐詩紀事》三。《廣卓異記》二。

58 見李白33。

59、60 見宋之問3、5。

61 則天時，調猫兒與鸚鵡同器食，命御史彭先覺監，遍示百官及天下考使。傳看未遍，猫兒飢，遂齩殺鸚鵡以餐之，則天甚愧。武者國姓，殆不祥之徵也。《朝野僉載》五。

62 天后時，左衛兵曹劉景陽使嶺南，得秦吉了鳥雄雌各一隻，解人語。至都進之，留其雌者。雄者煩然不食，則天問曰：「何無聊也？」鳥爲言曰其配爲使者所得，今頗思之。乃呼景陽曰：「卿何故藏一鳥不進？」景陽叩頭謝罪，乃進之。則天不罪也。《朝野僉載》四。

63 唐天后中，尚食奉御張思恭進牛窟利上蚰蜒，大如筯。天后以玉合貯之，召思恭示曰：「昨窟利上有此，極是毒物。近有雞食烏百足蟲忽死，開腹，中有蚰蜒一抄，諸蟲並盡，此物不化。朕昨日以來意惡不能食。」思恭頓首請死，赦免之，與宰夫並流嶺南。《朝野僉載》（《廣記》四七四）。

64 天后好食冷修羊腸。張昌宗冷修羊手札曰：「珍郎殺身以奉國。」《清異録》上。

唐人軼事彙編卷二

唐中宗

1 見裴炎1。

2 唐中宗爲天后廢於房陵，仰天而嘆，因抛一石於雲中，心祝之曰：「我爲帝，即此石不落。」遂爲樹枝閣之，至今猶存。《獨異志》中。又《廣記》一三五引。

3 見崔敬嗣1。

4 見武皇后53。

5 張柬之既遷則天於上陽宫，中宗猶以皇太子監國，告武氏之廟。時累日陰翳，侍御史崔渾奏曰：「方今國命初復，正當徽號稱唐，順萬姓之心。奈何告武氏廟？廟宜毁之，復唐鴻業，天下幸甚。」中宗深納之。制命既行，陰雲四除，萬里澄廓，咸以爲天人之應。《大唐新語》二。《唐語林》五。

6 見武皇后54。

7 唐中宗朝，安樂、太平諸公主用事，東西置兩銓，恣行請託，或有斜封受官，預用來秋闕。《海録碎事》

二一。

8　景龍中，斜封得官者二百人，從屠販而踐高位。景雲踐祚，尚書宋璟、御史大夫畢構奏停斜封人官。璟、構出，後見鬼人彭卿受斜封人賄賂，奏云見孝和，怒曰：「我與人官，何因奪却。」於是斜封皆復舊職。《朝野僉載》一。

9　見蕭至忠2。

10　見宋璟8。

11　上巳祓禊，賜侍臣細柳圈，云：「帶之免蠆毒瘟疫。」《景龍文館記》（張本《説郛》七七、陶本《説郛》四六）。又《御覽》九四七、《類説》六引。《酉陽雜俎》前集一。

12　十月帝誕辰，内殿宴羣臣，聯句云……帝謂侍臣曰：「今天下無事，朝野多歡，欲與卿等詞人，時賦詩宴樂，可識朕意，不須惜醉。」大學士李嶠、宗楚客等跪奏曰：「臣等多幸，同遇昌期。謬以不才，策名文館。思勵駑朽，庶裨河嶽。既陪天歡，不敢不醉。」此後每遊別殿，幸離宮，駐蹕芳苑，鳴笳仙禁，或戚里宸筵，王門沓席，無不畢從。《唐詩紀事》一。《景龍文館記》（陶本《説郛》四六）。又《類説》六引。

13　見武平一1。

14　見韋嗣立3、4。

15　〔景龍〕四年春，上宴於桃花園，羣臣畢從。學士李嶠等各獻桃花詩，上令宮女歌之。辭既清婉，歌仍妙絶。獻詩者舞蹈稱萬歲。上勑太常簡二十篇入樂府，號曰《桃花行》。《景龍文館記》（陶本《説郛》四六）。又《御覽》九六七引。

16 〔景龍〕四年清明，中宗幸梨園，命侍臣爲拔河之戲。以大麻絙兩頭繫十餘小索，每索數人執之以挽，六弱爲輸。時七宰相二駙馬爲東朋，三相五將爲西朋。僕射韋巨源、少師唐休璟以年老，隨絙而踣，久不能起。帝以爲笑樂。《景龍文館記》（陶本《説郛》四六、張本《説郛》七七）。又《類説》六引。《封氏聞見記》六。《唐語林》五。

17 四月上巳日，上幸司農少卿王光輔莊。駕還朝後，中書侍郎南陽岑羲設茗，飲蒲萄漿，與學士等討論經史。《景龍文館記》（陶本《説郛》四六）。又《御覽》九七二引。

18 四年夏四月，上與侍臣於樹下摘櫻桃，恣其食。末後於蒲萄園大陳宴席，奏宮樂至暝，每人賜朱櫻兩籠也。《景龍文館記》（陶本《説郛》四六）。又《御覽》九六九引。

19 見崔湜4。

20 中宗景龍中，召學士賜獵，作吐陪行，前方後圓也。有二大鵰，上仰望之，有放挫啼曰：「臣能取之。」乃懸死鼠於鳶足，聯其目，放而鈎焉，二鵰果擊於鳶盤。狡兔起前，上舉撾擊斃之，帝稱「那庚」，從臣皆呼萬歲。《酉陽雜俎》前集一。

21 中宗令揚州造方丈鏡，鑄銅爲桂樹，金花銀葉，帝每騎馬自照，人馬並在鏡中。專知官高郵縣令幼臨也。《朝野僉載》三。

22 中宗時，殿中奏蹀馬之戲，宛轉中律。遇作飲酒樂者，以口啣杯，卧而復起，吐蕃大驚。《景龍文館記》（陶本《説郛》四六）。又《類説》六引。

23　上嘗夢日烏飛，蝙蝠數十逐而墮地。驚覺，召萬回僧，曰：「大家即是上天時。」翌日而崩。《酉陽雜俎》前集一。

韋皇后

1　隋開皇中，京兆韋衮有奴曰桃符，每征討將行，有膽力。衮至左衛中郎，以桃符久從驅使，乃放從良。桃符家有黄犉，宰而獻之，因問衮乞姓。衮曰：「止從我姓爲韋氏。」符叩頭曰：「不敢與郎君同姓。」衮曰：「汝但從之，此有深意。」故至今爲「黄犢子韋」，即韋庶人其後也。不許異姓者，蓋慮年代深遠，子孫或與韋氏通婚，此其意也。《朝野僉載》三。

2　見周仁軌1。

3　見裴談1。

4　韋庶人葬其父韋玄貞，號酆王。葬畢，官人路見鬼師雍文智，詐宣酆王教曰：「常作官人，甚大艱苦，宜與賞，着緑者與緋。」韋庶人悲慟，欲依鬼教與之。未處分間，有告文智詐受賂賄，驗，遂斬之。《朝野僉載》三。

5　韋庶人之全盛日，好厭禱，并將昏鏡以照人，令其速亂，與崇仁坊邪俗師婆阿來專行厭魅。平王誅之。後往往於殿上掘得巫蠱，皆逆韋之輩爲之也。《朝野僉載》三。

6　景龍中，韋庶人置石臺於此街(今按：指朱雀門街)，在開化一坊之間。雕刻綵縷，上建頌臺，蛟龍蟠繞，下有石馬、石獅子、侍衛之像。初，韋氏矯稱衣箱有五色雲氣，使畫工圖像，以示於朝。及節愍太子遇害，韋氏乃上中宗《聖威神武頌》，刊石以紀其事，謂之頌臺。上官昭容之文也。並勒公卿姓名於上，諂詞僞事。有乖典實。景雲元年毁之。《長安志》七。

7 景龍中謡曰：「黄柏犢子挽紖斷，兩脚踏地鞋繻斷。」六月，平王誅逆韋，欲作亂。鞋繻斷者，事不成。阿韋是「黄犢」之後也。《朝野僉載》一。

8 逆韋之妹，馮太和之妻，號七姨，信邪，見豹頭枕以辟邪，白澤枕以去魅，作伏熊枕以爲宜男。太和死，嗣虢王娶之。韋之敗也，虢王斫七姨頭送朝堂，則知辟邪之枕無效矣。《朝野僉載》五。

上官昭容

1 上官昭容者，侍郎儀之孫也。儀子得罪，婦鄭氏填宫，遺腹生昭容。其母將誕之夕，夢人與秤，曰：「持之秤量天下文士。」鄭氏冀其男也。及生昭容，視之，曰：「秤量天下，豈是汝耶？」口中啞啞如應曰「是」。《劉賓客嘉話録》。又《廣記》一三七引。《景龍文館記》（《廣記》二七一）。《唐語林》三。《南部新書》庚。

2 今婦人面飾用花子，起自昭容上官氏所製，以掩點跡。《酉陽雜俎》八。

3 上官昭容自製花子以掩黯處。天后每對宰臣，令昭容卧床裙下，録所奏事。一日，竊窺宰臣，上覺，退朝怒甚，取甲刀刺面上，不許拔，昭容遽爲《乞拔刀子》詩。後爲花子以掩痕也。《北户録》（《類説》一三）。

4 高皇帝御羣臣，賦《宴賞雙頭牡丹》詩，惟上官昭容一聯爲絶麗，所謂「勢如連璧友，心若臭蘭人」

者。使夫婉兒稍知義訓，亦足爲賢婦人，而稱量天下，何足道哉！此禍成，所以無赦於死也。有文集一百卷行於世。《龍城録》下。《異人録》（《類説》一二）。

5　中宗正月晦日幸昆明池賦詩，羣臣應制百餘篇。帳殿前結綵樓，命昭容選一首爲新翻御製曲。從臣悉集其下，須臾紙落如飛，各認其名而懷之。既進，唯沈、宋二詩不下。又移時，一紙飛墜，競取而觀，乃沈詩也。及聞其評曰：「二詩工力悉敵。沈詩落句云『微臣彫朽質，羞睹豫章材』，蓋詞氣已竭。宋詩云『不愁明月盡，自有夜珠來』，猶陟健舉。」沈乃伏，不敢復争。宋之問詩曰：「春豫靈池近，滄波帳殿開。舟淩石鯨動，查拂斗牛迴。節晦蓂全落，春遲柳暗催。象溟看浴景，燒劫辨沉灰。鎬飲周文樂，汾歌漢武才。不愁明月盡，自有夜珠來。」《唐詩紀事》三。

6　逆韋詩什並上官昭容所製。昭容，上官儀孫女，博涉經史，研精文筆，班婕妤、左嬪無以加。《朝野僉載》（《後村詩話》續集三）。

唐睿宗

1　滋水驛在長樂驛之東，睿皇在藩日經此廳，廳西壁畫一胡頭，因題曰：「喚出眼何用苦深藏，縮卻鼻何畏不聞香。」《南部新書》戊。

2　睿宗嘗閲内庫，見一鞭，金色，長四尺，數節有蟲齧處，狀如盤龍，靶上懸牙牌，題象耳皮，或言隋宫庫舊物也。上爲冀王時，寢齋壁上，蝸跡成天字，上懼，遽掃之，經數日如初。及即位，雕玉鑄黄金爲蝸形，分置於釋道像前。《酉陽雜俎》前集一。又《分門古今類事》二引。　案：《廣記》一三五引《録異記》以蝸牛跡爲玄宗在藩邸事，當誤。

3 見安金藏1。

4 見蕭至忠2。

5 見唐中宗8。

6 見太平公主8。

7 景雲二年二月，睿宗謂侍臣曰：「有術士上言，五日内有急兵入宫，卿等爲朕備之。」左右失色，莫敢對。張説進曰：「此有讒人設計，擬揺動東宫耳。陛下若使太子監國，則君臣分定，自然窺覦路絶，災難不生。」姚崇、宋璟、郭元振進曰：「如説所言。」睿宗大悦，即日詔皇太子監國。時太平公主將有奪宗之計，於光範門内乘步輦，俟執政以諷之，衆皆恐懼。宋璟昌言曰：「太子有大功於天下，真社稷主，安敢妄有異議。」遂與姚崇奏：「公主就東都，出寧王已下爲刺史，以息人心。」睿宗曰：「朕更無兄弟，唯有太平一妹，朝夕欲得相見。卿勿言，餘並依卿所奏。」公主聞之，大怒。玄宗懼，乃奏崇、璟離間骨肉，請加罪黜，悉停寧王已下外授。崇貶申州刺史，璟楚州刺史。《大唐新語》一。

8 睿宗聞金仙、玉真公主飲素，日令以九龍食轝裝逍遥炙賜之。《清異録》下。

9 監察御史慕容珣奏彈西明寺僧慧範，以其通宫人張氏，張即太平公主乳母也，侵奪百姓。上以爲御史當不避豪貴，見公主出居蒲州，乃敢彈射，在日不言，狀涉間離骨肉，遂貶爲密州員外司馬。《統紀》（《通鑑考異》一二）。

10 先天初，上御安福門觀燈，太常作歌樂，出宫女歌舞，朝士能文者爲踏歌，聲調入雲。《輦下歲時記》（陶本《説郛》六九）。又《古今事文類聚前集》七引。

11 睿宗先天二年正月十五、十六夜，於京師安福門外作燈輪高二十丈，衣以錦綺，飾以金玉，燃五萬盞燈，簇之如花樹。宫女千數，衣羅綺，曳錦繡，耀珠翠，施香粉。一花冠、一巾帔皆萬錢，裝束一妓女皆至三百貫。妙簡長安、萬年少女婦千餘人，衣服、花釵、媚子亦稱是，於燈輪下踏歌三日夜，歡樂之極，未始有之。《朝野僉載》三。又《廣記》二三六引。

唐玄宗

1 玄宗始三歲封楚王，時則天因御高樓，抱之眺望，誤墜於地，左右失聲，奔下扶擁，帝怡然無虧損之狀，則天甚奇之。《天中記》一二。

2 唐天后嘗召諸皇孫坐于殿上，觀其嬉戲，取竺西國所貢玉環釧杯盤，列於前後，縱令爭取，以觀其志。莫不奔競，厚有所獲，獨玄宗端坐，略不爲動。后大奇之，撫其背曰：「此兒當爲太平天子。」遂命取玉龍子以賜。玉龍子，太宗於晋陽宫得之，文德皇后常置之衣箱中，及大帝載誕之三日後，以朱絡衣褓并玉龍子賜焉。其後常藏之内府。雖其廣不數寸，而温潤精巧，非人間所有。及玄宗即位，每京師僽雨，必虔誠祈禱。將有霖注，逼而視之，若奮鱗鬣。開元中，三輔大旱，玄宗復祈禱，而涉旬無雨，帝密投南内之龍池，俄而雲物暴起，風雨隨作。及幸西蜀，車駕次渭水，將渡，駐蹕於水濱。左右侍御或有臨流濯弄者，於沙中得之。上聞驚喜，視之泫然流泣曰：「此吾昔時所寶玉龍子也。」自此，每夜中光彩輝燭一室。上既還京，爲小黄門攘竊以遺李輔國，李輔國常置於櫃中。輔國將敗，夜聞櫃中有聲，開視之，已亡其所。《明皇雜録》上。又《廣記》四〇一引。《神異録》(《廣記》三九六)。

3 上爲皇孫時，風表瓌異，神彩英邁，嘗於朝堂叱武攸暨曰：「朝堂，我家朝堂，汝得恣蜂蠆而狼顧耶？」則天聞而驚異之，再三顧曰：「此兒氣概，終當爲吾家太平天子也。」《開天傳信記》。《唐語林》四。

4 見神秀1。

5 景雲中，吐蕃遣使迎金城公主，中宗于梨園亭子賜觀打毬。吐蕃贊咄奏言：「臣部曲有善毬者，請與漢敵。」上令仗内試之。決數都，吐蕃皆勝。時玄宗爲臨淄王，中宗又令與嗣號王邕、駙馬楊慎交、武秀等四人，敵吐蕃十人。玄宗東西驅突，風回電激，所向無前。吐蕃功不獲施，其都滿贊咄猶此僕射也。中宗甚悦，賜强明絹數百段，學士沈佺期、武平一等皆獻詩。《封氏聞見記》六。

6 上自臨淄郡王爲潞州别駕，乞假歸京師，觀時晦跡，尤用卑損。會春暮，豪家子數輩盛酒饌，遊於昆明池，選勝方宴。上戎服臂小鷹於野次，因疾驅直突會前，諸子輩頗露難色。忽一少年持酒船唱令曰：「宜以門族官品備陳之。」酒及於上，因大聲曰：「曾祖天子，父相王，臨淄郡王某也。」諸少年聞之，驚走四散，不敢復視於車服。上因聯飲三銀船，盡一巨(餡)〔觥〕，徐乘馬而東去。《松窗雜録》。《南部新書》甲。《唐語林》四。《青瑣高議》後集二。

7 見王琚1。

8 潞州啓聖宫有明皇帝攲枕斜書壁處，並腰鼓馬槽竝在。公爲潞州從事，皆見之。《尚書故實》。《唐語林》五。《集注分類東坡先生詩》一一《贈寫真何充秀才》葉堯卿注引《尚書譚録》亦載，「並腰鼓馬槽竝在」下有「明皇有一目微斜，故作横撚箭之狀」。

9 見唐睿宗7。

10 玄宗之在東宫，爲太平公主所忌，朝夕伺察，纖微聞於上；而宫闈左右亦潛持兩端，以附太平之勢。時元獻皇后得幸，方娠，玄宗懼太平，欲令服藥除之，而無可與語者。張説以侍讀得進太子宫中，玄宗從容謀及説，説亦密贊其事。他日，説又入侍，因懷去胎藥三煮劑以獻。玄宗得其藥，喜，盡去左右，獨搆火殿中，煮未及熟，怠而假寐。肸蠁之際，有神人長丈餘，身披金甲，操戈繞藥三匝，煮盡覆而無遺焉。玄宗起視，異之，復增火，又投一劑，煮于鼎中，因就榻瞬目以候之，而見神覆煮如初。凡三煮皆覆，乃止。明日，説又至，告其詳。説降階拜賀曰：「天所命也，不可去。」厥後，元獻皇后思食酸，玄宗亦以告説。説每因進經，輒袖木瓜以獻。故開元中，説恩澤莫之與比；肅宗之於説子均、垍，若親戚昆弟云。〔柳芳本張説所引，説嘗自陳述，與力士詞協也。《次柳氏舊聞》。《廣記》一三六引作《柳氏史》。

11 今上之爲潞州别駕，將入朝，有軍人韓凝禮，自謂知兆，上因以食箸試之。既布卦，一箸無故自起，凡三偃三起，觀者以爲大吉徵。既而誅韋氏，定天位，因此行也。凝禮起家五品，至今猶存。《隋唐嘉話》下。又《廣記》一三五引。

12 上皇始平禍亂，在宫所與道士馮存澄因射覆得卦，曰「合因」，又得卦曰「斬關」，又得卦曰「鑄印乘軒」。存澄啓謝曰：「昔此卦三靈爲最善，黄帝勝炎帝而筮得之，所謂合因斬關，鑄印乘軒，始當果斷，終得嗣天。」上皇掩其口曰：「止矣！」默識之矣。後即位，應其術焉。《龍城録》下。《續前定録》。

13 今上既誅韋氏，擢用賢俊，改中宗之政，依貞觀故事，有志者莫不想望太平。中書令元之、侍中璟、御史大夫構、河南尹傑，皆一時之選，時人稱姚、宋、畢、李焉。《隋唐嘉話》下。《唐語林》四。

14 上皇初登極，夢二龍啣符自紅霧中來，上大隸「姚崇宋璟」四字，扐之兩大樹上，宛延而去。夢迴，上召申王圓兆。王進曰：「兩木，相也。二人名爲天遺龍致於樹，即知崇、璟當爲輔相兆矣。」《龍城録》下。《續前定録》。

15 見姚崇5。

16 玄宗初即位，體貌大臣，賓禮故老，尤注意於姚崇、宋璟，引見便殿，皆爲之興，去則臨軒以送。其他宰臣，優寵莫及。至李林甫以宗室近屬，上所援用，恩意甚厚，而禮遇漸輕。姚崇爲相，嘗於上前請序進郎吏，上顧視殿宇不注，崇再三言之，冀上少售，而卒不對。崇益恐，趨出。而高力士奏曰：「陛下初承鴻業，宰臣請事，即當面言可否。而崇言之，陛下不視，臣恐宰臣必大懼。」上曰：「朕既任崇以庶政，事之大者當白奏，朕與共决之；如郎署吏秩甚卑，崇獨不能决，而重煩吾耶？」崇至中書，方悸不自安。會力士宣事，因爲言上意，崇且解且喜。朝廷聞者，皆以上有人君之大度，得任人之道焉。《次柳氏舊聞》。

17 開元初，山東大蝗。姚元崇請分遣使捕蝗埋之。上曰：「蝗，天災也，誠由不德而致焉。卿請捕蝗，得無違而傷義乎？」元崇進曰：「臣聞《大田》詩曰『秉畀炎火』者，捕蝗之術也。古人行之於前，陛下用之於後，古人行之，所以安農；陛下行之，所以除害。臣聞安農，非傷義也，農安則物豐，除害則人豐樂，與農去害，有國之大事也，幸陛下熟思之。」上喜曰：「事既師古，用可救時，是朕心也。」遂行之。時中外咸以爲不可，上謂左右曰：「吾與賢相討論已定，捕蝗之事，敢議者死！」是歲所司結奏捕蝗蟲凡百餘萬石，時無飢饉，天下賴焉。《開天傳信記》。《唐語林》一。

18 明皇在便殿，甚思姚元崇論時務。七月十五日，苦雨不止，泥濘盈尺。上令侍御者擡步輦召學士來。時元崇爲翰林學士，中外榮之。自古急賢待士，帝王如此者，未之有也。《開元天寶遺事》上。《唐語林》五。《五色線》上。　案：《容齋隨筆》一辨其誤，曰：「元崇自武后時已爲宰相，及開元初三入輔矣。」

19 見姚崇16。

20 宋璟爲宰相，朝野人心歸美焉。時春御宴，帝以所用金筯令內臣賜璟。雖受所賜，莫知其由，未敢陳謝。帝曰：「所賜之物，非賜汝金，蓋賜卿之筯，表卿之直也。」璟遂下殿拜謝。《開元天寶遺事》上。

21 明皇憂勤國政，諫無不從，或有章疏規諷，則探其理道優長者貯於金函中，日置於右，時取讀之，未嘗懈怠也。《開元天寶遺事》下。《五總志》。

22 唐高力士於太宗陵寢宮，見梳箱一、柞木梳一、黑角篦一、草根刷子一，嘆曰：「先帝親正皇極，以致昇平，隨身服用，唯留此物。將欲傳示子孫，永存節儉。」具以奏聞。明皇詣陵，至寢宮，問所留示者何在？力士捧跪上，上跪奉，肅敬如不可勝，曰：「夜光之珍，垂棘之璧，將何以愈此？」即命史官書之典册。是時，明皇履位未久，厲精爲治，故見太宗故物而惕然有感。及侈心一動，窮天下之力不足以副其求，尚何有於此哉？《容齋續筆》一四。事當據《高力士外傳》。

23 開元始年，上悉出金銀珠玉錦繡之物於朝堂，若山積而焚之，示不復御用也。《隋唐嘉話》下。《唐語林》二。

24 玄宗以風俗奢靡，開元二年秋七月，制：乘輿服御、金銀器玩，宜令有司銷毀，以供軍國之用。其珠玉錦繡，焚於殿前。后妃以下，皆無得服珠玉、錦縷、鈿繡也。《續世説》九。

25 神武皇帝七月即位，東都白馬寺鐵像頭無故自落於殿門外。自後捉搦僧尼嚴急，令拜父母等，未成者並停革，後出者科決，還俗者十八九焉。《朝野僉載》一。

26 上始入斜谷，天尚早，烟霧甚晦。知頓使、給事中韋倜於野中得新熟酒一壺，跪獻於馬首者數四，上不爲之舉。倜懼，乃注以他器，引滿於前。上曰：「卿以我爲疑耶？始吾御宇之初，嘗飲，大醉損一人，吾悼之，因以爲戒，迨今四十餘年，未嘗甘酒味。」指力士及近侍者曰：「此皆知之，非紿卿也。」從臣聞之，無不感悦。上孜孜儆戒也如是。富有天下，僅五十載，豈不由斯道乎？《次柳氏舊聞》。《紺珠集》五、《類説》二一引作《明皇十七事》。（陶本《説郛》三六作《次柳氏舊聞》、五二作《明皇十七事》。）《南部新書》辛。

27 上皇在巴西郡，宰臣請高力士奏蜀中氣候温瘴，宜數進酒。上皇令高力士宣旨曰：「朕本嗜酒，斷之已久，終不再飲，深愧卿等意也。」力士因説：「上皇開元四年，因醉怒殺一人，明日都不記得，猶召之。左右具奏，上愴然不言，乃賜御庫絹五百匹用給喪事，更令力士就宅宣旨致祭。從兹斷酒，雖下藥，亦不輒飲。」《幸蜀記》（《通鑑考異》一五）。

28 開元初，上勵精理道，鏟革訛弊，不六七年，天下大治，河清海晏，物殷俗阜。安西諸國，悉平爲郡縣。自開遠門西行，亘地萬餘里，入河湟之賦税。左右藏庫，財物山積，不可勝較。四方豐稔，百姓殷富，管户一千餘萬,米一斗三四文,丁壯之人,不識兵器。路不拾遺,行者不囊糧。其瑞疊應,重譯麕至,人情欣欣然,感登岱告成之事。上猶惕勵不已,爲讓者數四焉。是時,劉晏年八歲,獻《東封書》。上覽而奇之,命宰相出題,就中書試驗。張説、源乾曜等咸寵薦。上以晏間生秀妙,引晏於内殿,縱六宮觀看。貴妃坐晏於膝上,親爲晏畫眉總丱髻。宮中人投果遺花者,不可勝數也。尋拜晏祕書省正字。《開天傳信記》。《唐語林》三。

29 開元六年,西幸至藺峯頓。乘輿每出,所宿侍臣皆從。既而馳逐原野,然從官分散,宰相即先于前頓朝堂列位,乘輿至,必鞭揖之方入。是日,上垂鞭盛氣,不顧而入,蘇、宋懼。蓋怒河南尹李朝隱橋頓不備也,解之方息。《南部新書》戊。

30 見蘇頲16。

31 華岳雲臺觀中方之上,有山崛起,半甕之狀,名曰:甕肚峰。上賞望,嘉其高迥。欲於峰腹大鑿「開元」二字,填以白石,令百餘里望見。諫官上言,乃止。《開天傳信記》。又《廣記》三九七引。《南部新書》壬。

32 車駕次華陰,上見嶽神數里迎謁。上問左右,莫之見。遂詔諸巫問神安在,獨老巫阿馬婆奏云:「三郎,在路左,朱髮紫衣,迎候陛下。」上顧笑之,仍敕阿馬婆,敕神先歸。上至廟,見神櫜鞬,俯伏庭東南大柏樹下,又詔阿馬婆問之,對如上見。上加敬禮,命阿馬婆致意,而旋降詔先詣嶽,封爲金天王,仍上自書製碑文以寵異之。其碑高五十餘尺,闊丈餘,厚四五尺,天下碑莫比也。其陰刻扈從太子王公以下百官名氏。製作壯麗,巧無倫比焉。《開天傳信記》。又《廣記》二八三、《廣卓異記》一引。

33 明皇東封，至嘉會頓，有兔起於御馬之前，引弓傍射，獲之。時突厥遣其大臣頡利發入朝，因扈從，頡利發下馬捧兔，舞蹈曰：「聖人神武超絶，若天上則不知，人間無也。」《海録碎事》一〇上。

34 上封太山，進次滎陽旃然河上，見黑龍，命弧矢射之。矢發，龍潛滅，自爾旃然伏流，于今百餘年矣。按旃然即濟水也，溢而爲滎，遂名旃然。《左傳》云「楚師濟于旃然」是也。《開天傳信記》。又《廣記》四二〇引。《唐語林》四。

35 上將登封太山，益州進白騾至，潔朗豐潤，權奇偉異，上遂親乘之。柔習安便，不知登降之倦。告成禮畢，復乘而下。纔下山坳，休息未久，而有司言白騾無疾而殪。上歎異之，謚曰白騾將軍，命有司具櫝櫝，壘石爲墓。在封禪壇北一里餘，于今存焉。《開天傳信記》。又《廣記》四三六引。

36 開元十三年，玄宗既封禪，問賀知章曰：「前代帝王，何故秘玉牒之文？」知章對曰：「玉牒本通神明之意。前代帝王所求各異，或禱年算，或求神仙，其事微密，故外人莫知之。」玄宗曰：「朕今此行，皆爲蒼生祈福，更無私請，宜將玉牒示百寮。」其詞曰：「有唐嗣天子臣某乙，敢昭告于昊天上帝：天啓李氏，運興土德。高祖、太宗，受命立極。高宗昇平，六合殷盛。中宗紹復，繼體不定。上帝眷祐，錫臣忠武。底綏内難，翼戴聖父。恭承大寶，十有三年。敬若天意，四海宴然。封祀岱嶽，謝成於天。子孫百禄，蒼生受福。」御製撰《太山銘》親札勒山頂。詔張説製《封祀壇碑》以紀功德。《大唐新語》一三。

37 上封太山回，車駕次上黨。路之父老，負擔壺漿，遠近迎謁。上皆親加存問，受其獻饋，錫賚有差。父老有先與上相識者，上悉賜酒食，與之話舊。故過村部，必令詢訪孤老喪疾之家，加弔恤之。父老忻忻然，莫不瞻戴叩乞駐留焉。及車駕過金橋，御路縈轉，上見數十里間，旌纛鮮潔，羽衛整肅。顧謂左右曰：「張說言：『勒兵三十萬，旌旗千里間。陜右上黨，至於太原。』見《后土碑》。真才子也。」左右皆稱萬歲。上遂詔吴道玄、韋無忝、陳閎，令同製《金橋圖》。聖容及上所乘照夜白馬，陳閎主之；橋梁、山水、車輿、人物、草樹、雁鳥、器仗、帷幕，吴道玄主之；狗馬、騾驢、牛羊、駱駝、猫、猴、猪貀四足之類，韋無忝主之。圖成，時謂三絶焉。《開天傳信記》。又《廣記》二一二引。《圖畫見聞誌》五。《唐語林》四。

38 見王毛仲1。

39 見李泌1

40 十七年，丞相源乾曜、張説以八月初五今上生之日，請爲千秋節，百姓祭皆就此日，名爲賽白帝。羣臣上萬歲壽，王公戚里進金鏡綬帶，士庶結絲承露囊，更相遺問。《隋唐嘉話》下。《封氏聞見記》四。《唐語林》八。

41 開元十九年冬，駕東巡至陜，以廳爲殿，郭門皆屬城門局。薛王車半夜發，及郭，西門不開，掌門者云：「鑰匙進内。」家僕不之信，乃壞鎖徹關而入。比明日，有司以聞，上以金吾警夜不謹，將軍段崇簡授代州督，壞鎖奴杖殺之。《南部新書》己。

42 明皇每朝政有闕，則虚懷納諫，大開士路。早朝百辟趨班，帝見張九齡風威秀整，異於衆僚，謂左右曰：「朕每見九齡，使我精神頓生。」《開元天寶遺事》下。《唐語林》四。

43 玄宗開元二十四年，時在東都。因宫中有怪，明日召宰相，欲西幸。裴稷山、張曲江諫曰：「百姓場圃未畢，請待冬中。」是時李林甫初拜相，竊知上意，及班旅退，佯爲蹇步。上問：「何故脚疾？」對曰：「臣非脚疾，願獨奏事。」乃言：「二京，陛下東西宫也。將欲駕幸，焉用擇時？假有妨于刈穫，則獨可蠲免沿路租税。臣請宣示有司，即日西幸。」上大説，自此駕至長安，不復東矣。旬月，耀卿、九齡俱罷，而牛仙客進焉。《國史補》上。又《廣記》二四〇引。《唐語林》五。

44 見張九齡6。

45 見李林甫9。

46 開元二十五年西幸，駐蹕壽安連曜宫。宫側有精舍，庭内刹柱高五丈。有立于承露盤者，上望見之，初謂姦盗覘視宫掖，使中官就竿下詰之。人曰：「吾欲捨身。本是知湯前官，被知湯中使邀錢物，已輸十縑，索仍不已。每進湯水，輒投土其中，事若闕供，責怒必死，寧死于捨身爾。」具以聞，詔高力士召知湯中使賫絹于竿下謝之，仍命徹尚舍衞尉幕委積于竿下。其人禮十方畢，以身投地，墜于幕外。舉體深紅色，初尚微動，須臾絶。詔集文武從官于朝堂，杖殺中使，勅府縣厚葬殯者。《南部新書》戊。

47 唐開元末，于弘農古函谷關得寶符，白石赤文，正成「乘」字。識者解之云：「乘者四十八，所以示聖人御曆之數也。」及帝幸蜀之來歲，正四十八年。得寶之時，天下歌之曰：「得寶耶？弘農耶？弘農耶？得寶耶？」得寶之年，遂改元爲天寶。《開天傳信記》。

48 天寶初，安思順進五色玉帶，又於左藏庫中得五色玉杯。上怪近日西賮無五色玉，令責安西諸蕃。蕃言比常進，皆爲小勃律所劫，不達。上怒，欲征之，羣臣多諫。獨李右座林甫贊成上意，且言武臣王天運謀勇可將。乃命王天運將四萬人，兼統諸蕃兵伐之。及逼勃律城下，勃律君長恐懼請罪，悉出寶玉，願歲貢獻。天運不許，即屠城，虜三千人及其珠璣而還。勃律中有術者言，將軍無義，不祥，天將大風雪矣。行數百里，忽驚風四起，雪花如翼，風激小海水成冰柱，起而復摧。經半日，小海漲湧，四萬人一時凍死，唯蕃漢各一人得還。《酉陽雜俎》前集一四。又《廣記》四〇一引。

49 天寶中，諸公主相效進食，上命中官袁思藝爲檢校進食使，水陸珍羞數千，一盤之貴，蓋中人十家之産。中書舍人竇華嘗因退朝，遇公主進食，方列於通衢，乃傳呵按轡，行於其間。宫苑小兒數百人奮挺而前，華僅以身免。《明皇雜録》補遺。《續世説》九。

50 玄宗善八分書，凡命將相，皆先以御札書其名，置案上。會太子入侍，上舉金甌覆其名，以告之曰：「此宰相名也，汝庸知其誰耶？射中，賜爾卮酒。」肅宗拜而稱曰：「非崔琳、盧從愿乎？」上曰：「然。」因舉甌以示之，乃賜卮酒。是時，琳與從愿皆有宰相望，玄宗將倚爲相者數矣，終以宗族繁盛，附託者衆，卒不用。《次柳氏舊聞》。《紺珠集》五、《類説》二一引作《明皇十七事》（陶本《説郛》三六作《次柳氏舊聞》、五二作《明皇十七事》）。《唐語林》三。

51 玄宗嘗器重蘇頲，欲倚以爲相，禮遇顧問，與羣臣特異。欲命相前一日，上祕密不欲左右知，迨夜將艾，乃令草詔，訪於侍臣曰：「外廷直宿誰？」遂命秉燭召來，至則中書舍人蕭嵩。上即以頲姓名授嵩，令草制書。既成，其詞曰「國之瓌寶」。上尋讀三四，謂嵩曰：「頲，瓌之子，朕不欲斥其父名，卿爲刊削之。」上仍命撤帳中屏風與嵩，嵩慚懼流汗，筆不能下者久之。上以嵩抒思移時，必當精密，不覺前席以觀。唯改曰：「國之珍寶」，他無更易。嵩既退，上擲其草於地曰：「虚有其表耳。」嵩長大多髯，上故有是名。

左右失笑。上聞，遽起掩其口，曰：「嵩雖才藝非長，人臣之貴，亦無與比，前言戲耳。」其默識神覽，皆此類也。《明皇雜録》下。又《廣記》四九五引。《唐詩紀事》一四。

52、53 見蘇頲8、11。

54 見張嘉貞3。

55 見蕭嵩3。

56 源乾曜因奏事稱旨，上悦之，於是驟拔用，歷户部侍郎、京兆尹，以至宰相。異日，上獨與力士語曰：「爾知吾拔用乾曜之速乎？」曰：「不知也。」上曰：「吾以其容貌言語類蕭至忠，故用之。」力士曰：「至忠不嘗負陛下乎？陛下何念之深也？」上曰：「至忠晚乃謬計耳。其初立朝，得不謂賢相乎？」上之愛才宥過，聞者無不感悦。《次柳氏舊聞》。《廣記》二〇二引作《國史補》。陶本《説郛》三六作《次柳氏舊聞》，五二作《明皇十七事》。《唐語林》五。參見蕭至忠3。

57 玄宗爲太子時，愛妾號鸞兒，多從中貴董逍遥微行。以輕羅造梨花散蕊，裛以月麟香，號「袖裏春」，所至暗遺之。《史諱録》（《雲仙雜記》一）。

58 明皇開元初，宫人被進御者，日印選以綢繆記印于臂上，文曰「風月常新」。印畢，漬以桂紅膏，則水洗色不退。《史諱録》（《雲仙雜記》五）。

59 開元中，後宫繁衆，侍御寢者難於取捨，爲彩局兒以定之。集宫嬪，用骰子擲，最勝一人乃得專夜。宦璫私號骰子爲「剉角媒人」。《清異録》上。

60 開元中，頒賜邊軍纊衣，製於宫中。有兵士於短袍中得詩曰：「沙場征戍客，寒苦若爲眠。戰袍經手作，知落阿誰邊。畜意多添線，含情更著綿。今生已過也，重結後身緣。」兵士以詩白於帥，帥進之。玄宗命以詩遍示六宫，曰：「有作者勿隱，吾不罪汝。」有一宫人自言萬死。玄宗深憫之，遂以嫁得詩人。仍謂之曰：「我與汝結今身緣。」邊人皆感泣。《本事詩·情感》。《唐詩紀事》七八。

61 見王皇后1。

62 見柳婕妤1。

63 開元末，明皇每至春時旦暮，宴於宫中，使嬪妃輩争插艷花，帝親捉粉蝶放之，隨蝶所止幸之。後因楊妃專寵，遂不復此戲也。《開元天寶遺事》上。

64 明皇未得妃子，宫中嬪妃輩投金錢賭侍帝寢，以親者爲勝。召入妃子，遂罷此戲。《開元天寶遺事》下。

65 天寶中，天下無事。選六宫風流艷態者，名「花鳥使」，主晏。《大唐傳載》。《南部新書》庚。《唐語林》五。

66 五月五日，明皇避暑遊興慶池，與妃子晝寢於水殿中。宫嬪輩憑欄倚檻，争看雌雄二鸂鶒戲於水中。帝時擁貴妃於綃帳内，謂宫嬪曰：「爾等愛水中鸂鶒，争如我被底鴛鴦？」《開元天寶遺事》下。

67 明皇秋八月，太液池有千葉白蓮數枝盛開，帝與貴戚宴賞焉。左右皆歎羡。久之，帝指貴妃示於左右曰：「争如我解語花？」《開元天寶遺事》下。

68 御苑新有千葉桃花，帝親折一枝插於妃子寶冠上，曰：「此箇花尤能助嬌態也。」《開元天寶遺事》上。

69 明皇正寵妃子，不視朝政。安禄山初承聖睠，因進助情花香百粒，大小如粳米而色紅。每當寢處之際，則含香一粒，助情發興，筋力不倦。帝秘之曰：「此亦漢之慎䘏膠也。」《開元天寶遺事》上。

70～75 見楊貴妃8、9、16、21～23。

76、77 見楊國忠13、14。

78～88 見安禄山7～10、12～17、25、31。

89 見李林甫19。

90 玄宗時童謡曰：「燕燕飛上天，女兒鋪白氈，氈上有千錢。」時幽州又有謡曰：「舊來誇載竿，今日不堪看，但看五月裏，清水河邊見契丹。」其後禄山反。《集異志》三。

91 興慶宮，上潛龍之地，聖曆初五王宅也。上性友愛，及即位，立樓於宮之西南垣，署曰「花萼相輝」。朝退，亟與諸王遊，或置酒爲樂。時天下無事，號太平者垂五十年。及羯胡犯闕，乘傳遽以告，上欲遷幸，復登樓置酒，四顧悽愴，乃命進玉環。玉環者，睿宗所御琵琶也。異時，上張樂宮殿中，每嘗置之别榻，以黄帕覆之，不以雜他樂器，而未嘗持用。至，俾樂工賀懷智取調之，又命禪定寺僧段師取彈之。時美人善歌從者三人，使其中一人歌《水調》。畢奏，上將去，復留眷眷，因使視樓下有工歌而善《水調》者乎？一少年心悟上意，自言頗工歌，亦善《水調》。使之登樓且歌，歌曰：「山川滿目淚沾衣，富貴榮華能幾時。不見只今汾水上，唯有年年秋雁飛。」上聞之，潸然出涕，顧侍者曰：「誰爲此詞？」或對曰：「宰相李嶠。」上曰：「李嶠真才子也。」不待曲終而去。《次柳氏舊聞》。《白孔六帖》六一、六二、九四引作《明皇雜録》。《本事詩·事感》。《唐詩紀事》一〇。

92 上遣中使曹仙領千人擊鼓於春明門外，又令燒閒廄草積，煙焰燎天。上將乘馬，楊國忠諫，以爲：「當謹守宗祧，不可輕動。」韋見素力爭，以爲：「賊勢逼近，人心不固，陛下不可不出避狄。國忠暗與賊通，其言不可聽。」往返數四，上乃從見素議。加魏方進御史大夫，充前路知頓使。《幸蜀記》（《通鑑考異》一五）。

案：《考異》以爲「事乃近誣」。

93 玄宗西幸，車駕自延秋門出，楊國忠請由左藏庫而去，上從之。望見千餘人持火炬以俟，上駐蹕曰：「何用此爲？」國忠對曰：「請焚庫積，無爲盜守。」上斂容曰：「盜至若不得此，當厚斂於民，不如與之，無重困吾赤子也。」命撤火炬而後行。聞者皆感激流涕，迭相謂曰：「吾君愛人如此，福未艾也。雖太王去豳，何以過此乎？」《次柳氏舊聞》。陶本《說郛》三六引作《次柳氏舊聞》、五二作《明皇十七事》。《唐語林》一。

94 鑾駕自延秋門出，百官尚未知。明日亦〔未〕(□)有來朝者。已而宮嬪亂出，驢馬入殿，輦運庫物。上過渭橋後，楊國忠令燒斷其路。上知之，使高力士走馬至橋，止之曰：「今百姓蒼惶，各求生路，何得斷絕！」令力士撲滅了來。上止望賢宮，從官告飢，乃命殺馬，拆行宮木煮肉遺之。入宮，憩於樹下，惘然有棄海內之思。高力士覺之，遂抱上足嗚咽。上曰：「朕之作后，無負黎元，今朔胡負恩，宗廟失守，竟無一人勤王者。朕負宗社，敢不自勉！唯爾知我，更復何言。」即使中官入縣宣告。咸陽官吏、百姓更無一人至者。午時，上猶未餐。良久，有村叟來獻蜜麨，上對之慘然。既而尚食令人舁御膳至，分散從官。《安禄山事蹟》。

95 至望賢頓，御馬病。上曰：「殺此馬，拆行宮舍木煮食之。」衆不忍食。《唐曆》（《通鑑考異》一五）。

96 楊國忠自入市，衣袖中盛餬餅，獻上皇。《肅宗實録》（《通鑑考異》一五）。

97 六月十一日，大駕幸蜀，至望賢宫，官吏奔竄。迨曛黑，百姓有稍稍來者。上親問之：「卿家有飯否？不擇精粗，但且將來。」老幼於是競擔挈壺漿，雜之以麥子飯，送至上前。先給兵士，六宫及皇孫已下，咸以手掬而食。頃時又盡，猶不能飽。既乏器用，又無釭燭，從駕者枕藉寢止，長幼莫之分别；賴月入户庭，上與六宫、皇孫等差異焉。《天寶亂離記》（《通鑑考異》一五）。

98 玄宗幸蜀之時，至東泰山，内臣高力士攏馬請下，東北陳四拜，奏曰：「陛下出幸忽遽，不得親辭九廟。此山最高，可望秦中。」玄宗悲感慟極，左右不勝哀咽。《獨異志》中。

99 玄宗天寶十五載正月，安禄山反，陷没洛陽。王師敗績，關門不守，車駕幸蜀。途次馬嵬驛，六軍不發，賜貴妃自盡，然後駕發。行次駱谷，上登高下馬，謂力士曰：「吾蒼惶出狩長安，不辭宗廟。此山絶高，望見秦川，吾今遥辭陵廟。」因下馬望東再拜，嗚咽流涕，左右皆泣。謂力士曰：「吾取九齡之言不到於此。」乃命中使往韶州以太牢祭之。中書令張九齡每因奏對，未嘗不諫誅禄山。上怒曰：「卿豈以王夷甫識石勒，便殺禄山。」於是不敢諫矣。因上馬，遂索長笛吹於曲。曲成，潸然流涕，竚立久之。時有司旋録成譜，及鑾駕至成都，乃進此譜，請曲名。上不記之，視左右曰：「何曲？」有司具以駱谷望長安，下馬後索長笛吹出對。上良久曰：「吾省矣。吾因思九齡，亦别有意，可名此曲爲《謫仙怨》。」其旨屬馬嵬之事。厥後以亂離隔絶，有人自西川傳得者，無由知，但呼爲《劍南神曲》。其音怨切，諸曲莫比。大曆中，江南人盛爲此曲。《劇談録》下。《唐語林》四。

100 玄宗至蜀，每思張曲江則泣下。遣使詔州祭之，兼賚貨幣，以恤其家。其誥辭刻于白石山屋壁間。《國史補》上。《侯鯖録》六。

101 見張九齡12。

102 明皇既幸蜀，西南行，初入斜谷，屬霖雨涉旬，於棧道雨中聞鈴，音與山相應。上既悼念貴妃，採其聲爲《雨霖鈴》曲，以寄恨焉。時梨園子弟善吹觱篥者張野狐爲第一，此人從至蜀，上因以其曲授野狐。洎至德中，車駕復幸華清宫，從官嬪御多非舊人，上於望京樓中命野狐奏《雨霖鈴》曲，未半，上四顧淒涼，不覺流涕，左右感動，與之歔欷。其曲今傳於法部。《明皇雜録》補遺。《樂府雜録》。又《御覽》五六八引。《碧鷄漫志》五有考辨。

103 蜀郡有萬里橋，玄宗至而喜曰：「吾常自知，行地萬里則歸。」《國史補》上。

104 沙門一行，開元中嘗奏玄宗云：「陛下行幸萬里，聖祚無疆。」故天寶中幸東都，庶盈萬數。及上幸蜀，至萬里橋，方悟焉。《大唐傳載》。又《廣記》一四九引。《唐語林》五。

105 玄宗幸東都，偶因秋霽，與一行師共登天宫寺閣。臨眺久之，上遐顧悽然，發歎數四，謂一行曰：「吾甲子得終無患乎？」一行進曰：「陛下行幸萬里，聖祚無疆。」及西行初至成都，前望大橋，上舉鞭問左右曰：「是橋何名？」節度使崔圓躍馬前進曰：「萬里橋。」上因追歎曰：「一行之言今果符之，吾無憂矣。」《松窗雜録》。又《廣記》一三六引。《續前定録》。《唐語林》五。

106 唐明皇幸蜀至此（今案：指綿州萬安驛），而嘆曰：「一安尚不可，况萬安乎？」《錦繡萬花谷》續集一一。

107 玄宗幸成都，給事中裴士淹從。士淹聰悟柔順，頗精歷代史。玄宗甚愛之，馬上偕行，得備顧問。時肅宗在鳳翔，每有大除拜，輒啓聞。房琯爲將，玄宗曰：「此不足以破賊也。」歷評諸將，並云：「非滅賊材。」又曰：「若姚崇在，賊不足滅也。」因言崇之宏才遠略。語及宋璟，玄宗不悦曰：「彼賣直以沽名耳。」歷數十餘人，皆當其目。至張九齡，亦甚重之。及言李林甫，曰：「妬賢嫉能，亦無敵也。」士淹因啓曰：「既知，陛下何用之久耶？」玄宗默然不應。《大唐新語》八。《獨異志》下。《芝田録》（《類説》一一）。《唐語林》三。

108 見李泌10。

109 上幸蜀回，車駕次劍門，門左右巖壁峭絶。上謂侍臣曰：「劍門天險若此，自古及今，敗亡相繼，豈非在德不在險耶？」因駐蹕題詩曰：「劍閣横空峻，鑾輿出守回。翠屏千仞合，丹障五丁開。灌木縈旗轉，仙雲拂馬來。乘時方在德，嗟爾勒銘才。」其詩至德二年普安郡太守賈深勒於石壁，今存焉。《開天傳信記》。《唐詩紀事》二。

110 見黄幡綽11。

111 見唐肅宗13、17

112 明皇在南内，耿耿不樂，每自吟太白《傀儡詩》曰：「刻木牽絲作老翁，鷄皮鶴髮與真同。須臾弄罷渾無事，還似人生一世中。」《明皇雜録》（《詩話總龜》前集二五）。案：《唐詩紀事》二九、《優古堂詩話》以此詩爲梁鍠《詠木老人》詩。

113 明皇幸蜀迴，居南内，嘗夢中見妃子於蓬萊山太真院，作詩遺之，使焚於馬嵬山下，云：「風急雲驚雨不成，覺來仙夢甚分明。當時苦恨銀屏影，遮隔仙姬祇聽聲。」又作《妃子所遺羅韈銘》，曰：「羅韈羅韈，香塵生不絶。細細圓圓，地下得瓊鈎。窄窄弓弓，手中弄初月。又如脱履露纖圓，恰似同衾見時節。方知清夢事非虚，暗引相思幾時歇？」《詩話總龜》前集三五。

114 《玄宗遺録》又載：高力士於妃子臨刑，遺一韈，取而懷之。後玄宗夢妃子云云，詢力士曰：「妃子受禍時遺一韈，汝收乎？」力士因進之。玄宗作《妃子所遺羅韈銘》，有曰：「羅韈羅韈，香塵生不絶。」《野客叢書》一二。

115 見楊貴妃39。

116 唐玄宗自蜀回，夜闌登勤政樓，憑欄南望，煙雲滿目，上因自歌曰：「庭前琪樹已堪攀，塞外征夫久未還。」蓋盧思道之詞也。歌歇，上問：「有舊人乎？逮明爲我訪來。」翌日，力士潛求於里中，因召與同至，則果梨園子弟也。其夜，上復與乘月登樓，唯力士及貴妃侍者紅桃在焉。遂命歌《涼州詞》，貴妃所製，上親御玉笛爲之倚曲。曲罷相睹，無不掩泣。上因廣其曲，今《涼州》傳於人間者，益加怨切焉。至德中，明皇復幸華清宫，父老奉迎，壺漿塞路。時上春秋已高，常乘步輦，父老進曰：「前時上皇過此，常逐從禽，今何不爲？」上曰：「吾老矣，豈復堪此？」父老士女聞之，莫不悲泣。新豐市有女伶曰謝阿蠻，善舞《凌波曲》，常入宫中，楊貴妃遇之甚厚，亦遊於國忠及諸姨宅。上至華清宫，復令召焉。舞罷，阿蠻因出金粟裝臂環，云：「此貴妃所與。」上持之出涕，左右莫不嗚咽。《明皇雜録》補遺。又《御覽》五七四、《詩話總龜》前集二五引。《碧鷄漫志》三於《涼州曲》之流傳有考辨。

117 帝爲太上皇，就養南宮，遷於西宮，梨園弟子玉琯發音，聞此曲（今案：指《霓裳羽衣曲》）一聲，則天顏不怡，左右歔欷。《碧鷄漫志》三。

118 玄宗爲太上皇時，在興慶宮，屬久雨初晴，幸勤政樓。樓下市人及往來者愈喜，曰：「今日再得見我太平天子！」傳呼萬歲，聲動天地。時肅宗不豫，李輔國誣奏云：「此皆九仙媛、高力士、陳玄禮之異謀也。」下矯詔遷太上皇於西内，絶其扈從，部伍不過老弱二三十人。及中道，攢刃輝日，輔國統之，太上皇驚，欲墜馬數四，左右扶持，得免。高力士躍馬前進，厲聲曰：「五十年太平天子，李輔國舊爲家臣，不宜無理。」李輔國下馬，失轡。又宣太上皇誥曰：「將士各得好在否？」於是輔國令兵士咸韜刃鞘中，高聲云：「太上皇萬福。」一時拜舞。力士又曰：「李輔國攏馬。」輔國遂攏馬，著靴行，與將士等護侍太上皇平安到西内。輔國領衆既退，太上皇泣持力士手曰：「微將軍，阿瞞已爲兵死鬼矣！」九仙媛、力士、玄禮皆嗚咽流涕。翌日，竟爲輔國所搆，九仙媛於嶺南安置，力士、玄禮長流遠惡處。此事本在朱崖太尉所續《柳史》第十六條，蓋以避時忌，所以不書也。《常侍言旨》（張本《説郛》五、陶本四九）。《戎幕閒談》（《廣記》一八八）。《類説》二一有節文，作《明皇十七事》。

119 初，至德二年十一月，詔迎太上皇於西蜀，十二月至鳳翔，被賊臣李輔國詔取隨駕甲仗。上皇曰：「臨至王城，何用此物？」悉令收付所司。欲至城，皇帝具儀仗出城迎候。二聖相見，泣涕久之，傾城道路，一時忭舞。便於興慶宮安置。乾元元年冬，上皇幸温泉宮，二十日却歸。因此被賊臣李輔國陰謀不軌，欲令猜阻，更樹動庸，移仗之端，莫不由此。輔國趨馳末品，小子纖人；一承攀附之恩，致位雲霄之上。聖上屬殘孽未殄，蒼生不安，貪總軍戎，冀清海內，不暇揀擇左右，屏棄回邪，遂使輔國熒惑兩宮，至傷萬姓，恣行威福，不懼典刑。上元元年七月，太上皇移仗西內安置，高公竄謫巫州，皆輔國之計也。上皇在興慶宮先留厩馬三百疋，欲移仗前一日，輔國矯詔，索所留馬，惟留十疋。有司奏陳，上皇謂高公曰：「常用輔國之謀，我兒不得終孝道，明早向北內。」及曉，至北內，皇帝使人起拜云：「兩日來疹病，不復親起拜伏，伏願且留喫飯。」飯畢，又曰：「且歸南內。」至夾城，忽聞戛戛聲，上驚迴顧，見輔國領鐵騎數百人便逼近御馬，輔國便持御馬。高公驚下爭持，曰：「縱有他變，須存禮儀，何得驚御！」輔國叱曰：「老翁大不解事，且去！」即斬高公從者一人。高公即攏御馬，直至西內安置。自辰及酉，然後老宮婢十數人將隨身衣物至，一時號泣，上皇止之，皆輔國矯詔之所爲也，聖上寧得知之乎？上皇謂高公曰：「興慶是吾王地，吾頻讓與皇帝，皇帝仁孝不受。今雖爲輔國所制，正愜我本懷。」進御人令撤肉，便處分尚食，明日已後，不須進肉食。每日上皇與高公親看掃除庭院、芟薙草木。或講經論議，轉變説話，雖不近文律，終冀悦聖情。經十餘日，高公患瘧，勑於功臣閣下避瘧。日晚，聞門外有人問，稱是談庭瑶，云：「聖人喚阿翁。」問：「曾見太上皇未？」曰：「見了。」高公亦不敢辭，即隨庭瑶至閣門外。日晚見內養將一卷文書狀，云使看，略見少多，皆是罷職，却被索將，附奏云：「臣合死已久，聖恩含忍容至今日，所看事狀，並不曾聞。伏願得親辭聖顏，復受戮，死亦無恨。」明日有制：「力士潛通逆黨，曲附凶徒，既懷梟獍之心，合就鯨鯢之戮。以其久侍帷幄，頗効勤勞，且捨殊死，可除名，長流巫州。」《高力士外傳》。

120 明皇自爲上皇，嘗玩一紫玉笛，一日吹笛，有雙鶴下，顧左右曰：「上帝召我爲孔昇真人。」未幾，果崩。《明皇雜録》(《白孔六帖》三八)。參見《楊太真外傳》下。

121 玄宗嘗謁橋陵，至金粟山，覩崗巒有龍盤鳳翔之勢，謂左右曰：「吾千秋後，宜葬此地。」寶應初，追述先旨而置山陵焉。《大唐新語》一〇。

122 玄宗皇帝御容，夾紵作。本在盩厔修真觀中，忽有僧如狂，負之，置於武功潛龍宮。宫即神堯故第也，今爲佛宇。御容唯衣絳紗衣幅巾而已。《玉堂閒話》(《廣記》三七四)。

123 〔《能改齋〕漫録·事始門》載唐明皇爲三郎凡五事。一、劉朝霞獻《温泉賦》云：「遮莫你古時千帝，豈如我今日三郎。」二、開元十一年置《聖壽樂》，令諸女歌舞宜春院，上親加策勵曰：「好好作，莫辱三郎。」三、明皇過華陰，見嶽神迎謁，老巫阿馬婆云：「三郎在道上。」四、牛僧孺《周秦行紀》指明皇爲三郎。五、《通鑑》：每宰相奏事，睿宗輒問：「與三郎議否？」而不知尚有一處：開元中有獻俳文於明皇曰：「説甚三皇五帝，不如求告三郎。既是千年一遇，且莫五角六張。」《蘆浦筆記》一。

124 肅宗爲太子時，嘗侍膳，尚食置熟俎。有羊臂臑，上顧使太子割。肅宗既割，餘污漫在刃，以餅潔之。上熟視不懌。肅宗徐舉餅啖之，上甚悦，謂太子曰：「福當如是愛惜。」《次柳氏舊聞》。《廣記》一六五引作《柳氏史》。《紺珠集》五、《類説》二一引作《明皇十七事》。陶本《説郛》三六作《次柳氏舊聞》、五二作《明皇十七事》。《唐語林》一。參見唐順宗1。

125 見李憲2。

126 上於諸王友愛特甚，常思作長枕，與諸王同起卧。諸王有疾，上輒終日不食，終夜不寢，形憂於色。

左右或開諭進食，上曰：「弟兄，吾手足也。手足不理，吾身廢矣，何暇更思美食安寢邪？」上於東都起五王宅，於上都製「花蕚相輝」之樓，蓋爲諸王爲會集宴樂之地。上與諸王靡日不會聚，或講經義、論理道，間以球獵蒲博、賦詩飲食，歡笑戲謔，未常惰怠。近古帝王友愛之道，無與比也。《開天傳信記》。《南部新書》甲。《唐語林》一。

127 帝友愛至厚，殿中設五幄與五王處，號五王帳。《明皇雜録》（《白孔六帖》一四）。

128 太液池岸有竹數十叢，牙筍未嘗相離，密密如栽也。帝因與諸王閒步于竹間，帝謂諸王曰：「人世父子兄弟，尚有離心離意，此竹宗本不相疏，人有懷貳心生離間之意。覩此可以爲鑑。」諸昜王皆唯唯，帝呼爲「竹義」。《開元天寶遺事》下。

129 寧王憲寢疾，上命中使送醫藥，相望於道。僧崇一療憲稍瘳，上悦，持賜崇一緋袍魚袋。《酉陽雜俎》前集三。

130 玄宗於諸昆季，友愛彌篤，呼寧王爲大哥，每與諸王同食。因食之次，寧王錯喉噴上髭，王驚慚不遑。上顧其悚悚，欲安之，黄幡綽曰：「不是錯喉。」上曰：「何也？」對曰：「是噴帝。」上大悦。《次柳氏舊聞》。參見黄幡綽2。

131 玄宗常伺察諸王。寧王嘗夏中揮汗鞔鼓，所讀書乃龜兹樂譜也。上知之，喜曰：「天子兄弟，當極醉樂耳。」《酉陽雜俎》前集一二。又《廣記》二〇五引。

132 見李憲6。

133 見李業1。

134 見唐肅宗5。

135 代宗之誕三日，上幸東宮，賜之金盆，命以浴。吳皇后年幼體弱，皇孫體未舒，負媼惶惑，乃以宮中諸子同日生而體貌豐碩者以進。上視之，不樂曰：「此非吾兒。」負媼叩頭具服。上睨謂曰：「非爾所知，取吾兒來。」於是以太子之子進見。上大喜，置諸掌內，向日視之，笑曰：「此兒福祿，一過其父。」及上起還宮，盡留內樂，謂力士曰：「此一殿有三天子，樂乎哉！可與太子飲酒。」吳溱嘗言於先臣，與力士說亦同。《次柳氏舊聞》。又《廣卓異記》一引。

136、137 見唐代宗3、4。

138 德宗降誕三日，玄宗立於高階上，肅宗次之，代宗又次之，保母襁褓德宗來，呈，色不白皙，耳仆前，肅宗、代宗皆不悦。二帝以手自下遞傳呈上。玄宗一顧之，曰：「真我兒也。」謂肅宗曰：「汝不及他。」又謂代宗曰：「汝亦不及他，髣髴似我。」既而在位二十七年，壽六十三。肅宗登位五年，代宗登位十五年。後明皇帝幸蜀，至中路，曰：「岩郎亦一遍到此來裏。」及德宗幸梁，是驗也。乃知聖人應天受命，享國緜遠，豈徒然哉。《劉賓客嘉話録》。又《廣記》一五〇引。《松窗雜録》（《分門古今類事》二）。

139 玄宗，禁中嘗稱阿瞞，亦稱鴉。壽安公主，曹野那姬所生也，以其九月而誕，遂不出降。常令衣道服，主香火。小字蟲娘，上呼爲師娘。爲太上皇時，代宗起居，上曰：「汝在東宮，甚有令名。」因指壽安，「蟲娘是鴉女，汝後與一名號。」及代宗在靈武，遂令蘇澄尚之，封壽安焉。《酉陽雜俎》前集一。《唐語林》四。

140 黃㼐兒矮陋機惠，玄宗常憑之行，問外間事，動有錫賚，號曰肉杌。一日入遲，上怪之，對曰：「今日雨淖，向逢捕賊官與臣爭道，臣掀之墜馬。」因下階叩頭，上曰：「外無奏，汝無懼。」復憑之。有頃。京兆上表論，上即叱出，令杖殺焉。《酉陽雜俎》前集一二。

141 玄宗宴蕃客，唐崇句當音聲，先述國家盛德，次序朝廷歡娛，又贊揚四方慕義，言甚明辨。上極歡。崇因長入人許小客求教坊判官，久之未敢奏。一日，過崇曰：「今日崖公甚蜆斗，欲爲弟奏請，沈吟未敢。」崇謂小客有所欲，乃贈絹兩束。後數日，上憑小客肩，行永巷中。小客曰：「臣請奏事。」上乃推去之，問曰：「何事？」對曰：「臣所奏，坊中事耳。」小客方言唐崇，上遽曰：「欲得教坊判官也？」小客蹈舞曰：「真聖明，未奏即知。」上曰：「前宴蕃客日，崇辭氣分明，我固賞之，判官何慮不得？汝出報，令明日玄武門來。」小客歸以語崇，崇蹈舞懽躍。上密敕北軍曰：「唐崇來，可馳馬踐殺之。」明日，不果殺。乃敕教坊使范安及曰：「唐崇何等，敢干請小客奏事？可決杖，遞出五百里外。小客更不須令來。」《唐語林》一。

142 梨園弟子有胡雛者，善吹笛，尤承恩寵。嘗犯洛陽令崔隱甫，已而走入禁中。玄宗非時託以他事，召隱甫對，胡雛在側。指曰：「就卿乞此得否？」隱甫對曰：「陛下此言，是輕臣而重樂人也，臣請休官。」再拜將出。上遽曰：「朕與卿戲耳！」遂令曳出，纔至門外，立杖殺之。俄頃有敕釋放，已死矣。乃賜隱甫絹百匹。《國史補》上。又《廣記》四九五引。《唐語林》二。

143 唐玄宗《會昌投龍文》自稱承道繼玄昭明三光弟子、南嶽上真人。《五雜俎》一五。《玉芝堂談薈》一。

144 三元日，宣令崇玄學士講《道德》、《南華》等經，羣公咸就觀禮。《明皇雜録》（《白孔六帖》四）。

145 開元間，河南參軍鄭銑、朱陽丞郭仙舟投匭獻詩，敕曰：「觀其文理，乃崇道法，至於今時，不切事情，宜各從所好，並罷官度爲道士。」《唐詩紀事》二。

146 唐玄宗幸温泉，見白鹿升天，改會昌爲昭應縣。《會昌解頤録》（陶本《説郛》四九）。

147 玄宗北巡狩，至於太行坂，路隘，逢櫘車，問左右曰：「車中何物？」曰：「櫘。《禮》云：天子即位，爲櫘，歲一漆之，示存不忘亡也。出則載以從，先王之制也。」玄宗曰：「焉用此！」命焚之。天子出不以櫘從，自此始也。《大唐新語》一〇。

148 玄宗先天中再平内難，後以中外無事，鋭意政理，好於觀書。迨自周漢以來有所未及者，必欲盡舉之。帝既勤書，海内之風翕然率化。尤注意於起居注。先天、開元中，皆選當時鴻儒或貞正之士充之。若有舉其職者，雖十數年猶載筆螭頭，惜不欲去，則遷名曹郎與兼之。自先天元年至天寶十一載冬季，起居注撰成七百卷，内起居注撰成三百卷。内起居注自開元二年春，因上幸寧王宅，叙家人禮，至於樂奏前後，酒食沾賚，上無自專，皆令稟於寧王教。上曰：「大哥好作主人，阿瞞但謹爲上客。」上在禁中嘗自稱阿瞞。以是極歡而罷。明日寧玉率岐、薛已下同奏曰：「臣聞起居注必記天子言動，臣恐左右史不得天子閨行極庶人之禮，無以光示萬代。臣請自今後臣與兄弟各輪日載筆於乘〔輿〕前，得以行在紀叙其事，四季則用朱印聯名牒送史館，然皆依外史例悉上聞，庶明臣等守職如螭頭官。」上以八分書日本國紙爲答，辭甚謹□，然悉允所奏。自是天寶十載冬季以成三百卷，率以五十幅黄麻爲一編，用雕檀軸紫龍鳳綾褾。書成，寧王上請〔百〕（自）部納于史閣。上命賜以酒樂，共宴侍臣于史館。上寶惜是史尤甚，因命別起大閣以貯之。及禄山陷長安，用嚴、高計，未〔至〕升殿宫，先以火千炬猛焚是閣，不移時灰滅。故《玄宗實録》百不叙及三四，以是人間傳記者尤鮮。禄山謀臣：嚴莊、高尚。《松窗雜録》。《南部新書》甲。《唐語林》二。陶本《説郛》五二引《摭異記》亦載。

149 開元初，左常侍褚無量與光禄卿馬懷素隔日侍讀。詔曰：「朕於百事考之，無如文籍。先王要道，盡在於斯。是欲令經史詳備，聽政之暇，遊心觀覽。」無量等奉詔整理内庫書，至六年，分部上架畢。制文武百官入乾元殿東廊觀察，移時乃出。於是賜無量等束帛有差。《大唐新語》一一。

150 開元二十三年，加榮王已下官，敕宰官入集賢院，分寫告身以賜之。侍中裴耀卿因入書庫觀書，既而謂人曰：「聖上好文，書籍之盛事，自古未有。朝宰充使，學徒雲集，觀象設教，盡在是矣。前漢有金馬、石渠，後漢有蘭臺、東觀，宋有總明，陳有德教，周則獸門、麟址，北齊有仁壽、文林，雖載在前書，而事皆瑣細。方之今日，則豈得扶翰捧轂者哉！」《大唐新語》一一。《唐語林》四。

151 玄宗謂張説曰：「兒子等欲學綴文，須檢事及看文體。《御覽》之輩，部帙既大，尋討稍難。卿與諸學士撰集要事並要文，以類相從，務取省便。令兒子等易見成就也。」説與徐堅、韋述等編此進上，詔以《初學記》爲名。賜修撰學士束帛有差。其書行於代。《大唐新語》九。《南部新書》壬。

152 開元十二年，沙門一行造黄道游儀以進。玄宗親爲之序，文多不盡載。其略曰：「孰爲天大，此焉取則。均以寒暑，分諸晷刻。盈縮不愆，列舍不忒。制器垂象，永鑒無惑。」因遣太史官馳往安南及蔚州，測候日影，經年乃定。《大唐新語》九。

153 懷州北有丹水，其源出長平山下。傳云：秦殺趙卒，其水變赤，因以爲名。今上始幸太原，知其故，詔改爲懷水，潼津關爲周密。《隋唐嘉話》下。又《廣記》三九九引作《國史異纂》。

154 見張説14。

155 明皇於勤政樓，以七寶裝成山座，高七尺，召諸學士講議經旨及時務，勝者得升焉。惟張九齡論辯風生，升此座，餘人不可階也。時論美之。《開元天寶遺事》上。

156 明皇常謂侍臣曰：「張九齡文章，自有唐名公皆弗如也。朕終身師之，不得其一二。此人真文場之元帥也。」《開元天寶遺事》下。

157、158 見李白9～11。

159 天寶初，上游華清宫。有劉朝霞者，獻《駕幸温泉賦》。詞調倜儻，雜以俳諧，文多不載。今略其詞曰：「若夫天寶二年，十月後兮臘月前，辦有司之供具，命駕幸于温泉。天門軋開，露神仙之輻輳；鑾輿劃出，驅甲仗以駢闐。青一隊兮黄一隊，熊踏胸兮豹拏背；朱一團兮繡一團，玉鏤珂兮金鈒鞍。」述德云：「直攫得盤古髓，掐得女媧瓤，遮莫你古時千帝，豈如我今日三郎。」自叙云：「别有窮奇蹭蹬，失路猖狂，骨憧雖短，伎藝能長。夢裏幾回富貴，覺來依舊悽惶。」今日是千年一遇，叩頭莫五角六張。」帝覽而奇之，將加殊賞，上命朝霞改去「五角六張」字。奏云：「臣草此賦時，有神助，自謂文不加點，筆不停綴，不願從天而改。」上顧曰：「真窮薄人也。」遂授以宫衛佐而止焉。《開天傳信記》。又《廣記》二五〇引。

160 見薛令之1。

161 見孟浩然2。

162 見李泌4。

163 華州西嶽廟門裏有唐玄宗封西嶽御書碑，其高數十丈，砌數段爲一碑。其字八分，幾尺餘，其上薄雲霄也。舊有碑樓，黄巢入關，人避于碑樓上，巢怒，并樓焚之。樓既焚盡，而碑字缺剥焚損，十存二三也。《默記》中。

164 開元中，天下無事。玄宗聽政之後，從禽自娱。又於蓬萊宫側立教坊，以習倡優〔蔓〕（蔓）衍之戲。酸棗尉袁楚客以爲天子方壯，宜節之以雅，從禽好鄭衛，將蕩上心，乃引由余、太康之義，上疏以諷。玄宗納之，遷下邽主簿，而好樂如初。《大唐新語》一〇。《古今合璧事類備要》後集八〇。

165 上嘗三殿打毬，榮王墮馬悶絶，移時不蘇。黄幡綽奏曰：「大家如今年紀不爲小，聖體又重，不宜自勞。何不著女婿等與諸人爲之，如臣坐對食盤，口眼俱飽，此爲樂耳。旁觀大家馳逐忙遽，何暇云樂？」上曰：「爾言大有理，不復自爲也。」《教坊記》（《類説》七）。《唐語林》五。

166 開元、天寶中，玄宗數御樓觀打毬爲事，能者左縈右拂，盤旋宛轉，殊可觀。然馬或奔逸，時致傷斃。《封氏聞見記》六。

167 見黄幡綽4。

168 見李搗2。

169 天寶中，大宛進汗血馬六匹，一曰紅叱撥，二曰紫叱撥，三曰青叱撥，四曰黄叱撥，五曰丁香叱撥，六曰桃花叱撥。上乃改名紅玉輦、紫玉輦、平山輦、凌雲輦、飛香輦、百花輦，命圖于瑶光殿。《紀異録》（《類説》一二。又張本《説郛》三）。《續博物志》四。

170 上所乘馬有玉花驄、照夜白。《明皇雜録》（《能改齋漫録》六）。

171 玄宗幸蜀，天厩八駿，其七盡斃於棧道，惟一雲騅存焉。德宗幸梁，亦充御馬。《大唐傳載》。案：此誤。參見唐德宗52。

172 玄宗嘗命教舞馬四百蹄，各爲左右，分爲部，目爲某家寵、某家驕。時塞外亦有善馬來貢者，上俾之教習，無不曲盡其妙。因命衣以文繡，絡以金銀，飾其鬃鬣，間雜珠玉。其曲謂之《傾盃樂》者數十回，奮首鼓尾，縱横應節。又施三層板牀，乘馬而上，旋轉如飛。或命壯士舉一榻，馬舞於榻上，樂工數人立左右前後，皆衣淡黄衫、文玉帶，必求少年而姿貌美秀者。每千秋節，命舞於勤政樓下。其後上既幸蜀，舞馬亦散在人間。禄山常觀其舞而心愛之，自是因以數匹置於范陽。其後轉爲田承嗣所得，不之知也，雜之戰馬，置之外棧。忽一日，軍中享士，樂作，馬舞不能已。廝養皆謂其爲妖，擁篲以擊之。馬謂其舞不中節，抑揚頓挫，猶存故態。吏遽以馬怪白承嗣，命箠之甚酷，馬舞甚整，而鞭撻愈加，竟斃於櫪下。時人亦有知其舞馬者，懼暴而終不敢言。《明皇雜録》補遺。鄭嵎《津陽門詩》注。參見安禄山36。

173 玄宗好鬭雞，貴臣外戚皆尚之，貧者或弄木雞。識者以爲：雞酉屬，帝生之歲；鬭者，兵象。《集異志》二。

174 天寶中，嶺南獻白鸚鵡，養之宫中，歲久頗聰慧，洞曉言詞。上及貴妃皆呼爲雪衣女。性即馴擾，常縱其飲啄飛鳴，然亦不離屏幃間。上令以近代詞臣詩篇授之，數遍便可諷誦。上每與貴妃及諸王博戲，上稍不勝，左右呼雪衣娘，必入局中鼓舞，以亂其行列，或啄嬪御及諸王手，使不能争道。忽一日，飛上貴妃鏡臺，語曰：「雪衣娘昨夜夢爲鷙鳥所搏，將盡於此乎？」上使貴妃授以《多心經》，記誦頗精熟，日夜不息，若懼禍難有所禳者。上與貴妃出于别殿，貴妃置雪衣娘于步輦竿上，與之同去。既至，上命從官校獵於殿下，鸚鵡方戲于殿上，忽有鷹搏之而斃。上與貴妃歎息久之，遂命瘞于苑中，爲立塚，呼爲鸚鵡塚。《明皇雜録》（《事文類聚》後集四〇、《白孔六帖》九四）。又張本《説郛》三二引。

175 玄宗時，有五色鸚鵡能言，上令左右試牽帝衣，鳥輒瞋目叱咤。岐府文學能延京獻《鸚鵡篇》以贊其事，張燕公有表賀，稱爲「時樂鳥」。《酉陽雜俎》前集一六。

176 見蘇頲15。

177 明皇因對寧王，問：「卿近日棋神威力何如？」王奏：「臣憑托陛下聖神，庶或可取。」上喜，呼：「將方亭侯來。」二宫人以玉界局進，遂與王對手。《清異録》下。

178 明皇與楊妃彩戰，將北，惟重四可勝，連叱之，果重四。上悦，顧高力士，令賜緋。因之遂不易。《紀聞譚》（《類説》五二）。又《紺珠集》九、張本《説郛》七三引。《事始》（《類説》三五、張本《説郛》一〇、《古今事文類聚》前集四三）。

179 唐玄宗在東洛，大酺於五鳳樓下，命三百里内縣令、刺史率其聲樂來赴闕者，或謂令較其勝負而賞罰焉。時河内郡守令樂工數百人於車上，皆衣以錦繡，伏廂之牛，蒙以虎皮，及爲犀象形狀，觀者駭目。

時元魯山遺樂工數十人，聯袂歌《于蔿》。于蔿，魯山文也。玄宗聞而異之，試徵其詞，乃歎曰：「賢人之言也。」其後，上謂宰臣曰：「河内之人其在塗炭乎？」促命徵還，而授以散秩。每賜宴設酺會，則上御勤政樓。金吾及四軍兵士未明陳仗，盛列旗幟，皆帔黄金甲，衣短後繡袍。太常陳樂，衛尉張幕後，諸蕃酋長就食府縣。教坊大陳山車旱船、尋橦走索、丸劍角抵、戲馬鬬鷄。又令宮女數百，飾以珠翠衣以錦繡，自帷中出，擊雷鼓爲《破陣樂》、《太平樂》、《上元樂》。又列大象、犀牛入場，或拜舞，動中音絆。每正月望夜，又御勤政樓，觀作樂。貴臣戚里，官設看樓。夜闌，即遣宮女於樓前歌舞以娱之。《明皇雜録》下。

180 玄宗在藩邸，有散樂一部。及即位，且羈縻之。嘗於九曲閲太常樂，卿姜晦押樂以進。凡戲，輒分兩朋以判優劣，人心競勇，謂之熱戲。乃詔寧王主藩邸樂以敵之。一伎戴百尺幢，鼓舞而進，太常所戴則百餘尺。比彼伎一出，則往復矣，長欲半之，疾乃兼倍。太常羣樂方鼓譟。上不説，命内養五六十人各執一物，皆鐵馬鞭骨檛之屬也，潛匿袖中，雜立於聲兒後。候復鼓譟，當亂摇之。左右初怪内養麕至，竊見袖中有物，皆奪氣喪魄，而戴竿者方振摇其幢，南北不已。上顧謂内人曰：「其竿即當自折。」斯須中斷，上撫掌大笑。内伎咸稱慶，於是罷遣。《教坊記》（《樂府詩集》八〇）。

181 正月十五夜，玄宗於常春殿張臨光宴。白鷺轉花、黄龍吐水、金鳧、銀燕、浮光洞、攢星閣，皆燈也。奏《月分光》曲，又撒閩江錦荔支千萬顆，令宮人争拾，多者賞以紅圈帔、緑暈衫。《影燈記》（《雲仙雜記》二）。

182 天寶宮中，至寒食節，競竪鞦韆，令宮嬪輩戲笑以爲宴樂。帝呼爲「半仙之戲」，都中士民因而呼之。（《開元天寶遺事》下。）

183 玄宗紫宸殿櫻桃熟，命百官口摘之。《唐語林》五。《唐書》（《御覽》九六九）。

184 明皇與貴妃，每至酒酣，使妃子統宮妓百餘人，帝統小中貴百餘人，排兩陣于掖庭中，目爲風流陣。以霞被錦被張之，爲旗幟攻擊相鬭，敗者罰之巨觥以戲笑。時議以爲不祥之兆，後果有禄山兵亂，天意人事不偶然也。《開元天寶遺事》下。

185 玄宗開元二十四年八月五日，御樓設繩妓。妓者先引長繩，兩端屬地，埋鹿盧以繫之。鹿盧内數丈立柱以起繩，繩之直如絃。然後妓女自繩端躡足而上，往來倏忽之間，望之如仙。有中路相遇，側身而過者；有著屐而行，從容俯仰者；或以畫竿接脛，高五六尺；或蹋肩蹈頂至三四重，既而翻身擲倒至繩，還往曾無蹉跌，皆應嚴鼓之節，真奇觀者。衛士胡嘉隱作《繩妓賦》獻之，辭甚宏暢，玄宗覽之，大悦，擢拜金吾衛倉曹參軍。自胡寇覆蕩，伶倫分散，外方始有此妓，軍州宴會，時或爲之。《封氏聞見記》六。《唐語林》五。

186 玄宗起涼殿，拾遺陳知節上疏極諫。上令力士召對。時暑毒方甚，上在涼殿，座後水激扇車，風獵衣襟。知節至，賜坐石榻。陰霤沈吟，仰不見日，四隅積水成簾飛灑，座内含凍。復賜冰屑麻節飲。陳體生寒慄，腹中雷鳴，再三請起方許，上猶拭汗不已。陳纔及門，遺洩狼籍，逾日復故。謂曰：「卿論事宜審，勿以己方萬乘也。」《唐語林》四。原出《盧陵官下記》。《古今合璧事類備要》前集一一引《盧陵官下記》，即此文，較簡。

187 玄宗八月十五日夜與貴妃臨太液池，憑欄望月不盡，帝意不快，遂勑令左右：于池西岸別築百尺高臺，與吾妃子來年望月。後經禄山之兵，不復置焉，惟有基址而已。《開元天寶遺事》下。

188 玄宗幸華清宮，新廣湯池，制作宏麗。安禄山於范陽，以白玉石爲魚龍鳧雁，仍爲石梁及石蓮花以獻，雕鐫巧妙，殆非人工。上大悦，命陳於湯中，又以石梁横亘湯上，而蓮花纔出於水際。上因幸華清宮，至其所，解衣將入，而魚龍鳧雁皆若奮鱗舉翼，狀欲飛動。上甚恐，遽命撤去，其蓮花猶存。又嘗於宮中置長湯屋數十間，環迴甃以文石，爲銀鏤漆船及白香木船，置於其中，至於楫櫓，皆節以珠玉。又於湯中壘瑟瑟及丁香爲山，以狀瀛洲、方丈。上將幸華清宮，貴妃姊妹競車服。爲一犢車，飾以金翠，間以珠玉，一車之費，不下數十萬貫。既而重甚，牛不能引，因復上聞，請各乘馬。於是競購名馬，以黄金爲銜韂，組繡爲障泥。共會於國忠宅，將同入禁中，炳炳照灼，觀者如堵。自國忠宅至於城東南隅，僕御車馬，紛紜其間。國忠方與客坐於門下，指而謂客曰：「某家起於細微，因緣椒房之親，以至於是。吾今未知税駕之所，念終不能致令名，要當取樂於富貴耳。」由是驕奢僭侈之態紛然，而昧處滿持盈之道矣。太平公主玉葉冠，虢國夫人夜光枕，楊國忠鎖子帳，皆稀代之寶，不能計其直。《明皇雜録》下。又《廣記》二三六引。《廣記》二三七引作《譚賓録》。

189 驪山湯甫邇京邑，帝王時所遊幸。玄宗于驪山置華清宮，每年十月車駕自京而出，至春乃還。百官羽衛并諸方朝集，商賈繁會，里閭闐咽焉。山上起朝元閣，上常登眺。命羣臣賦詩，正字劉飛詩最清拔，特蒙激賞。右相李林甫怒飛不先呈己，出爲一尉，竟不入而卒，士子寃之。喪亂以來，湯所館殿，鞠爲茂草。《封氏聞見記》七。《南部新書》辛。

190 華清宮中除供奉兩湯外，而别更有長湯十六所，嬪御之類浴焉。《開元天寶遺事》下。鄭嵎《津陽門詩》注。

191 奉御湯中以文瑶密石，中央有玉蓮，湯泉涌以成池，又縫錦繡爲鳧雁於水中，帝與貴妃施鈒鏤小舟，戲玩於其間。宫中退水，出於金溝，其中珠纓寶絡流出街渠，貧民日有所得焉。《開元天寶遺事》下。鄭嵎《津陽門詩》注。

192 上洞曉音律，由之天縱，凡是絲管，必造其妙。若製作諸曲，隨意即成。不立章度，取適短長，應指散聲，皆中點拍。至於清濁變轉，律吕呼召，君臣事物，迭相制使，雖古之夔、曠不能過也。尤愛羯鼓、玉笛，常云：「八音之領袖，諸樂不可爲比。」嘗遇二月初，詰旦，巾櫛方畢，時當宿雨初晴，景色明麗，小殿内庭，柳杏將吐，覩而嘆曰：「對此景物，豈得不爲他判斷之乎？」左右相目，將命備酒，獨高力士遣取羯鼓，上旋命之，臨軒縱擊一曲，曲名《春光好》，上自製也。神思自得。及顧柳杏，皆已發拆，上指而笑謂嬪御曰：「此一事，不唤我作天公可乎？」嬪御侍官皆呼萬歲。又製《秋風高》，每至秋空迥徹，纖翳不起，即奏之，必遠風徐來，庭葉隨下。其曲絶妙入神，例皆如此。《羯鼓録》。又《御覽》五八三、《廣記》二〇五引。《獨異志》上。《唐語林》四。

193 見李龜年1。

194 見李璡1。

195 見黄幡綽8。

196 上皇善吹笛，常寶一紫玉管。貴妃妙彈琵琶，其樂器聞於人間者，有邏沙檀爲槽、龍香柏爲撥者。上每執酒卮，必令迎娘歌《水調》曲遍，而太真輒彈弦倚歌，爲上送酒。鄭嵎《律陽門詩》注（《全唐詩》五六七）。

197 天寶中，上命宫女子數百人爲梨園弟子，皆居宜春北院。上素曉音律，時有馬仙期、賀懷智洞知音律。安禄山自范陽入覲，亦獻白玉簫管數百事，安皆陳于梨園。自是音響殆不類人間。有中官白秀貞自蜀使回，得琵琶以獻。其槽以邏逤檀爲之，温潤如玉，光輝可見，有金縷紅文蹙成雙鳳。貴妃每抱是琵琶奏於梨園，音韻凄清，飄如雲外。而諸王貴主洎虢國以下，競爲貴妃琵琶弟子，每奏曲畢，廣有進獻。《明皇雜録》（《御覽》五八三、《白孔六帖》六二）。《譚賓録》（《廣記》二〇四、二〇五）。

198 時新豐初進女伶謝阿蠻，善舞。上與妃子鍾念，因而受焉。就按於清元小殿，寧王吹玉笛，上羯鼓，妃琵琶，馬仙期方響，李龜年觱篥，張野狐箜篌，賀懷智拍板。自旦至午，歡洽異常。時唯妃女弟秦國夫人端坐觀之。曲罷，上戲曰：「阿瞞（上在禁中，多自稱也）樂籍，今日幸得供養夫人。請一纏頭！」秦國曰：「豈有大唐天子阿姨，無錢用耶？」遂出三百萬爲一局焉。樂器皆非世有者，才奏而清風習習，聲出天表。《楊太真外傳》上。

199 《夜半樂》：明皇自潞州入平内難，正夜半，斬長樂門關，領兵入宫翦逆，人後撰此曲。《樂府雜録》。又《御覽》五六八引。《碧鷄漫志》四。

200 上嘗坐朝，以手指上下按其腹。朝退，高力士曰：「陛下向來數以手指按其腹，豈非聖體小不安耶？」上曰：「非也。吾昨夜夢遊月宫，諸仙娱予以上清之樂，寥亮清越，殆非人間所聞也。酣醉久之，合奏諸樂以送吾歸。其曲凄楚動人，杳杳在耳。吾回，以玉笛尋之，盡得之矣。坐朝之際，慮忽遺忘，故懷玉笛，時以手指上下尋，非不安。」力士再拜賀曰：「非常之事也。願陛下爲臣一奏之。」其聲寥寥然，不可名言也。力士又再拜，且請其名。上笑言曰：「此曲名《紫雲回》。」遂載於樂章。今太常刻石在焉。《開天傳信記》。又《廣記》二〇四引。《宣室志》一。又《廣記》二九引。《海録碎事》一六引作《明皇雜録》。

201　玄宗在東都，晝寢於殿，夢一女子容色穠艷，梳交心髻，大帔廣裳，拜於牀下。上曰：「汝是何人？」曰：「妾是陛下凌波池中龍女，衛宫護駕，妾實有功。今陛下洞曉鈞天之音，乞賜一曲，以光族類。」上於夢中爲鼓胡琴，拾新舊之聲爲《凌波曲》。龍女再拜而去。及覺，盡記之，因命禁樂，自與琵琶習而翻之。《逸史》(《廣記》四二〇)。《明皇雜録》(《海録碎事》一六)。《碧鷄漫志》四。

202　唐野史云：明皇開元中，道人葉法善引上入月宫。時秋，上苦淒冷，不能久留，回于天半，尚聞仙樂。及歸，但記其半曲，遂篴中寫之。會西涼都督楊敬述進《婆羅門曲》，與其聲調相符，遂以月中所聞爲之散序，因敬述所進爲曲身，名《霓裳羽衣曲》也。《近事會元》四。鄭嵎《津陽門詩》注。參見《碧鷄漫志》三。

203　明皇游月宫一事，所出亦數處。《異聞録》云：「開元中，明皇與申天師、洪都客夜遊月中，見所謂廣寒清虚之府，下視玉城嵯峨，若萬頃琉璃田，翠色冷光，相射炫目，素娥十餘，舞於廣庭，音樂清麗，遂歸製《霓裳羽衣》之曲。」《唐逸史》則以爲羅公遠，而有擲杖化銀橋之事。《集異記》則以爲葉法善，而有潞州城奏玉笛、投金錢之事。《幽怪録》則以爲游廣陵，非潞州事。要之皆荒唐之説，不足問也。《癸辛雜識》前集。參見《逸史》(《廣記》二二)、《集異記》(《廣記》二六)、《玄怪録》三。

204　見葉法善 2。

205　《得寶歌》，一曰《得寶子》，又曰《得鞛子》。明皇初納太真妃，喜謂後宫曰：「朕得楊氏，如得至寶也。」遂製曲，名《得寶子》。《樂府雜録》。又《御覽》五六八引。

206 天寶十四載六月一日，時驪山駐蹕，是貴妃誕辰，上命小部音聲樂長生殿，仍奏新曲，未有名，會南海進荔枝，因以曲名《荔枝香》。《甘澤謡》。《明皇雜録》（《海録碎事》一六）。《楊太真外傳》下。《近事會元》四。《寓簡》八。

207 《荔枝香》：《唐史・禮樂志》云：帝幸驪山，楊貴妃生日，命小部張樂長生殿，奏新曲，未有名，會南方進荔枝，因名曰《荔枝香》。《脞説》云：太真妃好食荔枝，每歲忠州置急遞上進，五日至都。天寶四年夏，荔枝滋甚，比開籠時，香滿一室。供奉李龜年撰此曲進之，宣賜甚厚。《楊妃外傳》云：明皇在驪山，命小部音聲于長生殿奏新曲，未有名，會南海進荔枝，因名《荔枝香》。三説雖小異，要是明皇時曲。《碧鷄漫志》四。

208 驪山多飛禽，名阿濫堆。明皇帝御玉笛，采其聲翻爲曲子名焉，左右皆傳唱之。播於遠近，人競以笛效吹。故詞人張祐詩曰：「紅樹蕭蕭閣半開，玉皇曾幸此宫來。至今風俗驪山下，村笛猶吹阿濫堆。」《中朝故事》。又《碧鷄漫志》四引。

209 《還京樂》：明皇自西蜀返，樂人張野狐所製。《樂府雜録》。又《御覽》五六八引。

210 見李白15。

211 初有木芍藥植於沉香亭前，其花一日忽開一枝兩頭，朝則深紅，午則深碧，暮則深黄，夜則粉白，晝夜之内，香艷各異。帝謂左右曰：「此花木之妖，不足訝也。」《開元天寶遺事》上。

212 明皇與貴妃幸華清宫，因宿酒初醒，憑妃子肩同看木芍藥。上親折一枝，與妃子遞嗅其艷，帝曰：

「不惟萱草忘憂，此花香艷，尤能醒酒。」《開元天寶遺事》下。

213 明皇於禁苑中，初有千葉桃盛開，帝與貴妃日逐宴於樹下。帝曰：「不獨萱草忘憂，此花亦能銷恨。」《開元天寶遺事》上。

214 天寶年，内中柑樹結實，帝日與貴妃賞御，呼爲「瑞聖奴」。《清異録》上。

215 甘子。天寶十年，上謂宰臣曰：「近日於宫内種甘子數株，今秋結實一百五十顆，與江南、蜀道所進不異。」宰臣賀表曰：「雨露所均，混天區而齊被。草木有性，憑地氣而潛通。故得資江外之珍果，爲禁中之華實。」相傳玄宗幸蜀年，羅浮甘子不實。《酉陽雜俎》前集一八。又《廣記》四一〇引。

216 上發馬嵬，行至扶風道。道傍有花，寺畔見石楠樹團圓，愛玩之，因呼爲端正樹，蓋有所思也。《楊太真外傳》下。《海録碎事》二二。參見唐德宗62。

217 明皇每於禁苑中見黄鶯，常呼之爲「金衣公子」。《開元天寶遺事》上。

218 天寶末，交趾貢龍腦，如蟬蠶形。波斯言老龍腦樹節方有，禁中呼爲瑞龍腦。上唯賜貴妃十枚，香氣徹十餘步。上夏日嘗與親王棋，令賀懷智獨彈琵琶，貴妃立於局前觀之。上數枰子將輸，貴妃放康國猧子於坐側。猧子乃上局，局子亂，上大悦。時風吹貴妃領巾於賀懷智巾上，良久，回身方落。賀懷智歸，覺滿身香氣非常，乃卸幞頭，貯於錦囊中。及上皇復宫闕，追思貴妃不已，懷智乃進所貯幞頭，具奏他日事。上皇發囊，泣曰：「此瑞龍腦香也。」《酉陽雜俎》前集一。《獨異志》下。《開元天寶遺事》下。

219 明皇幸蜀，令畫工作《十眉圖》，《横雲》、《斜月》，皆其名。《古今事文類聚》後集一二。

220 玄宗置麴精潭，砌以銀甎，泥以石粉，貯三辰酒一萬車，以賜當制學士等。《史諱録》（《雲仙雜記》五）。

221 玄宗命射生官射鮮鹿，取血煎鹿腸食之，謂之「熱洛河」。賜安禄山及哥舒翰。《盧氏雜説》（《廣記》二三四）。又《錦繡萬花谷》前集三六引。《唐語林》五。

222 胡床施轉關以交足，穿便絛以容坐，轉縮須臾，重不數斤。相傳明皇行幸頻多，從臣或待詔野頓，扈駕登山，不能跂立，欲息則無以寄身，遂創意如此。當時稱「逍遥座」。《清異録》下。

223 玄宗嘗夢落殿，有孝子扶上。他日以問高力士，力士云：「孝子素衣，此是韋見素耳。」帝深然之。數日，自吏部侍郎拜相。《廣異記》（《廣記》二七七）。

224 玄宗夢入井，有一兵士，著緋褌，背負而出。明日，使於兵號中尋訪，總無此人。又於苑中搜訪，見一掌關，着緋褌，便引見。上問：「汝昨夜作何夢？」對曰：「從井中背負日出登天。」上覩其形狀，與夢相似，乃問：「汝欲官乎？」答曰：「臣不解作官。臣家貧。」遂敕賜錢五百千。《定命録》（《廣記》二七七）。

225 光禄卿王守和，未嘗與人有争，嘗於案几間大書「忍」字，至於幃幌之屬，以繡畫爲之。明皇知其姓字，非時引對，問曰：「卿名守和，已知不争，好書『忍』字，尤見用心。」奏曰：「臣聞堅而必斷，剛則必折，萬事之中，『忍』字爲上。」帝曰：「善。」賜帛以旌之。《開元天寶遺事》下。

王皇后

1 王皇后始以色進，及上登位不數年，恩寵日衰。后憂畏之狀，愈不自安。然撫下有恩，幸免讒謗共危之禍。忽一日泣訴於上曰：「三郎獨不記阿忠脱新紫半臂更得一斗麵爲三郎生日湯餅耶？何忍不追念於前時。」上聞之戚然改容，有憫皇后之色。由是得延於其恩者三更秋。終以諸妃恩遇日盛，皇后竟見黜焉。后無罪被擯，六宫共憐之。阿忠，王后自呼其父名也。《松窗雜録》。《南部新書》甲。案：王皇后，《松窗雜録》原作「何皇后」，誤。

武惠妃

1 惠妃武氏有專房之寵，將奪嫡，王皇后性妬，稍不能平。玄宗乃廢后爲庶人，膺受日聞，次及太子。太子之將廢也，玄宗訪於張九齡，九齡對曰：「太子，天下本也，動之則摇人心。自居東宫，未聞大惡。臣聞父子之道，天性也。子有過，父恕而掩之，無宜廢絶。且其惡狀未著，恐外人窺之，傷陛下慈父之道。」玄宗不悦，隱忍者久之。李林甫秉政，陰中計於武妃，將立其子以自固。武妃亦結之。乃先黜九齡而廢太子。太子同鄂王瑶、光王琚同日並命，海内痛之，號爲三庶。太子等既受冤死，武妃及左右屢見爲祟，宫中終夜相恐，或聞鬼哭聲。召巫覡視之，皆曰：「三庶爲厲。」先是收鄂王、光王，行刑者射而瘞之，乃命改葬而酬之。武妃死，其厲乃息。玄宗乃立肅宗爲太子，林甫之計不行，惕然懼矣。三庶以二十五年四月二十三日死，武妃至十二月而斃，識者知有神道焉。《大唐新語》一一。又《廣記》一二一引。

柳婕妤

1 玄宗柳婕妤，余母之叔曾祖姑也。生延王玢。婕妤有學問，玄宗甚重之。肅宗每見王，則語左右曰：「我與王，兄弟中更相親，外家皆關中貴族。」柳氏乃尚書右丞範之女，睦州刺史齊物之妹也。柳氏姻眷，奕葉貴盛，而人物盡高，方與公、康城公，皆北史有傳。睦州刺史諱齊物，尚書右丞之子。右丞諱範，國史有傳。少而俊邁，風格精異，能爲江南折桂書生，詠調精絶，見媚於時。自周隋已後，家富於財。嘗因調集至京師，有名娼嬌陳者，姿藝俱美，爲士子所奔走。睦州君詣之，悦焉。嬌陳曰：「第中有錦帳三十重，即奉事終身。」蓋將以斯言戲之耳。翌日，遂如數載席帳以行。嬌陳大驚，且賞其奇特，竟如約，入柳氏之家，執僕媵之禮，爲中表所推。玄宗在人間，常聞嬌陳名。訪之。及召入宫，涕泣稱痼疾且老。上知其不可强也，許其歸。因語曰：「我聞柳家多賢子女，可以稱内職者，可言之。」嬌陳以睦州君女弟對。遂納之，立婕妤，生延王及一公主焉。睦州君閨門士行，爲官政績，載於家傳，此偶因嬌陳事書之。《因話録》一。《唐語林》四。

楊貴妃

1　楊貴妃小字玉環，弘農華陰人也。後徙居蒲州永樂之獨頭村。高祖令本，金州刺史；父玄琰，蜀州司户。貴妃生於蜀。嘗誤墜池中，後人呼爲落妃池。池在導江縣前。妃早孤，養於叔父河南府士曹玄珪家。開元二十二年十一月，歸於壽邸。二十八年十月，玄宗幸温泉宫（自天寶六載十月，復改爲華清宫）。使高力士取楊氏女於壽邸，度爲女道士，號太真，住内太真宫。天寶四載七月，册左衛中郎將韋昭訓女配壽邸。是月，於鳳凰園册太真宫女道士楊氏爲貴妃，半后服用。進見之日，奏《霓裳羽衣曲》。《楊太真外傳》上。

2　楊妃，廣西容州普寧縣雲陵里人。父維，母葉氏，生妃，有異質，都部署楊康求爲女。時楊玄琰爲長史，又從康求爲女，攜至京，進入壽王宫。城西至今有楊妃井。《廣西志》（《天中記》一二）。

3　楊妃井最冷冽，飲之美姿容，下多香草，在容州雲凌里。妃姓楊，名玉奴，别字玉環，號太真。母葉氏，懷孕十三月而生。都督步署楊康求爲女，才貌雙絶。楊玄琰爲長史，以勢求之，攜至京師，選入壽邸，時年十四。明皇召見，賜西王母服色入宮。《赤雅》中。

4 貴妃楊氏之在蜀也，有野人張見之云：「當大富貴，何以在此？」或問：「至三品夫人否？」張云：「不是。」「一品否？」曰：「不是。」「然則皇后耶？」曰：「亦不是。然貴盛與皇后同。」見楊國忠，云：「公亦富貴位，當秉天下權勢數年。」後皆如其言。《定命録》（《廣記》二二四）。

5 楊貴妃初承恩召，與父母相別，泣涕登車。時天寒，淚結爲紅冰。《開元天寶遺事》下。

6 見唐玄宗205。

7 見李白15。

8 〔天寶〕五載七月，妃子以妬悍忤旨。乘單車，令高力士送還楊銛宅。及亭午，上思之不食，舉動發怒。力士探旨，奏請載還，送院中宮人衣物及司農米麵酒饌百餘車。諸姊及銛初則懼禍聚哭，及恩賜浸廣，御饌兼至，乃稍寬慰。妃初出，上無聊，中官趨過者，或笞撻之，至有驚怖而亡者。力士因請就召，既夜，遂開安興坊，從太華宅以入。及曉，玄宗見之内殿，大悦。貴妃拜泣謝過。因召兩市雜戲以娱貴妃。貴妃諸姊進食作樂。自兹恩遇日深，後宮無得進幸矣。《楊太真外傳》上。

9 太真妃常因妬媚，有語侵上，上怒甚，召高力士以輜軿送還其家。妃悔恨號泣，抽刀剪髮授力士曰：「珠玉珍異，皆上所賜，不足充獻，唯髮父母所生，可達妾意，望持此伸妾萬一慕戀之誠。」上得髮，揮涕憫然，遽命力士召歸。《開天傳信記》。參見《楊太真外傳》上。

10 〔天寶〕十載上元節，楊氏五宅夜遊，遂與廣寧公主騎從争西市門，楊氏奴揮鞭誤及公主衣，公主墮馬。駙馬程昌裔扶公主，因及數撾。公主泣奏之，上令決殺楊家奴一人，昌裔停官，不許朝謁。於是楊家轉横，出入禁門不問，京師長吏，爲之側目。故當時謡曰：「生女勿悲酸，生男勿喜歡。」又曰：「男不封侯女作妃，君看女却是門楣。」其天下人心羨慕如此。《楊太真外傳》上。

11 楊貴妃生於蜀，好食荔枝。南海所生，尤勝蜀者，故每歲飛馳以進，然方暑而熟，經宿則敗，後人皆不知之。《國史補》上。

12 見唐玄宗206、207。

13 太真妃最善於擊磬拊搏之音，泠泠然新聲。雖太常梨園之能人，莫能加也。上令採藍田緑玉琢爲器，上造簨簴流蘇之屬，皆以金鈿珠翠珍怪之物雜飾之，又鑄二金獅子，作拏攫騰奮之狀，各重二百餘斤，以爲趺，其他綵繪縟麗，製作神妙，一時無比也。上幸蜀回京師，樂器多亡失，獨玉磬偶在。上顧之悽然，不忍置於前，促令送太常，至今藏於太常正樂庫。《開天傳信記》。又《廣記》二〇四引。

14、15 見唐玄宗196、197。

16 上在百花院便殿，因覽《漢成帝内傳》，時妃子後至，以手整上衣領，曰：「看何文書？」上笑曰：「莫問。知則又殢人。」覓去，乃是「漢成帝獲飛燕，身輕欲不勝風。恐其飄翥，帝爲造水晶盤，令宫人掌之而歌舞。又製七寶避風臺，間以諸香，安於上，恐其四肢不禁」也。上又曰：「爾則任吹多少。」蓋妃微有肌也，故上有此語戲妃。妃曰：「《霓裳羽衣》一曲，可掩前古。」《楊太真外傳》上。

17　章濤從外祖鄭亨仲資政入蜀，過京西道間，入一僧寺，舍宇極蕪陋。其傍有一堂，奉觀音龕像，左右列《華嚴經》數函，多散亂不全整。龕下有抽替，試啓之，得小軸，乃朱書《金剛經》也。卷軸差不甚損，然已故暗，字畫勁楷可觀。展視其末，則云「玉環刺血爲皇帝書」。蓋楊太真遺跡，血色儼然，非朱書也。鄭之子取而寶藏之。《夷堅支志》景集一。

18　貴妃素有肉體，至夏苦熱，常有肺渴，每日含一玉魚兒於口中，蓋藉其涼津沃肺也。《開元天寶遺事》下。又《雲仙雜記》一〇引。

19　貴妃每至夏月，常衣輕綃，使侍兒交扇鼓風，猶不解其熱。每有汗出，紅膩而多香，或拭之於巾帕之上，其色如桃紅也。《開元天寶遺事》下。

20　貴妃每宿酒初消，多苦肺熱，嘗凌晨獨遊後苑，傍花樹，以手攀枝，口吸花露，藉其露液，潤於肺也。《開元天寶遺事》下。又《雲仙雜記》一〇引。

21　冬至日大雪，至午雪霽，有晴色，因寒，所結簷溜，皆爲冰條。妃子使侍兒敲下二條看玩。帝自晚朝視政迴，問妃子曰：「所玩何物耶？」妃子笑而答曰：「妾所玩者，冰筯也。」帝謂左右曰：「妃子聰惠，比象可愛也。」《開元天寶遺事》下。

22　太真着鴛鴦並頭蓮錦袴襪，上戲曰：「貴妃袴襪上乃真鴛鴦蓮花也。」太真問：「何得有此稱？」上笑曰：「不然，其間安得有此白藕乎？」貴妃由是名褌襪爲藕覆。注云：袴襪，今俗稱膝袴。《致虛閣雜俎》(《瑯嬛記》上)。

23 玄宗與玉真恒于皎月之下以錦帕裹目，在方丈之間互相捉戲。玉真捉上每易，而玉真輕捷，上每失之，滿宮之人撫掌大笑。一夕，玉真于衭服袖上多結流蘇香囊與上戲，上屢捉屢失，玉真故以香囊惹之，上得香囊無數，已而笑曰：「我比貴妃差勝也。」謂之捉迷藏。《致虚閣雜俎》（《瑯嬛記》中）。

24～31 見唐玄宗66～68、174、184、188、191、218。

32、33 見安禄山5、17。

34 楊貴妃嘗以假髻爲首飾而好服黄裙。天寶末童謡曰：「義髻抛河裏，黄裙逐水流。」《明皇雜録》（《詩話總龜》前集三二）。

35 天寶十三年，宫中下紅雨，色若桃花。太真喜甚，命宫人各以碗杓承之，用染衣裾，天然鮮艷，惟襟上色不入處，若一馬字，心甚惡之。明年七月，遂有馬嵬之變。血汙衣裾，與紅雨無二，上甚傷之。《致虚閣雜俎》（《瑯嬛記》中）。

36 玄宗自聞禄山反狀，心懷疑忌。初出幸時，貴妃侍女紅桃晨興理妝，玉環墜地而響，帝聞，問曰：「響者何耶？」對曰：「玉環碎矣。」帝默然，不悦。至馬嵬，貴妃果遇害。貴妃小名玉環。《客退紀談》（陶本《説郛》三二）。

37 玄宗幸蜀，至馬嵬驛，命高力士縊貴妃于佛堂前梨樹下。馬嵬店媪，收得錦韈一隻。相傳過客每一借翫，必須百錢，前後獲利極多，媪因至富。《國史補》上。又《廣記》四〇五引。

38 馬嵬老媪拾得太真襪以致富。其女名玉飛，得雀頭履一隻，真珠飾口，以薄檀爲苴，長僅三寸。玉飛奉爲異寶，不輕示人。《姚鷟尺牘》（《瑯嬛記》中）。

39 時肅宗詔令改葬太真，高力士知其所瘞，在嵬坡驛西北十餘步，當時乘輿匆遽，無復備周身之具，但以紫縟裹之。及改葬之時，皆已朽壞，惟有胸前紫繡香囊中，尚得冰麝香。時以進上皇，上皇泣而佩之。鄭嵎《津陽門詩》注。

40 見唐玄宗113、114。

唐人軼事彙編卷三

唐肅宗

1、2　見唐玄宗10、124。

3　肅宗在春宮，嘗與諸王從玄宗詣太清宮。有龍見于殿之東梁，玄宗目之，顧問諸王：「有所見乎。」皆曰：「無之。」問太子，太子俛而未對。上問：「頭在何處？」曰：「在東。」上撫之曰：「真我兒也。」《因話録》一。《唐語林》五。

4　見李林甫10。

5　肅宗在東宫，爲李林甫所搆，勢幾危者數矣。無何，鬢髮斑白。常早朝，上見之，愀然曰：「汝第歸院，吾當幸汝。」及上至，顧見宫中庭宇不灑掃，而樂器久屏，塵埃積其間，左右使命，無有妓女。上爲之動色，顧力士曰：「太子居處如此，將軍盍使我聞之乎？」（上在禁中，不名力士，呼爲將軍。）力士奏曰：「臣嘗欲上言，太子不許，云：無以動上念。」上即詔力士下京兆尹，亟選人間女子細長潔白者五人，將以賜太子。力士趨出庭下，復還奏曰：「臣他日嘗宣旨京兆閲致女子，人間囂囂然，而朝廷好言事者得以爲口實。臣以爲掖庭中故衣冠以事没其家者，宜可備選。」上大悦，使力士詔掖庭，令按籍閲視，得三人，乃以賜太子，而章敬皇后在選中。頃者，后侍寢，厭不寤，吟呼若有痛，氣不屬者。肅宗呼之不解，竊自計曰：「上始賜我，卒無狀不寤。上安知非吾護視不謹耶？」遽秉燭視之，良久方寤。肅宗問之，后手掩其左脅曰：「妾向夢有神人長丈餘，介金操劍，謂妾曰：『帝命與汝作子。』自左脅以劍決而入腹，痛殆不可忍，及今未之已也。」肅宗驗之於燭下，有若綖而赤者存焉。遽以狀聞，遂生代宗。吴操嘗言於先臣，與力士説符。《次柳氏舊聞》。又《廣記》一三六引作《柳氏史》。陶本《説郛》三六作《次柳氏舊聞》。卷五二作《明皇十七事》。《唐語林》一。

6、7 見安禄山15、16。

8 肅宗在靈武鑄印徵兵，其文曰「六合大同」。《鄴侯家傳》（《類説》二）。又張本《説郛》七引。《南楚新聞》（張本《説郛》七三、陶本《説郛》四六）。

9～15 見李泌7～11、16、17。

16 望賢宮在咸陽之東數里，時明皇自蜀回，肅宗迎駕，上皇自致傳國璽於上，上歔欷拜受。左右皆泣，曰：「不圖今日復觀兩君相見之禮！」駕將入開遠門，上皇疑先後入門不決，顧問從臣，不能對。高力士前曰：「上皇雖尊，皇帝，主也。上皇偏門而先行，皇帝正門而入，後行。」耆老皆呼「萬歲」，當時皆是之。鄭嵎《津陽門詩》注。

17 既收復長安，玄宗自蜀至，上至望（覽）〔賢〕宮奉迎。玄宗御宮南樓以俟，上望樓辟，即下馬趨進前，再拜蹈舞稱賀。玄宗下樓，上匍匐捧玄宗涕泗嗚咽，不能自勝。扶玄宗陞殿尚食，每進一味，上皆嘗膳然後進。飛龍御馬，上親選試然後進御。玄宗上馬，上秉轡控玄宗馬行數十步，玄宗止之而後退。玄宗謂左右曰：「吾享國已來，未知貴也，今日見吾子爲天子，乃知貴也。」上嘗避馳道執鞭弭，導引玄宗自開遠門至丹鳳門。自後乾元元年十月，玄宗再幸華清宮，上至灞上迎候，下馬趨進百餘步。舞蹈前抱玄宗足，玄宗撫上背，上又控轡行數十步，有命乃止。《肅宗實録》（《廣卓異記》一）。

18 太上皇召肅宗謂曰：「張均弟兄皆與逆賊作權要官，就中張均更與賊毀阿奴、三哥家事，雖犬彘之不若也。其罪無赦。」肅宗下殿，叩頭再拜曰：「臣比在東宮，被人誣譖，三度合死，皆張説保護，得全首領以至今日。説兩男一度合死，臣不能力争，儻死者有知，臣將何面目見張説於地下！」嗚咽俯伏。太上皇命左右曰：「扶皇帝起。」乃曰：「與阿奴處置，張垍宜長流遠惡處，張均宜棄市。阿奴更不要苦救這賊也。」肅宗掩泣奉詔。《常侍言旨》（《通鑑考異》一五）。參見泓師3。案：《通鑑考異》云：「按肅宗爲李林甫所危時，説已死，乃得均、垍之力。均、垍以説遺言盡心於肅宗耳。」

19、20 見唐玄宗118、119。

21 肅宗五月五日抱小公主，對山人李唐于便殿。顧唐曰：「念之勿怪。」唐曰：「太上皇亦應思見陛下。」肅宗涕泣。是時張氏已盛，不由己矣。《國史補》上。《常侍言旨》（陶本《説郛》四九）。《唐語林》三。

22 見薛勝1。

23 韓擇木奏賀肅宗節儉，妓樂無綺綉之飾，飲食無珍羞之具。上因出衣袖以示之，曰：「朕此三浣矣。」《譚氏史》（《廣記》一六五）。《南部新書》丁。

24 光宅坊光宅寺，本官蒲萄園中禪師影堂。師號惠中，肅宗上元二年，徵至京師，初居此寺。徵詔云：「杖錫而來，京師非遠。齋心已久，副朕虚懷。」《酉陽雜俎》續集六。

張皇后

1 肅宗自馬嵬北行，至同官縣，食於土豪李謙家。張良娣稱腹痛不能乘馬，併小女寄謙家而去。上即位，使人迎之。迎者或有他説。《鄴侯家傳》（《通鑑考異》一五）。

2 䴔：相傳鶻生三子，一爲䴔。肅宗張皇后專權，每進酒，常置䴔腦酒。䴔腦酒令人久醉健忘。《酉陽雜俎》前集一六。

3 見唐肅宗21。

唐代宗

1 見唐肅宗5。

2 見唐玄宗135。

3 上寬厚之德出於天然，爲兒時常爲玄宗器之。每坐於玉案前，熟視上貌，謂武惠妃曰：「此兒甚有異相，他日亦是吾家一有福天子也。」因命取上清珠，以絳紗裹之，繫於頸上。上清珠即開元初罽賓國所貢，罽賓國在西海。其珠光明潔白，可照一室。視之則出仙人玉女雲鶴絳節之象，摇動於其中。及上即位，寶庫中往往有神光異氣，掌庫者具以事告。上曰：「豈非上清珠耶？」遂令出之，絳紗猶在。乃泫然流涕，徧示近臣曰：「此我爲兒時明皇所賜也。」遂令貯之於翠玉函，置之於卧内。忽有水旱兵革之災，上每虔祝之，無不應驗。《杜陽雜編》上。《唐語林》三。案：《酉陽雜俎》前集一〇以爲肅宗事，誤。

4 玄宗臨崩，常翫一紫玉笛，語侍宦曰：「將此笛遺大奴。」大奴，代宗小字。《海録碎事》一〇上。

5 代宗即位日，慶雲見，黄氣抱日。初，楚州獻定國寶一十二，乃詔上監國。詔曰：「上天降寶，獻自楚州，神明生曆數之符，合璧定妖災之氣。」《酉陽雜俎》前集一，以下略去。參見《廣記》四〇四引《杜陽雜編》。

6 代宗廣德元年，吐番犯便橋。上幸陝，王師不利。常有紫氣如車蓋，以迎馬首。及迴潼關，上嘆曰：「河水洋洋，送朕東去。」上至陝，因望鐵牛，蹶然謂左右曰：「朕年十五六，宫中有尼號功德山，言事往往神驗，屢撫吾背曰：『天下有災，遇牛方迴。』今見牛也，朕將迴爾。」是夜，夢黄衣童子歌於帳前曰：「中五之德方崴崴，胡呼胡呼何奈何！」詰旦，上具言其夢，侍臣咸稱土德當王，胡虜破滅之兆也。黄衣，土之色，中五，土之數；崴崴者，高盛之義也。是月，副元帥郭子儀與大將李忠義、渭北節度使王仲昇克復京都，吐番大潰。上還宫闕，圖功臣於凌煙閣上，因謂子儀曰：「安禄山僭亂中原，是卿再安皇祚。昨朕蒙塵，卿復戮力，今日天下乃卿與我也。雖圖券不足以褒元老。」因泣下霑衣，子儀伏於上前，嗚咽流涕曰：「老臣無復致命久矣。但慮衰耄不堪王事，賴仗陛下宗廟社稷之靈，以成微績。」上因命御馬九花虬并紫玉鞭轡以賜，子儀知九花之異，固陳讓者久之。上曰：「此馬高大，稱卿儀質，不必讓也。」子儀身長六尺餘。九花虬，即范陽節度李懷仙所貢，額高九寸，毛拳如麟，頭頸鬃鬣，真虬龍也。每一嘶則羣馬聳耳，以身被九花文，故號爲九花虬。亦有獅子驄，皆其類。上東幸，觀獵於田，不覺日暮。忽顧謂左右曰：「行宫去此幾里？」奏曰：「四十里。」上遂令速鞭，恐閡夜，而九花虬緩緩然若行五里而已，侍從奔驟無及者。上以爲超光、趍影之匹也，王子年《拾遺記》，周穆王有八駿，號超光、趍影、逐日者。自是益加鍾愛。既復京師，特賜子儀，崇功臣也。《杜陽雜編》上。又《廣記》四三五引。

7　李輔國恣横無君，上切齒久矣。因寢，夢登樓，見高力士領數百鐵騎，以戟刺輔國首，流血灑地，前後歌呼，自北而去。遣謁者問其故，力士曰：「明皇之令也。」上覺，亦不敢言。輔國尋爲盜所殺。上異之，方以夢話於左右。《杜陽雜編》上。又《廣記》二七七引。

8　李輔國悖於明皇，上在東宫，聞而頗怒。及踐阼，輔國又立功，難於顯戮，密令人刺之，斷其首，棄之溷中，又斷其右臂，馳祭泰陵，中外莫測。後杭州刺史杜濟話於人曰：「嘗識一武人爲牙門將，曰：某即害尚父者。」《統紀》（《通鑑考異》一六）。《廣卓異記》一。

9　代宗以郭尚父勳高，兼連姻帝室，常呼爲大臣而不名。每中使内人往來，必詢其門内休戚。尚父二愛姬，或云，南陽夫人及李夫人。嘗競寵争長，互論其公私佐助之功，忿媢不相面，尚父不能禁。上知之，賜金帛及簪鐶，命宫人載酒以和之。方飲，令選人歌以送酒。一姬怒未解，歌未發，遽引蒲罝觴於席前曰：「酒盡不須歌。」《因話録》一。

10　郭曖嘗與昇平公主琴瑟不調，曖罵公主：「倚乃父爲天子耶？我父嫌天子不作。」質詞别有所呼，不言父。公主恚啼，奔車奏之。上曰：「汝不知，他父實嫌天子不作。使不嫌，社稷豈汝家有也。」因泣下，但命公主還。尚父拘曖，自詣朝堂待罪。上召而慰之曰：「諺云：『不癡不聾，不作阿家阿翁。』小兒女子閨幃之言，大臣安用聽？」錫賚以遣之，尚父杖曖數十而已。《因話録》一。

11 唐代宗朝，京兆尹黎幹以久旱，祈雨於朱雀門街。造土龍，悉召城中巫覡舞于龍所，幹與巫覡更舞，觀者駭笑。彌月不雨，又請禱于文宣王廟。上聞之曰：「丘之禱久矣。」命毀土龍，罷祈雨，減膳節用，以聽天命。及是甘澤乃足。《盧氏雜説》（《廣記》二六〇）。《唐語林》三。

12、13 見李泌21、22。

14 上崇奉釋氏，每春百品香，和銀粉以塗佛室。遇新羅國獻五彩氍毹，製度巧麗，亦冠絶一時。每方寸之内，即有歌舞伎樂列國山川之象。忽微風入室，其上復有蜂蝶動摇。燕雀飛舞。俯而視之，莫辨真假。又獻萬佛山，可高一丈，因置山於佛室，以氍毹籍其地焉。萬佛山則彫沉檀珠玉以成之。其佛之形，大者或逾寸，小者七八分。其佛之首，有如黍米者，有如半菽者。其眉目口耳螺髻毫相無不悉具。而更鏤金玉水精爲幡蓋流蘇，菴羅薝蔔等樹，搆百寶爲樓閣臺殿。其狀雖微，而勢若飛動，又前有行道僧徒，不啻千數。下有紫金鐘，徑闊三寸，上以龜口銜之。每擊其鐘，則行道之僧禮首至地，其中隱隱謂之梵音，蓋關戾在乎鐘也。其山雖以萬佛爲名，其數則不可勝紀。上因置九光扇於巖巘間，四月八日召兩衆僧徒入内道場禮萬佛山。是時觀者歎非人工，及覩九色光於殿中，咸謂之佛光，即九光扇也。由是上令三藏僧不空念天竺密語於口而退。傳之於僧惟籍。《杜陽雜編》上。又《廣記》四〇四引。

15 山藥本名薯蕷，唐代宗諱豫，改名薯藥。《負暄雜録》（張本《説郛》一八、陶本《説郛》二四）。

唐德宗

1 見唐玄宗138。

2 明皇幸蜀，德宗時年十五，有父老曰：「太孫乃儋耳龍，何畏賊乎？」《鄴侯家傳》（《類説》二）。又張本《説郛》七、《海録碎事》一〇上引。《南楚新聞》（張本《説郛》七三、陶本《説郛》四六）。

3、4 見李泌12、28。

5 德宗初嗣位，深尚禮法。諒闇中，召韓王食馬齒羹，不設鹽酪。皇姨有寡居者，持節入宫，妝飾稍過，上見之極不悦。異日如禮，乃加敬焉。《因話録》一。《唐語林》一。

6 元載之敗，其女資敬寺尼真一，納于掖庭。德宗即位，召至别殿，告其父死。真一自投于地，左右皆叱之。上曰：「焉有聞親之喪，責其哭踴？」遂令扶出，聞者殞涕。《國史補》上。《唐語林》三。

7 德宗在東宫，雅知楊崖州。嘗令打《李楷洛碑》，釘壁以玩。及即位，徵拜。炎有崖谷，言論持正，對見必爲之加敬。歲餘，頗倦。盧杞揣知而陰中之。《國史補》上。《唐語林》三。

8 上切於時政，而頗倚注於台衮之臣。每命相，密召學士草詔。及進本，上輒多改注，即顧謂左右曰：「朕處渠等極位，復以美詞褒之，所冀爲朕戮力同心以成大化。」既用崔祐甫爲相，悉以國務委之，而祐甫事無巨細悉皆陳諫。上曰：「朕與卿道合，天下細事卿宜隨便剖奏，無乃多疑朕也。」自是祐甫之道益所公當。及楊公南、盧杞執政，報恩復讎，紊亂綱紀，朝野爲之戢手。公南既殺劉晏，士庶莫不冤痛之。

明年，公南得罪，賜死崖州，時人謂劉相公冤報矣。《杜陽雜編》上。

9 德宗既貶盧杞，然常思之。後欲稍遷，朝臣恐懼，皆有諫疏。上問李汧公曰：「盧杞何處奸邪？」勉曰：「天下以爲奸邪，而陛下不知，所以爲奸邪也。」《國史補》上。《大唐傳載》。《唐語林》一。

10 見李泌31。

11 上初拔奉天，而車駕至宜壽縣北渭水之陽，謂侍臣曰：「朕之此行，莫同永嘉之勢！」因潸然流涕。時工部尚書渾公聳轡而對曰：「《易》稱『先號咷而後笑』，素王之至言。肅宗幸靈武，代宗幸陜郡，尼父遭匡人之難，絃歌不輟其聲。故曰：臨大難無憂懼者，聖人之勇也。」言訖，濟河。《奉天録》四。《奉天記》（《通鑑考異》一八）。

12 德宗皇帝英明果斷，無以比德。每進用公卿大臣，莫不出自宸衷。若聞一善可録，未嘗不稱奬之。百官對敭如稍稱旨，無不即擡眉聳聽，朝退輒書其姓名於座側。或有奬用，多所稱職。故卿大夫已下謂上聖英睿。每與宰臣從容詢訪時政，往往呼其行第。其尚賢進善皆此類也。及上蒙塵，幸奉天，翰林學士姜公輔屢進嘉謀，深叶上意。初，涇原兵亂長安，公輔奏云：「朱泚甚有反狀，不如早爲之所，無令爲凶逆也。」上倉皇之際，不暇聽從。更云：朱泚素鎮涇原，頗得將士心，今罷兵權，居常悒悒，不如詔之以從鑾駕。不然，即斬之以絶後患。及聞段秀實之死，上執公輔手曰：「姜公姜公，先見之明可謂神略矣。盧杞，朕擢自郡守，坐於廟堂，自陳百口之説，何獨悮我也？」盧杞常言以百口保朱泚不反。上將欲幸奉天，自攜火精劍出内殿，因嘆曰：「千萬年社稷，豈爲狗鼠所竊耶？」遂以劍斫檻上鐵狻猊，應手而碎，左右皆呼萬歲。上曰：「若碎小寇如斬狻猊，不足憂也。」及乘輿遇夜，侍從皆見上仗數尺光明，即火精劍也。建中二年，大林國所貢云。……上始於行在，無藥餌以備將士金瘡。時有裨將爲流矢所中，上碎琥珀匣以賜之，其匣，則火精劍匣也。近臣諫曰：「陛下奈何以裨將金瘡而碎琥珀匣！」上曰：「今凶奴逆恣，欲危社稷，是軍中藉材用人之際，而戰士有瘡，如朕身之瘡也。昔太宗剪鬚以付英公，今朕以人爲寶，豈以劍匣爲寶也！」左右及中外聞者無不感悦。初，上欲西行，有知星者奏上曰：「逢林即住。」上曰：「豈可令朕處林木間乎？」姜公輔曰：「不然，但以地名亦應也。」及奉天尉賈隱林謁上於行在，上觀隱林氣宇雄俊，兼是忠烈之家，而名叶知星者語，隱林即天寶末賈循之猶子也。上因延於卧内，以採籌略之深淺。隱林於獅榻前以手板畫地，陳攻守之策，上甚異之。隱林因奏曰：「臣昨夜夢日墜地，臣以頭戴日上天。」上曰：「日即朕也，此來事莫非前定！」遂拜爲侍御史，糾劾行在。尋遷左常侍。後駕還幸梁州，而隱林卒。《杜陽雜編》上。賈隱林事亦見《神異録》（《廣記》一三七）、《廣德神異録》（《分門古今類事》五）、《南部新書》庚。

13　見齊映2。

14　初，馬司徒面雪李懷光。德宗正色曰：「唯卿不合雪人。」惶恐而退。李令聞之，請全軍自備資糧，以討凶逆，由此李、馬不叶。《國史補》上。《唐語林》六。　案：《通鑑考異》一八引《國史補》，曰：「按是時懷光垂亡，燧功已成八九，故自入朝争之，豈肯面雪懷光邪？」

15　見李泌24。

16　見渾瑊8。

17～19　見李晟7～9。

20　見陸贄10。

21　見李治5。

22　見呂渭3。

23　見柳渾3

24　德宗時，楊炎、盧杞爲宰相，皆奸邪用事，樹立朋黨，以至天子播遷，宗社幾覆。德宗懲輔相之失，自是除拜命令，不專委於中書。凡奏擬用人，十阻其七。貞元以後，宰相備位而已。每擇官，再三審覆，事多中輟。貞元三年八月，中書省無舍人，每有詔敕，宰相追他官爲之。及兵部侍郎陸贄知政事，以上艱於選用，乃上疏論之。《唐語林》六。

25～28　見李泌27、30、32、36。

29　德宗躬親庶政，中外除授，無不留神。余伯父自監察裏行浙東觀察判官，特授高陵縣令。裴尚書武，亦自鄜坊監察宰櫟陽，二人同制。後數日，因游苑中，有執役者，上問：「何處人？」云：「是高陵百姓。」上曰：「汝是高陵人也，我近爲汝揀得一好長官，知否？」伯父諱僾，貞元三年進士及第，當年制策登科。《因話録》一。《唐語林》一。

30　見鄭絪1。

31　貞元三年十二月，上獵于新店，幸野人趙光奇家，問曰：「百姓樂乎？」對曰：「不樂。」上曰：

「仍歲頗稔，何不樂乎？」對曰：「蓋由陛下詔令不信于人，所以然也。前詔云：于兩稅之外，悉無他徭。今非兩稅，而誅求者殆過之。後詔云：和糴于百姓。曾不識一錢而强取之。始云：所糴粟麥，納于道次。今則遣致于京西，破産奉役，不能支也。百姓愁苦如此，何有于樂乎？雖頻降優恤之詔，而有司多不奉之，亦恐陛下深在九重，未之知也。」上感異之，因詔復除其家。《唐會要》二七。

32 貞元十二年，上宴宰相于麟德殿之東亭，令施屏風于坐位之後，畫漢魏以下名臣，并列善言美事。《南部新書》乙。

33 貞元十二年，天子降誕日，詔儒官與緇黄講論。初若矛楯相向，後類江海同歸。三殿談經，自此始也。《南部新書》乙。

34 德宗降誕日，内殿三教講論，以僧鑒虚對韋渠牟，以許孟容對趙需，以僧覃延對道士郄惟素。諸人皆談畢。鑒虚曰：「臣請奏事，玄元皇帝，我唐天下之聖人；文宣王，古今之聖人；釋迦如來，西方之聖人；今皇帝陛下，是南瞻部州之聖人。臣請講御製《賜新羅銘》。」講罷，德宗有喜色。《劉賓客嘉話録》。《唐語林》六。

35 唐德宗貞元十四年二月一日中和節，以雨雪，改于二月七日，宴羣臣，因奏上所製《中和樂》曲也。《近事會元》四。

36 德宗雅尚文學，注意是選。乘輿每幸學士院，顧問錫賚，無所不至。御饌珍肴，輟而賜之。又嘗召對於浴堂，移院於金鑾殿，對御起草，詩賦唱和，或旬日不出。吴通微昆季同時擢用，與陸贄争恩，不叶甚於水火，天下醜之。《翰林志》。

37　見鄭餘慶2。

38　上每臨朝，多令徵四方丘園才能學術直言極諫之士。由是提筆貢藝者，滿於闕下，上親自考試，用絶請託之門。是時文學相高，公道大振，得路者咸以推賢進善爲意。上試制科於宣政殿，或有詞理乖謬者，即濃筆抹之至尾；如輒稱旨者，必翹足朗吟。翌日則徧示宰臣學士曰：「此皆朕門生也。」是以公卿大臣已下無不服上藻鑒。宏詞獨孤綬，所司試《放馴象賦》，及進其本，上自覽考之，稱嘆者久。因吟其句曰：「化之式孚，則必受乎來獻；物或違性，斯用感於至仁。」上以綬爲知去就，故特書第三等。先是代宗朝文單國累進馴象三十有二。上即位，悉令放之於荆山之南，而綬不辱其受獻，不傷放棄，故賞其知去就焉。《杜陽雜編》上。又《廣記》一九八引。《唐語林》三。《唐詩紀事》三三。

39　見李泌33。

40　帝善爲文，尤長於篇什，每與學士言詩於浴堂殿，夜分不寐。貞元中，昭義節度李抱真薦貝州宋廷芬之女若昭，召入禁中試文，帝咨美。帝每與侍臣賡和，若昭姊若莘等五人皆預，呼學士。《唐詩紀事》二、七九。

41　見戴叔倫1。

42　見韓翃1。

43　〔貞元〕七年七月，幸章敬寺，賦詩……百寮畢和，亦書于壁。其後，京兆尹薛珏請以上詩序、皇太子書刻于石而填之以金，從之。《唐會要》二七。

44 帝《章敬寺》詩：「松院浄苔色，竹房深磬聲。」時人傳誦。《唐詩紀事》二。

45 德宗晚年絶嗜慾，尤工詩句，臣下莫可及。每御製奉和，退而笑曰：「排公在。」俗有投石之〔戲〕，兩頭置標，號曰排公，以中不中爲勝負也。《國史補》中。《唐語林》三。《唐詩紀事》二。

46 杜太保在淮南，進崔叔清詩百篇。德宗謂使者曰：「此惡詩，焉用進？」時呼爲准敕惡詩。《國史補》中。又《御覽》五八六、《廣記》二六〇引。《唐語林》三。《羣居解頤》（張本《説郛》三二、陶本《説郛》二四）。《唐詩紀事》二。

47 見宋濟1、2。

48 德宗初登勤政樓，外無知者。望見一人衣緑乘驢戴帽至樓下，仰視久之，俛而東去。上立遣宣示京尹，令以物色求之。尹召萬年捕賊官李鎔，使促求訪。李尉佇立思之，曰：「必得。」及出，召幹事所由，於春明門外數里内，應有諸司舊職事使藝人，悉搜羅之。而緑衣者果在其中。詰之，對曰：「某天寶教坊樂工也。上皇時數登此。每來，鴟必集樓上，號隨駕老鴟。某自罷居城外，更不復見。今羣鴟盛集，又覺景象宛如昔時。心知聖人在上，悲喜且欲泣下。」以此奏聞。敕盡收此輩，却係教坊。李尉亦爲京尹所擢用，後至郡守。《因話録》一。《唐語林》四。

49 貞元三年，中常侍自蜀使迴，進瑞鞭一。其文節高，有麟鳳龜龍之形，體質微，而鱗甲毛羽無不備具。其色照爛，有類琥珀。於暗中揮之則如電光。上雖不好寶貨祥瑞，及覽此鞭。頗甚稱旨稱歎。遂置之於明珠匣，其匣蓋飾以明珠者也。《杜陽雜編》上。

50 上西幸有二馬，一號神智驄，一號如意騮，皆耳中有毛，引之可長一尺。《相馬經》云：耳中有毛長一尺者，日行千里。而進退緩急皆如上意，故以是名之。一日花木方春，上欲幸諸苑。内厩控馬侍者進瑞鞭，上指二駿語近臣曰：「昔朕西幸有二駿，謂之二絶，今獲此鞭，可謂三絶矣。」遂命酒飲之，左右引翼而去。因吟曰：「鴛鴦赭白齒新齊，晚日花間落碧蹄。玉勒乍迴初噴沫，金鞭欲下不成嘶。」中書舍人韓翃詩也。《杜陽雜編》上。又《廣記》四三五引。《唐語林》六。《唐詩紀事》三〇。

51 德宗幸梁洋，唯御騅馬號望雲騅者。駕還京，飼以一品料，暇日牽而視之，至必長鳴四顧，若感恩之狀。後老死飛龍厩中，貴戚多圖寫之。《國史補》上。又《廣記》四三五引。

52 德宗以八馬幸蜀，七馬道斃，唯望雲騅來往不頓。後死天厩，元稹作歌。《海録碎事》二二上。

53、54 見唐順宗 1、2。

55 文宗論德宗奢靡云：「聞得禁中老宫人每引泉，先於池底鋪錦」。王建《宫詞》曰：「魚藻宫中鎖翠娥，先皇行處不曾多。只今池底休鋪錦，菱角鷄頭積漸多」是也。《開城録》(陶本《説郛》二三)。

56 趙宗儒在翰林時，聞中使言：「今日早饌玉尖麪，用消熊、棧鹿爲内餡，上甚嗜之。」問其形製，蓋人間出尖饅頭也。又問消之説，曰：「熊之極肥者曰消，鹿以倍料精養者曰棧。」《清異録》下。

57 見馬燧 10。

58 見馬暢 1。

59 王承昇有妹，國色，德宗納之，不戀宫室。德宗曰：「窮相女子。」乃出之，敕其母兄不得嫁進士朝官，任配軍將作親情。後適元士會，因以流落。真窮相女子也。《劉賓客嘉話録》。《唐語林》六。

60 見李泌35。

61 見李程4。

62 長安西端正樹，去馬嵬一舍之程，乃唐德宗幸奉天覩其蔽芾錫以美名。後有文士經過，題詩逆旅，不顯姓名，詩曰：「昔日偏霑雨露榮，德皇西幸賜嘉名。馬嵬此去無多地，合向楊妃冢上生。」風雅有如此焉。《抒情詩》(《廣記》四〇七)。參見唐玄宗216。

唐順宗

1 相傳云，德宗幸東宮，太子親割羊脾，水澤手，因以餅潔之，太子覺上色動，乃徐捲而食。司空贊皇公著《次柳氏舊聞》，又云是肅宗。劉餗《傳記》云：太宗使宇文士及割肉，以餅拭手，上屢目之，士及佯不悟，徐捲而啖。《酉陽雜俎》續集四。

2 貞元中，裴延齡、韋渠牟以姦佞相次選用。延齡尤狡險，判度支，務尅剥聚斂，自以爲功，天下怨怒。陸贄、李充以讒毁受譴，陽城等伏闕懇諫，幾至得罪。順宗在東宮，每進見輒言延齡輩不可用，而諫臣可奬。德宗卒不相渠牟、延齡而宥城等者，東宮之力也。德宗嘗泛舟魚藻宫水嬉，命皇太子升舟，舟具皆飾以金碧丹青，婦人盛飾操舟，光彩耀燭，衆樂俱發。德宗顧太子：「今日如何？」曰：「極盛。」然後退以奢諫，德宗不悦焉。《唐會要》四。

3 〔彈棋〕，唐順宗在春宫日甚好之，時有吉達、高釴、崔同、楊同愿之徒悉爲名役，有竇深、崔長孺、甄偶、獨孤文德亦爲亞焉。至於長慶之末，好事之家猶見有局，尚多解者。《山海經後序》(《天中記》四一)。

4 見鄭絪2。

唐憲宗

1 憲宗七歲，德宗抱置膝上，戲曰：「汝是何人，乃在我懷中？」對曰：「是第三天子。」德宗大喜。《唐語林》三。《唐會要》四。

2 見鄭絪2。

3 見韋執誼3。

4 唐憲宗元和二年，製《君臣事迹》。上以天下無事，留意典墳，每覽前代興亡得失之事，皆三復其言。遂采《尚書》、《春秋後傳》、《史記》、《漢書》、《三國志》、《晏子春秋》、《吴越春秋》、《新序》、《説苑》等書君臣行事可爲龜鑑者，集成十四篇，自製其序，寫於屏風，列之御座之右，書屏風六扇於中，宣示宰臣。李藩等皆進表稱賀，白居易翰林製詔有批李夷簡及百僚嚴綬等賀表，其略云：「取而作鑑，書以爲屏。與其散在圖書，心存而景慕，不若列之繪素，目睹而躬行，庶將爲後事之師，不獨觀古人之象。」又云：「森然在目，如見其人。論列是非，既庶幾爲坐隅之戒；發揮獻納，亦足以開臣下之心。」居易代言，可謂詳盡。又以見唐世人主作一事而中外至於表賀，又答詔勤渠如此，亦幾於叢脞矣。憲宗此書，有《辨邪正》、《去奢泰》兩篇，而末年用皇甫鎛而去裴度，荒於遊宴，死於宦侍之手，屏風本意，果安在哉？《容齋三筆》

九。　案：《舊唐書・憲宗本紀》、《唐會要》五三以爲元和四年七月事。

5　〔元和〕三年七月，五坊品官朱超晏、王志忠放縱鷹隼入長安富人家，旋詣其居，廣有求取。上知之，立召二人，各笞二十，奪其職。自是貢鷙鳥略大者，皆斥之。貞元末，五坊小兒張捕鳥雀羅於閭里者，皆爲暴横，以取人錢物。或有張羅網於門，不許人出入者。或以張井上，使不得汲者，近之，輒曰：「汝驚供奉鳥雀。」即痛毆之，出錢物求謝，乃去。或相聚飲食於酒肆，醉飽而去，賣者或不知，就索其直，多被毆詈。或時留蛇一囊爲質，曰：「此蛇所以食鳥雀而捕之者，今留付汝，幸善飼之，勿令飢渴。」賣者媿謝求哀，乃攜挈而去。憲宗在春宮時，知其弊，嘗欲奏禁之。及即位，遂推而行之，人情大悦。《唐會要》七八。

6　吴元濟之亂淮西，以宰臣裴度爲元帥，及對於殿，上曰：「僞蔡稱兵，朕於擇帥甚難其人也。且安天下用將帥，如造大舟以越滄海，其功則多，其成則大，一日萬里，無所不届。若乘一葉而蹈洪波，其功也寡，其覆也速。朕今託元老以摧狂寇，真謂一日萬里矣。」度曰：「微臣無狀，叨蒙大用。唯慮一丸之卵不足以勝太山，欻段之馬不足以行千里。但竭臣至忠，以仗宗廟之靈，臣雖不才，敢以死效命。」泣下沾濡，若不勝語。上亦爲之動容。《杜陽雜編》中。《唐語林》一。

7　憲宗皇帝朝，元和元年十一月一日斬劉闢西川之亂，元和十二年十一月一日斬吴元濟淮西之亂，元和二年十一月一日斬李錡浙西之亂。憲宗誅三賊皆同月同日，自古無等。《卓異記》。《南部新書》癸。　案：《廣卓異記》一亦載此文，並作「十一月十一日」。

8　見韓愈13。

9 憲宗皇帝寬仁大度，不妄喜怒。及便殿與宰臣言政事，莫不嚴肅容貌。是以進善出惡，俗泰刑清，而天下風化矣。或延英入閣，未嘗不以生民哀樂爲意。或四方進歌舞妓樂，上皆不納。則謂左右曰：「六宫之内嬪御已多，一旬之中資費盈萬，豈可剥膚搥髓，强娱耳目焉！」其儉德憂人皆此類也。《杜陽雜編》中。《唐語林》一。

10 見李絳4。

11 上因暇，欲近畋獵，行至蓬萊池西，謂左右曰：「李絳嘗諫我畋獵，云虧損政事。今雖不遠，近出苑中，必有章疏上陳，不如且休。」遂却，罷歸。其思理從諫，如是之至也。《李相國論事集》五。

12 見裴度9。

13 憲宗知權文公甚真。後權長孺知鹽鐵福建院，贓污盈積，有司以具獄奏。上曰：「必致極法。」崔相羣救之云：「是德輿族子。」上曰：「德輿必不合有子弟犯贓，若德輿在，自犯贓，朕且不赦，况其宗從也。」及知其母年高，乃免死，杖一百，長流康州。《因話録》一。《唐語林》一。

14 見杜黄裳7。

15 裴垍爲相，憲宗在禁中常以官呼垍而不名也。又以杜佑高年重德禮重之，常呼司徒而不名。《續世説》五。

16 憲宗問宰相曰：「天子讀何書即好？」權德輿對曰：「《尚書》。哲王軌範，歷歷可見。」上曰：「《尚書》曾讀。」又問鄭餘慶曰：「《老子》、《列子》如何？」奏曰：「《老子》述無爲之化。若使資聖覽，爲理國之樞要，即未若《貞觀政要》。」《唐語林》二。

17 見戎昱4。

18 見獨孤郁1。

19 元和五年，内給事張惟則自新羅使迴，云：於海上泊洲島間，忽聞雞犬鳴吠，似有烟火，遂乘月閒步，約及一二里，則見花木臺殿，金户銀闕，其中有數公子，戴章甫冠，着紫霞衣，吟嘯自若。惟則知其異，遂請謁。公子曰：「汝何所從來？」惟則具言其故。公子曰：「唐皇帝乃吾友也。汝當旋去，爲吾傳語。」俄而命一青衣捧金龜印以授惟則，乃置之於寶函。復謂惟則曰：「致意皇帝。」惟則遂持之還舟中。迴顧舊路，悉無踪跡。金龜印長五寸，上負黄金，玉印面方一寸八分，其篆曰：「鳳芝龍木，受命無疆。」惟則達京師，即具以事進。上曰：「朕前生豈非仙人乎！」及覽龜印，歎異良久，但不能諭其文耳。因命緘以紫泥玉鏁，置於帳内。其上往往見五色光，可長數尺。是月，寢殿前連理樹上生靈芝二株，宛如龍鳳。上因歎曰：「鳳芝龍木，寧非此驗乎！」《杜陽雜編》中。又《廣記》四七引。

20 上好神仙不死之術，而方士田佐元、僧大通皆令入宫禁，以鍊石爲名。時有處士伊祁玄解，縝髮童顔，氣息香潔。常乘一黄牝馬，纔高三尺，不啗芻粟，但飲醇酎。不施韁勒，唯以青氈藉其背。常遊歷青兖間，若與人欵曲語，話千百年事皆如目擊。上知其異人，遂令密召入宫，處九華之室，設紫茭之席，飲龍膏之酒。紫茭席色紫而類茭葉，光軟香净，冬温夏凉。龍膏酒黑如純漆，飲之令人神爽，此本烏弋山離國所獻。烏弋山離國見班固《西域傳》。上每日親自訪問，頗加敬仰。而玄解魯朴，未嘗閒人臣禮。上因問曰：「先生春秋既高而顔色不老，何也？」玄解曰：「臣家於海上，常種靈草食之，故得然也。」即於衣間出三等藥實，爲上種於殿前，一曰雙麟芝，二曰六合葵，三曰萬根藤。雙麟芝色褐，一莖兩穗，隱隱形如麟，頭尾悉具，其中有子如瑟瑟焉。六合葵色紅而葉類於茙葵，始生六莖，其上合爲一株，共生十二葉，内出二十四花，花如桃花而一朵千葉，一葉六影，其成實如相思子。萬根藤一子而生萬根，枝葉皆碧，鉤連盤屈，可蔭一畝，其花鮮潔，狀類芍藥，而蘂色殷紅，細如絲髮，可長五六寸，一朵之内不啻千莖，亦謂之絳心藤。靈草既成，人莫得見。玄解請上自采餌之，頗覺神驗，由是益加禮重。《杜陽雜編》中。

21 憲宗采鳳李花，釀換骨醪。晉國公平淮西回，黄帊金缾□賜二斗。《叙聞録》（《雲仙雜記》七）。

郭皇后

1 郭太后貴極終八朝：代之外孫，德之外生，順之親婦，憲之皇后，穆之母，敬、文、武三帝祖母。《南部新書》癸。

2 穆宗大漸，内臣議請郭太后臨朝。太后曰：「向者武后妖蠱，幻惑高宗，擅親庶政；及中宗踐位，蒙掩聖德，遽行遷逮，幾於革命。賴宗社威祐，神器再復。每聞其説，未嘗不疾首痛心。奈何今日吾兒厭世，卿等驟興此議？我家九個與武氏同流？先祖汾陽王有社稷大勳，我外氏□門閥赫奕，我禮嬪帝室，非復嬪嬙之比，豈可污彤管繼悖逆者耶？今皇太子聰睿，卿等各宜慎擇耆舊，親侍左右，遠屏邪佞，勿令近密。宰相任重德名賢，内官勿干時政，吾所願也。」遂取制裂之。時太后兄釗任太常卿，聞其議，密進疏於太后曰：「果徇此請，當率子弟納官爵，歸田園。」太后覽疏，泣曰：「我祖盡忠於國，餘慶鍾於我兄。」《唐語林校證》四。《續世説》八。案：「九個」，疑是「幾個」之誤。

3　見唐宣宗16。

4　見王皞1。

鄭　氏

1　孝明鄭太后，潤州人也，本姓朱氏。李錡據浙西反，相言於錡曰：「朱氏有奇相，當生天子。」錡取致於家。錡誅死，后入掖庭，爲郭太后侍兒。憲宗皇帝愛而幸之，生宣宗皇帝。爲母天下十四年。懿宗即位，尊爲太皇太后。又七年崩。以郭太后配享，出祭别廟。《東觀奏記》上。《唐語林》六。案：朱氏，《唐語林》作「爾朱氏」。

2　李錡之誅也，二婢配掖庭，曰鄭，曰杜。鄭則幸于元和，生宣皇帝，是爲孝明皇后。杜即杜秋。《獻替録》中云：「杜仲陽即杜秋也，漳王養母。」《南部新書》戊。

唐穆宗

1　見李聽2。

2　見柳公權1。

3 見白居易11。

4 穆宗喜華麗，所建殿閣，以紙膏膠水調粉飾牆，名「雪花泥」。又一等鰾清和丹砂末，謂之「長慶赤」。《清異録》下。

5 威遠軍子將臧平者，好鬬雞，高於常雞數寸，無敢敵者。威遠監軍與物十疋强買之，因寒食乃進。十宅諸王皆好鬬雞，此雞凡敵十數，猶擅場怙氣。穆宗大悦，因賜威遠監軍帛百疋。主雞者想其蹠距，奏曰：「此雞實有弟，長趾善鳴，前歲賣之河北軍將，獲錢二百萬。」《酉陽雜俎》續集八。

6 穆宗臨芳殿賞櫻桃，進西涼州蒲萄酒，帝曰：「飲此頓覺四體融和，真太平君子也。」《清異録》下。

7 穆宗每宮中花開，則以重頂帳蒙蔽欄檻，置惜春御史掌之，號曰「括香」。《玉塵集》(《雲仙雜記》一)。

8 穆宗以玄綃白書、素紗墨書爲衣服，賜承幸宮人，皆淫鄙之詞，時號「諢衣」。至廣明中，猶有存者。《史諱録》(《雲仙雜記》七)。

唐敬宗

1 見劉栖楚1。

2 寶曆元年，上有事于南郊，將謁太清宮。長安縣主簿鄭翦，時主役于御院，忽于縣之西隅見一白衣老人，云：「此下有井，正道真皇帝過路，汝速識之，不然，罪在不測。」翦惶懼，領役人修之，其處已陷數尺，命發之，則古井存焉。驚顧之際，已失老人所在。始悟神告，默不敢告。展轉傳布，功德使護軍中尉劉宏規以事上聞。上既至宫，朝獻畢，赴南郊，于宫門駐馬，宰臣及供奉官于馬前蹈舞稱賀。遂命翰林學士、兵部侍郎韋處厚撰記，令起居郎柳公權書石，寘于井之上，以表神異，其名曰《聖瑞感應記》。乃賜翦緋魚袋。《唐會要》五〇。

3 寶曆中，敬宗皇帝欲幸驪山，時諫者至多，上意不決。拾遺張權輿伏紫宸殿下，叩頭諫曰：「昔周幽王幸驪山，爲戎所殺；秦始皇葬驪山，國亡；明皇帝宫驪山，而禄山亂；先皇帝幸驪山，而享年不長。」帝曰：「驪山若此之凶耶？我宜往以驗彼言。」後數日，自驪山回，語親倖曰：「叩頭者之言，安足信哉！」《唐語林》六。案：本條原出杜牧《樊川文集》卷一二《與人論諫書》，文幾全同。

4 古人有言曰：「止罵所以助罵，助罵所以止罵。」又曰：「勸人不可指其過，須先美其長。人喜則語言易入，怒則語言難入。」誠哉，是言也。穆宗以童昏帝天下，未容輕責。觀其良心，豈無勉强之理歟。崔發毆曳中人，因繫獄，不以郊赦原。臺諫官如李渤、張仲方論赦，皆不聽。及李逢吉從容言曰：「崔發毆曳中人，誠大不恭。然其母年八十，自發下獄，積憂成疾。陛下方以孝理天下，所宜矜念。」上愍然曰：「比諫官但言發冤，未嘗言其不恭，亦不言有老母。如卿所言，朕何爲不赦之？」即釋其罪。其後穆宗欲幸驪山温湯，李絳、張仲方屢諫不聽。張權輿叩頭殿下，以爲周幽幸驪山，爲犬戎所殺；秦皇葬驪山而國亡；明皇宫驪山而禄山亂；先帝幸驪山而享年不長。上曰：「驪山若此之凶耶！我宜一往，以驗彼言。」卒幸驪山，還謂左右曰：「彼叩頭者之言，安足信哉！」又其後欲幸東都，宰相暨朝臣諫者甚衆，上皆不聽，決意必行，已令度支計道里費。裴度從容言曰：「國家本設兩都，以備巡幸。自多難以來，兹事遂廢。今宮闕營壘，百司廨舍，率已荒圮。陛下倘欲行幸，宜命有司歲月間徐加全葺，然後可往。」上曰：「從來言事者，皆云不當往。如卿所言，不往亦可。」遂罷工役。夫穆宗一人耳，考其三事，諫者或不從，或始拒而終從。由是言之，穆宗豈不能曉事者哉，繫諫者之能否而已。《能改齋漫録》一〇。案：據《通鑑》二四三，此三事皆爲敬宗事。

5 唐敬宗善擊毬，夜艾自捕狐狸爲樂，謂之「打夜狐」。故俗因謂歲暮驅儺爲打夜狐。《楊公筆録》。《近事會元》五。

6 寶曆元年，内出清風飯制度，賜御庖，令造進。法用水晶飯、龍睛粉、龍腦末、牛酪漿，調事畢，入金提缸，垂下冰池，待其冷透供進，惟大暑方作。《清異録》下。

7 寶曆中，帝造紙箭、竹皮弓，紙間密貯龍麝末香，每宮嬪羣聚，帝躬射之，中者濃香觸體，了無痛楚。宮中名「風流箭」。爲之語曰：「風流箭中的，人人願。」《清異録》下。

唐文宗

1、2 見李德裕14、15。

3 見李訓3。

4 大和九年，誅王涯、鄭注後，仇士良專權恣意，上頗惡之。或登臨遊幸，雖百戲駢羅，未嘗爲樂。往往瞠目獨語，左右莫敢進問。因題詩曰：「輦路生春草，上林花滿枝。憑高何限意？無復侍臣知。」《杜陽雜編》中。《唐語林》四。《唐詩紀事》二。

5 上於内殿前看牡丹，翹足憑欄，忽吟舒元輿《牡丹賦》云：「俯者如愁，仰者如語，合者如咽。」吟罷方省元輿詞，不覺嘆息良久，泣下沾臆。時有宫人沈阿翹爲上舞《河滿子》，調聲風態，率皆宛暢。曲罷，上賜金臂環，即問其從來。阿翹曰：「妾本吴元濟之妓女，濟敗，因以聲得爲宫人。」俄遂進白玉方響，云本吴元濟所與也。光明皎潔，可照十數步。言其犀槌即響犀也，凡物有聲乃響應其中焉。架則雲檀香也，而文彩若雲霞之狀，芬馥着人，則彌月不散。制度精妙，固非中國所有。上因令阿翹奏《涼州》曲，音韻清越，聽者無不淒然。上謂之天上樂，乃選内人與阿翹爲弟子焉。《杜陽雜編》中。又《廣記》二〇四引。《唐語林》四。《唐詩紀事》二。

6 宫人沈翹翹舞《河滿子》，詞云「浮雲蔽白日」，上曰：「汝知書耶？此是《文選》古詩第一首。念君臣值姦邪所蔽，正是今日。」乃賜金臂環。翹翹善玉方響，以響犀爲椎，紫檀爲架。後出宫，歸秦城，奉使日東，翹翹將玉方響登樓，撰一曲，名《憶秦郎》。《麗情集》（《類説》二九）。

7 自大和乙卯歲後，上不樂事，稍聞，則必有歎息之音。會幸三殿東亭，因見横廊架巨軸於其上，上謂修己曰：「斯《開元東封圖》也。」因命内巨軸懸於東廡下。上舉白玉如意指張説輩數人歎曰：「使吾得其中一人來，則吾可見開元矣。」由是惋惜之意見于顔色，遂命進美酎盡爵，促步輦歸寢殿。《開成承詔録》中叙上語李石相曰：「吾思天下事難理，則進飲醲酎以自醉解。」《松窗雜録》。《唐語林》四。《摭異記》（陶本《説郛》五二）。　案：開成承詔録，原作「開成永諸録」，據《新唐書》五八改。

8 唐文宗曰：「嘗觀晉君臣以夷曠致傾覆，當時卿大夫過耶？」李石曰：「然。古詩有之。『人生不滿百，常懷千歲憂』，畏不逢也；『晝短苦夜長』，暗時多也；『何不秉燭遊』，勸之照也。臣願捐軀命濟國家，惟陛下鑒照不惑，則安人强國，其庶幾乎！」《鑒戒録》（《詩話總龜》前集一）。

9 見崔慎由1。

10 文宗皇帝自改元開成後，常鬱鬱不樂，駕幸兩軍毬獵宴會，十減六七，寵錫之命，左解於右，蓋上意有所嫌忌而不能去也。四年冬杪，風痺稍間，延英初對宰臣，時以藥餌初平，台座略奏事後，諸司及待制官並不召對，蓋慮宸居之疲倦也。及仗下後，又坐思政殿，拱默良久，左右侍衛者屏息不敢進。上徐謂曰：「今日直翰林者爲誰？」學士院使奏曰：「中書舍人周墀。」上曰：「試命召來。」汝南公既至，上命之坐，以金屈卮賜酒三器，問曰：「朕何如主？」汝南公降階再拜而稱曰：「小臣不足以知大君之德。凡百臣庶，皆言陛下唐堯之聖、虞舜之明、殷湯之仁、夏禹之儉。」上曰：「卿愛君之志，不得不然。然朕不敢追踪堯、舜、禹、湯之明，所問卿者，何如周赧、漢獻爾。」汝南公震懼惶駭，又再拜而言曰：「陛下自出震乘乾，光宅天下，誕敷文教，銷偃武功，蠻貊懷柔，車書順軌，臣竊謂羲、昊、軒、頊纔可抗衡，至于周之成、康，漢之文、景，曾不足比數，豈可以赧、獻亡國之君而上攀睿德哉？伏願陛下無執撝謙之小節，以爲社稷之大幸也，則天下幸甚，生靈受福，非獨臣之願也。」上又曰：「朕自以爲不及也。周赧、漢獻，受制於强諸侯，今朕受制於家臣，固以爲不及也。」既而龍姿掩抑，淚落衣襟。汝南公隕越於前，不復進諫，因俯伏流涕，再拜而退。自爾不復視朝，以至厭代。《闕史》上。

11 開成中，文皇一日謂執政曰：「丁居晦作中丞如何？」因悉數大臣而品第之。歎曰：「宋申錫堪任此官，惜哉！」又曰：「牛僧孺可爲御史大夫。」鄭覃曰：「頃爲中丞，未嘗搏擊，恐無風望。」上曰：「不然。鸞鳳與鷹隼事異。」上又曰：「居晦作此官，朕曾以時諺謂杜甫、李白輩爲四絶問居晦，晦曰：『此非君上要知之事。』朕常以此記得居晦，今所以擢爲中丞。」《南部新書》壬。

12 唐文宗皇帝謂宰相曰：「太宗得魏徵，采拾闕遺，弼成聖政。今我得魏謩，於疑似之間，必極匡諫。雖不敢希及貞觀之政，庶幾處無過之地。」令授謩右補闕，委舍人善爲之詞。又問謩曰：「卿家有何圖書？」謩曰：「家書悉無，唯有文貞公笏在。」文宗令進來。鄭覃在側，曰：「在人不在笏。」文宗曰：「卿渾未曉。但甘棠之義，非要笏也。」《北夢瑣言》一。《唐會要》五六。《唐語林》三。

13 見楊嗣復2。

14 裴晉公下世，文宗賜御製一篇，置於靈座之上。《唐摭言》一五。

15 文宗欲以韋宣州温爲翰林學士。韋以先父遺命，懇辭。上後謂次對官曰：「韋温，朕每欲用之，皆辭訴，又安用韋温？」聲色俱厲。户部崔侍郎蠡進曰：「韋温禀其父遺命耳。」上曰：「温父不令其子在翰林，是亂命也。豈謂之理乎？」崔曰：「凡人子能遵理命，已是至孝，况能禀亂命而不改者，此則尤可嘉之，陛下不可怪也。」上曰：「然。」乃止。《因話録》一。《御覽》四一四引作《語録》。

16 王源中，文宗時爲翰林承旨學士。暇日與諸昆季蹴踘于太平里第，毬子擊起，誤中源中之額，薄有所損。俄有急召，比至，上訝之，源中具以上聞。上曰：「卿大雍睦！」遂賜酒兩盤，每盤貯十金椀，每椀容一升許，宣令并椀賜之。源中飲之無餘，略無醉態。《唐摭言》一五。又《廣記》二三三引。

17 文宗賜翰林學士章服，續有待詔欲先賜本司者以名上。上曰：「賜君子小人不同日，且待別日。」《因話録》一。

18 文宗對翰林諸學士，因論前代文章。裴舍人〔素〕數道陳拾遺名，柳舍人璟目之，裴不覺。上顧柳曰：「他字伯玉，亦應呼陳伯玉。」《因話録》一。《唐語林》三。《開城録》(陶本《説郛》二三)。

19 太和中入閤，閤内都官班中，有擡眼竊窺上者，覺之。班退，語宰相曰：「適省郎班内第幾人，忽擡眼抹朕何也？」時裴晉公對曰：「省郎庶僚極卑微，不合擡眼抹陛下。」上曰：「如何？」晉公曰：「即與打下着。」上曰：「此小事不用打下。」《南部新書》癸。《唐語林》三。

20 文宗命中使宣兩軍中尉及諸司使内官等，不許着紗縠綾羅巾。其後駙馬韋處仁見，巾夾羅巾以進，上曰：「本慕卿門户清素，故俯從選尚。如此巾服，從他諸戚爲之，卿不須爲也。」《盧氏雜説》(《廣記》一六五)。《玉泉子》。

21 文宗素恭儉，謂宰臣曰：「朕聞前時内庫唯二錦袍飾以金烏，一袍玄宗幸温泉御之，一即與貴妃，當時貴重如此。今奢靡，豈復貴之？料今富貴，往往皆可有。左衛副使張元昌用金唾壺，昨因李訓已誅之矣。」《續世説》九。

22 文宗將有事南郊，祀前，本司進相撲人。上曰：「我方清齋，豈合觀此事？」左右曰：「舊例皆有，已在門外祗候。」上曰：「此應是要賞物，可向外撲了。」即與賞物令去。又嘗觀鬬雞，優人稱歎大好雞，上曰：「雞既好，便賜汝。」《因話録》一。《唐語林》三。

23 文宗在藩邸，好讀書。王邸無《禮記》、《春秋》、《史記》、《周易》、《尚書》、《毛詩》、《論語》，雖有，少成部帙。宫中内官得《周易》一部，密獻。上即位後，捧以隨輦。及朝廷無事，覽書目，間取書便殿讀之。乃詔兵部尚書王起、禮部尚書許康佐爲侍講學士，中書舍人柳公權爲侍讀學士。每有疑義，即召學士入便殿，顧問討論，率以爲常，時謂「三侍學士」，恩寵異等。於是康佐進《春秋列國經傳》六十卷，上善之。問康佐曰：「吴人伐越，獲俘以爲閽，使守舟；餘祭觀舟，閽以戈殺之。閽是何人？殺吴子，復是何人？」康佐遲疑久之，對曰：「《春秋》義奥，臣窮究未精，不敢遽解。」上笑而釋卷。《唐語林》六。《補國史》（《通鑑考異》二一）。

24 見李訓3。

25 文宗皇帝尚賢樂善，罕有倫比。每與宰臣學士論政事之暇，未嘗不話才術文學之士。故當時以文進者無不諤諤焉。於是上每視朝後，即閲羣書，見無道之君行狀則必扼腕歔欷，讀堯舜禹湯傳則歡呼襝袵，謂左右曰：「若不甲夜視事，乙夜觀書，何以爲人君耶？」每試進士及諸科舉人，上多自出題目。及所司進所試，而披覽吟誦終日忘倦。常延學士於内庭，討論經義，較量文章，令宫女已下侍茶湯飲饌。而李訓講《周易》微義頗叶於上意。時方盛夏，遂命取水玉腰帶及辟暑犀如意以賜訓。訓謝之，上曰：「如意足以與卿爲談柄也。」上讀高郢《無聲樂賦》、白居易《求玄珠賦》，謂之玄祖。傳於水部賈嵩員外。《杜陽雜編》中。《唐語林》二。《唐詩紀事》二。

26 見王起2。

27 唐文宗皇帝聽政暇，博覽羣書。一日，延英顧問宰臣：「《毛詩》云：『呦呦鹿鳴，食野之苹。』苹是何草？」時宰相李珏、楊嗣復、陳夷行相顧未對。珏曰：「臣按《爾雅》，苹是藾蕭。」上曰：「朕看《毛詩》疏，苹葉圓而花白，叢生野中，似非藾蕭。」又一日問宰臣：「古詩云：『輕衫襯跳脱』。跳脱是何物？」宰臣未對。上曰：「即今之腕釧也。《真誥》言安姑有斵粟金跳脱，是臂飾。」《盧氏雜説》（《廣記》一九七）。又《類説》四九引。《唐詩紀事》二。

28 大和中，上謂宰臣曰：「明經會義否？」宰臣曰：「明經只念經疏，不會經義。」帝曰：「只念經疏，何異鸚鵡能言。」《南部新書》乙。

29 開成初，宮中有黃色蛇，夜自寶庫中出，遊於階庭間，光彩照灼，不可擒捕。宮人擲珊瑚玦擊之，遂并玦而亡去。掌庫者具以事告，上令偏搜庫內，乃得黃金蛇，而珊瑚玦着其首。上熟視之曰：「昔隋煬帝爲晉王時，以黃金蛇贈陳夫人，吾不知此蛇得自何處？」左右因覩領下有麼字。上蹶然曰：「果不失朕所疑耳。」阿麼，煬帝小字也。上之博學敏悟率多此類。遂命取頗梨連環繫於玉㲋之前足，其後更不復見焉。以㲋能啗蛇也。《杜陽雜編》中。又《廣記》四〇〇引。

30 文宗好五言詩，品格與肅、代、憲宗同，而古調尤清峻。嘗欲置詩學士七十二員，學士中有薦人姓當時詩人李廓馳名，爲涇原從事。宰相楊嗣復曰：「今之能詩，無若賓客分司劉禹錫。」上無言。李珏奏曰：「當今起置詩學士，名稍不嘉。況詩入多窮薄之士，昧於識理。今翰林學士皆有文詞，陛下得以覽古今作者，可怡悦其間；有疑，顧問學士可也。陛下昔者命王起、許康佐爲侍講，天下謂陛下好古宗儒，敦揚朴厚。臣聞憲宗爲詩，格合前古，當時輕薄之徒，摛章繪句，聱牙崛奇，譏諷時事，爾後鼓扇名聲，謂之『元和體』，實非聖意好尚如此。今陛下更置詩學士，臣深慮輕薄小人，競爲嘲詠之詞，屬意於雲山草木，亦不謂之『開成體』乎？玷黯皇化，實非小事。」《唐語林》二。《唐詩紀事》二。

31 文宗皇帝曾製詩以示鄭覃，覃奏曰：「且乞留聖慮於萬幾，天下仰望。」文宗不悦。覃出，復示李宗閔，嘆伏不已，一句一拜，受而出之。上笑謂之曰：「勿令適來阿父子見之。」《唐語林》二。

32 見程修己2。

33 文宗元年秋，詔禮部高侍郎鍇，復司貢籍，曰：「夫宗子維城，本枝百代，封爵便宜，無令廢絶。常年宗正寺解送人，恐有浮薄，以忝科名。在卿精揀藝能，勿妨賢路。其所試賦，則准常規；詩則依齊梁體格。」乃試《琴瑟合奏賦》、《霓裳羽衣曲》詩。主司先進五人詩，其最佳者，其李肱乎！次則王收《日斜見賦》，則文選中《雪賦》、《月賦》也。况肱宗室，德行素明，人才俱美，敢不公心，以辜聖教？乃以牓元及第。《霓裳羽衣曲》詩，任用韻。李肱：「開元太平時，萬國賀豐歲。梨園獻舊曲，玉座流新製。鳳管勢參差，霞衣競摇曳。醮罷水殿空，輦餘春草細。蓬壺事已久，仙樂功無替。詎肯聽遺音，聖明知善繼。」上披文曰：「近屬如肱者，其不忝乎！有劉安之識，可令著書；執馬孚之正，可以爲傳。秦嬴統天下，子弟同匹夫；根本之不深固，曹冏曷不非也。」評曰：李君文章精練，行義昭詳，策名於睿哲之朝，得路於韋蕭之室。然止於岳、齊二牧，未登大任，其有命焉！《雲溪友議》上。又《廣記》一八一引。《唐詩紀事》五二。

34 開成二年，高侍郎鍇主文，恩賜詩題曰《霓裳羽衣曲》。三年，復前詩題爲賦題，《太學石經》詩並辭，入貢院日面試。《唐摭言》一五。

35 開成中，高鍇知舉，内出《霓裳羽衣曲賦》、《太學創置石經詩》。進士試詩賦，自此始也。《盧氏雜説》（《廣記》一七八）。又《類説》四九引。

36 開成初，文宗皇帝躭翫經典，好古博雅，嘗欲黜鄭衛之樂，復正始之音。有太常寺樂官尉遲璋者，善習古樂，爲法曲，簫、磬、琴、瑟，戛擊鏗拊，咸得其妙，遂成《霓裳羽衣曲》以獻。詔中書門下及諸司三品以上，具常朝服班坐以聽。合奏，相顧曰：「不知天上也，瀛洲也？」因以曲名宣賜貢院，充試進士賦題，又命授尉遲璋官。丞相滎陽鄭公覃擬王府率，時有左拾遺竇洵直上疏，以爲樂官受賞，不如多予之金，無令浼污清秩。滎陽公曰：「王府率是六品雜官，君謂之清秩，便授洵直可否？」時上方鋭意納諫，亦優容之。《闕史》下。參見陳夷行1。

37 文宗善吹小管。時法師文溆爲入内大德，一日得罪流之，弟子入内。收拾院中籍入家具輩，猶作法師講聲。上採其聲爲曲子，號《文溆子》。《盧氏雜説》（《廣記》二〇四）。《碧鷄漫志》五。

38 宋霽善琴。文宗朝，霽私入學士院，會帝至，得召見。帝問：「彈琴幾何？」對曰：「一弄三調。」帝曰：「甚少。」對曰：「是臣之所精者。」帝曰：「然。少則得，多則惑。」即詔霽彈。帝曰：「彈琴無畏，何也？」對曰：「然。願陛下賜臣無畏。」帝可之。乃就一榻仰卧，翹一足彈之。帝甚悦，乃令待詔。又有賀若存一作夷善琴，宣宗時得待詔，對帝彈一調，帝嘉之，賜以緋袍。後人目此調爲賜緋調。《琴史》四。

39 文宗時，有正塔僧履險若平，換塔杪一柱，傾都奔走，皆以爲神。上聞之曰：「此塔固由人工所成，當時匠者，豈亦有神？」沙門後果以妖妄伏法。《因話録》一。

40 唐敬宗皇帝御曆，以天下無事，視政之餘，因廣浮屠教，由是長安中緇徒益多。及文宗嗣位，親閲萬幾，思除其害於人者，嘗顧謂左右曰：「自吾爲天子，未能有補於人。今天下幸無兵革，吾將盡除害物者，使億兆之民，指今日爲堯、舜之世，足矣。有不能補治化而蠹於物者，但言之。」左右或對曰：「獨浮屠氏不能有補於大化，而蠹於物爲甚，可以斥去。」於是文宗病之，始命有司詔中外，罷緇徒説佛書義，又斥其不脩教者。詔命將行，會尚食廚吏脩御膳，以鼎烹雞卵，方燃火於其下，忽聞鼎中有聲極微，如人言者，迫而聽之，乃羣卵呼觀世音菩薩也，聲甚悽咽，似有所訴。尚食吏異之，具其事上聞。文宗命左右驗之，如尚食所奏。文宗嘆曰：「吾不知浮屠氏之力乃如是耶！」翌日，敕尚食吏勿以雞卵爲膳。因頒詔郡國，各於精舍塑觀世音菩薩之像，以彰感應。《宣室志》七。又《廣記》一〇一引。

41 上好食蛤蜊，一日，左右方盈盤而進，中有擘之不裂者。上疑其異，乃焚香祝之。俄頃自開，中有二人，形貌端秀，體質悉備，螺髻瓔珞，足履菡萏，謂之菩薩。上遂置之於金粟檀香合，以玉屑覆之，賜興善寺，令致敬禮。至會昌中，毁佛舍，遂不知所在。《杜陽雜編》。又《廣記》九九引。《南部新書》戊。《能改齋漫録》二。

42 唐曲江，開元天寶中，旁有殿宇，安史亂後盡圮廢。文宗覽杜甫詩云：「江頭宫殿鎖千門，細柳新蒲爲誰緑。」因建紫雲樓、落霞亭，歲時賜宴。又詔百司於兩岸建亭館。《春明退朝録》中。

43 文宗爲莊恪選妃，朝臣家有女子悉被進名，士庶爲之不安。帝知之，召宰臣曰：「朕欲爲太子婚娶，本求汝、鄭門衣冠子女爲新婦，扶出來田舍齁齁地，如聞在外朝臣皆不願共朕作親家，何也？朕是數百年衣冠，無何神堯把朕家羅訶去。」因遂罷其選。《盧氏雜説》（《廣記》一八四）。《唐語林》四。

44 紫宸舊例，有接狀中郎，最近御幄。開成元年五月己酉，其日直者老以傴。文皇問李石曰：「此何人？」答曰：「郎白先朝。」上變色，石奏曰：「姓白。重名，上先字，下朝字。」及退，遣閤門使問：「何時授此官？」曰：「今年正月。」石等謝曰：「中郎官，國初猶用賢俊，近日只授此輩。」因以郎官兼爲之。李寶符、杜篡，以白晳膺選。《南部新書》壬。

45 元和、長慶中，兩京閭巷間相見，多云：「合是阿舅。」及太和以來，文宗欲崇樹外戚，而詐稱國舅者數輩，竟不得其真。合是之説，果有驗矣。《因話録》六。

唐武宗

1 武宗爲潁王時，邸園畜食獸之可人者以備十玩，繪《十玩圖》，於今傳播：九皋處士鶴、玄素先生白鷳、長鳴都尉雞、靈壽子龜、惺惺奴猴、守門使犬、長耳公驢、鼠將猫、茸客鹿、辨哥鸜鵒。《清異録》上。

2 武宗皇帝王夫人者，燕趙倡女也，武宗爲潁王，獲愛幸。文宗於十六宅西別建安王溶、潁王瀍院，上數幸其中，縱酒如家人禮。及文宗晏駕，後宮無子，所立敬宗男陳王，年幼且病，未任軍國事。中貴主禁掖者，以安王大行親弟，既賢且長，遂起左、右神策軍及飛龍、羽林、驍騎數千衆，即藩邸奉迎安王。中貴遥呼曰：「迎大者！迎大者！」如是者數四，意以安王爲兄，即大者也。及兵仗至二王宅首，兵士相語曰：「奉命迎大者，不知安、潁孰爲大者？」王夫人竊聞之，擁髻褰裙走出，矯言曰：「大者潁王也。大家左右以王魁梧頎長，皆呼爲大王，且與中尉有死生之契，汝曹或誤，必赤族矣！」時安王心云其次第合立，志少疑懦，懼未敢出。潁王神氣抑揚，隱于屏間，夫人自後聳出之。衆惑其語，遂扶上馬，戈甲霜擁，前至少陽院。諸中貴知已誤，無敢出言者，送羅拜馬前，連呼萬歲。尋下詔，以潁王瀍立爲皇太弟，權句當軍國事。《唐闕史》(《通鑑考異》二二)。案：《考異》曰：按立嗣大事，豈容繆誤！《闕史》難信，今不取。

3　見李德裕23。

4　見李回3。

5　武宗時，李崖州嘗面奏處士王龜，志業堪爲諫官。上曰：「龜是誰子？」對曰：「王起之子。」曰：「几言處士者，當是山野之人。王龜父大僚，安得居山野？不自合有官。」李無以對。又將賜杜悰之子無逸衣，所司條列數目，其衫色未奉進旨，上久之言曰：「我不可賜其白衫，年小未有官，又難假其服色，但賜青衣無衫可也。」《因話録》一。《唐語林》一、七。

6　武帝宣内供奉，賜坐，食甘露毬蜜，擣山藥油浴。既退，侵夜，宫嬪離次，上獨映琉璃燈籠觀書，久之歸寢殿。王才人問：「官家今日以何消遣？」上曰：「緑羅供奉已去，皂羅供奉宫人特髻不來，與紫明供奉燈相守，熟讀《尚書·無逸》篇數遍。朕非不能取熱鬧快活，正要與絃管尊罍暫時隔破。」《清異録》上。

7　見杜悰4。

8 上好神仙術，遂起望仙臺以崇朝禮。復修降真臺，舂百寶屑以塗其地，瑶楹金栱，銀檻玉砌，晶熒炫燿，看之不定。内設玳瑁帳、火齊牀，焚龍火香，薦無憂酒。此皆他國所獻也。亡其國名。上每齋戒沐浴，召道士趙歸真已下共探希夷之理。由是室内生靈芝二株，皆如紅玉。又渤海貢馬腦櫃、紫瓷盆，馬腦櫃方三尺，深色如茜所製，工巧無比，用貯神仙之書，置之帳側。紫瓷盆量容半斛，内外通瑩，其色純紫，厚可寸餘，舉之則若鴻毛。上嘉其光潔，遂處於仙臺祕府，以和藥餌。後王才人擲玉環，誤缺其半菽，上猶歎息久之。傳於濮州刺史楊坦。《杜陽雜編》下。又《廣記》四〇四引。

9 武宗皇帝好神仙異術，海内道流方士多至輦下。趙歸真探賾玄機，善制鉛汞，氣貌清爽，見者無不竦敬。請於禁中築望仙臺，高百尺，以爲鸞驂鶴馭可指期而降。常云飛鍊中須得生銀，詔使於樂平採取。既而大役工徒，所出者皆銜石礦，非烹冶乃無從而得。……禁中修鍊至多，外人罕知其術。復有金陵人許元長、王瓊者，善書符幻變，近於役使鬼神。會昌初，召至京國，出入宫闈。武皇謂之曰：「吾聞先朝有明崇儼，善於符籙，嘗取羅浮山柑子以資御果，萬里往來止于旬日。我雖聖德不逮前朝，卿之術豈便劣於崇儼。」元長謝曰：「臣之受法，未臻玄妙，若涉越山海，恐誣聖德，但千里之間，可一日而至。」上曰：「東都常進石榴，時已熟矣，卿今夕當致十顆。」元長奉語而出。及旦，寢殿始開，金盤貯石榴致於御榻。俄有中使奉進，亦以所失之數上聞。靈驗變通，皆如此類。王瓊妙於化物，無所不能。方冬，以藥栽培桃杏數株，一夕，繁英盡發，芳蘂穠艷，月餘方謝。及武皇厭代，歸真與瓊俱竄逐嶺表，唯元長逸去，莫知所在。《劇談録》下。又《廣記》七四引。

10 會昌末，頗好神仙。有道士趙歸真，出入禁中，自言數百歲，上敬之如神。與道士劉玄静力排釋氏，武宗既惑其説，終行沙汰之事。及宣宗即位，流歸真於南海，玄静戮於市。《南部新書》己。《唐語林》一。

11 道士趙歸真等八十一人於三殿建九天道場，帝親傳法籙。右拾遺王哲上疏，請不度進士、明經爲道士，不從。又上書諫求仙事，詞甚切直，貶河南府士曹參軍。《武宗實録》（《通鑑考異》二一）。

12 武宗皇帝酷求長生之道，訪九轉之丹。茅山道士杜元陽製藥既成，白日輕舉，弟子馬全真得殘藥，詣京表進。上因餌之，徧體生瘡，髭髮俱脱，十日而崩。此唐實録隱而不書。……或曰武宗因拆寺患癩而崩，實爲庸説也。《鑒誡録》一。

13 郭從義營洛第，發池得一器，受五升餘，體如緑玉，形正方，其中可用杵物，四角有蕃人坐頂，傍有篆文曰「仙臺秘府小中臼」。按蘇鶚《杜陽雜編》，仙臺秘府乃武宗修和藥餌之所。《清異録》下。

14 武帝緣金丹示孽，中境躁亂，内侍童膺福希旨進脆玉條，用錦作虚帶，以冰條裸腹繫之，心腑俱凉，移時銷鎔，復别更替。《清異録》下。

15 清泰中，薄遊京輦，曾與盧泳巡官、鄭扆博士、僧季雅及三五知友，夜會於越波隄僧院。是時清秋欲杪，明月方高，句聯五字之奇，酒飲八仙之美。柹新紅脯，茗醶緑芽，一詠一觴，或醒或醉。座上因相與徵引古今，遂及果實之事。有叙及紫花梨者，衆云：「真定有之。」雅公獨顰蹙而言曰：「此微僧先祖之遺恨。」衆驚而問之。雅曰：「昔武宗皇帝御天下之五載，萬國事殷，聖情不懌，忽患心熱之疾，名醫進藥，厥疾罔瘳。遂博詔良能，遐徵和、緩。時有言青城山邢道士者妙於方藥，帝即召見之。道士以肘後緑囊中青丹兩粒，及取梨數枚，絞汁而進之，帝疾尋愈。旬日之内，所賜萬金，仍加廣濟先生之號。帝從容問其丹爲何物，先生曰：『赤城山頂有青芝兩株，太白南溪有紫花梨一樹，臣之昔歲，曾遊二山，偶獲兩寶，合練成丹。五十年來，服食殆盡，唯餘兩粒，幸逢陛下服之。更欲此丹，須求二物也。』經數月，邢生辭帝歸山。後疾復作，再詔邢先生於青城，則不知何適也。帝遂詔示天下，有紫花梨即時奏上。時恒州節度太尉公王達，尚壽春公主，即會昌之女弟，聞真定李令種梨數株，其一紫花梨，即遣寺人就加封檢。剪其旁樹，匝以朱欄，寶惜纖枝，有同月桂。當花發之時，防蜂蝶之窺耗，每以輕綃紗縠遠加籠罩焉，守樹者不勝艱苦。洎及秋實，公主必手選而進之。比達帝庭，十得其六七。帝多食此梨，雖不及邢氏者，亦粗解其煩躁耳。是時有李遵來侍御，任恒州記室，作進梨表云：『紫花開處，擅美春林。縹蒂懸時，迥光秋景。離離玉潤，落落珠圓。甘不待嘗，脆難勝口。』表達闕下，公卿見者多大笑之，曰：『常山公何用進殘梨於天府也。』蓋以其表有『脆難勝口』之字。明年，武宗崩，公主亦相次逝，此梨自後以爲貢賦之常物，縣官歲久亦漸怠於寶守焉。至天祐末焉，趙王爲德明之所篡弑，其後縣邑公署多歷兵戎，紫花之梨亦已枯朽，今之真定無復繼種者焉。當武宗時，縣宰李公，名尚，即雅之祖也，嘗以守樹不謹，曾風折一枝，降爲冀州典午。由是追感而顰蹙也。」《耳目記》（《廣記》四一一）。

16 光叔之賢，會昌微忌之。帝因引照，戲令宮嬪離合鏡字，須臾以「光音王」奏，帝曰：「鏡子封王耶？」帝不懌而罷。距宣宗即位止三四年。《清異録》下。

17 唐會昌末年，武宗忽改御名爲火下火。及宣宗以光王龍飛，于古文，光字實從炏焉。噫，先兆之明若是耶！《真陵十七史》(《廣記》一三六)。《玉泉子》。

18～20 見唐宣宗2～4。
21 見柳公權4。
22 見王起4。
23 見賈島10。
24 見王才人2。

王才人

1 見唐武宗2。
2 武宗王才人有寵。帝身長大，才人亦類。帝每從禽作樂，才人必從。常令才人與帝同裝束。苑中射獵，帝與才人南北走馬，左右有奏事者，往往誤奏於才人前，帝以爲樂。帝好道術，召天下方士殆盡。五年秋，王才人謂宣徽使曰：「聖人日日對藥爐，服神丹，言我取不死。今身上變差事，道士稱換骨皆如此，某獨爲憂也。」宣徽使固求變見狀，才人忍淚不敢語。外人雖未知帝得疾，但訝稀畋獵也。明年正月，不御紫宸殿，不開延英門向百日，中外始公言帝病。頃刻無才人見，卧起益酸痛，飲食益辛苦。一日，帝熟顧才人曰：「吾氣息奄微，情慮杳杳，將不久矣！顧以別汝。」對曰：「陛下春秋鼎盛，又嘗服不死藥，聖壽必無疆，何忽出不祥語？」帝曰：「吾於汝且同外庭臣耶？惡用作形迹意！脱不如汝所對，而千秋萬歲，何以報我？」才人欲慟，恐驚帝，乃曰：「帝若忽厭四海，妾當同日死。」帝哽咽閉目不喘息者少頃，忽曰：「誠如汝言，當何爲？」曰：「妾止於縊。」帝引手取巾授才人曰：「以此！以此！」帝遂向壁不語。後數日，帝疾亟。才人久侍帝，歸寢，濃妝潔服如常日。乃盡取服翫與内家，持帝所授巾至前，見帝已崩，自縊而絶。宣宗即位，贈貴妃，命與端陵同日時掩。其壙在端陵柏城内西南。又有名才人隨靈駕行慢城内，每夕望端陵焚錢帛衣物，風吹火燔所止。《唐語林》(《永樂大典》二九七二)。蔡京《王貴妃傳》(《通鑑考異》二二)。

3《唐書》載武宗寵王才人，嘗欲以爲皇后。帝寢疾，才人侍左右，熟視曰：「吾氣奄奄，顧與汝辭，奈何？」對曰：「陛下萬歲後，妾得一殉。」及大漸，審帝已崩，即自經于幄下。宣宗即位，嘉其節，贈賢妃。按李衛公《文武兩朝獻替記》云：「自上臨御，王妃有專房之寵，以嬌妬忤旨，日夕而殞，羣情無不驚懼，以謂上成功之後，喜怒不測。」與《唐書》所載全別。《獻替記》乃德裕手自記録，不當差謬。其書王妃之死，固已不同。據《獻替記》所言，則王氏爲妃久矣，亦非宣宗即位，乃始追贈。按張祐集有《孟才人歎》一篇，其序曰：「武宗皇帝疾篤，遷便殿。孟才人以歌笙獲寵者，密侍其右。上目之曰：『吾當不諱，爾何爲哉？』指笙囊泣曰：『請以此就縊。』上憫然。復曰：『妾嘗藝歌，願對上歌一曲，以泄其憤。』上以其懇，許之。乃歌『一聲《何滿子》』，氣亟立殞。上令醫候之，曰：『脈尚温而腸已絶。』」詳此，則《唐書》所載者，又疑其孟才人也。《夢溪補筆談》一。

孟才人

1 孟才人善歌，有寵於武宗皇帝，嬪御之中莫與爲比。一旦龍體不豫，召而問曰：「我若不諱，汝將何之？」對曰：「以微眇之身，受君王之寵，若陛下萬歲之後，無復生焉。」是日俾於御榻前歌《河滿子》一曲，聲調悽切，聞者莫不涕零。及宫中晏駕，哀慟數日而殞。禁掖近臣以小棺殯于殿側。山陵之際，梓宫重莫能舉，識者曰：「得非候才人乎？」於是輿櫬以殉，遂窆于端陵之側。是歲，攻文之士或爲賦題，或爲詩，目以爲馮媛、班姬無以過也。所知者張祜有詩云：「偶因清唱詠歌頻，奏入宫中二十春，却爲一聲《河滿子》，下泉須弔孟才人。」《劇談録》上。

2 見王才人3。

唐宣宗

1 唐宣宗在藩時，常從駕回而誤墜馬，人不之覺。比二更，方能興。時天大雪，四顧悄無人聲，上寒甚。會巡警者至，大驚。上曰：「我光王也，不悟至此。方困且渴，若爲我求水。」警者即于旁近得水以進，遂委而去。上良久起，舉甌將飲，顧甌中水，盡爲芳醪矣。上喜，獨自負，舉一甌，已而體微煖有力，步歸藩邸。後遂即帝位。《真陵十七史》（《廣記》一三六）。《廣卓異記》一引作《宣宗十七事》。《通鑑考異》二二引作《貞陵遺事》。《玉泉子》。《南部新書》戊。案：《通鑑考異》二二云此事鄙妄無稽。

2 宣宗在藩邸時，爲武宗所薄，將中害者非一。一日，宣召打毬，欲圖之。中官奏：瘡痍偏體，腥穢不可近。上命舁置殿下，果如所奏，遂釋之。武宗嘗夢爲虎所逐，命京兆、同、華格虎以進。至宣宗即位，本命在寅，於屬爲虎。《唐語林》七。《南部新書》壬。

3 宣宗即憲皇第四子。自憲皇崩，便合紹位，乃與姪文宗。文宗崩，武皇慮有他謀，乃密令中常侍四人擒宣宗於永巷，幽之數日，沉於宫厠。宦者仇公武憫之，乃奏武宗曰：「前者王子，不宜久於宫厠。誅之。」武宗曰：「唯唯。」仇公武取出，於車中以糞土雜物覆之，將別路歸家，密養之。三年後，武皇宫車晏駕，百官奉迎於玉宸殿立之。尋擢仇公武爲軍容使。韋昭度《續皇王寶運録》（《通鑑考異》二二）。案：《考異》云此鄙妄無稽。

4 宣宗即憲皇少子也，皇昆即穆宗也。穆宗、敬宗之後，文宗、武宗相次即位，宣皇皆叔父也。武宗初登極，深忌焉。一日，會鞠於禁苑間，武宗召上，遥覩瞬目於中官，仇士良躍馬向前曰：「適有旨，王可下馬。」士良命中官輿出軍中，奏云：「落馬，已不救矣。」尋請爲僧，游行江表間。會昌末，中人請還京，遂即位。《中朝故事》。案：《通鑑考異》二二謂此事鄙妄無稽。

5 唐宣宗微時，以武宗忌之，遁跡爲僧。一日遊方，遇黄蘗禪師同行，因觀瀑布。黄蘗曰：「我詠此得一聯，而下韻不接。」宣宗曰：「當爲續成之。」黄蘗云：「千巖萬壑不辭勞，遠看方知出處高。」宣宗續云：「溪澗豈能留得住，終歸大海作波濤。」其後宣宗竟踐位，志先見於此詩矣。然自宣宗以後，接懿、僖之時，宇内遂不靖，則作波濤之語，豈非讖耶？《庚溪詩話》上。《史詩》（《記纂淵海》八）。

6〔杭州鹽官海昌院〕齊安懸知宣宗皇帝隱曜緇行，將來法會，預誡知事曰：「當有異人至此，禁雜言，止横事，恐累佛法。」明日，行脚僧數人參禮，安默識帝，遂令維那高位安置，禮殊他等。安每接談話，益知貴氣，乃曰：「貧道謬爲海衆圍遶，患齋不供。就上座邊求一供疏。」帝爲操翰擄辭，安覽驚悚，知供養僧賫去，所獲豐厚，殆與常度不同。乃語帝曰：「時至矣，無滯泥蟠。」囑以佛法後事而去。帝本憲宗第四子，穆宗異母弟也，武宗恒憚忌之，沉之于宫厠，宦者仇公武潛施拯護，俾髡髮爲僧，縱之而逸。周遊天下，險阻備嘗。因緣出授江陵少尹，實惡其在朝耳。武宗崩，左神策軍中尉楊公諷宰臣百官迎而立之。聞安已終，愴悼久之，勑謚大師曰悟空，乃以御詩追悼。《宋高僧傳》一一。案：《唐史餘瀋》三有考辨，云爲讕言。

7、8 見唐武宗16、17。

9 宣宗皇帝英明儉德，器識高遠。比在藩邸，常爲諸王典式。忽一日不豫，神光滿身，南面獨語如對百僚。鄭太后惶恐，慮左右有以此事告者，遂奏文宗云上心疾。文宗召見，熟視上貌，以玉精如意撫背曰：「此真我家他日英主，豈曰心疾乎？」即賜上御馬金帶，仍令選良家子以納上宅。及即位，時人比漢文帝。衣澣濯之衣，饌不兼味。先是宫中每欲行幸，即先以龍腦鬱金藉其地，自上垂拱，並不許焉。凡與朝士從容，未嘗一日不論儒學，而頗注意於貢舉，常於殿柱上題「鄉貢進士」字。或大臣出鎮，即賦詩賜之。凡欲對公卿百僚，必先嚴整容止，更衣盥手，然後方出。語及庶政，則終日忘倦。章奏有不欲左右見者，率皆焚爇。倡優妓樂或彌日嬉戲，上未嘗等閒破顔，縱賜與亦甚寡薄。一日後宫有疾，召醫人侍湯藥。洎平愈，上袖出金數兩遺之。醫者將謝，遽止之曰：「勿使内官知，言出於外更使諫官上疏也。」其儉静率多此類。《杜陽雜編》下。《北夢瑣言》一。《唐語林》三、四。

10 武宗嗣位，宣宗居皇叔之行，密游外方，或止江南名山，多識高道僧人。初聽政，謂宰相曰：「佛者雖異方之教，深助理本，所可存而勿論，不欲過毀，以傷令德。」乃遣下詔：會昌中靈山古跡招提棄廢之地，並令復之，委長吏擇僧之高行者居之。唯出家者不得妄度也。《北夢瑣言》一。

11 見李德裕28。

12 唐大中初，京師嘗淫雨涉月，將害粢盛，分命禱告，百無一應。宣宗一日在内殿，顧左右曰：「昔湯以六事自責，以身代犧牲，雖甚旱，卒不爲災。我今萬姓主，遠慚湯德，而災若是，兆人謂我何！」乃執鑪，降階踐泥，焚香仰視，若自責者。久之，御服沾濕，感動左右。旋踵而急雨止，翌日而凝陰開。比秋而大有年。《真陵十七史》(《廣記》一六二)。

13 術士柴嶽明，動陰陽術數，於公卿間聲名籍甚。上一日召於便殿對，上曰：「朕欲爲諸子孫□□□□□院，卿宜相其地」。嶽明奏曰：「人臣遷移不常，有陽宅陰宅，入陰宅入陽宅者，禍福刑尅，師有傳授。今陛下居深宫，有萬靈護衛，陰陽二宅，不言帝王家，臣不敢奉詔。」上然之，賜束帛。《東觀奏記》上。

14 見白敏中9。

15 宣宗皇帝聖政欽明，光宅天下，常欲刑清俗富，有宵衣旰食之懷，仄席竚賢，每如不及。令狐相國自吳興郡守授司勳郎中，未居内署，初與學士候對，便以爲有宰輔之才。一夕於禁林寓直，忽有中使來召，行百餘步，至于便殿，遣内人秉燭候之，引於御榻之前。上自宣令坐，問：「卿來從江表，見彼中甿庶來否，廉察郡守字人求瘼之道如何？朕常思四海之大，九州之廣，雖明君不能自理，常須良弼賢佐。邇來竊窺朝廷，皆未覩其忠赤。」相國降階俯伏曰：「聖意如此，微臣便合得罪。」上曰：「卿纔爲翰林學士，所職者朕之絲綸，向來之言，本不相及。」既而復宣令坐，俾御以玉杯斟酒賜之。有小案置於御牀，案上有書兩卷，指謂相國曰：「朕聽政之暇，未嘗不披尋史籍。此讀者先朝所述《金鏡》。一卷則《尚書·大禹謨》。」復問：「卿曾讀《金鏡》否？」對曰：「文皇帝所著之書，有理國理身之要，披閱誦諷，不離於口。」上曰：「卿試舉其要。」相國跪於御前，抗聲而誦。至「亂未嘗不任不肖，理未嘗不任忠賢。任忠賢，則享天下之福。任不肖，則受天下之禍。」上止之，曰：「朕每讀至此，未嘗不三復後已。《書》又云：『任賢勿貳，去邪勿疑。』是則欲致昇平，當用此言爲首。」相公抃舞而稱曰：「先臣父每言《金鏡》垂裕，可爲萬古格言。自非聰明文思，無以探其壼奥。況堯舜禹湯之道，在典謨訓誥之間。陛下不以黄屋爲尊，每覩之於夙夜，將欲擇賢舉善，使庶績咸熙。如此則功冠百王，事超三五矣。」上曰：「曩者仰卿材器，今日覩卿詞學。」臨軒竚立久之，謂中使曰：「持燭送學士歸院。」及還禁林，夜漏將半。咸以近臣恩澤，殆無其比。繇是注意益深。居歲餘，遂爲宰相。自郡守至於台鉉，首尾纔經二載。嘗自郊壇迴，渭南尉趙嘏上詩云：「鶚在卿雲冰在壺，代天材業奉訏謨。榮同伊陟傳朱户，秀比王商入畫圖。昨夜星辰迴劍履，前年風月滿江湖。不知機務時多暇，猶許詩家屬和無？」《劇談録》上。《唐語林》二。

16 憲宗皇帝晏駕之夕，上雖幼，頗記其事。追恨光陵商臣之酷。即位後誅鋤惡黨，無漏網者。時郭太后無恙，以上英察孝果，且懷慚懼。時居興慶宮，一日，與二侍兒同升勤政樓，倚衡而望，便欲隕於樓下，欲成上過。左右急持之，即聞於上，上大怒。其夕，〔太〕后暴崩，上志也。《東觀奏記》上。

17 大中二年，以起居郎鄭顥尚萬壽公主。詔曰：「女人之德，雅合慎修，嚴奉舅姑，夙夜勤事，此婦人之節也。萬壽公主婦禮，宜依士庶。」《南部新書》壬。

18 萬壽公主，宣宗之女。上在藩時，主尤鍾愛。及下嫁，武德禁中舊儀，車輿有白金爲飾者。及呈進，上曰：「我方以儉化天下，宜從近戚始。」乃命以銅製。主既行，每進見，上常誨曰：「無輕待夫，無干預時事。」又降御劄勗勵，其末曰：「苟違吾戒，當有太平、安樂之禍。汝其勉之！」故十五年間戚屬縮然，如山東衣冠之法。《唐語林》一。

19 宣宗囑念萬壽公主，蓋武皇世有保護之功也。駙馬鄭尚書之弟顗嘗危疾，上使訊之。使迴，上問公主視疾否。曰：「無。」「何在？」曰：「在慈恩寺看戲場。」上大怒，且歎曰：「我怪士大夫不欲與我爲親，良有以也。」命召公主。公主走輦至，則立於階下，不視久之。主大懼，涕泣辭謝。上責曰：「豈有小郎病乃親看他處乎？」立遣歸宅。畢宣宗之世，婦禮以修飾。《幽閒鼓吹》。

20 萬壽公主，上愛女，鍾愛獨異。將下嫁，命擇郎壻。鄭顥，相門子，首科及第，聲名籍甚，婚盧氏。宰臣白敏中奏選上，顥銜之。上未嘗言。大中五年，敏中免相，爲邠寧都統。行有日，奏上曰：「頃者陛下愛女下嫁貴臣，郎壻鄭顥赴婚楚州會有日，行次鄭州，臣堂帖追迴，上副聖念。顥不樂國婚，銜臣入骨。臣且在中書，顥無如臣何。一去玉階，必媒孽臣短，死無種矣。」上曰：「朕知此事久，卿何言之晚耶？」因命左右，便殿中取一檉木小函子來，扃鎖甚固。謂敏中曰：「此盡鄭郎說卿文字，便以賜卿。若聽顥言，不任卿如此矣。」敏中歸啓，益感上聰察宏恕，常置函子於佛前，焚香感謝。大中十二年，敏中任荊南節度使，暇日與前進士陳鍇銷憂閣静話，感上恩，泣語此事，盡以示鍇。《東觀奏記》上。《唐語林》七。《續世説》一二。

21　大中三年，東都進一僧，年一百二十歲。宣皇問：「服何藥而至此？」僧對曰：「臣少也賤，素不知藥性，本好茶，至處唯茶是求。或出，亦日過百餘碗，如常日，亦不下四五十碗。」因賜茶五十斤，令居保壽寺。《南部新書》辛。

22　見馬植8。

23　上自党項叛擾，推其由，乃邊將貪暴，利其羊馬，多欺取之。始用右諫議大夫李福爲夏州節度使，刑部侍郎畢諴爲邠寧節度使，大理卿裴識爲涇原節度使。發日，臨軒戒勵。稟奉宸威，絶侵奪之貪，邊方帖息，烽燧不復告警矣。《東觀奏記》下。《唐語林》二。

24　宣宗舅鄭光，勅賜雲陽、鄠縣兩莊，皆令免税。宰臣奏恐非宜，詔曰：「朕以光元舅，欲優異之，初不細思，是免其賦。爾等每於匡救，必盡公忠。親戚之間，人所難議，苟非愛我，豈盡嘉言。庶事能如斯，天下何憂不治？有始有卒，當共守之。」尋罷。《北夢瑣言》一。《唐語林》二。

25　見韋澳5、6。

26　上性至孝，奉鄭太后供養，不居别宫，只於大明宫朝夕侍奉。親舅鄭光，即位之初，連任平盧、河中兩鎮節度使。大中七年，自河中來朝，上因與光商較政理。光素不曉文字，對上語時有質俚，即命宰臣别選河中節度使，留光奉朝謁。后或以光生計爲憂，即厚賜金帛，不復更委方面。《東觀奏記》上。《唐語林》一。

27 大中七年冬，詔來年正月一日，御含元殿受朝賀。璘時爲左補闕，請權御宣政殿。疏奏之明日，聞上謂宰臣曰：「有諫官疏，來年御含元殿事如何？莫須罷否？」宰臣魏公謩奏曰：「元年大慶，正殿稱賀，亦是常儀，況當無事之時。陛下肆覲百辟，朝廷盛禮，不可廢闕。」上曰：「近華州奏，光化賊劫下邽縣。又關輔久無雨雪，皆朕之憂。豈謂之無事？須與他罷。假如權御宣政，亦何不可也。」宰臣奉詔，方欲宣下，而日官奏太陽當虧，遂罷之。其後宰相因奏對，以遺補多闕，請更除八人。上曰：「諫官但要職業修舉，亦豈在多！只如張道符、牛業、趙璘輩三數人足矣！使朕聞所未聞。」《因話録》一。

28 宣宗暇日召翰林學士。時韋尚書澳遽入，上曰：「要與卿款曲，少間出外，但言論詩。」上乃出新詩一篇，有小黄門置茶訖，亦屏之，乃問曰：「朕於勑使如何？」韋公即述上威制前朝無比。上閉目摇首曰：「總未總未，依前怕他。在於卿如何？計將安出？」韋公既不爲之素備，乃率意對曰：「以臣所見，謀之於外庭即恐有大和末事，不若就其中揀拔有才識者，委以計事，如何？」上曰：「此乃末策，朕已行之。初擢其小者，自黄至緑至緋，皆感恩。若紫衣挂身，即一片矣。」公慚汗而退。噫！大君之問，社稷之福，對敭止此，惜哉！《幽閒鼓吹》。《唐語林》二。

29 見令狐綯4。

30 宣宗獵苑北，見樵者數人，因留與語。言涇陽百姓，因問：「邑宰爲誰？」曰：「李行言。」「爲政何如？」曰：「性執滯。有劫賊五六人匿軍家，取來直不肯與，盡杖殺之。」上還宮，以書其名帖于殿柱上。後二年，行言領海州，中謝。上曰：「曾宰涇陽否？」對：「在涇陽二年。」上曰：「賜金紫。」再謝，上曰：「卿知著紫來由否？」行言奏不知。上顧左右，取殿柱帖子來宣示。《唐語林》二。

31 上校獵城西，漸入渭水，見父老一、二十人於村佛祠設齋。上問之，父老曰：「臣醴泉縣百姓。本縣令李君奭有異政，考秩已滿，百姓借留，詣府乞未替〔來〕（兼）此祈佛力也。」上默然，還宮後，於御扆上大書君奭名。中書兩擬醴泉令，上皆抹去之。踰歲，以懷州刺史闕，請用人。御筆曰：「醴泉縣令李君奭可懷州刺史。」〔人〕莫測也。君奭申謝，宸旨獎勵，始聞其事。《東觀奏記》中。《唐會要》六九。《唐語林》二。

32 上每孜孜求理，焦勞不倦。一日密召學士韋澳，盡屏左右，謂澳曰：「朕每便殿與節度觀察使、刺史語，要知所委州郡風俗物産，卿宜密採訪，撰次一文書進來。雖家臣與老，不得漏洩。」澳奉宣旨，即以《十道四藩志》更博採訪，撰成一策，題曰《處分語》，自寫面進，雖子弟不得聞也。後數日，薛弘宗除鄧州刺史，澳有別業在南陽，召弘宗餞之。弘宗曰：「昨日謝聖上，處分當州事驚人。」澳訪之，即《處分語》中事也。君上親總萬機，自古未有。《東觀奏記》中。《唐語林》二。

33 宣宗微疾，召醫工梁新對脈。禁中以診脈爲對脈。數日，自陳求官，不與，但每月別給錢三百緡。《唐語林》二。據《唐語林校證》二，此原出《大中遺事》。

34 裴公休在相位，一日奏對。宣宗曰：「今賜卿無畏，有何貯畫言之。」公嘗蓄論儲宮之意，至是乃頓首以諫。上曰：「若立儲君，便是閒人。」公不敢盡言而退。《幽閒鼓吹》。《南部新書》戊。

35 見崔鉉4。

36 見韋覲1。

37 上每命相，盡出睿旨，人無知者。一日，制詔樞密院，兵部侍郎判度支蕭鄴可同中書門下平章事，仰指揮學士院降麻處分。樞密使王歸長、馬公儒以鄴先判度支，再審聖旨，未審落下，爲復仍舊。上意左右黨蕭也，乃宸翰付學士院，户部侍郎判户部事崔慎由可工部尚書平章事，落下判户部事。宸斷如此。《東觀奏記》中。《唐語林》一。

38 見蔣伸2。

39 宰臣鄭朗自中書歸宣平私第，内園使李敬寔衢路衝之，朗列奏。上召敬寔面語，敬寔奏「供奉官例不避」。上曰：「銜天子之命，横絶而過可矣。安有私出不避輔相乎？」剥紫綬，配南衙。《東觀奏記》下。

40 上命左軍中尉王忠實治道，將幸華清宫。兩省供奉官拜疏極諫。上謂宰臣曰：「華清宫是祖宗舊宫，又朝元閣聖祖現真容地，朕一紀在位，未嘗瞻拜，深覺缺儀。今排比皆是軍司，不勞州縣，卿宜勉諭諫官，勿更論列。」宰臣奉旨而退，召兩省官宣諭。俄而諫表再入，上謂宰臣曰：「諫官疏極懇切，且言『自穆宗巡幸之後，列聖未嘗出宫，居安慮危，乞留聖慮。』朕聞此語，決不爲遊華清之行矣。卿宜召兩省官，説我此意。」《東觀奏記》下。

41 宣宗臨御逾於一紀，而憂勤之道，始終一致。但天下雖寧，水旱間有，大中之間，越、洪、潭、青、廣等道數梗，以上之恭儉明德，始無異心。方隅諸將，雖失統馭，而恩詔慰撫，不日安輯，輿論謂上爲「小太宗」。《金華子》上。《唐語林》二。

42 上勵精理天下，一紀之内，欲臻昇平。自大中十二年後，藩鎮繼有叛亂，宣州都將康全泰逐出觀察使鄭勳，湖南都將石再順逐出觀察使韓琮，廣州都將王令寰逐出節度使楊發，江西都將毛鶴逐出觀察使鄭憲。上赫怒，命淮南節度使檢校左僕射平章事崔鉉兼領宣、池、歙三州觀察使，以宋州刺史温璋爲宣州刺史，以右金吾將軍蔡襲爲湖南觀察使，以涇原節度使李承勳爲廣州節度使，以光禄卿韋宙爲江西觀察使，只取鄰道共送赴任。凶渠如期授首，皆不勞師，斬定誅鋤，盡副聖旨。《東觀奏記》下。《唐語林》二。

43 于延陵授建州刺史，中謝，上問之曰：「建去京師遠近？」延陵曰：「八千里。」上曰：「朕前後左右，皆建人也，郡極不惡。卿若爲我廉潔奉公，綏輯凋瘵，長在我面前無異；或撓法度，使遠人無聊，即朕三尺階前，便是萬里。卿知之否？」延陵悸懾失序，上撫而遣之。《東觀奏記》下。

44 令狐公綯，文公之子也，自翰林入相，最承恩渥。先是，上親握庶政之後，即詔諸郡刺史，秩滿不得赴別郡，須歸闕朝對後，方許之任。綯以隨、房鄰州，〔除一故舊，徑令赴州〕（許其便即之任）。上覽謝表，因問綯曰：「此人緣何得便之任？」對曰：「緣地近授守，庶其便於迎送。」上曰：「朕以比來二千石多因循官業，莫念治民，故令其到京，親問所施設理道優劣，國家將在明行升黜以蘇我赤子耳。德音既行，豈又踰越？宰相可謂有權。」綯嘗以過承恩顧，故擅移授。及聞上言，時方嚴凝，而流汗浹洽，重裘皆透。《金華子》上。《唐語林》二。

45 上晚歲酷好仙道。廣州監軍使吴德鄘離闕日，病脚，已蹣跚矣。三載監廣師歸闕，足疾却平。上詰之，遂具爲上説羅浮山人軒轅集醫整。上聞之甘心焉，驛召軒轅集赴京師。既至，館於南亭院，外廷莫之面也。諫官恐害政，屢以爲言，上曰：「軒轅道人口不干世事，卿勿以爲憂。」留歲餘放歸，授朝（奉）

〔散〕大夫、廣州司馬，集堅不受。臨與上别，上問理天下當得幾年，集曰：「五十。」上聞之慰悦。及遏密之歲，春秋五十。《東觀奏記》下。《感定録》(《廣記》七九)。《唐語林》七。

46 見軒轅集1。

47 見畢誠4。

48 始選前進士于琮爲壻，連拜秘書省校書郎，右拾遺賜緋，左補闕賜紫，尚永福公主。事忽中寢，丞相上審聖旨，上曰：「朕此女子，近因與之會食，對朕輒折匕筯。性情如此，恐不可爲士大夫妻。」許琮别尚廣德公主，亦上次女也。《東觀奏記》下。《南部新書》丁。《唐語林》一。

49 見鄭裔綽1。

50 上自不豫，宰輔侍臣無對見者。瘡甚，令中使往東都太僕卿裴詡宣索藥，中使往返五日。復命召醫瘡方士院生，對於寢殿，院〔生〕言可療。既出，不復召矣。《東觀奏記》下。

51 上大漸。顧命内樞密使王歸長、馬公儒，宣徽上院使王居方，以夔王當璧爲託，三内臣皆上素所恩信者，泣而受命。時右軍中尉王茂玄心亦感上。左軍中尉王宗實素不同，歸長、公儒、居方患之，乃矯詔出宗實爲淮南監軍使，宣化門受命。將由右銀臺出焉，左軍副使邢元實謂宗實曰：「聖人不豫踰月，中尉止隔門起居，今日除改，未可辨也。請一面聖人而出。」宗實始悟，却入，即諸門，已踵故事，添人守捉矣。邢元實翼導宗實，直至寢殿。上已晏駕，東頭環泣。宗實叱居方下，責以矯宣，皆捧足乞命。遣宣徽北院使齊元簡，迎鄆王於藩邸即位，是爲懿宗。歸長、公儒、居方皆誅死，籍没其家。《東觀奏記》下。

52 上臨御天下，得君人法。每宰臣延英奏事，喚上階後，左右前後無一人至，纔處分坐，宸威不可仰視。奏事下三四刻，龍顔忽怡然，謂宰臣曰：「可以閒話矣。」自是詢閭里間事，話宫中燕樂，無所不至。一刻已來，宸威復整肅，是將還宫也，必有戒勵之言。每謂宰臣曰：「長憂卿負朕撓法，後度不得相見。」度量如此。趙國公令狐綯每謂人曰：「十年持政柄，每延英奏對，雖嚴冬盛寒，亦汗流洽背。」《東觀奏記》上。

53 見崔鉉3。

《青瑣後集》（張本《説郛》七五）。

54 宣宗朝，兩省官對。上曰：「卿等皆朕諍臣，切須各務公道，但無私黨。所論事，必與卿行。若苟近私，雖直無益。」時予任補闕在外。《因話録》一。

55 宣宗雖寬仁愛人，然刻于用法，嘗曰：「犯朕法，雖我子弟亦不宥。」内外由是畏憚。《唐語林》二。

56 崔罕爲京兆尹，内園巡官不避馬，杖之五十四。方死，上赫怒，令與遠郡。宰臣論救，上曰：「罕爲京兆尹，抑强撫弱，是其職任。但不避馬，便杖之可矣，不合問知是内園巡官方決，一錯也；又人臣之刑，止行二十，過此是朕刑也。五十四杖，頗駭聞聽。」宰臣又論救，上曰：「與一廉察。奮捉者宜抵罪。根本輕，致罕過制耳。」宰臣益賀上無幽不察。罕止貶湖南觀察使。《東觀奏記》中。

57 宣宗京兆府有厭蠱獄，作符劾者郭羣，屬飛龍，三牒不可取。韋澳入奏之，上曰：「郭羣屬飛龍，不錯否？」翌日，内養押郭羣付府。《唐語林》二。

58 樂工羅程者，善彈琵琶，爲第一，能變易新聲。得幸于武宗，恃恩自恣。宣宗初，亦召供奉。程既審上曉音律，尤自刻苦，往往令侍嬪御歌，必爲奇巧聲動上，由是得幸。程一日果以睚眦殺人，上大怒，立命斥出，付京兆。他工輩以程藝天下無雙，欲以動上意。會幸苑中，樂將作，遂旁設一虛坐，置琵琶于其上。樂工等羅列上前，連拜且泣。上曰：「汝輩何爲也？」進曰：「羅程負陛下，萬死不赦。然臣輩惜程藝天下第一，不得永奉陛下，以是爲恨。」上曰：「汝輩所惜者羅程藝耳，我所重者高祖、太宗法也。」卒不赦程。《唐語林》二。

59 優人祝漢貞者，累朝供奉，滑稽善伺人意，出口爲七字語。上有指顧遽令摹詠，捷若夙搆，尤爲帝所喜。上行幸，召漢貞前，抵掌笑談，頗言及外間事。上正色曰：「我養汝輩，供戲樂耳，敢干預朝政耶？」遂疏之。後其子犯贓，上命杖殺，而徙漢貞于邊。《唐語林》二。

60 優人祝漢貞詞辨敏給，恩傾一時。嗣韓王乾裕以金帛結之，求刺史，盡納賂矣，而未敢言。御史劾奏，漢貞杖二十，流天德軍，乾裕竄嶺外。《東觀奏記》中。《實録》(《通鑑考異》二二)。案：嗣韓王乾裕，《東觀奏記》原作「嗣朝王乾祐」，據《通鑑考異》改。

61 故事：每罷左護軍，由右出；罷右護軍，由左出；蓋防微也。宣宗既以法馭下，每罷去，輒令自本軍出，中外不能測。《唐語林》二。

62 宣皇於內中置杖，內官有過，多杖之延英。宰臣諫之，上曰：「此朕家臣，杖之何妨。如卿等奴僕有過，不可不決。」《南部新書》癸。

63 度支奏狀，言「漬污疋段」，誤書「清污」。上一覽異之。樞密使承旨孫隱中謂上未省，添成「漬」字。

及中書復入，上赫怒，勘添改奏者，罰責有差。《東觀奏記》下。

64　武宗好長生久視之術，大明宫築望仙臺，勢侵天漢。上始即位，道士趙歸真杖殺之，罷望仙臺院。大中八年，復命緝之。右補闕陳嘏已下，抗疏論其事，立罷修造，以其院爲文思院。上英睿妙理，尤長於納諫，從之如轉丸。李璲除嶺南節度使，問一日，以命中使頒旄節，給事中蕭倣封上詔書。上正聽樂，不暇别召中使，謂優人曰：「汝可就李璲宅却唤使來。」旄節及璲門而反。劉潼自鄭州刺史除桂州觀察使，右諫議大夫鄭裔綽疏言不可，中使至鄭，頒告已數日，却命追制。納諫從善，皆此類也。《東觀奏記》上。《唐語林》一。　案：陳嘏，原作「陳凝」。《舊唐書·宣宗本紀》有右補闕陳嘏，據改。

65　劉臯爲鹽州刺史，甚有盛名，監軍使楊玄价誣奏臯謀叛，函首以進，闔朝公卿面折廷諍。上重違百辟之言，始坐玄价專殺不辜之罪。《東觀奏記》下。

66　宣宗每行幸内庫，以紫衣金魚、朱衣銀魚三二副隨駕，或半年、或終年不用一副。當時以得朱、紫爲榮。《唐語林》二。

67　牛蘩任拾遺、補闕五年，頻上封事，上盡記之。後蘩自司勳員外爲睦州刺史，中謝，上命至軒砌，問曰：「卿頃任諫官，頗能舉職，今忽爲遠郡，得非宰臣以前事爲懲否？」蘩曰：「陛下新有德音，未任刺史、縣令，不能任近侍官。宰臣以是奬擢，非嫌忌。」上曰：「賜卿紫。」蘩退謝畢，前曰：「臣所衣緋衣，是刺史借服，不審陛下便賜紫，爲復别有進？」上連曰：「且賜緋，且賜緋。」上慎重名器，未嘗容易，服色之賜，一無所濫。《東觀奏記》中。《唐語林》一。

68 上推重詞學之臣，於翰林學士恩禮特異，宴遊密召，無所間隔，惟於遷轉，皆守彝章。皇甫珪自吏部員外召入内廷，改司勳員外，計吏員二十五箇月限，轉司封郎中，知制誥。孔温裕自禮部員外改司封員外，入内廷，二十五箇月改司勳郎中，知制誥。動循官制，不以爵禄私近臣也。《東觀奏記》中。《唐語林》二。

69 李藩自司勳郎中遷駕部郎中，知制誥，衣緑如故。鄭裔綽自給事中，以論駁楊漢公忤旨，出商州刺史，始賜緋衣銀魚。沈珣自禮部侍郎爲浙東觀察使，方賜金綬。苗恪自司勳員外除洛陽令，藍衫赴任。裴處權自司封郎中出河南少尹，到任，本府奏薦賜緋，給事崔罕駁還。上手詔褒獎曰：「有事不當，卿能駁還，職業既修，朕何所慮！」《東觀奏記》中。

70 僧從晦住安國寺，道行高潔，兼工詩，以文章應制。上每擇劇韻令賦，亦多稱旨。晦積年供奉，望紫方袍之賜，以耀法門。上兩召至殿上，謂之曰：「朕不惜一副紫袈裟與師，但師頭耳稍薄，恐不勝耳。」竟不之易。晦悒悒而終。《東觀奏記》下。《唐語林》七。

71 見柳仲郢1。

72 唐宣宗將命相，必探中外人情合爲相者三兩人姓名，撚之致案上，以碗覆之。宰相闕，必添香虔祝，探丸以命草麻。上切於命，故李孝公景讓竟探名不著，有以見其命也。《盧氏雜記》（《廣記》一五七）。又《類説》四九、《分門古今類事》一八引。《續前定録》。

73 上委信宰輔，言發計從，就中於元輔恩禮稍異。白敏中赴邠寧行宫，上幸興福樓送之，自樓上投下朱書御劄一封與敏中，言君臣倚注之分。崔鉉赴鎮淮南，幸通化樓送之，并賜詩四韻，以寵行邁。鉉刻其詩於宣化驛。《東觀奏記》下。

74 見孟弘微1。

75 宣宗郊天前一日，謁太廟。至憲宗室，捧斝而入，涕泗交下。左右觀者莫能仰視。《唐語林》一。

76 宣宗嘗出内府錢帛建報聖寺，大爲堂殿，金碧圬墁之麗，近所未有。堂曰「介福之堂」，憲宗御像在焉。堂之北曰虔思殿，上休憩所也。每由複道至寺。凡進薦於介福者，雖甚微細，必手自題緘。《唐語林》一。

77 上至孝，動遵元和故事。以憲宗曾幸青龍寺，命複道開便門，至青龍佛宫，永日昇眺，追感元和勝蹟，張望久之。《東觀奏記》中。《唐語林》四。

78 憲宗鼎成之夜，左軍中尉吐突承璀實死其事。上即位，追感承璀死於忠義，連擢其子士曄至顯貴，爲右軍中尉，開府儀同三司，恩禮始終無替焉。《東觀奏記》下。

79 上追感元和舊事，但聞是憲宗朝卿相子孫必加擢用。杜勝任刑部員外，閤内次對，上詢其祖父，勝以先父黄裳，永貞之際首排奸邪，請憲宗監國。上德之，面授給事中。《東觀奏記》上。

80 裴諗爲學士，一日加承旨。上幸翰林，諗寓直，便中謝。上曰：「加官之喜，不與妻子相面得否？便放卿歸。」諗蹈謝。却召，上以御盤果實賜之，諗即以衫袖張而跪受。上顧一宫嬪領下，并取一小帛裹之以賜諗。諗父度，元和中君臣魚水之分。遂於諗恩禮亦異焉。《東觀奏記》上。又《廣卓異記》一三引。《唐語林》七。

81 上敦睦九族，於諸侯王尤盡友愛。即位後，於十六宅起雍和殿，每月三兩幸，與諸侯王擊鞠合樂，錫賚有差。進士司馬樞爲《雍和殿賦》，詞雖不典，亦志一時之事實。《東觀奏記》中。

82 宣宗天資友愛，敦睦兄弟。大中元年，作雍和殿於十六宅，數臨幸，諸王無少長，悉預坐。樂陳百戲，抵暮而罷。諸王或有疾，斥去戲樂，即其卧内，躬自撫之，憂形於色。《唐語林》一。

83 見安平公主1。

84 宣宗宴罷，見百官與衛士拜舞，遺下果實食物，上怪之。咸曰「歸獻父母，及遺小兒女。」上敕大官：今後大宴，文武官給食兩分與父母，别給果子與兒女，所食餘者聽以手帕裹歸。遂爲故事。《紀異録》（《類説》一二）。《芝田録》（張本《説郛》三）。

85 山南西道觀察使奏渠州犀牛見，差官押赴闕廷。既至，上於便殿閲之，仍命華門外宣示百僚。上慮傷物性命，終使押還本道，復放於渠州之野。《東觀奏記》下。

86 越守嘗進女樂，有絶色者，上初悦之，數月，錫賚盈積。一旦晨興，忽不樂，曰：「玄宗只一楊妃，天下至今未平，我豈敢忘！」乃召美人曰：「應留汝不得。」左右或奏「可以放還」。上曰：「放還我必思之，可命賜酒一盃。」《續貞陵遺事》（《通鑑考異》二二）。《唐語林》七。

87 見高少逸1。

88 宣宗酷好進士及第，每對朝臣問及第。苟有科名對者，必大喜，便問所試詩賦題目，〔並〕（拜）主司姓名。或有人物稍好者偶不中第，嘆惜移時。常於内自題「鄉貢進士李道龍」。《盧氏雜説》（《廣記》一八二）。《唐語林》四。《南部新書》癸。《唐詩紀事》二。

89 大中中，都尉鄭尚書放榜，上以紅牋筆札一名紙，云「鄉貢進士李御名。」，以賜（鎬）〔顥〕。《唐摭言》

一五。

90 上雅尚文學，聽政之暇，常賦詩，尤重科名。大中十年，鄭顥知舉後，宣索科名記。顥表曰：「自武德已後，便有進士諸科。出鶯谷而飛鳴，聲華雖茂；經鳳池而閱視，史策不書。所傳前代姓名，皆是私家記録。虔承聖旨，敢不討論。臣尋委當行祠部員外趙璘，採訪諸家科目記，撰成十三卷。自武德元年至於聖朝，謹專上進，方俟無疆。」敕：「宜付翰林。自今放牓後，並寫及第人姓名及所試詩賦題目進入内。仍仰所司逐年編次。」《東觀奏記》上。《唐語林》四。

91 唐宣宗十二年，前進士陳玩等三人應博學宏詞選。所司考定名第，及詩、賦、論進訖，上於延英殿詔中書舍人李藩等對。上曰：「凡考試之中，重用字如何？」中書對曰：「賦即偏枯叢雜，論即褒貶是非，詩即緣題落韻。只如「白雲起封中」詩云「封中白雲起」，是也。其間重用文字，乃是庶幾，亦非常有例也。」又曰：「孰詩重用字？」對曰：「錢起《湘靈鼓瑟詩》有二不字。詩曰：『善撫雲和瑟，常聞帝子靈。馮夷空自舞，楚客不堪聽。逸韻諧金石，清音發杳冥。蒼梧來怨慕，白芷動芳馨。流水傳湘浦，悲風過洞庭。曲終人不見，江上數峯青。』」上鑒錢公此年宏詞詩曰：「且一種重用文字，此詩似不及起。起則今之協律文字也，合於匏革宮商，即變鄭衛之奏。惟謝朓云：『洞庭張樂地，瀟湘帝子遊。雲去蒼梧野，水還江漢流。』此若比『鼓瑟』一篇，摛藻妍華，無以加。其前進宏詞詩重字者，登科更待明年考校，起詩便付吏選。」《雲溪友議》中。又《廣記》一九九引。《唐會要》七六。《唐詩紀事》二。

92 宣宗嗜書，嘗構一殿，每退朝，必獨坐内觀書，或至夜中燭灺委積，禁中謂上爲「老儒生」。《唐語林》

二。《大中遺事》(《紺珠集》一〇)。

93 裴惲詩有太康字，宣宗曰：「太康失邦，何以比我？」宰執奏：晉平吴，改元太康。曰：「天子須博覽，不然幾錯罪人。」上由是耽味經史，觀書不休。宫中竊目上爲「老博士」。《大中遺事》(張本《説郛》七四)。又《類説》二一引。《唐詩紀事》二。

94 見田詢1。

95 宣宗雅好儒士，每山池曲宴，與學士屬和詩什。每公卿出鎮，賦詩餞行。時論以大中之政有貞觀風。《職源》(《錦繡萬花谷》後集一〇)。

96 宣宗因重陽，賜宴羣臣。有御製詩，其略曰：「欵塞旋征騎，和戎委廟賢。傾心方倚注，叶力共安邊。」宰臣以下應制皆和。上曰：「宰相魏謩詩最佳。」其兩聯云：「四方無事去，宸豫杪秋來。八水寒光起，千山霽色開。」上嘉賞久之，魏蹈舞拜謝。羣寮聳視，魏有德色。極歡而罷。《抒情詩》(《廣記》一九九)。《唐語林》二。《唐詩紀事》五三。

97 見杜悰7。

98 上聽政之暇，多賦詩，多令翰林學士屬和。一日，賦詩賜寓直學士蕭寘，令和。寘手狀謝曰：「陛下此詩，雖『桂水日千里，因之平生懷』，亦無以加也。」明日，召學士韋澳，問此兩句。澳奏曰：「宋太子家令沈約詩。寘以睿藻清新，可方沈約爾。」上不悦，曰：「將人臣比我，得否？」恩遇漸薄。執政乘之，出觀察使。《東觀奏記》中。

99 宣宗坐朝，次對官趨至，必待氣息平均，然後問事。令狐相進李遠爲杭州，宣宗曰：「比聞李遠詩云『長日唯銷一局碁』，豈可以臨郡哉？」對曰：「詩人之言，不足有實也。」仍薦遠廉察可任，乃俞之。《幽閒鼓吹》。又《廣記》二〇二，《唐詩紀事》五六引。《唐語林》二。

100 宣宗視〔李〕遠到郡謝上表，左右曰：「不足煩聖慮也。」上曰：「遠到郡無非時章奏，只有此謝上表，安知其不有情懇乎？吾不敢忽也。」《幽閒鼓吹》。又《唐詩紀事》五六引。《唐語林》二。

101 先是李遠以曾有詩云「人事三盃酒，流年一局棋」，唐宣宗以其非牧人之才，不與郡守。宰相爲言，然始俞允。又云「長日惟消一局棋」。兩存之。《北夢瑣言》六。

102 宣宗索趙嘏詩，其卷首有《題秦皇》詩，其略云：「徒知六國隨斤斧，莫有羣儒定是非。」上不悦。《北夢瑣言》七。《唐詩紀事》五六。

103 見賈島8、9。

104、105 見白居易31、46。

106 白樂天去世，大中皇帝以詩弔之曰：「綴玉聯珠六十年，誰教冥路作詩仙。浮雲不繫名居易，造化無爲字樂天。童子解吟長恨曲，胡兒能唱琵琶篇。文章已滿行人耳，一度思卿一愴然。」《唐摭言》一五。《唐詩紀事》二。

107 見温庭筠1。

108 舊制：三二一歲，必于春時内殿賜宴宰輔及百官，備太常諸樂，設魚龍曼衍之戲，連三日，抵暮方罷。宣宗妙于音律，每賜宴前，必製新曲，俾宮婢習之。至日，出數百人，衣以珠翠緹繡，分行列隊，連袂而歌，其聲清怨，殆不類人間。其曲有曰《播皇猷》者，率高冠方履，褒衣博帶，趨赴俯仰，皆合規矩；有曰《葱嶺西》者，士女踏歌爲隊，其詞大率言葱嶺之士，樂河湟故地，歸國而復爲唐民也；有《霓裳曲》者，率皆執幡節，被羽服，飄然有翔雲飛鶴之勢。如是者數十曲。教坊曲工遂寫其曲奏于外，往往傳于人間。《唐語林》七。原出《貞陵遺事》（《唐詩紀事》二引），一作《大中遺事》（《紺珠集》一〇、《類説》二一引）。

109 《新傾盃樂》：宣宗喜吹蘆管，自製此曲，内有數拍不均。上初捻管，令俳兒辛骨𩨬拍，不中，上瞋目瞠視之，骨𩨬憂懼，一夕而殞。《樂府雜録》。參看《近事會元》四。

110 見唐文宗38。

111 見唐懿宗3。

112 宣宗弧矢擊鞠，皆盡其妙。所御馬，銜勒之外，不加雕飾，而馬尤矯捷；每持鞠杖，乘勢奔躍，運鞠於空中，連擊至數百，而馬馳不止，迅若流電。二軍老手，咸服其能。《唐語林》七。

113 宣宗幸苑中，回顧仗外舍屋際，有倚竹一竿，可見者止尺餘，去御馬百步外。遂命弓橫綜，上挾矢曰：「朕以法制威天下，而党羌窮寇敢來干我，連年兵不解。我今射此竹，卜其濟否？」左右聳觀。上攘袖挽弓，一發洞其竹，分而爲二，矢貫于外。左右呼萬歲，賀于馬前。未逾月，羌果滅。《唐語林》四。

114 宣宗嘗親試神童李轂於便殿。轂年數歲，聰慧詳敏，對問機悟，上甚悦之。因賜解褐官絹二匹，香一合子，以彰異渥，上之儉德皆此類也。《金華子》上。

115 宣宗强記默識，宫中厠役之賤及備灑掃者數十百輩，一見輒記其姓字。或將有所指念，必曰：「召某人令措某事。」無一差誤者，宦官宫婢以爲神。簿書刑獄卒吏姓名，紛雜交至，經覽多所記憶。《唐語林》三。

116 上往往微服長安中，逢舉子則狎而與之語，時以所聞質於内庭學士及都尉，皆聳然莫知所自。故進士自此尤盛，曠古無儔。《北里志》序。

117 大中皇帝多微行坊曲間，跨驢重戴，縱目四顧，往往及暮方歸大内。近臣多諫：「陛下不合頻出。」上曰：「吾要采訪民間風俗事，只如明皇帝未平内難已前，在藩邸間出游城南韋杜之曲，閒行村落之舍，遇王琚閒話，果贊成大事，吾是以要訪人物焉。」一日，到天街中，道旁見一人，狀若軍將，坐槐樹下石上，見上來，遽起鞠躬而立，上詰之，云：「姓趙，淮南人也。」問之，云：「聞杜悰相公出鎮淮南，欲往謁耳。」上曰：「舊識邪？」對云：「非舊識，始往投誠。」上曰：「公聞杜公何如人也？」對曰：「杜是累朝元老。聖上英明，復委用之，非偶然也。」上悦之，詰曰：「懷中何有？」乃一牘，述行止也。上留之，戒曰：「但留邸中伺候，杜公必來奉召。」翌日，上以狀授邠公，乃批云：「授淮南別敕押衙。」終身獲厚禄焉。其人感遇，人皆稱之。《中朝故事》。

118 大中十年春，宣皇微行，至新豐柳陌，見一布衣抱膝而歎，因問之。布衣曰：「我邛人，觀光至此，此甚快樂。有巢南之想，又爲橐裝所迫。今崔相公鎮西川，欲預其行，無雙縑以遺其掌事者。」帝曰：「子明旦相伺于此。」及旦，勅慎由將歸劍門。《南部新書》丙。

119 見盧渥2。

120 見盧彖2。

121 上微行至德觀，女道士有盛服濃妝者，赫怒，亟歸宫。立宣左街功德使宋叔康，令盡逐去，别選男道士二七人住持，以清其觀。《東觀奏記》上。《唐語林》一。

122 宣宗性儒雅，令有司倣孔子履製進，名「魯風鞵」。宰相諸王倣之，而微殺其式，别呼爲「遵王履」。《清異録》下。

123 韋澳、孫宏，大中時同在翰林。盛暑，上在太液池中宣二學士。既赴召，中貴人頗以絺綌爲訝。初殊未悟，及就坐，但覺寒氣逼人，熟視有龍皮在側。尋宣賜銀餅餡，食之甚美，既而醉以醇酎。二公因兹苦河魚者數夕。上竊知，笑曰：「卿不禁事，朕日進十數，未嘗有損。」銀餅餡，皆乳酪膏腴所製也。《唐摭言》一五。

124 唐宣宗命方士作丹，餌之，病中熱，不敢衣綿、擁爐。冬月冷，坐殿中，宫人以金盆置麩炭火少許進御，止煖手而已。禁闈因呼麩火爲「星子炭」。《清異録》下。

125 李丕以邊城從事，上召至案前，問系緒，丕奏系屬皇枝。上曰：「師臣已有一李丕，朕不欲九廟子孫與之同名。」良久，以手畫案曰：「丕字出脚，平字也。卿宜改名平。」舞蹈而謝。平後終於邠寧節度使。《東觀奏記》上。

126 今人見婦人麄率者，戲之曰「碎挼花打人」。唐宣宗時，有婦人以刀斷其夫兩足，宣宗戲語宰相曰：「無乃『碎挼花打人』？」蓋引當時人有詞云：「牡丹含露真珠顆，美人折向庭前過，含笑問檀郎，花强妾貌强？　檀郎故相惱，剛道花枝好，一餉發嬌嗔，碎挼花打人。」《稿簡贅筆》（張本《説郛》四四、陶本《説郛》二四）。

晁美人

1 晁美人薨，上震悼久之。美人在上藩邸時承恩遇，實生鄆王、萬壽公主焉。薨後，詔翰林學士蕭寘爲志文，皆列其事。及夔、昭已下五王居内院，而鄆王獨還藩邸。大中末副位之後，人間竊有擬議者，寘以此事言於公卿，方辨立長之順。鄆王嗣位後，美人追崇爲皇太后。太常杜宣猷獻謚曰元昭，配享宣宗廟室。《東觀奏記》下。

唐人軼事彙編卷四

唐懿宗

1　懿宗皇帝器度沉厚，形貌瓌偉。在藩邸時疾疹方甚，而郭淑妃見黄龍出入於卧内。上疾稍間，妃異之，具以事聞。上曰：「無泄是言，貴不見忘。」又嘗大雪盈尺，上寢室上，輒無分寸。諸王見者無不異之。《杜陽雜編》下。又《廣記》一三六引。《唐語林》一。

2　大中末，京城小兒疊布蘸水，向日張之，謂捩暈。及上自鄆王即位，捩暈之言應矣。《杜陽雜編》下。又《廣記》一三六引。《唐語林》七。

3　宣宗製《泰邊陲》曲，其詞曰：「海岱晏咸通。」及上垂拱而年號咸通焉。上仁孝之道出於天性。鄭太后厭代而蔬素悲咽，同士人之禮。公卿奉慰者無不動容，以至酸鼻。《杜陽雜編》下。又《廣記》一三六引。《唐語林》一、七。

4　見唐宣宗51。

5　懿宗即位，唯以崇佛爲事。相國蕭倣、裴坦時爲常侍諫議，上疏極諫，其略云：「臣等聞玄祖之道，用慈儉爲先；素王之風，以仁義是首。相沿百世，作則千年，至聖至明，不可易也。如佛者，生於天竺，去彼王宫，割愛中之至難，取滅後之殊勝，名歸象外？理出塵中，非爲帝王所能慕也。」廣引無益有損之義，文多不録。文理婉順，與韓愈元和中上請除佛骨表不異也。懿皇雖聽覽稱獎，竟不能止。末年迎佛骨，纔至京師，俄而晏駕。識者謂大喪之兆也。《北夢瑣言》一、《唐會要》四八。

6　宣宗希冀遐齡，無儲嗣，宰臣多有忤旨者。懿宗藩邸，常懷危慄。後郭美人誕育一女，未踰月卒，適值懿皇傷憂之際，皇女忽言得活。登極後，鍾愛之，封同昌公主，降韋保衡，恩澤無比。因有疾，湯藥不效而殞。醫官韓宗昭、康守商等數家皆族誅。劉相國瞻上諫，懿皇不聽。懿皇嘗幸左軍，見觀音像陷地四尺，問左右，對曰：「陛下中國之天子，菩薩即邊地之道人。」上悦之。寇入京，郭妃不及奔赴行在，乞食於都城，時人乃嗟之。同昌公主奢華事，見蘇鶚《杜陽雜編》。《北夢瑣言》六。《唐語林》七。

7　咸通九年，同昌公主出降，宅於廣化里，賜錢五百萬貫，仍罄内庫寶貨以實其宅。至於房櫳、户牖，無不以珍異飾之。又以金銀爲井欄藥臼、食櫃、水槽、釜鐺、盆甕之屬，仍鏤金爲笊籬箕筐。製水精、火齊、琉璃、玳瑁等牀，悉榰以金龜銀螯。又琢五色玉器爲什合，百寶爲圓案。又賜金麥、銀米共數斛，此皆太宗(廟)〔朝〕條支國所獻也。堂中設連珠之帳，却寒之簾，犀簟牙席，龍罽鳳褥。連珠帳，續真珠爲之也。却寒簾，類玳瑁班，有紫色，云却寒之鳥骨所爲也，未知出自何國。又有鷓鴣枕、翡翠匣、神絲繡被。其枕以七寶合成，爲鷓鴣之狀。翡翠匣，積毛羽飾之。神絲繡被，繡三千鴛鴦，仍間以奇花異葉，其精巧華麗絶比。其上綴以靈粟之珠，珠如粟粒，五色輝焕。又帶蠲忿犀、如意玉。其犀圓如彈丸，入土不朽爛，帶之令人蠲忿怒。如意玉類桃實，上有七孔，云通明之象也。又有瑟瑟幕、紋布巾、火蠶綿、九玉釵。其幕色如瑟瑟，闊三丈，長一百尺，輕明虛薄，無以爲比，向空張之，則疏朗之紋如碧絲之貫真珠，雖大雨暴降不能濕溺，云以鮫人瑞香膏傅之故也。紋布巾即手巾也，潔白如雪，光軟特異，拭水不濡，用之彌年不生垢膩。二物稱得之鬼谷國。火蠶綿云出炎洲，絮衣一襲用一兩，稍過度則熇蒸之氣不可近也。九玉釵上刻九鸞，皆九色，上有字曰玉兒。工巧妙麗，殆非人工所製。有金陵得之者，以獻，公主酬之甚厚。一日晝寢，夢絳衣奴授語云：「南齊潘淑妃取九鸞釵。」及覺，具以夢中之言言於左右。洎公主薨，其釵亦亡其處。韋氏異其事，遂以實話於門人。或有云：「玉兒即潘妃小字也。」逮諸珍異不可具載。自兩漢至皇唐，公主出降之盛未之有也。公主乘七寶步輦，四面綴五色香囊，囊中貯辟寒香、辟邪香、瑞麟香、金鳳香。此香異國所獻也，仍雜以龍腦金屑。刻鏤水精、馬腦、辟塵犀爲龍鳳花，其上仍絡以真珠玳瑁，又金絲爲流蘇，彫輕玉爲浮動。每一出遊，則芬馥滿路，晶熒照灼，觀者眩惑其目。是時中貴人買酒於廣化旗亭，忽相謂曰：「坐來香氣，何太異也？」同席曰：「豈非龍腦耶？」曰：「非也，余幼給事於嬪御宮，故常聞此，未知今日由何而致。」因顧問當壚者，遂云公主步輦夫以錦衣換酒於此也。中貴人共視之，益歎其異。上每賜御饌湯物，而道路之使相屬。其饌有靈消炙、紅虯脯，其酒有凝露漿、桂花醑，其茶則綠華、紫英之號。靈消炙，一羊之肉取之四兩，雖經暑毒終不見敗。紅虯脯，非虯也，但佇於盤中則健如虯，紅絲高一尺，以筯抑之無數分，撤則復其故。迨諸品味，人莫能識，而公主家饜飫如里中糠粃。一日，大會韋氏之族於廣化里，玉饌俱列，暑氣將甚，公主命取澄水帛，以水蘸之，掛于南軒，良久滿座皆思挾纊。澄水帛長八九尺，似布而細，明薄可鑒，云其中有龍涎，故能消暑毒也。韋氏諸家好爲葉子戲，夜則公主以紅琉璃盤盛夜光珠，令僧祁捧立堂中，而光明如晝焉。公主始有疾，召術士米賨爲燈法，乃以香蠟燭遺之。米氏之隣人覺香氣異常，或詣門詰其故，賨具以事對。其燭方二寸，上被五色文，卷而爇之，竟夕不盡，郁烈之氣可聞於百步。餘煙出其上，即成樓閣臺殿之狀，或云蠟中有蜃脂故也。公主疾既甚，醫者欲難其藥餌，奏云得紅蜜、白猿膏食之可愈。上令訪内庫，得紅蜜數石，本兜離國所貢也；白猿脂數甕，本南海所獻也。《山海經》曰：南方有山，中多白猿。雖日加餌，一無其驗，而公主薨。上哀痛之，自製挽歌詞，令百官繼和。及庭祭日，百司與内官皆用金玉飾車輿服玩以焚於韋氏之庭，家人争取其灰以擇金寶。及葬於東郊，上與淑妃御延興門，出内庫金玉駞馬、鳳凰、麒麟，各高數尺，以爲威儀。其衣服玩具悉與生人無異，一物已上皆至一百二十舁，刻木爲樓閣、宫殿、龍鳳、花木、人畜之象者不可勝計，以絳羅多繡絡金銀瑟瑟爲帳幕者亦各千隊，結爲幢節傘蓋，彌街翳日。旌旗、珂珮、兵士、鹵簿率加等。以賜紫尼及女道士爲侍從引翼，焚升霄降靈之香，擊歸天紫金之磬，繁華輝焕，殆二十餘里。上賜酒一百斛，餅餤三十駱駞，各徑闊二尺，飼役夫也。京城士庶，罷市奔看，汗流相屬，惟恐居後。及靈車過延興門，上與淑妃慟哭，中外聞者無不傷泣。同日葬乳母，上又作祭乳母文，詞理悲切，人多傳寫。是後上晨夕惴心掛想。李可及進《歎百年》曲，聲詞怨感，聽之莫不淚下。又教數千人作《歎百年》隊，取内庫珍寶彫成首飾，畫八百疋官絁作魚龍波浪文，以爲地衣，每一舞而珠翠滿地。可及官歷大將軍，賞賜盈萬，甚無狀。左軍容使西門季玄素鯁直，乃謂可及曰：「爾恣巧媚以惑天子，滅族無日矣。」可及恃寵，亦無改作。可及善轉喉舌，對至尊弄媚眼，作頭腦，連聲作詞，唱新聲曲，須臾即百數方休。時京城不調少年相效，謂之「拍彈」。一日，可及乞假爲子娶婦，上曰：「即令送酒米以助汝嘉禮。」可及至舍，見一中使監二銀榼，各高二尺餘，宣賜。可及始謂之酒，及封啓，皆實中也。上賜可及金麒麟高數尺，可及取官車載歸私第。西門季玄曰：「今日受賜，更用官車，他日破家亦須輦還内府，不道受賞，徒勞牛足。」後可及坐流嶺南，其舊賜珍玩悉皆進納，君子謂西門有先見之明。《杜陽雜編》下。又《廣記》二三七引。《續世説》九、六。

8 同昌公主薨，帝傷悼不已，以仙音燭賜安國寺，冀追冥福。其狀如高層露臺，雜寶爲之，花鳥皆玲瓏。臺上安燭，既燃點，則玲瓏者皆動，丁當清妙。燭盡絶響，莫測其理。《清異録》下。

9 上敬天竺教，十二年冬，製二高座賜新安國寺。一爲講座，一曰唱經座，各高二丈。斫沉檀爲骨，以漆塗之，鏤金銀爲龍鳳花木之形，徧覆其上。又置小方座，前陳經案，次設香盆，四隅立金顈伽，高三丈，磴道欄檻無不悉具，前繡錦襜褥，精巧奇絶，冠於一時。即設萬人齋，勅大德僧撤首爲講論。上創修安國寺，臺殿廊宇制度宏麗，就中三間華飾祕邃，天下稱之爲最。工人以夜繼日而成之，上親幸賞勞，觀者如堵。降誕日於宫中結綵爲寺，賜升朝官已下錦袍，李可及嘗教數百人作四方菩薩蠻隊。《杜陽雜編》下。

10 懿代崇佛法，館宇踰制。佛骨至，起不思議堂，將奉遺體。工半，帝升遐。《清異録》下。

11 十四年春，詔大德僧數十輩於鳳翔法門寺迎佛骨。百官上疏諫，有言憲宗故事者。上曰：「但生得見，殁而無恨也。」遂以金銀爲寶刹，以珠玉爲寶帳香舁，仍用孔雀氄毛飾其寶刹。小者高一丈，大者二丈，刻香檀爲飛簾、花檻、瓦木、階砌之類，其上徧以金銀覆之。舁一刹則用夫數百，其寶帳香舁不可勝紀，工巧輝煌，與日争麗。又悉珊瑚、馬腦、真珠、瑟瑟綴爲幡幢，計用珍寶不啻百斛；其剪綵爲幡爲傘，約以萬隊。四月八日，佛骨入長安，自開遠門〔達〕安福樓，夾道佛聲振地，士女瞻禮，僧徒道從。上御安福寺親自頂禮，泣下霑臆。即召兩街供奉僧賜金帛各有差，而京師耆老元和迎真體者悉賜銀椀錦綵。長安豪家競飾車服，駕肩彌路，四方挈老扶幼來觀者，莫不蔬素以待恩福。時有軍卒斷左臂於佛前，以手執之，一步一禮，血流滿地，至於肘行膝步，齧指截髮，不可算數。又有僧以艾覆頂上，謂之鍊頂。火發痛作，即掉其首呼叫。坊市少年擒之不令動摇，而痛不可忍，乃號哭卧於道上。頭頂焦爛，舉止蒼迫，凡見者無不大哂焉。上迎佛骨入内道場，即設金花帳、温清床，龍鱗之席，鳳毛之褥，焚玉髓之香，薦瓊膏之乳，皆九年訶陵國所貢獻也。初迎佛骨，有詔令京城及畿甸於路傍壘土爲香刹。或高一二丈，迨八九尺，悉以金翠飾之，京城之内約及萬數。是妖言香刹摇動，有佛光慶雲現路衢，説者迭相爲異。又坊市豪家相爲無遮齋大會，通衢間結綵爲樓閣臺殿。或水銀以爲池，金玉以爲樹，競聚僧徒，廣設佛像，吹螺擊鈸，燈燭相繼。又令小兒玉帶金額白脚呵唱於其間，恣爲嬉戲。又結錦繡爲小車輿以載歌舞。如是充於輦轂之下，而延壽里推爲繁華之最。是歲秋七月，天子晏駕，識者以爲物極爲妖。公主薨而上崩，同昌之號明矣。

《杜陽雜編》下。

12 咸通十四年，詔自鳳翔迎真身至于輦下。真身相傳云是釋迦文佛中指節骨，長一寸八分，瑩净如玉，以小金棺盛之。舊於鳳翔建塔。又釋氏《涅槃經》云：如來於雙林滅度，貯於金棺銀槨，積旃檀香焚之。諸天以八金剛分取舍利，唯留四牙，餘悉煨燼。未詳此骨從何而有。都城士庶奔走雲集，自開遠門達於岐川，車馬晝夜相屬，飲饌盈溢路衢，謂之無礙檀施。京城坊曲，舊有迎真身社，居人長幼旬出一錢。自開成之後，迄于咸通，計其資積無限，於是廣爲費用。時物之價高，荼米載以大車，往往至於百兩。他物豐盈，悉皆稱是。至京日，上與諸王親御城樓。坊市以繒綵結爲龍鳳象馬之形，紙竹作僧佛鬼神之狀，幡花幢蓋之屬，羅列二十餘里。間之歌舞管絃，雜以禁軍兵仗。緇徒梵誦之聲，沸聒天地。民庶間有嬉笑踴躍者，有悲愴涕泣者。真身以寶轝舁之，居于内殿數月。俄屬懿皇厭代，密使送於鳳翔。先是真身到城，每坊十字街以甎壘浮圖供養。妖妄之輩互陳感應，或云夜中震動，或云其上放光，以求化資財，因此獲利者甚衆。及宫車晏駕，怙然乃定，諸坊浮圖，一時毁圻。有好事者密詢放光之由，云以大雲母片窺看，遠而望之，靡不傾信耳。咸通乾符中，興善寺復有阿闍黎，以教法傳授，都下翕然宗之，所居院金碧華焕，器用俱是寶玉。語人云：焚香結坐，每告西方。及遷化，謚爲普照大師。信者咸爲出涕。劉都尉、崔給事寓、張常侍同，與中貴多爲弟子。出城之日，皆縞素後隨，勸朝士持齋。受其法者不復思理時務。《劇談録》下。

13 咸通癸巳歲，有詔迎佛骨於岐下。先是，元和末，憲宗命取到京，時韓吏部上疏極諫，以爲遠近農商棄業奔走如不及，至有火其頂者、刃其臂者。當時佛骨之盛已如此。至是又加甚，不啻百千倍焉。有僧自京一步一禮，至鳳翔法門寺。及到京，則傾城迎請，幡幢珂傘，香車寶馬，闐咽衢路。天子御安福樓，降萬乘之尊，親爲設禮。兆衆涕淚感動。左右竭家産斷肌骨以表誠志者，不可勝紀，皆言皇帝貴爲天子，富有四海，尚此敬信，吾輩何所悋哉！此乃上之風行，下則草偃，固其宜也。然有鶴盤其上，牛跪于下，又何情哉？明年，懿宗升遐，今上即位，詔歸本寺。肩舁陌上，粗備香梵。去歲徒衆，萬無一來，循路見者，頂别而已。人情寒暑，既已牢落，丹頂瑩蹄，亦不復至。《闕史》下。

14 懿宗迎佛骨，自鳳翔至内，禮儀盛于郊祀。中出一道，夾以連索，不得輒有犯者。車馬相接，締以組繡，緣路迎拜，數十里不絶。天子親幸安福樓，以錦綵成橋，骨至，即降樓禮訖，然後迎入禁中，置于安國寺。宰相以下，施財不可勝計。百姓競爲浮圖，以至失業。明年，懿宗崩，京兆尹薛逢毁之無遺。《唐語林》三。

15 辛丑歲，大駕在蜀，以巨寇未殄，命中書令王鐸仗節鎮滑臺，且統關東諸將收復京國。時有論曰：「京西北言統者三四人，慮不禀鐸之節制，宜立其號曰都都統。」……所引故事則曰：先帝時，俳優各恃恩寵，願爲都知者，咸允其請。一日大合樂，樂工諠譁，上召都知止之，三十人並進。上曰：「止召都知，何爲畢至？」梨園使奏曰：「三十人皆都知。」職列既等，不能相下，上乃命李可及爲都都知。《刊誤》上。《南部新書》丙。

16 懿宗一日召樂工，上方奏樂爲《道調弄》，上遂拍之。故樂工依其節，奏曲子，名《道調子》。十宅諸王多解音聲，倡優雜戲皆有之，以備上幸其院，迎駕作樂。禁中呼爲音聲郎君。《盧氏雜説》(《廣記》二〇四)。

17 《道調子》：懿皇命樂工敬約吹觱篥，初弄道調，上謂是曲，誤拍之。敬約乃隨拍撰成曲子。《樂府雜録》。《近事會元》四。

18 〔羯鼓〕，咸通中有王文舉尤妙弄三杖，打撩萬不失一，懿皇師之。《樂府雜録》。

19 唐懿宗用文理天下，海内晏清，多變服私游寺觀。民間有奸猾者，聞大安國寺有江淮進奏官寄吴綾千匹在院，於是暗集其羣，就内選一人肖上之狀者，衣上私行之服，多以龍腦諸香薫裛，引二三小僕，潛入寄綾之院。其時有丐者一二人至，假服者遺之而去。逡巡，諸色丐求之人接跡而至，給之不暇。假服者謂院僧曰：「院中有何物？可借之。」僧未諾間，小僕擲眼向僧，僧驚駭曰：「櫃内有人寄綾千匹，唯命是聽。」於是啓櫃，罄而給之。小僕謂僧曰：「來日早，于朝門相覓，可奉引入内，所酧不輕。」假服者遂跨衛而去。僧自是經日訪于内門，杳無所見，方知羣丐並是奸人之黨焉。《玉堂閒話》（《廣記》二三八）。

郭淑妃

1 見唐懿宗6。

唐僖宗

1 僖宗自普王即位，幼而多能。素不曉棋，一夕，夢人以《棋經》三卷焚而使吞之，及覺，命待詔觀棋凡所指畫，皆出人意。《補録記傳》（《廣記》二一八）。

2 僖宗皇帝即位，詔歸佛骨於法門，其道從威儀十無其一，具體而已。然京城耆耋士女争爲送别，執手相謂曰：「六十年一度迎真身，不知再見復在何時。」即伏首於前，嗚咽流涕。所在香刹詔悉鏟除，近甸百無一二焉。《杜陽雜編》下。參見唐懿宗13。

3 僖宗在藩邸好築毬，有「煉腿」之語。《盧氏雜説》（《類説》四九）。

4 僖宗皇帝好蹴毬、鬭雞爲樂。自以能於步打，謂俳優石野猪曰：「朕若作步打進士，亦合得一狀元。」野猪對曰：「或遇堯、舜、禹、湯作禮部侍郎，陛下不免且落第。」帝笑而已。《北夢瑣言》一。《唐語林》七。《續世説》六。

5 唐僖宗好鬬鵝，數幸六王宅、興慶池，與諸王鬬鵝。一鵝至值十萬錢。《錦繡萬花谷》續集一四。《續世説》六。

6 秦再思《洛中紀異》云：唐太宗令馬周雅飾幞頭。至昭宗乾符初，教坊内教頭張口笑者以銀撚幞頭脚，上簪花釵，與内人裹之。上悦，乃曰：「與朕依此樣進一枚來」。上親櫛之，復覽鏡，大悦。由是京師貴近效之。龐元英著《文昌録》，乃以爲宣宗，未知孰是。《演繁録》一二。案：乾符爲僖宗年號。今本《文昌雜録》卷二亦作僖宗事。

7 昭宗末年，長安役人取石於内苑起山，崎危屈曲，有若天成。又命取終南草木植之，畜山禽野獸狐兔麋鹿之類，縱其往來，帝與嬪采常遊處之。由是京師王公貴族競効之。未及半載，野草野花生滿宫殿與都下豪貴之家，識者以爲丘墟荆棘之象，此必廢矣。後巢寇入京，焚滅殆盡，悉爲瓦礫狐兔穴矣。遊者有禾黍之傷。《紀異志》(《分門古今類事》一三)。《紀異録》(《白孔六帖》五)。案：據文中「巢寇入京」，此當爲僖宗事。

8 僖宗幸蜀，乏食，有宫人出方巾所包麵半升許，會村人獻酒一偏提，用酒溲麵，煿餅以進。嬪嬙泣奉，曰：「此消災餅，乞强進半枚。」《清異録》下。

9 僖宗幸蜀，御座是明皇幸蜀故物；又舁御座人李再忠，經明皇時供奉，時以爲異。《唐語林》七。案：廣明元年，上距天寶將百年，此説甚妄。

10 僖宗幸蜀回，改元光啓。俗諺云：「軍中名『血』爲『光』，又字體『户口負戈』爲『啓』，其未寧乎？」俄而未久亂作，長安復陷。《唐語林》七。

11 見王酒胡1。

12 僖宗聰睿强記，好馳騁，記諸色博弄，無不周徧。季年寵内園小兒張浪狗，好歌能舞，〔纔〕十六七，〔寵冠儕輩〕（般馬數伎）。忽一日，浪狗曰：「臣無馬乘。」僖宗乃密與銀一百兩，令自買之。其時聖駕自岐陽回，長安少有好馬，浪狗于諸處尋求，于雲陽縣買得一疋。浪狗本在宣徽南院安下，僖宗一日獨行浪狗院中，聞買得，自潛行看之。此馬又未曾騎習，僖宗巡繞馬左右，謂浪狗曰「好馬好馬」數徧。其馬忽爾騰躍右足，踏僖宗左脅，便倒不蘇。浪狗驚惶，〔急取〕銀盂子，以尿灌僖宗口，良久方蘇。歸稱氣疾，詔醫術一二十餘人，候脈出藥，皆言是膀胱之氣。並無瘳効，其脅痛轉劇，卧十二日崩，本因馬踏也。《幸蜀記》（張本《説郛》四五）。《虚谷閒抄》（陶本《説郛》三三）。

13 僖宗自内出袍千領，賜塞外吏士。神策軍馬真於袍中得金鎖一枚，詩一首云：「玉燭製袍夜，金刀呵手裁。鎖寄千里客，鎖心終不開。」真就市貨鎖，爲人所告，主將得其詩，奏聞。僖宗令赴闕，以宫人妻真。後僖宗幸蜀，真晝夜不解衣，前後捍禦。《唐詩紀事》七八。《翰府名談》（《詩話總龜》前集二三）。案：馬真，一作馬直。

唐昭宗

1 見田令孜2。

2 僖宗御樓後，疾復作，暴崩。楊復恭等秘喪不發，時十六宅諸王從行，乃於六宅中推帝爲監國。帝之上有盛王、儀王，皆懿宗之子，帝居六宅之第三人。《唐年補録》（《通鑑考異》二五）。

3 昭宗皇帝即僖皇弟也，咸通八年丁亥歲降生，文德元年三月即位，春秋二十二。體貌端明，人望偉如也。雖運鍾艱險，智量過人。每與侍臣言論，商較時政，曾無厭倦。乾寧三年，鳳翔李茂貞與朝臣有隙，將欲搆亂，干犯神京。上乃順動，欲幸太原。行止渭北，華州韓建迎歸郡中。上鬱鬱不樂，時登城西齊雲〔樓〕眺望。明年秋，製《菩薩蠻》詞二首，曰：「登樓遥望秦宫殿，茫茫只見雙飛燕。渭水一條流，千山與萬丘。　遠煙籠碧樹，陌上行人去。何處是英雄，迎奴歸故宫？」又一曰：「飄飄且在三峯下，秋風往往堪沾灑。腸斷憶仙宫，朦朧煙霧中。　思夢時時睡，不語常如醉。早晚是歸期，穹蒼知不知？」上戊午年還京，庚申歲以中官多凶惡，欲去其用事者。十一月五日，爲左軍軍容劉季述、右軍王仲仙、樞密使王彦範、薛齊偓擁禁兵唤諸道進奏官僞上表請上頤養遜位，扶上出東内，册德皇監國。上明年正月一日反正，誅四輩，改天復元年。十一月，朱全忠領兵入河中。四日冬節，上又爲鳳翔兵士擁幸岐城。朱全忠將兵迎駕圍逼，首涉三載，癸亥歲正月二十三日，駕出朱全忠寨中，乃還輦轂。甲子歲全忠迎上幸洛，四月改天祐元年，八月十一日，乃行篡逆，寰海莫不冤痛也。《中朝故事》。《唐詩紀事》二。

4 唐僖宗幸蜀，政事悉出内侍田令孜之手。左拾遺孟昭圖、右補闕常濬上疏論事，昭圖坐貶，令孜遣人沉之於蟆頤津，賜濬死。《資治通鑑》記其事。予讀昭宗《實録》，即位之初，贈昭圖起居郎，濬禮部員外郎，以其直諫被戮，故褒之。方時艱危，救亡不暇，而初政及此，《通鑑》失書之，亦可惜也！《容齋三筆》六。

5 唐昭宗文德二年正朔御武德殿，有紫氣出於昭德殿東隅，鬱鬱如煙。令大内留後司尋其所出，得金龍子一枚，長五寸許。羣臣稱賀，帝曰：「朕不以金龍爲祥瑞，以偃息干戈爲祥瑞。卿等各宜盡忠，以體朕懷。」門下奏，請改文德二年爲龍紀元年。《大唐雜記》(《廣記》四二三)。

6 昭宗皇帝頗爲寒畯開路。崔合州榜放，但是子弟，無問文章厚薄，鄰之金瓦，其間屈人不少。孤寒中唯程晏、黄滔擅場之外，其餘以呈試考之，濫得亦不少矣。然如王貞白、張蠙詩、趙觀文古風之作，皆臻前輩之閫閾者也。《唐摭言》七。又《廣記》一八四引。《唐詩紀事》六七。

7 見王貞白2。

8 《新五代史》書唐昭宗幸華州，登齊雲樓，西北顧望京師，作《菩薩蠻》辭三章，其卒章曰：「野煙生碧樹，陌上行人去。安得有英雄，迎歸大内中？」今此辭墨本猶在陝州一佛寺中，紙札甚草草。予頃年過陝，曾一見之，後人題跋多，盈巨軸矣。《夢溪筆談》五。

9 德宗皇帝好爲詩，以賜容州戴叔倫。文宗、宣宗皆以詩賜大臣。昭宗駐蹕華州，以歌辭賜韓建，以詩及《楊柳枝》辭賜朱全忠。所賜一也，或以敬，或以憚，受其賜者，得不求其義焉。《北夢瑣言》一五。

10 光化三年，樞密劉季述、王仲山册昭宗爲太上皇，以德王裕監國，欲弒帝。崔胤密以蠟絹致意，告州使孫德昭。德昭結清遠都督董彦弼、周承誨，以除夜伏兵安福門外金吾亭子。至元日仲山至，遂斬之，次擒季述等三將，引兵至少陽院，告以反正，擕仲山首進。帝毁扉出，御長樂樓，受百官賀，遂斬季述、王道弼、薛偓四家，並赤族。制以德昭領静海軍、承誨邕管、彦弼容管，並賜扶傾定難功臣、檢校太保、同中書門下平章事，各賜金帛數車。所有珍玩，咸竭而與之，目曰三使相。時人榮之。後宴保寧殿，製曲曰：《贊成功》，出戲作《樊噲救君難》以褒之。《唐年補録》（《廣卓異記》一八）。案：光化，原作光啓，誤。

11 光化四年正月，宴於保寧殿，上自制曲，名曰《讚成功》。時鹽州雄毅軍使孫德昭等殺劉季述，帝反正，乃制曲以褒之。仍作《樊噲排君難》戲以樂焉。《南部新書》辛。《唐會要》三三。

12 帝戊午年還京，庚申歲，劉季述爲變，册德王。帝明年正月一日返正，改元天復。十一月，朱全忠領兵入河中。四日冬節，帝又爲鳳翔兵士擁幸岐城。帝在城中，忽一旦大雷雨，牛馬震死，街西古槐、殿東鴟吻立碎。帝爲詩曰：「只解劈牛兼劈樹，不能誅惡復誅凶。」朱全忠迎駕圍逼，首涉三載，癸亥正月，駕幸全忠軍，乃還京。甲子歲，全忠遣寇彦卿逼幸洛。四月，改元天祐。帝在洛嘗曰：「紇干山頭凍死雀，何不飛去生處樂？」《唐詩紀事》二。

13 昭宗之代，岐王茂貞、本姓宋，昭宗賜姓，號曰西府太子。華州韓建、邠州王行瑜等，始爲亂階，焚爇宫闈，動摇四海，斬刈百官。是時駕幸三峯，抛離九廟，諸侯悉罷職貢，各養强兵。天復初，車駕走幸石門，絶糧數日。左街沙門懷寶進蕎麵燒餅，奉宣賜紫。宫人楊舞頭失其名進褭淚手帕子，奉宣加楚國夫人。二年，岐州天雨蕎麥，人收食之，悉遭疫癘。是歲，雷劈牛馬，頻擾宫城，拔出街西古槐，揚下殿東鴟吻。故昭宗御製詩曰：「祇解劈牛兼劈樹，不能誅惡復誅凶。」《鑒誡録》一。

14 天復中，昭宗播岐，時梁太祖與秦王茂貞羽檄交馳，欲迎車駕。何皇后東川人恃其深寵，不顧阽危，酷好畋遊，放弄於兩舍之外，傳：三十里爲一舍。踐踏苗稼，百里飛埃。有成州同谷山逸人，戴一巨笠，跨一青牛，琴袋酒壺俱在牛上。因稱同谷子，不顯姓名。直詣行朝，上書兩卷，論十代興亡之事，叙四方理亂之源。帝覽其書，數日減膳，宣王驃騎，賜之酒食，審彼賢愚。同谷子唯吟太康失政之詩，又説褒姒惑君之事。何皇后慮失恩旨，潛令秦王誅之。其事未行，預已奔去。後梁太祖舉四鎮之衆，迫脅岐城，大駕無依，遂遷東洛。議者以君王失政，妃后禽荒，逸士上書，採而不用，時將盡矣，天使其然。同谷子《詠五子之歌》詩曰：「邦惟固本自安寧，臨下常須馭朽驚。何事十旬遊不返，禍胎從此構殷兵。」又曰：「酒色聲禽號四荒，那堪峻宇又彫墻。静思今古爲君者，未或因茲不滅亡。」又曰：「唯彼陶唐有冀方，少年都不解思量。如今算得當時事，首爲盤遊亂紀綱。」又曰：「明明我祖萬邦君，典則貽將示子孫。惆悵太虚荒墜後，覆宗絶祀滅其門。」又曰：「仇讎萬姓遂無依，顔厚何曾解忸怩。五子既歌邦已失，一場前事悔難追。」《鑒誡録》二。《唐詩紀事》七一。案：《四庫全書總目》一四〇有考辨，可參看。

15 昭宗時，李茂貞劫駕幸鳳翔，朱全忠圍城。攻城者詬城上人云：「劫天子賊。」乘城者詬城下人云：「奪天子賊。」《續世説》六。

16 汴人列十餘栅圍岐城，掘蚰蜒壕攻城，城中大窘，燒人糞煮人肉而食。昭宗在岐城，李茂貞不肯與梁和，宣諭曰：「全忠兵未退，城内窘急。十六宅諸王日奏三兩人下世，皆凍餒所致。公主、美人一日食粥，一日食餺飥，今亦竭矣。願速與梁和。」《金鑾密記》（《紺珠集》一〇）。又《類説》七、張本《説郛》七五引。

17 昭宗在鳳翔宴侍臣，捕池魚爲饌。李茂貞曰：「本蓄此魚以俟車駕。」又以巨杯勸帝酒，帝不欲飲，李茂貞舉杯叩帝頤頷，坐上皆憤其無禮。《金鑾密記》（張本《説郛》七五）。又《類説》七引。

18 上輟御前羊肉，以一盤子賜〔韓〕全誨以下，皆再三辭讓，上曰：「難得之際，且欲同味。」《金鑾密記》

（《白孔六帖》九六）。

19 鳳翔府園有枯木，下有石刻，云「昭宗手拓槐」。蓋爲中尉韓全誨等劫幸李茂貞軍，朱全忠以兵圍城，嘗徘徊其下也。華州子城西北有齊雲樓基，昭宗駐蹕韓建軍，嘗登其上，賦《菩薩蠻》詞云：「安得有英雄，迎歸大内中」者是也。其石隄谷在城西南十餘里，殺十一王處。今有堂，作釋氏十王像焉。（《鷄肋編》上。）

20 世傳梁太祖迎昭宗於鳳翔，素服待罪，昭宗佯爲鞵繫脱，呼梁祖曰：「全忠爲吾繫鞵。」梁祖不得已，跪而結之，流汗浹背。時天子扈蹕尚有衛兵，昭宗意謂左右擒梁祖以殺之，其如無敢動者。自是梁祖被召多不至，盡去昭宗禁衛，皆用汴人矣。（《五代史闕文》）。

21 唐昭宗爲朱全忠劫遷洛陽，至陝，以何皇后臨蓐，留青蓮佛寺行宫，全忠怒逼行甚急。今寺中佛坐蓮花葉上，有當時宫人書「願皇后早降生」，墨色如新。（《邵氏聞見後録》二六。）

22 汴帥朱公再圍鳳翔，與茂貞軍戰于虢縣西槐林驛，大敗岐軍，横屍不絶，鮑氣聞於十里。昭宗遂殺宦官韓全誨已下二十二人首宣示，茂貞亦斬其義子繼筠首以送。於是車駕還宫，朱令俛首馬前請罪，涕泣，攏帝馬行千步，帝爲之動容。至京師，以宰相崔胤判六軍，乃下詔誅宦官第五可範已下七百一十人，又鳳翔駕前宰相盧光啓等一百餘人，並賜自盡。天復三年，汴人擁兵殺宰相崔胤、京兆尹鄭元規，劫遷車駕，移都東洛。既入華州，百姓呼萬歲，帝泣謂百姓曰：「百姓勿唱萬歲。朕弗能與爾等爲主也。」沿路有《思帝鄉》之詞，乃曰：「紇干山頭凍殺雀，何不飛去生處樂。況我此行悠悠，未知落在何所。」言訖，泫然流涕。行至陜府，内宴，皇后自捧玉盆以賜全忠，内人唱歌。全忠將飲酒，韓建躡其足，全忠懼，辭醉而退，至穀水而殺内人可證及隨駕五百人。自是帝孤立矣。《北夢瑣言》一五。

23 唐昭宗時，事勢爲朱全忠所持。一日開宴，教坊伶人觀榜曰：「賴是五百年間生一個，若是一年生一個，教朝廷怎生奈何？」《大酒清話》(《類説》五五)。

24 唐昭宗播遷，隨駕技藝人止有弄猴者，猴頗馴，能隨班起居，昭宗賜以緋袍，號「孫供奉」。羅隱下第詩云：「何如學取孫供奉，一笑君王便着緋。」朱梁篡位，取猴令殿下起居，猴望陛，見全忠遥趨殿，輒跳躍奮擊。全忠遽令殺之。唐臣愧此猴多矣。《幕府燕閒録》(《類説》一九)。《吉凶影響録》(《海録碎事》二二上)。

25 昭宗丁不可爲之時，遭無所立之地，人戲上尊號曰：「避賢招難存三奉五皇帝。」蓋帝常曰：「朕東西所至，禍難隨之，願避賢者路。」三謂三主：帝后及楊、柳昭儀。五謂全忠、行瑜、克用、茂貞、韓建。《清異録》上。

26 昭宗遷都至洛，左右並是汴人，雖有尊名，乃是虚器，如在籠檻，鬱鬱不樂。朱全忠以諸侯盡有匡復之志，慮帝有奔幸之謀。時護駕朱友諒等聚兵殿庭，訴以衣食不足，帝方勞諭，友諒引兵升殿，帝顛仆入内，軍士躡而追之。帝叱曰：「反耶！」友諒曰：「臣非敢無禮，奉元帥之令。」帝奔入御廚，以庖人之刀斬數輩，竟爲亂兵所害。内人李漸榮、裴正一聞弑帝，投刃而死。又以朱友諒、氏叔琮扇動軍情，誅朱友諒、氏叔琮，以成濟之罪歸之。友諒等臨刑訴天曰：「天若有知，他日亦當如我。」後全忠即位，爲子友珪所弑，竟如其言。《北夢瑣言》一五。

27 見李裕1。

28 唐末有朱書御札，徵兵方鎮，蓋危難中以此示信。昭宗以吴綾汗衫寫詔，間道與錢鏐，告以國難。《談苑》（《類説》五三）。

29 昭宗嘗賜崔胤香一黄綾角，約二兩，御題曰「刀圭第一」。香酷烈清妙，雖焚豆大，亦終日旖旎。蓋咸通所製賜同昌公主者。《清異録》下。

何皇后

1、2 見唐昭宗14、21。

3 見後梁太祖19。

李道宗

1 見尉遲敬德3。

2 張儉懼敵，不敢深入。江夏王道宗固請將百騎覘賊，帝許之。因問往返幾日，對曰：「往十日，周覽十日，返十日，總經一月，望謁陛下。」遂秣馬束兵，經歷險阻，直登遼東城南，觀其地形險易，安營置陳之所。及還，賊已引兵斷其歸路，道宗擊之盡殪，斬關而出，如期謁見。帝歎曰：「賁、育之勇，何以過此！」賜金五十斤，絹千匹。《唐曆》（《通鑑考異》一〇）。

3 見唐太宗101。

李孝恭

1 河間王孝恭，才知識略特出於衆。初，受詔征輔公祏，座上有水一器，倏然變成血，滿坐驚畏，左右不測。孝恭曰：「自無負神明，此變應是公祏受首之兆。」座客始安。至淮南，乃梟公祏以獻。時人服其先見。《南部新書》癸。《獨異志》中。

2 趙郡王孝恭，少沉敏，有識量，及爲佐命元勳，身極崇盛。嘗謂所親：「吾所居宅，微爲壯麗，非吾心也。將賣之，别營一所，粗充事而已。身没之後，諸子若才，守此足矣。不才，冀免他人所利也。」事未果，暴薨。《大唐新語》一二。

李建成

1 建成幼不拘細行，荒色嗜酒，好畋獵，常與博徒遊，故時人稱爲任俠。高祖起義于太原，建成時在河東，本既無寵，又以今上首建大計，高祖不之思也，而今上白高祖，遣使召之，盤遊不即往。今上急難情切，遽以手書諭之，建成乃與元吉間行赴太原，隋人購求之，幾爲所獲。及義旗建而方至，高祖亦喜其獲免，因授以兵。《高祖實録》(《通鑑考異》九)。

2 見李元吉3。

3 見唐太宗11。

李元吉

1 見唐高祖13。

2 見李勣5。

3 元吉見秦王有大功，每懷妬害，言論醜惡，譖害日甚。每謂建成曰：「當爲大哥手刃之。」建成性頗仁厚，初止之；元吉數言不已，建成後亦許之。元吉因令速發，遂與建成各募壯士，多匿罪人，賞賜之，圖行不軌。其記室榮九思爲詩以刺之曰：「丹青飾成慶，玉帛擅專諸。」而弗悟也。典籤裴宣儼因免官改事秦府，謂泄其事，又鴆之。自殺斯人已後，人皆振恐，知其事，莫有敢言。後乃連結宫闈，與建成俱通德妃尹氏，以爲内援。《高祖實録》（《通鑑考異》九）

4 見尉遲敬德1、2。

李元昌

1 皇朝漢王元昌，神堯之子也。尤善行書，金玉其姿，挺生天骨，襟懷宣暢，灑落可觀。藝業未精，過於奔放，若吕布之飛將，或輕於去就也。諸王仲季並有能名。韓王、曹王，即其亞也。曹則妙於飛白，韓則工於草行。魏王、魯王，即韓王之倫也。《書斷》下（《法書要録》九）。又《廣記》二〇八引。《書小史》二。

2 漢王元昌，唐高祖第七子。博學善畫。李嗣真謂天人之姿，博綜伎藝，頗得風韻，自然超舉。有畫鞍馬鷹鶻傳於時。雖閻立德、立本不得以季孟其間。《圖繪寶鑑》二。《唐朝名畫録》六。《歷代名畫記》九。

李元嘉

1 韓王元嘉，貞觀初爲潞州刺史。時年十五，在州聞太妃有疾，便涕泣不食，及至京師發喪，哀毁過禮。太宗嘉其至性，屢慰勉之。元嘉閨門修整，有類寒素士大夫，與其弟魯哀王靈夔甚相友愛，兄弟集見，如布衣之禮。其修身潔己，内外如一，當代諸王莫能及者。《貞觀政要》五。

2 漢王弟韓王元嘉亦善書畫。天后授之太尉。善畫龍馬虎豹。《歷代名畫記》九。《圖繪寶鑑》二。

3 見李元昌1。

4 韓王元嘉有一銅樽，背上貯酒而一足倚，滿則正立，不滿則傾。又爲銅鳩，氊上摩之熱則鳴，如真鳩之聲。《朝野僉載》六。又《雲仙雜記》九引。

李元軌

1 霍王元軌，武德中，初封爲吴王，貞觀七年，爲壽州刺史。屬高祖崩，去職，毁瘠過禮。自後常衣布服，示有終身之戚。太宗嘗問侍臣曰：「朕子弟孰賢？」侍中魏徵對曰：「臣愚暗，不盡知其能，惟吴王數與臣言，臣未嘗不自失。」太宗曰：「卿以爲前代誰比？」徵曰：「經學文雅，亦漢之間、平，至如孝行，乃古之曾、閔也。」由是寵遇彌厚，因令妻徵女焉。《貞觀政要》五。《大唐新語》六。《唐會要》五。

2　唐霍王元軌，高祖第十四子也，謙慎自守，不妄接士。在徐州，與處士劉玄平爲布衣交。或問玄平王之所長，玄平曰：「無。」問者怪而詰之，玄平曰：「夫人有短，所以見其長。至于霍王，無所不備，吾何以稱之哉。」《譚賓録》(《廣記》二三五)。《唐會要》五。

3　元軌，高祖子也，高祖崩，毁瘠過禮，恒衣布衣，示有終身之戚。嘗使國令徵賦，令曰：「請依諸王國賦貿易取利。」元軌曰：「汝爲國令，當正吾失，反説吾以利也！」令慚而退。則天時，越王貞舉兵。元軌隨例配流，行至陳倉，死於檻中，天下冤痛之。《大唐新語》六。

李緒

1　江都王緒，唐霍王元軌之子，太宗姪也。能書畫，最長於鞍馬，以此得名。官至金州刺史。嘗謂士人多喜畫馬者，以馬之取譬必在人材，駑驥遲疾，隱顯遇否，一切如士之遊世。不特此也，詩人亦多以託興焉。是以畫馬者可以倒指而數。杜子美嘗觀曹霸畫馬，而有詩曰：「國初已來畫鞍馬，神妙獨數江都王。」則緒爲一時之所重，其可知歟。今御府所藏三。《宣和畫譜》一三。《歷代名畫記》一〇。《圖繪寶鑒》二。

李宏

1　定襄公李宏，虢王之子，身長八尺。曾獵，有虎搏之，踣而卧，虎坐其上。奴走馬傍過，虎跳攫奴後鞍，宏起，引弓射之，中臂而死。宏及奴一無所傷。《朝野僉載》六。又《廣記》一九一引。

李元裕

1 唐鄧王元裕，高祖第十八子也。好學，善談名理，與典籤盧照鄰爲布衣之交，常稱曰：「寡人之相如也。」《譚賓録》(《廣記》二一八)。《唐會要》五。

李元嬰　李湛然

1 唐滕王極淫，諸官妻美者，無不嘗徧，詐言妃唤，即行無禮。時典籤崔簡妻鄭氏初到，王遣唤，欲不去則怕王之威，去則被王所辱。鄭曰：「昔愍懷之妃不受賊胡之逼，當今清泰，敢行此事邪！」遂入王中門外小閣，王在其中，鄭入，欲逼之。鄭大叫，左右曰：「王也。」鄭曰：「大王豈作如是，必家奴耳。」以一隻履擊王頭破，抓面血流，妃聞而出，鄭氏乃得還。王慚，旬日不視事。簡每日參候，不敢離門。後王衙坐，簡向前謝過，王慚卻入，月餘日乃出。諸官之妻曾被王唤入者，莫不羞之。其壻問之，無辭以對。《朝野僉載》(張本《説郛》)二。

2 滕王嬰、蔣王惲皆不能廉慎，大帝賜諸王，名五王，不及二王，敕曰：「滕叔、蔣兄自解經紀，不勞賜物與之。」以爲「錢貫」。二王大慚。朝官莫不自勵，皆以取受爲贓污，有終身爲累，莫敢犯者。《朝野僉載》三。　案：《通鑑》一九九載此事，「以爲錢貫」上有「給麻兩車」，意較長。

3 滕王圖。一日，紫極宫會，秀才劉魯封云，嘗見滕王《蛺蝶圖》，有名江夏班、大海眼、小海眼、村裏來、菜花子。《酉陽雜俎》續集二。

4 王建《宫詞》：「内中數日無呼唤，寫得滕王《蛺蝶圖》。」《酉陽雜俎》曰：滕王畫蝶圖有數名：江夏班、大海眼、小海眼、村裏來、菜花子。《唐藝文志》有滕王《蛺蝶圖》二卷。滕王名元嬰，高祖子。又有嗣滕王湛然，畫蜂蟬燕雀，能巧之外，曲盡情理。《唐名畫録》。後山《賦宗室畫》詩：「滕王蛺蝶江都馬，一紙千金不當價。」用事精也。《緯略》一〇。

5 嗣滕王善畫蜂蟬、燕雀、驢子、水牛。曾見一本，能巧之外，曲盡情理，未敢定其品格。《唐朝名畫録》。《畫斷》（《類説》五八）。案：《宣和畫譜》一五、《圖繪寶鑑》二謂《唐朝名畫録》所指爲滕王元嬰，誤。

李　恪

1 見長孫無忌2。

李千里

1 成王千里使嶺南，取大蛇八九尺，以繩縛口，横於門限之下。州縣參謁者，呼令入門，但知直視，無復瞻仰，踏蛇而驚，惶懼僵仆，被蛇繞數匝。良久解之，以爲戲笑。又取龜及鼈，令人脱衣，縱龜等齧其體，終不肯放，死而後已。其人酸痛號呼，不可復言。王與姬妾共看，以爲玩樂。然後以竹刺龜等口，遂翦竹而放人；艾灸鱉背，灸痛而放口。人被試者皆失魂至死，不平復矣。《朝野僉載》二。

2 天后中，成王千里將一虎子來宫中養，損一宫人，遂令生餓，數日而死。天后令葬之，其上起塔，設千人供，勒碑號爲「虎塔」。至今猶在。《朝野僉載》二。

李泰

1 見唐太宗97。

2 魏王爲巾子向前踣，天下欣欣慕之，名爲「魏王踣」。後坐死。《朝野僉載》一。又《廣記》一六二引。

李惲

1 見李元嬰2。

李明

1 周黔府都督謝祐凶險忍毒。則天朝，徙曹王於黔中，祐嚇云則天賜自盡，祐親奉進止，更無别勅。王怖而縊死。後祐於平閣上卧，婢妾十餘人同宿，夜不覺刺客截祐首去。後曹王破家簿録事得祐頭，漆之，題「謝祐」字，以爲穢器。方知王子令刺客殺之。《朝野僉載》二。《金鑾密記》（陶本《説郛》四九）。

2 見李元昌1。

李皋

1 嗣曹王皋(有巧思),精曉器用。爲荆南節度使,有羈旅士人,懷二棬欲求通謁,先啓於賓府。觀者訝之曰:「豈足尚耶?」士曰:「但啓之尚書,當解矣。」及皋見棬,捧而嘆曰:「不意今日獲逢至寶!」因指其剛匀之狀,賓佐唯唯,或腹非之。皋曰:「諸公必未信。」命取食柈,自選其極平者,遂置二棬於柈心,以油注之棬中,棬滿而油不浸漏,蓋相契無際也。皋曰:「此必開元天寶中供御棬。不然,無以至此。」問其所自,答曰:「某先人在黔中,得於高力士之家。」衆方深伏。賓府又潛問客直償幾何,客曰:「不過三五百緡。」及皋遺財帛器皿,其直果稱焉。《羯鼓録》。又《廣記》二〇五及一三一引、《御覽》五八三引。《唐語林》六。

2 永平乙亥歲,有説開封人發曹王皋墓,取其石人羊馬磚石之屬,見其棺宛然,而隨手灰滅,無復形骨,但有金器數事。棺前有鑄銀盆,廣三尺,滿盆貯水,中坐玉孩兒,高三尺,水無減耗。則泓師所云「墓中貯玉,則草木温潤;貯金多,則草木焦枯」。曹王自貞元之後,歷二百歲矣,盆水不減,玉之潤也。《録異記》八。又《廣記》三九〇引。

李弘

1 孝敬帝仁孝英果,甚爲高宗所鍾愛。自昇儲位,敬禮大臣及儒學之士,未嘗有過,天下歸心焉。咸亨初,留在京師監國。時關中饑甚,孝敬令取廊下兵士糧視之,見有食榆皮蓬實者,惻然哀之,命家令等給米使足，其仁惠如此。先是義陽、宣城二公主以母得罪，幽於掖庭，垂三十年不嫁。孝敬見之驚惘，遽奏出降。又請以沙苑地分借貧人。詔皆許之。則天大怒，即日以衛士二人配二公主。孝敬因是失愛，遇毒而薨，時年二十四。朝野莫不傷痛。《大唐新語》一二。

李賢

1 見李泌10。

李憲

1 見唐玄宗148。

2 武惠妃生日，上與諸公主按舞於萬歲樓下。上乘步輦，從複道窺見衛士食畢以餅相棄水竇中，上大怒，命高力士杖殺之。上方震怒，左右無敢言者。寧王從容請上曰：「從複道窺見護衛士之有過而殺之，恐人臣不能自安，又失大體。陛下志在勤儉愛物，惡棄於地，奈何性命至重，反輕于殘飧乎？」上蹶然大悟，遽命赦之。《明皇雜録》補遺。

3 見李林甫6、7。

4 寧王憲貴盛，寵妓數十人，皆絶藝上色。宅左有賣餅者妻，纖白明媚，王一見注目，厚遺其夫取之，寵惜逾等。環歲，因問之：「汝復憶餅師否？」默然不對。王召餅師使見之，其妻注視，雙淚垂頰，若不勝情。時王座客十餘人，皆當時文士，無不悽異。王命賦詩。王右丞維詩先成：「莫以今時寵，寧忘昔日恩。看花滿眼淚，不共楚王言。」《本事詩·情感》。

5　見李白18。

6　寧王嘗獵於鄠縣界，搜林，忽見草中一櫃，扃鎖甚固，王命發視之，乃一少女也。問其所自，女言姓莫氏，父亦曾作仕，叔伯莊居。昨夜遇光火賊，賊中二人是僧，因劫某至此。動婉含嚬，冶態横生。王驚悦之，乃載以後乘。時慕犖者方生獲一熊，置櫃中，如舊鎖之。時上方求極色，王以莫氏衣冠子女，即日表上之，具其所由。上令充才人。經三日，京兆奏鄠縣食店有僧二人，以錢一萬，獨賃店一日一夜，言作法事，唯舁一櫃入店中。夜久，腷膊有聲，店户人怪日出不啓門，撤户視之，有熊衝人走出，二僧已死，骸骨悉露。上知之，大笑，書報寧王云：「寧哥大能處置此僧也。」莫才人能爲秦聲，當時號「莫才人囀」焉。

《酉陽雜俎》前集一二。又《廣記》二三八引。

7　西涼州俗好音樂，製新曲曰《涼州》，開元中，列上獻。上召諸王便殿同觀。曲終，諸王賀，舞蹈稱善，獨寧王不拜。上顧問之，寧王進曰：「此曲雖嘉，臣有聞焉：夫音者，始於宫，散於商，成於角、徵、羽，莫不根柢囊橐於宫、商也。斯曲也，宫離而少徵，商亂而加暴。臣聞：宫，君也；商，臣也。宫不勝則君勢卑，商有餘則臣事僭，卑則逼下，僭則犯上。發於忽微，形於音聲，播於歌詠，見之於人事。臣恐一日有播越之禍，悖逼之患，莫不兆於斯曲也。」上聞之默然。及安史作亂，華夏鼎沸，所以見寧王審音之妙也。《開天傳信記》。又《廣記》二〇四引。《唐語林》三。

8 見李龜年5。

9 寧王善畫馬。開元興慶池南華萼樓下，壁上有六馬衮塵圖，内明皇最眷愛玉面花驄，謂無纖悉不備，風鬃霧鬣，信偉如也。後壁唯有五馬，其一者失去，信知神妙將變化俱也。《龍城録》上。《異人録》（《類説》一二）。

10 寧王方集賓客讌話之際，鬻馬牙人麴神奴者，請呈二馬焉。寧王即於中堂閲試步驟，毛骨形相，神駿精彩，座客觀之，不相上下。寧王顧問神奴曰：「其價幾何？」牙人先指曰：「此一千緡。」次指曰：「此五百緡。」寧王忻然謂左右曰：「如言付錢，馬送上廐。」賓客莫測其價之懸殊，即共咨詢。寧王曰：「諸公未喻，當爲驗之。」即令鞭轡馳驅，往復數四，笑謂座客曰：「辨其優劣否？」皆曰：「不知。」寧王乃顧千貫者曰：「此馬緩急百返，蹄下不起纖埃。」復顧五百緡者曰：「此馬往來十過，足下頗生塵埃。以此等衰其價之高下焉。」座客乃伏。《集異記》二。

11 見唐玄宗177。

12 寧王驕貴，極于奢侈，每與賓客議論，先含嚼沉麝，方啓口發談，香氣噴于席上。《開元天寶遺事》下。

13 寧王宫中，每夜於帳前羅列木彫矮婢，飾以彩繪，各執華燈，自昏達旦，故目之爲「燈婢」。《開元天寶遺事》下。

14 寧王好聲色，有人獻燭百炬，似蠟而膩，似脂而硬，不知何物所造也。每至夜筵，賓妓間坐，酒酣作狂，其燭則昏昏然，如物所掩；罷則復明矣，莫測其怪也。《開元天寶遺事》上。

15 益眼者無如磁石，以爲盆枕，可老而不昏。寧王宫中多用之。《豐寧傳》（《雲仙雜記》八）。

16 天寶初，寧王日侍，好聲樂，風流藴藉，諸王弗如也。至春時，於後園中，紉紅絲爲繩，密綴金鈴，繫於花梢之上，每有烏鵲翔集，則令園吏掣鈴索以驚之，蓋惜花之故也。諸宫皆效之。《開元天寶遺事》上。

17 五王宫中，各於庭中豎長竿，掛五色旌於竿頭。旌之四垂，綴以小金鈴，有聲，即使侍從者視旌之所向，可以知四方之風候也。《開元天寶遺事》下。

18～20 見唐玄宗129～131。

21 見李璡1。

李璡

1 汝陽王璡，寧王長子也。姿容妍美，秀出藩邸，玄宗特鍾愛焉，自傳授之。又以其聰悟敏慧，妙達音旨，每隨游幸，頃刻不捨。璡常戴砑絹帽打曲，上自摘紅槿花一朵，置於帽上笪處，二物皆極滑，久之方安。遂奏《舞山香》一曲，而花不墜落。本色所謂定頭項，難在不動摇。上大喜笑，賜璡金器一廚，因誇曰：「花奴璡小字。姿質明瑩，肌髮光細，非人間人，必神仙謫墮也。」寧王謙謝，隨而短斥之。上笑曰：「大哥不必過慮，阿瞞自是相師。上於諸親常自稱此號。夫帝王之相，且須有英特越逸之氣，不然有深沈包育之度。若花奴，但端秀過人，悉無此相，固無猜也。而又舉止淹雅，當更得公卿間令譽耳。」寧王又笑曰：「若如此，臣乃輸之。」上笑曰：「若此一條，阿瞞亦輸大哥矣。」寧王又謙謝。上笑曰：「阿瞞贏處多，大哥亦不用撝挹。」衆皆歡賀。上性俊邁，酷不好琴，曾聽彈琴，正弄未及畢，叱琴者出，曰：「待詔出去！」謂内官曰：

「速召花奴將羯鼓來爲我解穢！」《羯鼓録》。又《廣記》二〇五、《御覽》五八三引。《唐語林》四、五。

2 汝陽王璡取雲夢石甃泛春渠以蓄酒，作金銀龜魚浮沉其中，爲酌酒具。自稱釀王兼麴部尚書。《醉仙圖記》(《雲仙雜記》二)。

3 汝陽王璡家有酒法，號《甘露經》，四方風俗、諸家材料，莫不備具。《清異録》下。

李瑀

1 漢中王瑀爲太常卿。早起朝，聞永興里人吹笛，問：「是太常樂人否？」曰：「然。」已後因閲樂而撻之，問曰：「何得某日卧吹笛。」又見康崑崙彈琵琶，云：「琵聲多，琶聲少，亦未可彈五十四絲大絃也。」自下而上謂之琵，自上而下謂之琶。《大唐傳載》。又《廣記》二〇四、二〇五引。《唐語林》三。

李撝

1 冷蛇。申王有肉疾，腹垂至骭，每出，則以白練束之。至暑月，常鼾息不可過。玄宗詔南方取冷蛇二條賜之，蛇長數尺，色白，不螫人，執之冷如握冰。申王腹有數約，夏月置於約中，不復覺煩暑。《酉陽雜俎》前集一七。又《廣記》四七四引。

2 申王有高麗赤鷹，岐王有北山黄鶻，上甚愛之，每弋獵必置之於駕前，帝目之爲「決雲兒」。《開元天寶遺事》下。鄭嵎《津陽門詩》注。《唐語林》五。

3 申王亦務奢侈，蓋時使之然。每夜宫中與諸王貴戚聚宴，以龍檀木彫成獨髮童子，衣以緑衣袍，繫之束帶，使執畫燭，列立於宴席之側，目爲「燭奴」。諸宫貴戚之家皆效之。《開元天寶遺事》上。

4 申王每醉，即使宫妓將錦綵結一兜子，令宫妓輩擡舁歸寢室。本宫呼曰「醉輿」。《開元天寶遺事》上。

5 申王每至冬月，有風雪苦寒之際，使宫妓密圍於坐側，以禦寒氣，自呼爲「妓圍」。《開元天寶遺事》上。

6 申王謂猪既供飡，不宜處於穢處，乃以氊龕粟粥待之，取其毛刷浄，令巧工織壬癸席，滑而且涼。《河東備録》（《雲仙雜記》六）。

7 見李憲17。

8 見唐玄宗14。

李範

1 昔蕭武帝博學好古，鳩集圖畫，令朝臣攻丹青者詳其名氏，並定品第，藏於祕府，以備閲翫。及侯景之亂，元帝遷都，而王府圖書，悉歸荆土。洎周師來伐，帝悉焚之。歷周、隋至國朝，重加購募，稍稍復出。無何，遂盈祕府。長安初，張易之奏召天下名工修葺圖畫，潛以同色故帛，令各推所長，共成一事，仍舊縹軸，不得而别也。因而竊换。張氏誅後，爲少保薛稷所收。稷敗後，悉入岐王。初不奏聞，竊有所慮，因又焚之。於是圖畫奇跡，蕩然無遺矣。《譚賓録》（《廣記》二一四）。《書小史》二。

2 王右軍《告誓文》，今之所傳，即其藁草，不具年月日朔。其真本云：「維永和十年三月癸卯朔九日辛亥。」而書亦真小。開元初年，潤州江寧縣瓦官寺修講堂，匠人於鴟吻内竹筒中得之，與一沙門。至八年，縣丞李延業求得，上岐王，岐王以獻帝，便留不出。或云：後却借岐王。十二年王家失火，圖書悉爲煨燼，此書亦見焚云。《隋唐嘉話》下。又《廣記》二〇九引作《國史異纂》。今本《劉賓客嘉話録》亦載此條，唐蘭考爲誤入。

3 見李撝2。

4 岐王有玉鞍一面，每至冬月則用之，雖天氣嚴寒，則在此鞍上坐，如温火之氣。《開元天寶遺事》下。

5 岐王少惑女色，每至冬寒手冷，不近於火，惟於妙妓懷中揣其肌膚，稱爲暖手，當日如是。《開元天寶遺事》上。

6 岐王宮中於竹林内懸碎玉片子，每夜聞玉片子相觸之聲，即知有風，號爲「占風鐸」。《開元天寶遺事》下。

7 見李憲17。

8 見王維1。

李業

1 薛王業母早亡，爲賢妃親自鞠養。開元初，業迎賢妃歸私第，以申供養。業同母妹淮陽、涼陽二公主亦早亡，業撫愛其子如己子。玄宗以業孝友，特加親愛。嘗疾，上親爲祈禱，及瘳，幸其第，置酒宴樂，更爲初生之懽。因賦詩曰：「昔見漳濱卧，言將人事違。今逢慶誕日，猶謂學仙歸。棠棣花重鴒，鴒原烏再飛。」其恩遇如此。《大唐新語》六。

2 見李龜年5。

3 見李憲17。

李琄

1 開元十五年五月，慶王潭等加都督事，玄宗以永王已下幼，不令於殿庭列謝。時壽王年八歲，請從諸兄行事，拜舞如法，上特異之。《唐書》(《廣卓異記》二)。

李裕

1 輝王嗣位社，宴德王裕已下諸王子孫，並密爲全忠所害。德王，帝之兄，曾册皇太子，劉季述等廢昭宗，册爲皇帝，季述等伏誅，令歸少陽院。全忠以德王眉目疏秀，春秋漸盛，全忠惡之。請崔胤密啓云：「太子曾竊寶位。大義滅親。」昭宗不納。一日駕幸福先寺，謂樞密使蔣玄暉曰：「德王，吾之愛子，何故頻令吾廢之，又欲殺之？」言訖淚下，因齧其中指血流。全忠聞之。宴罷，盡殺之。《北夢瑣言》一五。

李戒丕

1 見後唐武皇5。

平陽公主

1 平陽公主聞高祖起義太原，乃於鄠司竹園招集亡命以迎軍，時謂之娘子兵。《隋唐嘉話》上。《南部新書》丙。

2 唐高祖起義并州，第三女柴紹妻聚兵鄠、杜間，以應高祖。高祖登位後，封平陽公主。號娘子軍，克著勳績。獲封邑不因夫子者，葬用鹵簿，自此始。《獨異志》下。

3 見尉遲乙僧3。

丹陽公主

1 見唐太宗121。

太平公主

1 太平公主之出降薛紹也，燎炬列焰，槐樹多死。永隆二年七月也。《南部新書》辛。

2 萬年縣門，宇文愷所造。高宗末，太平公主出降，於縣廨爲婚第，以縣門窄隘，欲毁之。高宗敕曰：其宇文愷所作，不須坼，於他所開門。遂存。《西京新記》(《御覽》一八三)

3 太平公主沉斷有謀，則天愛其類己。誅二張，滅韋氏，咸賴其力焉。睿宗朝，軍國大事皆令宰相就宅諮決，然後以聞。睿宗與羣臣呼公主爲太平，玄宗爲三郎。凡所奏請，必問曰：「與三郎商量未？」其見重如此。其宰相有七，四出其門。玄宗孤立而無援。及竇懷貞等誅，乃遁於山寺，俄賜自盡。《大唐新語》九。

案：《通鑑》二〇九亦載此事，睿宗問語作「上輒問：『嘗與太平議否？』又問：『與三郎議否？』」於義較長。

4 見唐睿宗7。

5 太平公主於京西市掘池，贖水族之生者置其中，謂之放生池。《隋唐嘉話》下。

6 合烏鷄藥，是七月七日取烏鷄血，和三月三日桃花末，塗面及遍身，三二日肌白如玉。此是太平公主法，曾試有効。《韋氏月録》（《御覽》三二）。

宜城公主

1 唐宜城公主駙馬裴巽有外寵一人，公主遣閹人執之，截其耳鼻，剥其陰皮漫駙馬面上，並截其髮，令廳上判事，集僚吏共觀之。駙馬、公主一時皆被奏降，公主爲郡主，駙馬左遷也。《朝野僉載》（張本《説郛》二）。

長寧公主

1 崇仁坊西南隅，長寧公主宅。既承恩，盛加雕飾，朱樓綺閣，一時勝絶。又有山池別院，山谷虧蔽，勢若自然。中宗及韋庶人數遊於此第，留連彌日，賦詩飲宴。上官昭容操翰於亭子柱上寫之。韋氏敗，公主隨夫爲外官，初欲出賣木石，當二千萬，山池別館仍不爲數。遂奏爲觀，請以中宗號爲名。詞人名士競入遊賞。《兩京記》(《御覽》一八〇)。

安樂公主

1 安樂公主私請廢皇太子而立己爲皇太女，帝以問魏元忠，元忠曰：「皇太子國之儲君，生人之本，今既無罪，豈得輒有動摇，欲以公主爲皇太女，駙馬復若爲名號？天下必甚怪愕，恐非公主自安之道。」公主知之，乃奏曰：「元忠山東木强田舍漢，豈知與論國家權宜盛事、儀注好惡！阿母子尚自爲天子，況兒是公主，作皇太女，有何不可！」《統紀》(《通鑑考異》一二)。

2 神龍中，安樂公主西莊在延平門外二十里。司農卿趙履温種殖，將作大匠楊務廉引流鑿沼，延袤十數里，時號定昆池。《景龍文館記》(陶本《説郛》四六)。

3 安樂公主改爲悖逆庶人。奪百姓莊園，造定昆池四十九里，直抵南山，擬昆明池。累石爲山，以象華岳，引水爲澗，以象天津。飛閣步簷，斜橋磴道，衣以錦繡，畫以丹青，飾以金銀，瑩以珠玉。又爲九曲流盃池，作石蓮花臺，泉於臺中流出，窮天下之壯麗。悖逆之敗，配入司農，每日士女遊觀，車馬填噎。奉敕，輒到者官人解見任，凡人決一頓，乃止。《朝野僉載》三。又《廣記》二三六引。

4 見李日知3。

5 洛州昭成佛寺有安樂公主造百寶香爐，高三尺，開四門，絳橋勾欄，花草、飛禽、走獸，諸天妓樂，麒麟、鸞鳳、白鶴、飛仙，絲來線去，鬼出神入，隱起鈒鏤，窈窕便娟。真珠、瑪瑙、瑠璃、琥珀、玻瓈、珊瑚、琿瑮、琬琰，一切寶貝，用錢三萬，府庫之物，盡於是矣。《朝野僉載》三。又《廣記》二三六引。

6 安樂有織成裙，直錢一億，花卉鳥獸皆如粟粒，正視旁視，日月影中，各爲一色。《續世説》九。

7 安樂公主造百鳥毛裙，以後百官、百姓家效之，山林奇禽異獸，搜山盪谷，掃地無遺，至於網羅殺獲無數。開元中，禁寶器於殿前，禁人服珠玉、金銀、羅綺之物，於是採捕乃止。《朝野僉載》三。又《廣記》二三六引。

8 晉謝靈運鬚美，臨刑，施爲南海祇洹寺維摩詰鬚。寺人寶惜，初不虧損。中宗朝，安樂公主五日鬭百草，欲廣其物色，令馳驛取之。又恐爲他人所得，因剪棄其餘，遂絶。《隋唐嘉話》下。又《雲仙雜記》九、《廣記》四〇五引作《國史異纂》。案：今本《劉賓客嘉話録》亦載此條，唐蘭考爲誤入。

9 景龍年，安樂公主於洛州道光坊造安樂寺，用錢數百萬。童謡曰：「可憐安樂寺，了了樹頭懸。」後誅逆韋，並殺安樂，斬首懸於竿上，改爲悖逆庶人。《朝野僉載》一。

永穆公主

1 見王鉷3。

壽安公主

1 見唐玄宗140。

和政公主

1 和政公主，肅宗第三女也。降柳潭，肅宗宴于宫中。女優有弄假官戲，其緑衣秉簡者，謂之參軍椿。天寶末，蕃將阿布思伏法。其妻配掖庭，善爲優，因使隸樂工。是日遂爲假官之長，所爲椿者，上及侍宴者笑樂。公主獨俛首嚬眉不視，上問其故，公主遂諫曰：「禁中侍女不少，何必須得此人？使阿布思真逆人也，其妻亦同刑人，不合近至尊之座。若果冤横，又豈忍使其妻與羣優雜處爲笑謔之具哉？妾雖至愚，深以爲不可。」上亦憫惻，遂罷戲，而免阿布思之妻。由是賢重公主。公主即柳晟之母。《因話録》一。又《廣記》二七一引。《唐語林》四。

岐陽公主

1 憲宗以杜悰尚岐陽公主。公主有賢行，杜氏大族，尊行不啻數十人，公主卑委怡順，一同家人禮度，二十餘年，人未嘗以絲髮間指爲貴驕。始至，則與悰謀曰：上所賜奴婢，卒不肯窮屈，奏請納之，悉自市寒賤可制者。自是閨門落然不聞人聲。《續世説》八。

2 見李宣古1。

安平公主

1 劉異將赴鎮，安平入辭，以異姬人從。安平左右皆宫人，上（今案：指唐宣宗）盡記之，忽見别姬，問安平曰："此誰也？"安平曰："劉郎聲音人。"俗呼如此。上悦安平不妬，喜形於色，顧左右曰："便令作主人，不令與宫娃同處。"上之甄别防閒，纖微不遺如此。《東觀奏記》上。《唐語林校證》四。

萬壽公主

1～3 見唐宣宗17～29。

永福公主

1 見唐宣宗48。

廣德公主

1 見唐宣宗48。

2 搢紳子弟皆怯於尚公主。蓋以帝戚强盛，公主自置羣僚，以至莊宅庫犨盡多主吏，宅中各有院落，聚會不同。公主多親戚聚宴，或出盤游，駙馬不得與之相見，凡出入間婢僕不敢顧盼，公主即恣行所爲，往往數朝不一相見。唯于琮相國所尚廣德公主，即賢和不同，乃懿皇親妹。于琮遭韋、路所逐，同到昭州。于公累起，被中官賜藥酒。公主詬駡，奪而擲之。常持于公手執公腰帶而坐。凡所經歷，州郡官吏不敢參迎，道途肩舁，相對而行。果尋被詔卻還輦轂，授太子少傅，次除右僕射，所謂公主之力也。《中朝故事》。

3 見于棁1。

同昌公主

1、2 見唐懿宗6、7。

3 見唐昭宗29。

唐人軼事彙編卷五

李　密

1　隋李密，蒲山公寬之子也。初授親衛大都督，非其所好，稱疾而歸。大業中，佐楊玄感起兵，及玄感敗，密間行入關，亡抵平原。賊帥郝孝德不禮之，遭饑饉，至削樹皮而食。乃詣睢陽，舍於村中，變名姓稱劉知遠，聚徒教授。經數月，不得志，乃爲五言詩曰：「金風颼秋節，玉露凋晚林。此夕窮途士，鬱陶傷寸心。眺聽良多感，慷慨獨霑襟。霑襟何所爲，悵然懷古意。秦俗猶未平，漢道將何冀。樊噲市井屠，蕭何刀筆吏。一朝時運合，萬古傳名謚。寄言世上雄，虛生真可愧。」詩成，泣下數行。義寧元年，密僭據洛口，會羣盜百萬，築壇稱魏公。建元二年，密自羣洛鼓行伐隋。兵敗歸唐，授光禄卿。《河洛記》（《廣記》二〇〇）。

《容齋四筆》一一引。

2　隋大業十三年二月，李密於鞏縣南設壇，刑白馬祭天，稱魏公，置僚佐，改元。昇壇時，黑風從西北暴至，吹密衣冠及左右僚屬，皆倒於壇下。沙塵暗天，咫尺不相見，良久乃息。賊軍惡之。俄而密敗。《廣古今五行記》（《廣記》三九六）。《古今五行志》（《御覽》八七六）。

3　隋李密既會衆，屯洛口，設壇，大張旌旗，告天即公位。其夜，狐狸鳴於壇側。翌日，臨行事，大風四起，飛沙拔木，旗竿有折者。其後果敗。《感定録》（《廣記》一四二）。

4　唐高祖報李密書曰：「天生蒸人，必有司牧。當今爲牧，非子而誰！老夫年餘知命，願不及此，欣戴大弟，攀鱗附翼。唯冀早膺圖籙，以寧兆庶。宗盟之長，屬籍見容，復封於唐，斯榮足矣。殪商辛於牧野，所不忍言；執子嬰於咸陽，非敢聞命。」密得書甚悦，示其部下曰：「唐公見推，天下不足可定。」後密兵敗，王伯當保河陽，密以輕騎歸之，謂伯當曰：「兵敗矣。久苦諸君，我今自刎，請以謝衆。」伯當抱密號叫。密復曰：「諸公幸不相棄，當共歸關中。密身雖媿無功，諸君必保富貴。」伯當贊其計。從入關者尚二萬人。高祖遣使迎勞，相望於道。密大喜，謂其徒曰：「吾雖舉事不成，而恩結百姓，山東連城數百，知吾至，盡當歸唐。比於竇融，勳亦不細，豈不以一台司見處乎？」及至京，禮數益薄，執政者又來求財，意甚不平。尋拜光禄卿，封邢國公。未幾，聞其所部將帥皆不附世充，高祖復使密領本兵往黎陽，招其將士故時者，以經略王充。王伯當爲左武衛，亦令副密。行至桃林，高祖復徵之。密懼，謀叛，伯當止密，不從。密據桃林縣城，驅掠畜産，直趨南山，乘險而東。遣人使告張善相，令應接。時史萬寶留鎮熊州，遣盛彦師率步騎數十追躡，至陸渾縣南七十里，彦師伏兵山谷，密軍半度，横出擊之，遂斬密，年三十七。時徐勣在黎陽，爲密堅守，高祖遣使將密首以招之。勣發喪行服，備君臣之禮，表請收葬，大具威儀，三軍皆縞素，葬於黎陽山南五里。故人哭之，多有嘔血者。《譚賓録》（《廣記》一八九）。

5　李密歸國，封邢國公，後至桃林渡，叛，上遣兵征之，至陸渾，乃斬于邢公山下。先是，山之側有亂石縱横，頗妨行李，時人謂之邢公扼，密果死于此。《洛中紀異録》（張本《説郛》二〇、陶本《説郛》四九）。

6　見韓定辭1。

單雄信

1　單雄信幼時，學堂前植一棗樹，至年十八，伐爲鎗，長丈七尺，拱圍不合。刃重七十斤，號爲寒骨白。嘗與秦王卒相遇，秦王以大白羽射中刃，火出，因爲尉遲敬德拉折。《酉陽雜俎》前集一二。

2　見李勣5。

王世充

1　世充先於衆中覓得一人眉目狀似李密者，陰畜之而不令出。師至偃師城下，與李密未大相接，遽令數十騎馳將所畜人頭來，云殺得李密。充佯不信，遣衆共看，咸言是密頭也。遂於城下勒兵，擲頭與城中人，城中人亦言是密頭也，遂以城降。《隋季革命記》（《通鑑考異》九）。

高開道

1　高開道作亂幽州，矢陷其頰，召醫使出之，對以鏃深不可出，則俾斬之。又召一人，如前對，則又斬之。又召一人如前，曰：「可出，然王須忍痛。」因鈹面鑿骨，置楔於其間，骨裂開寸餘，抽出箭鏃。開道奏伎進膳不輟。《隋唐嘉話》中。《獨異志》(《廣記》一九一)。

劉黑闥

1　隋末，劉黑闥據有數州，縱其威虐，合意者厚加賞賜，違意者即被屠割。嘗閒暇，訪得解嘲人，召入庭前立。須臾，水惡鳥飛過，命嘲之，即云：「水惡鳥，頭如鐮杓尾如鑿，河裏搦魚無僻錯。」大悦。又令嘲駱駝，嘲曰：「駱駝，項曲緑，蹄被他，負物多。」因大笑，賜絹五十疋。拜畢，左髆上負絹走出，未至戟門，倒卧不起。黑闥令問：「何意倒地？」答云：「爲是偏檐。」更命五十屯綿，置右髆將去，令明日更來。及還村，路逢一知識，問云：「在何處得此綿絹？」具説其事。乃乞誦此嘲語，並問倒地之由，大喜而歸，語其婦曰：「我明日定得綿絹。」及曉即詣門，言極善解嘲。黑闥大喜，令引之。適尾一獼猴在庭，命嘲之，即曰：「獼猴，頭如鐮杓尾如鑿。河裏搦魚無僻錯。」黑闥已怪，猶未之責。又一鴟飛度，復令嘲之，又云：「老鴟，項曲緑，蹄被他，負物多。」於是大怒，令割一耳。走出至庭，又即倒地，令問之，又云：「偏檐。」復令割一耳。還家，婦迎問：「綿絹何？」答云：「綿絹，割兩耳，只有面」。《啓顔録》(《廣記》二五三)。

2　劉黑闥走至深州，崔元遜爲僞深州總管，黑闥欲至，城中陳列三千餘兵，擬納黑闥，據城拒守，北勾突厥。城人諸葛德威爲車騎，領當城之兵。有張善護者，先任鄉長，來就軍中，語三五少年曰：「可捉黑闥以取富貴，今若不捉，在後終是擾亂山東，廢我等作生活。」諸少年咸云：「非諸葛車騎不可。」善護知德威非得酒食不肯出師，乃於家宰一肥猪，出酒一石，延德威而語之；德威許諾。黑闥至，元遜乃請之入城而不許，唯就市中遣鋪設而坐食。元懿請以城中兵呈閲，言並精鋭，必堪拒守，黑闥食而許之。元懿乃召兵以呈之，德威以前領健卒出，即就市中擒黑闥，送於洺州皇太子所。元懿與男野久奔突厥。斬黑闥於洺州城西。《革命記》（《通鑑考異》九）。

3 劉黑闥敗，斬於洺州，臨刑歎曰：「我幸在家鉏菜，爲高雅賢輩所誤，以至於此。」《續世説》七。

朱粲

1 隋末荒亂，狂賊朱粲起於襄、鄧間。歲饑，米斛萬錢，亦無得處，人民相食。粲乃驅男女小大仰一大銅鐘，可二百石，煮人肉以餧賊。生靈殲於此矣。《朝野僉載》二。

杜伏威

1 隋煬帝無道，杜伏威以齊州叛。煬帝遣陳稜擊之。稜下偏裨射中伏威額，伏威怒曰：「不殺射我者，終不拔此箭。」由是奮擊而入，獲所射者，乃令拔箭，畢，然後斬其首，擕入稜軍中。稜遂大敗。《獨異志》下。又《廣記》一九一引。

闞稜

1 唐初有闞稜者，善用長刀。刀長丈餘，每下刀，斃數人，莫有嗣者。《獨異志》下。

劉文静

1 見唐太宗2。

2 劉文静者爲晉陽令，坐與李密連姻，隋煬帝繫於郡獄。太宗以文静可與謀議，入禁所視之，文静大喜曰：「天下大亂，非湯、武、高、光之才，不能定也。」太宗曰：「卿安知無人？禁所非兒女之情相憂而已，故來與君圖舉大計。」文静曰：「乘虚入關，號令天下，不盈半歲，帝業可成。」太宗笑曰：「君言正合人意。」後使於突厥，文静謂曰：「願與可汗兵馬同入京師，人衆土地入唐公，財帛金寶入突厥。」即遣騎二千，隨文静而至。高祖每引重臣同座共食，文静奏曰：「宸極位尊，帝座嚴重。乃使太陽俯同萬物，臣下震恐，無以措身。」《譚賓録》（《廣記》一八九）。

裴寂

1 高祖呼裴寂爲裴三。《唐摭言》一五。

2 見唐高祖14。

王遠知

1 道士王遠知，本瑯琊人也。父曇選，除揚州刺史。遠知母，駕部郎中丁超女也，常夢彩雲靈鳳集其身上，因而有娠，又聞腹中聲。沙門寶詰謂曇選曰：「生子當爲神仙宗伯。」遠知少聰敏，博綜羣書。初入茅山，師事陶弘景，傳其道法。及隋煬帝爲晉王，鎮揚州，起玉清玄壇，邀遠知主之。使王子相、柳顧言相次召之。遠知遂來謁見，斯須而鬚髮變白，晉王懼而遣之，少選又復其舊。唐高祖之龍潛，遠知嘗密陳符命。武德中，秦王世民與幕屬房玄齡微服以謁遠知，遠知迎謂曰：「此中有聖人，得非秦王乎。」太宗因以實告。遠知曰：「方作太平天子，願自愛也。」太宗登極，將加重位，固請歸山。貞觀九年，潤州茅山置太平觀，並度二七人，降璽書慰勉之。後謂弟子潘師正曰：「見仙格，以吾小時誤損一童子吻，不得白日昇天。今見召爲少室山伯，將行在即。」翌日，沐浴加冠衣，焚香而卒。年一百二十六歲，謚曰昇玄先生云。《談賓録》（《廣記》二三）。

2 道士王遠知，師梁陶先生傳符籙。太宗潛龍時，與房玄齡往謁，遠知指秦王曰：「上應天命，下濟蒼生。」指玄齡曰：「聖君之輔也。」尋入少室山，年一百二十六歲。臨終語子紹業曰：「汝年六十五，當謁金闕聖后。七十當逢玄女神君。」紹業以其言奏之。至年六十五，遇高宗垂拱初年，七十遇天后臨朝。召見，加贈遠知金紫光禄大夫。其預知如此。《唐書》（《廣卓異記》二〇）。

竇軌

1 見袁天綱1。

2 唐洛州都督酇國公竇軌，太穆皇后三從兄，性剛嚴好殺。爲益州行臺僕射，多殺將士，又害行臺尚書韋雲起。貞觀二年，在洛病甚，忽言有人餉我瓜來。左右報之：「冬月無瓜。」軌曰：「一盤好瓜，何謂無耶？」既而驚視曰：「非瓜，並是人頭。」軌曰：「從我償命。」又曰：「扶我起見韋尚書。」言畢而薨。《廣記》一二六。《成都記》（《樂善録》三）。

武士彠

1 唐武士彠，太原文水縣人。微時，與邑人許文寶以鬻材爲事。常聚材木數萬莖，一旦化爲叢林森茂，因致大富。士彠與文寶讀書林下，自稱爲厚材，文寶自稱枯木，私言必當大貴。及高祖起義兵，以鎧胄從入關。故鄉人云：「士彠以鬻材之故，果逢構夏之秋。」及士彠貴達，文寶依之，位終刺史。《太原事跡》（《廣記》一三七）。

2 見唐高祖9。

劉義節

1 劉龍後名義節。武德初，進計于高祖曰：「今義師數萬，並在京師。樵薪貴而布帛賤，若採街衢及苑中樹木作樵，以易帛，歲取數十萬匹。又藏内繒絹，每匹皆有餘軸之饒，使截剩物，以供雜費，動盈萬段矣。」高祖並從之。《譚賓録》（《廣記》四九三）。

公孫武達

1　唐左武衛大將軍公孫武達有膂力。嘗遇賊，盡劫其衣物，逼武達索靴。武達授足與之，賊俯就引靴，武達毆之，死於手下，以其兵仗禦餘寇，獲免。《譚賓録》（《太平廣記》一九一）。

劉感

1　劉感鎮涇州，爲薛仁杲所圍，感孤城自守。後督衆出戰，因爲賊所擒。仁杲令感語城中曰：「援軍已大敗，宜且出降，以全家室。」感僞許之，及到城下，大呼曰：「逆賊饑餓，敗在朝夕。秦王率十萬衆，四面俱集，城中勿憂，各宜自勉，以全忠節。」仁杲埋感脚至膝，射而殺之。垂死，聲色愈厲。高祖遂追封平城郡公，謚曰忠壯。《大唐新語》五。

常達

1　常達爲隴州刺史，爲薛舉將仵政所執以見舉，達詞色不屈，舉指其妻謂達：「且識皇后否？」達曰：「只是癭老嫗，何足可識！」舉奇而宥之。有奴賊帥張貴問達曰：「汝識我？」達曰：「汝逃奴耶！」瞋目視之。大怒，將殺達，人救獲免。及賊平，高祖謂達曰：「卿之忠節，便可求之古人。」詔令狐德棻曰：「劉感、常達，當須載之史策。」後復拜隴州刺史。《大唐新語》五。

李玄通

1 李玄通刺定州，爲劉黑闥所獲，重其才，欲以爲將，歎曰：「吾荷朝恩，作藩東夏，孤城無援，遂陷虜庭。當守臣節，以忠報國，豈能降志，輒受賊官。」拒而不受。故吏有以酒食餽者，玄通曰：「諸君哀吾辱，故以酒食寬慰，吾當爲君一醉。」謂守者曰：「吾能舞劍，可借吾刀。」守者與之。曲終，太息曰：「大丈夫受國恩，鎮撫方面，不能保全所守，亦何面目視息哉！」以刀潰腹而死。高祖爲之流涕，以其子爲將軍。《大唐新語》五。

温大雅

1 温大雅，武德中爲黄門侍郎，弟彦博爲中書侍郎。高祖曰：「我起義晉陽，爲卿一門耳。」後弟大有又除中書侍郎。《南部新書》甲。

温彦博

1 見裴略1。

2 見李靖6。

3 温彦博爲尚書右僕射，家貧無正寢，及薨，殯於旁室。太宗聞而嗟嘆，遽命所司爲造，當厚加賻贈。

《貞觀政要》六。

屈突仲通

1 屈突仲通，隋煬帝所任，留鎮長安。義師既濟河，通將兵至潼關以禦義師，遂爲劉文静所敗。通至歸東都，不顧家屬，文静遣通子壽往喻之，通曰：「昔與汝爲父子，今爲仇讎。」命左右射之。乃下馬東向哭曰：「臣力屈兵散，不負陛下，天地鬼神，照臣此心。」洎見高祖，高祖曰：「何見之晚也？」通泣曰：「不能盡人臣之節，於此奉見，爲本朝之辱，以愧相王。」高祖曰：「忠臣也。」以爲兵部尚書。《大唐新語》五。

2 高祖命屈突仲通副太宗討王世充，時通二子俱在充所，高祖謂通曰：「東征之事，今且相屬，其如兩子何？」通對曰：「臣以朽老，誠不足當重任；但自惟疇昔就執事，豈以兩兒爲念。兩兒若死，自是其命，終不以私害公也。」高祖歎息曰：「徇義之夫，一至於此，可尚也。」《大唐新語》五。

陳叔達

1 陳叔達：高祖嘗宴侍臣，菓有蒲萄，叔達爲侍中，執而不食。問其故，對曰：「臣母患口乾，求之不得。」高祖曰：「卿有母遺乎？」遂嗚咽流涕。後賜帛百疋，以市甘珍。《大唐新語》五。《南部新書》戊。

蕭瑀

1 高祖呼蕭瑀爲「蕭郎」。《唐摭言》一五。

2 唐蕭瑀嘗因内讌，上曰：「自知一座最貴者，先把酒。」時長孫無忌、房玄齡等相顧未言，瑀引手取盃。帝問曰：「卿有何説？」瑀曰：「臣是梁朝天子兒，隋朝皇后弟，尚書左僕射，天子親家翁。」太宗撫掌，極歡而罷。《獨異志》上。《唐書》(《廣卓異記》九)。《羣居解頤》(張本《説郛》三二、陶本《説郛》二四)。

3 唐宋國公瑀不解射，九月九日賜射，瑀箭俱不着垛，一無所獲。歐陽詢詠之曰：「急風吹緩箭，弱手馭强弓。欲高翻復下，應西還又東。十回俱着地，兩手並擎空。借問誰爲此，只應是宋公。」蕭瑀封宋國公。後帝見此詩，謂瑀曰：「此乃四十字章疏也。」由是與詢有隙。《詩話總龜》前集三九。《廣記》二五四引《啓顔録》稍略。

4 貞觀九年，蕭瑀爲尚書左僕射。嘗因宴集，太宗謂房玄齡曰：「武德六年已後，太上皇有廢立之心，我當此日，不爲兄弟所容，實有功高不賞之懼。蕭瑀不可以厚利誘之，不可以刑戮懼之，真社稷臣也。」乃賜詩曰：「疾風知勁草，板蕩識誠臣。」瑀拜謝曰：「臣特蒙誡訓，許臣以忠諒，雖死之日，猶生之年。」《貞觀政要》五。《大唐新語》五。

5 蕭氏登三事者，多於他族。首於瑀，嵩、華、俛、倣、寘、遘、頎次之。《南部新書》一一。

封德彝

1　封德彝在隋，見重於楊素，素乃以從妹妻之。隋文帝令素造仁智宫，引德彝爲土工監。宫成，文帝大怒曰：「楊素竭百姓之力，雕飾離宫，爲吾結怨於天下！」素惶恐，慮得罪。德彝曰：「公勿憂，待皇后至，必有恩賞。」明日，果召素，良久方入對，獨孤皇后勞之曰：「大用意，知吾夫妻年老，無以娱心，盛飾此宫室，豈非孝順。」賞賚甚厚。素退問德彝曰：「卿何以知之？」對曰：「至尊性儉，雖見而怒，然雅聽后言。婦人唯麗是好，后心既悦，聖慮必移，所以知耳。」素歎曰：「揣摩之才，非吾所及也！」素時勳略在位，下唯激賞德彝，撫其牀曰：「封郎後時必據吾座。」後素南征，泊海曲。素夜召之，德彝落海，人救而免，乃易衣見素，深加嗟賞，亟薦用焉。《大唐新語》六。

2　封德彝之少也，僕射楊素見而奇之，遂妻以姪女。常撫座曰：「封郎必居此坐。」後討遼東，封公船没，衆皆謂死，楊素曰：「封郎當得僕射，此必未死。」使人求之。公抱得一板，没於大海中，力盡欲放之，忽憶楊公之言，復勉力持之，胸前爲板所摩擊，肉破至骨。衆接救得之。後果官至僕射。《定命録》（《廣記》一六九）。《南部新書》丁。

3　武德中，以景命惟新，宗室猶少，至三從弟姪皆封爲王。及太宗即位，問羣臣曰：「遍封宗子，於天下便乎？」封德彝對曰：「不便。歷觀往古，封王者當今最多。兩漢以降，唯封帝子及兄弟。若宗室疏遠者，非有大功如周之郇滕，漢之賈澤，並不得濫居名器，所以别親疏也。」太宗曰：「朕爲百姓理天下，不欲勞百姓以養己之親也。」於是疏屬悉降爵爲公。《大唐新語》四。

4 見唐太宗26。

5 見許敬宗7。

裴矩

1 見唐太宗16。

李綱

1 李綱慷慨有志節，每以忠義自命。初名瑗，字子玉，讀《後漢書》，慕張綱爲人，因改名曰綱，字文紀。周齊王憲引爲參軍。及憲遇害，無敢收視者。綱撫柩號慟，躬自埋瘞，時人義之。仕隋太子洗馬。太子勇之廢也，隋文帝切責宫寮，以其不存輔導。綱對曰：「今日之事，乃陛下過，非太子罪也。太子才非常品，性本常人，得賢明之士輔之，足嗣皇業。奈何使絃歌鷹犬之徒，日在其側。乃陛下訓導之不足，豈太子罪耶！」文帝奇之，擢爲尚書左丞。周齊王女孀居，綱以故吏，每加贍恤。及綱卒，宇文氏被髪號哭，如喪其父也。《大唐新語》五。

2 高祖即位，以舞胡安叱奴爲散騎侍郎。禮部尚書李綱諫曰：「臣按《周禮》，均工樂胥，不得參士伍。雖復才如子野，妙等師襄，皆終身繼代，不改其業。故魏武帝欲使禰衡擊鼓，乃解朝衣露體而擊之。

問其故，對曰：『不敢以先王法服而爲伶人衣也。』惟齊高緯封曹妙達爲王，授安馬駒爲開府。有國家者，俱爲殷鑒。今天下新定，開太平之運。起義功臣，行賞未遍；高才碩學，猶滯草萊。而先令舞胡致位五品，鳴玉曳組，趨馳廊廟，固非創業規模，貽厥子孫之道。」高祖竟不能從。《大唐新語》二。《唐會要》三四。《唐語林》三。參看高祖 16。

3　李綱詹事，隱太子嘗至温湯，綱以小疾不從。獻生魚者，太子召饔者鱠之。時唐儉、趙元楷在坐，各自贊能爲鱠，太子謂之曰：「飛刀鱠鯉，調合鼎食，公實有之。至於富諭弼諧，固屬李綱矣。」於是送絹二百疋以遺之。數諫太子，鬱鬱不得志，辭以年老，乃乞骸骨。《大唐新語》一〇。

鄭善果

1　鄭善果父誠，周爲大將軍，討尉遲迥遇害。善果性至孝篤慎，大業中爲魯郡太守。母崔氏甚賢明，曉正道。嘗於閣中聽善果決斷，聞剖析合理，悦；若處事不允，則不與之言。善果伏牀前，終日不敢食。母曰：「吾非怒汝，乃愧汝家耶。汝先君清恪，以身殉國，吾亦望汝及此。汝自童子承襲茅土，今致方伯，豈汝自能致之耶？安可不思此事。吾寡婦也，有慈無威，使汝不知教訓，以負清忠之業。吾死之日，亦何面目見汝先君乎？」善果由是勵己清廉，所莅咸有政績。煬帝以其儉素，考爲天下第一，賞物千段，黃金百兩。入朝，拜左庶子，數進忠言，多所匡諫。遷工部尚書，正身奉法，甚著勞績。《大唐新語》三。

蘇世長

1 蘇長。武德四年王世充平後，其行臺僕射蘇長以漢南歸順，高祖責其後服，長稽首曰：「自古帝王受命，爲逐鹿之喻，一人得之，萬夫斂手。豈有獲鹿之後，忿同獵之徒，問争肉之罪也。」高祖與之有舊，遂笑而釋之。後從獵於高陵，是日大獲，陳禽於旌門。高祖顧謂羣臣曰：「今日畋樂乎？」長對曰：「陛下畋獵，薄癈萬機，不滿十旬，未有大樂。」高祖色變，既而笑曰：「狂態發耶？」對曰：「爲臣私計則狂，爲陛下國計則忠矣。」嘗侍宴披香殿，酒酣，奏曰：「此殿隋煬帝之所作耶？何雕麗之若是也？」高祖曰：「卿好諫似直，其心實詐，豈不知此殿是吾所造，何須詭疑是煬帝乎？」對曰：「臣實不知，但見傾宫、鹿臺，琉璃之瓦，並非受命帝王節用之所爲也。若是陛下所造，誠非所宜。臣昔在武功，幸當陪侍，見陛下宅宇纔蔽風霜，當此時亦以爲足。今因隋之侈，人不堪命，數歸有道，而陛下得之。實謂懲其奢淫，不忘儉約。今於隋宫之内，又加雕飾，欲撥其亂，寧可得乎？」高祖每優容之。前後匡諫諷刺，多所弘益。《大唐新語》二。《唐會要》二八、三〇。《唐語林》一。　案：蘇長即蘇世長，蓋避唐諱而删「世」字。

孫伏伽

1 武德初，萬年縣法曹孫伏伽上表，以三事諫。其一曰：「陛下貴爲天子，富有天下，凡曰蒐狩，須順四時。陛下二十日龍飛，二十一日獻鷂鶵者，此乃前朝之弊風，少年之事務，何忽今日行之？又聞相國參軍盧牟子獻琵琶，長安縣丞張安道獻弓箭，頻蒙賞賚。但『普天之下，莫非王土；率土之濱，莫非王臣』，陛下有所欲，何求不得。陛下所少，豈此物乎？」其二曰：「百戲散樂，本非正聲。此謂淫風，不可不改。」其三曰：「太子諸王左右羣寮，不可不擇，願陛下納選賢才，以爲僚友，則克崇磐石，永固維城矣。」高祖覽之，悦，賜帛百疋，遂拜爲侍書御史。《大唐新語》二。《唐會要》二八。《唐語林》一。

2 見唐高祖16。

3 大理卿孫伏伽自萬年縣法曹上書論事，擢侍書御史，即御史中丞也。雖承内旨，而制命未下。伏伽自朝還家而卧，不見顔色。斯須侍御史已下造門，子孫驚喜以報，伏伽徐起以見之。時人方之顧雍。伏伽與張玄素，隋末俱爲尚書令史，既官達後，伏伽談論之際，了不諱之。太宗嘗問玄素，玄素以實對，既出，神彩沮喪，如有所失。衆咸推伏伽之弘量。《大唐新語》七。

4 韋悰爲右丞，勾當司農木橦七十價，百姓四十價，奏其隱没。太宗切責有司，召大理卿孫伏伽亟書司農罪，伏伽奏曰：「司農無罪。」太宗駭而問之，伏伽曰：「只爲官木橦貴，所以百姓者賤。向使官木橦賤，百姓無由賤。但見司農識大體，不知其過也。」太宗深賞之，顧謂韋悰曰：「卿識用欲逮伏伽遠矣！」《大唐新語》九。

李襲譽

1 李襲譽：江淮俗尚商賈，不事農業，及譽爲揚州，引雷陂水，又築句城塘以灌溉田八百餘頃。襲礐性嚴整，在職莊肅，素好讀書，手不釋卷。居家以儉約自處，所得俸禄，散給宗親，餘貲寫書數萬卷。每謂子孫曰：「吾不好貨財，以至貧乏。京城有賜田一十頃，耕之可以充食；河南有桑千樹，事之可以充衣；所寫得書，可以求官。吾殁之後，爾曹勤此三事，可以無求於人矣。」時論尤善之。《大唐新語》三。

崔善爲

1 見唐高祖24。

張銳

1 武德七年，高祖謂吏部侍郎張銳曰：「今年選人之内，豈無才用者，卿可簡試將來，欲縻之好爵。」於是銳以張行成、張知運等數人應命。時以爲知人。《唐會要》七五。又《廣記》一八五引。

孔紹安

1 孔紹安歸國晚，高祖令賦詩，作《石榴詩》云：「只爲生來晚，花開不及春。」《初學記》（張本《説郛》七五）。

薛收

1 唐薛收在秦府，檄書露布，多出於收。占辭敏速，皆同宿構。馬上即成，曾無點竄。《譚賓録》（《廣記》一七四）。

2 見薛元敬1。

3 見唐太宗10。

薛元敬

1 唐薛收與從父兄子元敬、族兄子德音齊名。時人謂之「河東三鳳」。收與元敬俱爲文學館學士。時房、杜等處心腹之寄，深相友託。元敬畏於權勢，竟不狎。如晦常云：「小記室不可得而親，不可得而疏。」《譚賓録》(《廣記》一六九)。《南部新書》丁。

曹憲

1 江淮間爲《文選》學者，起自江都曹憲。貞觀初，揚州長史李襲譽薦之，徵爲弘文館學士。憲以年老不起，遣使就拜朝散大夫，賜帛三百疋。憲以仕隋爲秘書，學徒數百人，公卿亦多從之學，撰《文選音義》十卷，年百餘歲乃卒。其後句容許淹、江夏李善、公孫羅相繼以《文選》教授。《大唐新語》九。

徐文遠

1 徐文遠，齊尚書令孝嗣之孫。江陵被虜至長安，家貧，無以自給，兄林鬻書爲事。文遠每閲書肆，不避寒暑，遂通五經，尤精《左氏》。仕隋國子博士，越王侗以爲祭酒。大業末，洛經饑饉，因出樵採，爲李密所得。密即其門人也，令文遠南面坐，率其徒屬北面拜之。遠謂密曰：「將軍欲爲伊、霍，繼絶扶傾，鄙雖遲暮，猶願盡力。若爲莽、卓，迫險乘危，老夫耄矣，無能爲也。」密謝曰：「敬聞命矣。」密敗，歸王充。充亦曾受業，見之大悦，給其廪食。文遠每見充，必盡敬拜之。或問曰：「聞君倨見李密，而敬王公，何也？」答曰：「李密君子，能受酈生之揖；王公小人，有殺故人之義。相時而動，豈不然歟？」入朝，遷拜國子博士，甚爲太宗所重。孫有功，爲司刑卿，持法寬平，天下賴之。《大唐新語》一二。

陸德明

1 陸德明受學於周弘正，善言玄理，王世充僭號，署爲散騎侍郎。王令子師之，將行束脩之理，德明服巴豆散，卧東壁下。充之子入跪牀下，德明佯紿之痢，竟不與語，遂移病成皐。及入朝，太宗引爲文館學士，使閻立本寫真形，褚亮爲之讚曰：「經術爲貴，玄風可師。勵學非遠，通儒在茲。」終於國子博士。《大唐新語》三。

歐陽詢

1 率更令歐陽詢，行見古碑，索靖所書，駐馬觀之，良久而去。數百步復還，下馬佇立，疲則布毯坐觀。因宿其旁，三日而後去。《隋唐嘉話》中。《廣記》二〇八引作《國史異纂》。《御覽》五八九引作《國朝傳記》。《唐語林》五。《書小史》九。

2 唐歐陽詢字信本，博覽今古，官至銀青光禄大夫，率更令。書則八體盡能，筆力勁險。高麗愛其書，遣使請焉。神堯歎曰：「不意詢之書名遠播夷狄！」貞觀十五年卒，年八十五。詢飛白、隸、行草入妙，大篆、章草入能。《書斷》（《廣記》二〇八）。又《法書要録》八引。《宣和書譜》八。

3 今開通元寶錢，武德四年鑄，其文歐陽詢率更所書也。《隋唐嘉話》下。《廣記》二〇八引作《國史異纂》。參見長孫皇后7。

4 太宗嘗宴近臣，令嘲謔以爲樂。長孫無忌先嘲歐陽詢曰：「聳髆成山字，埋肩不出頭。誰家麟閣上，畫此一獮猴？」詢應聲答曰：「索頭連背暖，漫襠畏肚寒。只由心溷溷，所以面團團。」太宗斂容曰：「汝豈不畏皇后聞耶？」無忌，后之弟也。詢爲人瘦小特甚，寢陋而聰悟絶倫，讀書數行俱下，博覽古今，精究《蒼》、《雅》。初學王羲之書，漸變其體，筆力險勁，爲一時之絶。《大唐新語》一三。《隋唐嘉話》中。《廣記》二四八引作《國朝雜記》。《詩話總龜》前集三七引作《小説舊聞》。《本事詩》。《唐語林》五。《唐詩紀事》四。

5 見蕭瑀3。

6 見許敬宗1。

張後胤

1 張後胤在并州，太宗就受《春秋左氏傳》。後因召入賜讌，言及平昔，從容謂曰：「今日弟子何如？」後胤對曰：「昔孔子領徒三千，徒者無子男之位。臣翼贊一人，即爲萬乘主。計臣此功，愈於先聖。」太宗大悦，即賜馬五匹。後爲禮部尚書，陪葬獻陵。《譚賓録》（《廣記》一七四）。案：後胤，原作「後裔」，據兩《唐書》本傳改。

劉德明

1 見唐高祖25。

王　績

1 王績知天下將亂，藩部法嚴，一日歎曰：「網羅高懸，去將安所？」出所受俸錢，積於縣城門前，託以風疾，輕舟夜遁。《何氏語林》一五。

王梵志

1 王梵志，衞州黎陽人也。黎陽城東十五里有王德祖者，當隋之時，家有林檎樹生癭大如斗，經三年其癭朽爛，德祖見之，乃撤其皮，遂見一孩兒抱胎而出，因收養之。至七歲能語，問曰：「誰人育我？」及問姓名。德祖具以實告：「因林木而生，曰梵天，後改曰志，我家長育，可姓王也。」作詩諷人，甚有意旨，蓋菩薩示化也。《桂苑叢談·史遺》。又《廣記》八二引。《雲溪友議》下。

張志寬

1 張志寬爲布衣，居河東。隋末喪父，哀毀骨立，爲州國所稱。寇賊聞其名，不犯其閭。後爲里尹在縣，忽稱母疾。縣令問其故，志寬對曰：「嘗所害苦，志寬亦有所害。向患心痛，是以知母有疾。」令怒曰：「妖妄之詞也！」繫之於法。馳遣驗之，果如所言，異之。高祖聞，旌表門閭，就拜散騎常侍。《大唐新語》五。《南部新書》辛。案：張志寬，《南部新書》作「張志安」。新舊《唐書·孝友傳》皆作「張志寬」。

朱桃椎

1 朱桃椎，蜀人也。澹泊無爲，隱居不仕，披裘帶索，沉浮人間。竇軌爲益州，聞而召之，遺以衣服，逼爲鄉正。桃椎不言而退，逃入山中，夏則裸形，冬則樹皮自覆。凡所贈遺，一無所受。每織芒屩，置之於路，見者皆言：「朱居士屩也。」爲鬻取米，置之本處。桃椎至夕取之，終不見人。高士廉下車，深加禮敬，召之至，降階與語，桃椎不答，瞪目而去。士廉每加優異，蜀人以爲美譚。《大唐新語》一〇。又《廣記》二〇二引。

袁天綱

1 袁天綱，蜀郡成都人。父璣，梁州司倉；祖嵩，周朝歷犍爲蒲陽、蒲江二郡守，車騎將軍；曾祖達，梁朝江、黄二州刺史，周朝歷天水、懷仁二郡守。天綱少孤貧，好道藝，精於相術。唐武德年中爲火井令，貞觀六年秩滿入京。太宗召見，謂天綱曰：「巴蜀古有嚴君平，朕今有爾，自顧何如？」對曰：「彼不逢時，臣遇聖主，臣當勝也。」隋大業末，竇軌客遊劍南德陽縣，與天綱同宿，以貧苦問命，天綱曰：「公額上伏犀貫玉枕，輔角又成就，從今十年，後必富貴，爲聖朝良佐。右輔角起，兼復明淨，當於梁、益二州分野大振功名。」軌曰：「誠如此言，不敢忘德。」初爲益州行臺僕射，既至，召天綱謂曰：「前於德陽縣相見，豈忘也。」深禮之，更請爲審。天綱瞻之，良久曰：「骨法成就，不異往時。然目色赤貫童子，語浮面赤，爲將多殺人。願深自誡。」後果多行殺戮。武德九年，軌被徵詣京，謂天綱曰：「更得何官？」對曰：「面上佳人坐位不動；輔角右畔光澤，更有喜色。至京必蒙聖恩，還來此任。」其年果重授益州都督。天綱初至洛陽，在清化坊安置，朝野歸湊，人物常滿。是時杜淹、王珪、韋挺三人來見，天綱謂淹曰：「蘭臺成就，學堂寬廣。」謂珪曰：「公法令成就，天地相臨。從今十年，當得五品要職。」謂挺曰：「公面似大獸之面，文角成就，必得貴人攜接。初爲武官。」復語杜淹曰：「二十年外，終恐三賢同被責黜，暫去即還。」淹尋遷侍御史，武德中爲天策府兵曹文學館學士。王珪爲隱太子中允。韋挺自隋末，隱太子引之爲率更。武德六年，俱配流雟州。淹等至益州，見天綱泣曰：「袁公前於洛陽之言，皆如高旨。今日形勢如此，更爲一看。」天綱曰：「公等骨法，大勝往時，不久即迴，終當俱享榮貴。」至九年六月，俱追入。又過益州，造天綱，天綱曰：「杜公至京，即得三品要職，年壽非天綱所知。王韋二公，在後當得三品，兼有壽，然晚途皆不深遂，韋公尤甚。」及淹至京。拜御史大夫、檢校吏部尚書。贈天綱詩曰：「伊呂深可慕，松喬定是虛。繫風終不得，脱屣欲安如。且珍紈素美，當與薛蘿疏。既逢楊得意，非復久閒居。」王珪尋爲侍中，出爲同州刺史。韋挺歷蒙州刺史，並卒于官，皆如天綱之言。貞觀中，敕追詣九成宮。于時中書舍人岑文本令視之，天綱曰：「舍人學堂成就，眉復過目，文才振於海內。頭有生骨，猶未大成，後視之全無三品，前視三品可得。然四體虛弱，骨肉不相稱，得三品，恐是損壽之徵。」後文本官至中書令，尋卒。房玄齡與李審素同見天綱，房曰：「李恃才傲物，君先相得何官。」天綱云：「五品未見，若六品已下清要官有之。」李不復問，云：「視房公得何官。」天綱云：「此人大富貴。公若欲得五品，即求此人。」李不之信。後房公爲宰相，李爲起居舍人卒。高宗聞往言，令房贈五品官，房奏贈諫議大夫。申公高士廉謂天綱曰：「君後更得何官？」天綱曰：「自知相禄已絶，不合更有。恐今年四月大厄。」不過四月而卒也。蒲州刺史蔣儼幼時，天綱爲占曰：「此子當累年幽禁，後大富貴。從某官位至刺史，年八十三，其年八月五日午時禄終。」儼後征遼東，没賊，因於地穽七年。高麗平定歸，得官一如天綱所言，至蒲州刺史。八十三，謂家人曰：「袁公言我八月五日禄絶，其死矣。」設酒饌，與親故爲别。果有敕至，放致任，遂停禄，後數年卒。《定命録》（《廣記》二二一）。

2　見李義府1。

3　見李嶠1。

4　袁天綱，本蜀郡人。隋末，於閬州蟠龍山前築宅居之。岐陽李淳風聞其名，齎金自遠，事以師禮，一日，二人郊行，見一牛迹，袁語淳風曰：「此雖牛迹，能知其牝牡否？」淳風曰：「余安能知。」袁曰：「乃牝而有孕者。又左目必傷，當産一犢。」淳風尋問之，皆然，未幾産一犢。淳風曰：「從學久矣，未聞此術，何也？」袁曰：「非術也。牛之有孕，左重，牡也；右重，牝也。吾視牛迹，左足深，必産牡也。惟食右邊草，必左目傷也。」淳風歎曰：「兄之術可及，其智不可及也。」孟子謂：「大匠能誨人以規矩，不能使人巧。」以袁之於李，孟言益可信矣。《能改齋漫録》一八。

5 袁天綱，益州人，尤精相術。貞觀初，敕召赴京，塗經利州，時武士彠爲刺史，使相其妻楊氏。天綱曰：「夫人骨法，必生貴子。」乃遍召諸子令相之。見元慶、元爽，曰：「可至刺史，終亦迍否。」見韓國夫人，曰：「此女大貴，然亦不利。」則天時衣男子服，乳母抱出，天綱大驚曰：「此郎君神采奥澈，不易可知。」試令行。天綱曰：「龍睛鳳頸，貴之極也。」轉側視之，「若是女，當爲天子。」貞觀末，高士廉問天綱曰：「君之禄壽，可至何所？」對曰：「今年四月死矣。」咸如其言。《大唐新語》一三。《譚賓録》（《廣記》二二四）。《感定録》（《廣記》七六）。

馮盎

1 高祖既受隋禪，坐太極前殿，會朝之次，忽報南山急，賊不測。安南大首領馮盎前奏曰：「急擊之，必退散，無能爲也。」遣百騎禦之。俄頃報賊南遁，上召盎曰：「卿安能遠料賊果敗退？」盎曰：「奏報之時，臣望氣，雲形似樹。辰在金，金能克木，擊之必勝。」上喜，面賜金帶。《唐語林》五。 案：《大唐新語》八亦載此事，時代與人物均異。參見馮智戴1。

2 唐太宗問高州首領馮盎云：「卿宅去沉香遠近？」對曰：「宅左右即出香樹，然其生者無香，唯朽者始香矣。」《國史異纂》（《廣記》四一四）。

馮智戴

1 馮智戴，高州首領盎之子，貞觀初，奉盎並入朝。太宗聞其善兵法，試指山際雲以問之曰：「其下有賊，今日可擊否？」對曰：「可擊。」問：「何以知之？」對曰：「雲形似樹，日辰在金。金能制木，擊之必勝。」太宗奇之，授左武衛將軍。《大唐新語》八。參見馮盎1。

房玄齡

1 房玄齡幼稺日，王通説其父，謂此細眼奴非立忠志，則爲亂賊，輔帝者則爲儒師，綽有大譽矣。《龍城録》上。

2 陝州平陸縣主簿廳事西序楣，有隋房公、杜公仁壽九年十二月題。玄齡、如晦題處，房年二十三，杜年二十六。今移在使府食堂之梁。《大唐傳載》。

3 房玄齡與杜如晦友善，慨然有匡主濟時之志。開皇中，隨父彦謙至長安。時天下晏安，論者以爲國祚無疆。玄齡密告彦謙曰：「隋帝盗有天下，不爲後嗣長計，混淆嫡庶，使相傾奪。今雖清平，其亡可翹足而待。」彦謙驚止之。因謂友人李少適曰：「主上性多忌刻，不納諫争，太子卑弱，諸王擅威，唯行苛酷之政，不弘遠大之略。今雖少安，吾憂其危亂矣。」少適以爲不然。大業之季，其言皆驗。及義師濟河，玄齡杖策謁於軍門，太宗以爲謀主，每歎曰：「昔光武云：『自吾得鄧禹，人益親。』寡人有玄齡，亦猶禹也。」佐平天下，及終相位，凡三十二年，號爲賢相，然無跡可尋。爲唐宗臣，宜哉！《大唐新語》七。《續世説》四。

4 隋吏部侍郎高構典選銓綜，至房玄齡、杜如晦，愕然正視良久，降階抗禮，延入内齋共食，謂之曰：「二賢當興王佐命，位極人臣。杜年稍減於房耳。願以子孫爲託。」因謂裴矩曰：「僕閲人多矣，未見此賢。」嗟仰不已。貞觀初，如晦終右僕射，玄齡至司空，咸如構言。《大唐新語》七。《隋唐嘉話》上。《卓異記》。《唐語林》三。《續世説》四。

5 見杜如晦3。

6 梁公以度支之司，天下利害，郎曹當闕，求之未得，乃自職之。《隋唐嘉話》中。《唐語林》二。

7、8 見唐太宗63、74。

9 征遼之役，梁公留守西京，敕以便宜從事不請。或詣留臺稱有密者，梁公問密謀所在，對曰：「公則是也。」乃驛遞赴行所，及車駕於相州。太宗聞留守有表送告人，大怒，使人持長刀於前，而後見之，問反者爲誰，曰：「房玄齡。」帝曰：「果然！」叱令斬腰。璽書責梁公以不能自任，更有如此者，得專斷之。《隋唐嘉話》上。

10 貞觀二十一年，太宗在翠微宫，授司農卿李緯户部尚書。房玄齡是時留守京城。會有自京師來者，太宗問曰：「玄齡聞李緯拜尚書，如何？」對曰：「但云『李緯大好髭鬚』，更無他語。」由是改授洛州刺史。《貞觀政要》三。《續世説》一。

11 貞觀末，房玄齡避位歸第。時天旱，太宗將幸芙蓉園以觀風俗。玄齡聞之，戒其子弟曰：「鑾輿必當見幸。」亟使灑掃備饌。俄頃，太宗果先幸其第，便載入宮。其夕大雨，咸以爲優賢之應。《大唐新語》一一。又《廣記》三九六引。

12 裴玄本好諧謔，爲户部郎中。時左僕射房玄齡疾甚，省郎將問疾，玄本戲曰：「僕射病可，須問之；既甚矣，何須問也。」有洩其言者。既而隨例候玄齡，玄齡笑曰：「裴郎中來，玄齡不死矣。」《大唐新語》七。又《廣記》二四九引。

13 房玄齡來買卜成都，日者笑而掩鼻曰：「公知名當世，爲時賢相，奈無繼嗣何？」公怒，時遺直以三歲在側。日者顧指曰：「此兒此兒，絶房者此也」。公大悵而還。後皆信然也。《續前定録》。《龍城録》上。

14 司空房玄齡事繼母，能以色養，恭謹過人。其母病，請醫人至門，必迎拜垂泣。及居喪，尤甚柴毁。太宗命散騎常侍劉洎就加寬譬，遺寢床、粥食、鹽菜。《貞觀政要》五。

15 唐左僕射房玄齡少時，盧夫人質性端雅，姿神令淑，抗節高厲，貞操逸羣。齡當病甚，乃囑之曰：「吾多不救，卿年少，不可守志，善事後人。」盧夫人泣曰：「婦人無再見，豈宜若此！」遂入帳中，剜一目睛以示齡。齡後寵之彌厚也。《朝野僉載》（臺灣史語所藏談刻本《廣記》二七〇）。案：汪校本此條爲談氏據《新唐書》補。

16 梁公夫人至妬，太宗將賜公美人，屢辭不受。帝乃令皇后召夫人，告以媵妾之流，今有常制，且司空年暮，帝欲有所優詔之意。夫人執心不迴。帝乃令謂之曰：「若寧不妬而生，寧妬而死？」曰：「妾寧妬而死。」乃遣酌卮酒與之，曰：「若然，可飲此酖。」一舉便盡，無所留難。帝曰：「我尚畏見，何況於玄齡！」《隋唐嘉話》中。又《廣記》二七二引作《國史異纂》。參見任瓌1。

杜如晦

1、2 見房玄齡2、4。

3 杜如晦少聰悟，精彩絶人。太宗引爲秦府兵曹，俄改陝州長史。房玄齡聞於太宗曰：「餘人不足惜，杜如晦聰明識達，王佐之才。若大王守藩，無用之；必欲經營四方，非此人不可。」太宗乃請爲秦府掾，封建平縣男，補文學館學士。令文學褚亮爲之贊曰：「建平文雅，休有烈光。懷忠履義，身立名揚。」貞觀初，爲右僕射，玄齡爲左僕射。太宗謂之曰：「公爲僕射，當須大開耳目，求訪賢哲，此乃宰相之弘益。比聞聽受詞訴，日不暇給，安能爲朕求賢哉！」自是臺閣規模，皆二人所定。其法令意在寬平，不以求備取人，不以己長格物。如晦、玄齡引進之，如不及也。太宗每與玄齡圖事，則曰：「非如晦莫能籌之。」及如晦至，卒用玄齡之策。二人相須以斷大事，迄今言良相者，稱房杜焉。及如晦薨，太宗謂虞世南曰：「吾與如晦，君臣義重，不幸物化，實痛于懷。卿體吾意，爲製碑也。」後太宗嘗新瓜美，愴然悼之，輟其半，便置之靈座。及賜玄齡黄銀帶，因謂之曰：「如晦與公同心輔朕，今日所賜，惟獨見公。」泫然流涕。以黄銀帶辟惡，爲鬼神所畏，命取金帶，使玄齡送之于其家也。《大唐新語》一。《隋唐嘉話》上。

魏　徵

1 魏徵有大志，不耻小節，博通羣書，頗明王霸之術。隋末爲道士，初仕李密，密敗歸國。後爲竇建德所執，建德敗，委質於隱太子。太子誅，太宗稍任用，前後規諫二百餘奏，無不稱旨。太子承乾失德，魏王泰有奪嫡之漸。太宗聞而惡之，謂侍臣曰：「當今朝臣，忠謇無踰魏徵。我遣輔太子，用絶天下之望。」乃以爲太子太師，徵以疾辭。詔答曰：「漢之太子，四皓爲助；我之賴卿，即其義也。知公疾病，可卧護之。」徵宅無堂，太宗將營小殿，輟其材以賜之，五日而就。遣使賫布被素褥以賜之，遂其所尚。及疾亟，太宗幸其第，撫之流涕。問其所欲，徵曰：「嫠不恤緯，而憂宗社之隕。」徵貌不踰中人，而素有膽氣，善得人主意。身死之日，知與不知，莫不痛惜。《大唐新語》一一。

2 魏徵、王珪、韋挺俱事隱太子，時或稱東宮有異圖，高祖不欲彰其事，將黜免宮寮以解之。流挺、珪於巂州，徵但免官。而徵言於裴寂、封德彝曰：「徵與韋挺、王珪，並承東宮恩遇，俱以被責退。今挺、珪得罪，而徵獨留，何也？」寂等曰：「此由在上，寂等不知。」徵曰：「古人云：成王欲殺召公，周公豈得不知？」無何，挺等徵還。《大唐新語》六。

3 貞觀二年，將葬故息隱王建成、海陵王元吉，尚書右丞魏徵與黄門侍郎王珪請預陪送。上表曰：「臣等昔受命太上，委質東宮，出入龍樓，垂將一紀。前宫結舋宗社，得罪人神，臣等不能死亡，甘從夷戮，負其罪戾，寘録周行，徒竭生涯，將何上報？陛下德光四海，道冠前王，陟岡有感，追懷棠棣，明社稷之大義，申骨肉之深恩，卜葬二王，遠期有日。臣等永惟疇昔，忝曰舊臣，喪君有君，雖展事君之禮；宿草將列，未申送往之哀。瞻望九原，義深凡百，望於葬日，送至墓所。」太宗義而許之，於是宫府舊僚吏，盡令送葬。《貞觀政要》五。

4 太宗謂侍臣曰：「人皆以祖孝孫爲知音，今教曲多不諧韻，此其未至精妙，爲不存意乎？」乃敕所司令定其罪。公進諫曰：「陛下生平不愛音聲，今忽爲教女樂差舛，責及孝孫，臣恐天下眙愕。」太宗曰：「汝等並是我腹心，應須忠正，何反附下罔上爲孝孫爲辭！」温彦博拜謝。公及王珪進曰：「陛下不以臣等不肖，置於樞近，今臣所言，豈是爲私？不意陛下責臣至此！臣常奉明旨云：『勿以臨時嗔怒，即便曲從，成我大過。』臣等不敢失墜，所以每觸龍鱗。今以此爲責，只是陛下負臣，臣終不負於陛下。」太宗怒猶未已，懍然作色。公曰：「祖孝孫學問立身，何如白明達？陛下平生禮遇孝孫，復何如白明達？今過聽一言，便謂孝孫可疑，明達可信，臣恐羣臣衆庶有以窺陛下。」太宗意乃解。《魏鄭公諫録》一。《魏文貞公故事》（《通鑑考異》一〇）。

5、6 見唐太宗27、35。

7 見李靖6。

8～14 見唐太宗42、43、48、49、55、56、57。

15 貞觀八年，先是桂州都督李弘節以清慎聞，及身殁後，其家賣珠。太宗聞之，乃宣於朝曰：「此人生平，宰相皆言其清，今日既然，所舉者豈得無罪？必當深理之，不可捨也。」侍中魏徵承間言曰：「陛下生平言此人濁，未見受財之所，今聞其賣珠，將罪舉者，臣不知所謂。自聖朝以來，爲國盡忠，清貞慎守，終始不渝，屈突通、張道源而已。通子三人來選，有一匹羸馬，道源兒子不能存立，未見一言及之。今弘節爲國立功，前後大蒙賞賚，居官殁後，不言貪殘，妻子賣珠，未爲有罪。審其清者，無所存問，疑其濁者，旁責舉人，雖云疾惡不疑，是亦好善不篤。臣竊思度，未見其可，恐有識聞之，必生横議。」太宗撫掌曰：「造次不思，遂有此語，方知談不容易。並勿問之。其屈突通、張道源兒子，宜各與一官。」《貞觀政要》五。《魏鄭公諫録》二。

16、17 見唐太宗59、61。

18 貞觀十四年，司門員外郎韋元方不過所給使，見左右僕射而去，給使奏之。上大怒，出元方爲華陰令。特進魏徵言曰：「帝王震怒，動若雷霆，何可妄發。爲前給使一言，夜出勑書，事似軍機，外人誰不驚駭！但宦省之徒，古來難近，輕爲言語，易生患害。獨行遠使，深非事宜。漸不可長，所宜深慎。」上納之，遂停貶黜。《唐會要》六五。

19 張玄素爲侍御史，彈樂蟠令叱奴騭盜官糧。太宗大怒，特令處斬。中書舍人張文瓘執據律不當死，太宗曰：「倉糧事重，不斬恐犯者衆。」魏徵進曰：「陛下設法，與天下共之。今若改張，人將法外畏罪。且復有重於此者，何以加之？」騭遂免死。《大唐新語》四。《魏鄭公諫録》一。

20～26 見唐太宗77～82、132。

27 文德皇后誕公主，月滿，宴羣臣於丹霄殿。太宗命公圍棋賭，公再拜曰：「臣無可賭之物，不敢煩勞聖躬。」太宗曰：「朕知君有物，不須致辭。」公固言無物堪供進者。太宗曰：「朕知君大有忠正。君若勝朕，與君物；君若不如，莫虧今日。」遂與公棋。纔下數十子，太宗曰：「君已勝矣。」賜尚乘馬一匹，並金裝鞍轡勒，仍賜絹千匹。《魏鄭公諫録》五。

28 見長孫皇后1。

29 見李元軌1。

30 太宗朝，天下新承隋氏喪亂之後，人尚儉素。太子太師魏徵，當朝重臣也，所居室宇卑陋。太宗欲爲營第，輒謙讓不受。洎徵寢疾，太宗將營小殿，遂輟其材爲造正堂，五日而就。開元中此堂猶在，家人不謹，遺火焚之，子孫哭臨三日，朝士皆赴弔。《封氏聞見記》五。

31 永興坊西門北魏徵宅，本宇文愷宅。及徵居之，太宗幸焉。時將營小殿，賜徵爲堂。《兩京記》（《御覽》一八〇）。

32～37 見唐太宗85、89、104。

38 見唐文宗12。

39 魏徵爲僕射，有二典事之長參，時徵方寢，二人窗下平章。一人曰：「我等官職總由此老翁。」一人曰：「總由天上。」徵聞之，遂作一書，遣「由此老翁」人者送至侍郎處，云「與此人一員好官」。其人不知，出門心痛，憑「由天上」者送書。明日引注，「由老人」者被放，「由天上」者得留。徵怪之，問焉，具以實對。乃嘆曰：「官職禄料由天者，蓋不虚也。」《朝野僉載》六。《寓簡》三。

40 《破陣樂》，被甲持戟，以象戰事。《慶善樂》，廣袖曳屣，以象文德。鄭公見奏《破陣樂》則俯而不視，《慶善樂》，則翫之而不厭。《隋唐嘉話》中。又《廣記》二〇三引作《國史異纂》。《唐語林》三。

41 見唐太宗129。

42 書固藝事，然不得心法，不能造微入妙也。唐文皇帝妙於翰墨，嘗病戈法難精，乃作「戬」字空其右，而命虞永興填之，以示魏鄭公，曰：「朕學世南，似盡其法。」鄭公曰：「天筆所臨，萬象不能逃其形，非臣下可擬。然惟『戢』字戈法乃逼真。」太宗驚歎。學之精，鑒之明，乃至於此！作字尚爾，況於脩身學道、爲國爲天下立大事，而可以苟簡鹵莽、姑息而爲之有不敗者乎！鄭公之鑒裁，可謂入神矣。《寓簡》九。《法書苑》（張本《説郛》七八、陶本《説郛》八六）。

43 見薛稷1。

44 魏左相能治酒，有名曰醽渌翠濤，常以大金罌内貯盛，十年飲不歇，其味即世所未有。太宗文皇帝嘗有詩賜公，稱「醽渌勝蘭生，翠濤過玉薤。十日醉不醒，十年味不敗」。蘭生，即漢武百味旨酒也。玉薤，煬帝酒名。公此酒本學釀於西胡人，豈非得大宛之法、司馬遷所謂富人藏萬石葡萄酒、數十歲不敗者乎！《龍城録》下。《異人録》（《類説》一二）。

45 魏左相忠言讜論，贊襄萬機，誠社稷臣。有日退朝，太宗笑謂侍臣曰：「此羊鼻公不知遺何好而能動其情？」侍臣曰：「魏徵好嗜醋芹，每食之，欣然稱快。此見其真態也。」明旦，召賜食，有醋芹三杯，公見之欣喜翼然，食未竟而芹已盡。太宗笑曰：「卿謂無所好，今朕見之矣。」公拜謝曰：「君無爲，故無所好。臣執作從事，獨僻此收斂物。」太宗默而感之。公退，太宗仰睨而三嘆之。《龍城録》上。

王珪

1 唐高祖在位日，太子建成與秦王不睦，以權相傾。珪爲太子中允，説建成曰：「秦王功蓋天下，中外歸心，殿下但以長年，位居東宫，無大功以鎮服海内，今劉黑闥散亡之餘，宜自擊之，以取功名。」建成乃請行。其後楊文幹之事起，高祖責以兄弟不睦，歸罪珪等而流之。太宗即位，乃召還任用。久之，宴近臣於丹霄殿，長孫無忌曰：「王珪、魏徵，昔爲仇讎，不謂今日得同此宴。」上曰：「珪、徵盡心所事，我故用之。」《容齋隨筆》一二。

2 見魏徵3。

3 見唐太宗34。

4 侍中王珪通貴漸久，而不營私廟，四時烝嘗，猶祭于寢。貞觀六年，坐爲法司所劾，太宗優容之，因爲立廟，以愧其心。廟在永樂坊東北角，貞元八年，修唐安寺，移于寺西。《唐會要》一九。《南部新書》庚。《續世説》一一。

戴冑

1 戴冑有幹局，明法令，仕隋門下省録事。太宗以爲秦府掾，常謂侍臣曰：「大理之職，人命所懸，當須妙選正人。用心存法，無過如戴冑者。」乃以爲大理少卿。杜如晦臨終，委冑以選舉。及在銓衡，抑文雅而獎法吏，不適輪轅之用，時議非之。太宗嘗言：「戴冑於朕，無骨肉之親，但其忠直勵行，情深體國，所延官爵以酬勞耳。」其見重如此。《大唐新語》四。《唐會要》七四。又《廣記》一八五引。

2 貞觀元年，吏部尚書長孫無忌嘗被召，不解佩刀入東上閤門，出閤門後，監門校尉始覺。尚書右僕射封德彝議，以監門校尉不覺，罪當死，無忌誤帶刀入，徒二年，罰銅二十斤。太宗從之。大理少卿戴冑駁曰：「校尉不覺，無忌帶刀入內，同爲誤耳。夫臣子之於尊極，不得稱誤，准律云：『供御湯藥、飲食、舟船，誤不如法者，皆死。』陛下若録其功，非憲司所決；若當據法，罰銅未爲得理。」太宗曰：「法者非朕一人之法，乃天下之法，何得以無忌國之親戚，便欲撓法耶？」更令定議。德彝執議如初，太宗將從其議，胄又駁奏曰：「校尉緣無忌以致罪，於法當輕。若論其過誤，則爲情一也，而生死頓殊，敢以固請。」太宗乃免校尉之死。《貞觀政要》五。《唐會要》三九。

3 是時，朝廷大開選舉，或有詐僞階資者，太宗令其自首，不首，罪至于死。俄有詐僞者事洩，胄據法斷流以奏之。太宗曰：「朕初下敕，不首者死，今斷從法，是示天下以不信矣。」胄曰：「陛下當即殺之，非臣所及，既付所司，臣不敢虧法。」太宗曰：「卿自守法，而令朕失信耶？」胄曰：「法者國家所以布大信於天下，言者當時喜怒之所發耳！陛下發一朝之忿，而許殺之，既知不可，而置之以法，此乃忍小忿而存大信，臣竊爲陛下惜之。」太宗曰：「朕法有所失，卿能正之，朕復何憂也？」《貞觀政要》五。《唐會要》三九。

4 户部尚書戴胄卒，太宗以其居宅弊陋，祭享無所，令有司特爲之造廟。《貞觀政要》六。

李　靖

1 衛公始困於貧賤，因過華山廟，訴於神，且請告以位宦所至，辭色抗厲，觀者異之。佇立良久乃去。出廟門百許步，聞後有大聲曰：「李僕射好去。」顧不見人。後竟至端揆。隋大業中，衛公上書，言高祖終不爲人臣，請速除之。及京師平，靖與骨儀、衛文昇等俱收。衛、骨既死，太宗慮囚，見靖與語，固請於高祖而免之。始以白衣從趙郡王南征，静巴漢，擒蕭銑，蕩一揚、越，師不留行，皆靖之力。武德末年，突厥至渭水橋，控弦四十萬，太宗初親庶政，驛召衛公問策。時發諸州軍未到，長安居人，勝兵不過數萬。胡人精騎騰突挑戰，日數十合，帝怒，欲擊之。靖請傾府庫賂以求和，潛軍邀其歸路。帝從其言，胡兵遂退。於是據險邀之，虜棄老弱而遁，獲馬數萬匹，玉帛無遺焉。《隋唐嘉話》上。又《廣卓異記》一一引。《唐語林》五。

案：突厥至渭水橋事，《通鑑考異》九引劉餗《小説》（即《隋唐嘉話》），按云：「今據實録、紀、傳，結盟而退，未嘗掩襲，《小説》所載爲誤。」

2 高祖以唐公舉義於太原，李靖與衛文昇爲隋守長安，乃收皇族害之。及關中平，誅文昇等，次及靖。靖言曰：「公定關中，唯復私讎。若爲天下，未得殺靖。」乃赦之。及爲岐州刺史，人或希旨，告其謀反。高祖命一御史按之，謂之曰：「李靖反且實，便可處分。」御史知其誣罔，與告事者行數驛，佯失告狀，驚懼，鞭撻行典，乃祈求於告事者曰：「李靖反狀分明，親奉進旨，今失告狀，幸救其命，更請狀。」告事者乃疏狀與御史，驗與本狀不同。即日還以聞。高祖大驚。御史具奏，靖不坐。御史失名氏，惜哉！

《大唐新語》六。《折獄龜鑑》三。　案：《折龜獄鑑》云：「以正史考之，率皆不合。」

3 見唐太宗13。

4 貞觀十四年，侯君集、薛萬鈞等破高昌，降其王麴智盛，執之，獻捷於觀德殿。以其地爲西州，置交河、柳中等縣，其界東西八百里，南北五百里，漢戊己校尉之地。初，突厥屯兵浮圖城，與高昌爲影響，至是懼而來降。其地爲庭州。突厥頡利可汗使執失思力入朝謝罪，請爲藩臣，太宗遣唐儉等持節出塞安撫之。李靖、張公謹於定襄謀曰：「詔使到彼，虜必自寬。」選精騎，齎二十日糧，乘間掩襲，遇其斥候，皆以俘隨，奄到縱擊，遂滅其國。獲義城公主，虜男女十萬。頡利乘千里馬奔於西偏，靈州行軍張寶相擒之以獻。《譚賓録》(《廣記》一八九)。

5　見唐太宗40。

6　衛公既滅突厥，斥境至於大漠，謂太宗曰：「陛下五十年後，當憂北邊。」高宗末年，突厥爲患矣。突厥之平，僕射温彦博請其種落于朔方以實空虚之地，於是入居長安者且萬家。鄭公以爲夷不亂華，非久遠策，争論數年不決。至開元中，六胡州竟反叛，其地復空也。《隋唐嘉話》上。《大唐新語》七。《唐語林》三。

7～9　見唐太宗77、100、101。

10　見侯君集1。

11　李衛公少年憤隋亂，《上書西嶽文》最激昂。後爲桂州行兵總管，刻於勾漏。其真蹟用黄絹書。上半元時燬於火，後半餘四十字，筆法遒勁，激昂青雲，其波掠處如快劍斫馬。今入雲𦓱娘家，予跋其後。《赤雅》下。

李客師

1　李靖弟客師官至右武衛將軍，四時從禽，無暫止息。京師之西南際澧水，鳥獸皆識之。每出，烏鵲競逐噪之。人謂之鳥賊。《譚賓録》(《廣記》四六三)。《南部新書》辛。

宇文士及

1　見唐太宗76。

2 太宗使宇文士及割肉，以餅拭手，帝屢目焉，士及佯爲不悟，更徐拭而便啗之。《隋唐嘉話》上。又《酉陽雜俎》續集四引。《唐語林》三。參見順宗1。

杜淹

1 杜淹爲天策府兵曹，楊文幹之亂，流越嶲。太宗戡内難，以爲御史大大。因詠鷄以致意焉。其詩曰：「寒食東郊道，陽溝競草籠。花冠偏照日，芥羽正生風。顧敵知心勇，先鳴覺氣雄。長翹頻掃陣，利距屢通中。飛毛遍緑野，灑血漬方叢。雖云百戰勝，會自不論功。」淹聰辯多才藝，與韋福嗣爲莫逆之友，開皇中，相與謀曰：「主上好嘉遁，蘇威以幽人見擢，盍各効之。」乃俱入太白，佯言隱逸。隋文帝聞之，謫戍江表。後還鄉里，以經籍自娱。吏部郎中高構知名，表薦之，大業末爲御史中丞。雒陽平，將委質於隱太子，房玄齡恐資敵，遂啓用之。尋判吏部尚書，參議政事。《大唐新語》八。《唐語林》二。

2 貞觀元年二月二十日，御史大夫杜淹奏：諸司文卷，恐有稽失，請令御史大夫就諸司檢校。上問尚書右僕射封德彝曰：「此事何如？」德彝曰：「分理庶務，各有司存。御史見有愆違，乃須彈糾，若復搜案求疵，則太爲煩碎。」淹默然而止。上謂淹曰：「何不更執論？」淹曰：「臣荷重寄，唯思報國，至公之理，善則從之。德彝所奏，亦是大體，臣伏詳其議，更先所論。」上曰：「公等各舉其事，朕甚悦之。」《唐會要》五一。

唐人軼事彙編卷六

長孫無忌

1 趙公宴朝貴，酒酣樂闋，顧羣公曰：「無忌不才，幸遇休明之運，因緣寵私，致位上公，人臣之貴，可謂極矣。公視無忌富貴何與越公？」或對爲不如，或謂過之。曰：「自揣誠不羨越公，所不及越公一而已。越公之貴也老，而無忌之貴也少。」《隋唐嘉話》上。《唐語林》四。

2 吴王恪母曰楊妃，煬帝女也。恪善騎射，太宗尤愛之。承乾既廢，立高宗爲太子，又欲立恪。長孫無忌諫曰：「晉王仁厚，守文之良主也。且舉棋不定，前哲所戒，儲位至重，豈宜數易！」太宗曰：「朕意亦如此，不能相違，阿舅後無悔也。」由是恪與無忌不協。高宗即位，房遺愛等謀反，敕無忌推之。遺愛希旨引恪，冀以獲免。無忌既與恪有隙，因而斃恪。臨刑，罵曰：「長孫無忌竊弄威權，搆害良善。若宗社有靈，當見其族滅。」不久，竟如其言。《大唐新語》一二。

3 見唐太宗97。

4 貞觀十九年，雍州李樹生芝英，赤蓋紫光，色鮮麗。司徒長孫無忌與官方岳上表請禪，不許。《唐春秋》(《御覽》七八三)。

5　唐趙公長孫無忌奏别敕長流,以爲永例。後趙公犯事,敕長流嶺南,至死不復迴。此亦爲法之弊。《朝野僉載》(《廣記》一二一)。《南部新書》戊。

6　見許敬宗6。

7　見歐陽詢4。

8　趙公長孫無忌以烏羊毛爲渾脱氈帽,天下慕之,其帽爲「趙公渾脱」。後坐事長流嶺南,渾脱之言,於是效焉。《朝野僉載》一。又《廣記》一六三引。

9　唐太宗貞觀初内宴,長孫無忌造《傾盃曲》。又《樂府雜録》云:宣宗善吹蘆管,自製此曲。《侯鯖録》一。

高士廉

1　貞觀四年,監察御史王凝使至益州。刺史高士廉動戚自重,從衆僚候之昇仙亭,凝不爲禮,呵卻之,士廉甚耻恚。至五年,入爲吏部尚書,會凝赴選,因出爲蘇湖令。《唐會要》六二。

2　唐高士廉選,其人齒高,有選人自云解嘲謔,士廉時着木履,令嘲之,應聲云:「刺鼻何曾嚔,踏面不知瞋。高生兩箇齒,自謂得勝人。」士廉笑而引之。《朝野僉載》四。

尉遲敬德

1 鄂公尉遲敬德，性驍果而尤善避槊。每單騎入敵，人刺之，終不能中，反奪其槊以刺敵。海陵王元吉聞之不信，乃令去槊刃以試之。敬德云：「饒王著刃，亦不畏傷。」元吉再三來刺，既不少中，而槊皆被奪去。元吉力敵十夫，由是大慚恨。太宗之禦竇建德，謂尉遲公曰：「寡人持弓箭，公把長鎗相副，雖百萬衆亦無奈我何。」乃與敬德馳至敵營，叩其軍門大呼曰：「我大唐秦王，能鬬者來，與汝決。」賊追騎甚衆，而不敢逼。禦建德之役，既陳未戰，太宗望見一少年，騎驄馬，鎧甲鮮明，指謂尉遲公曰：「彼所乘馬，真良馬也。」言之未已，敬德請取之，帝曰：「輕敵者亡，脱以一馬損公，非寡人願。」敬德自料致之萬全，及馳往，並擒少年而返，即王充兄子僞代王琬。宇文士及在隋，亦識是馬，實内廄之良也。帝欲旌其能，並以賜之。《隋唐嘉話》上。《大唐傳載》。

2 尉遲敬德善奪槊，齊王元吉亦善用槊。高祖于顯德殿前試之，謂敬德曰：「聞卿善奪槊，令元吉執槊去刃。」敬德曰：「雖加刃，亦不能害。」于是加刃。頃刻之際，敬德三奪之，元吉大慙。《獨異志》（《廣記》四九三）。

3 王充兄子琬使於竇建德軍中，乘煬帝所御駿馬，鎧甲甚鮮。太宗曰：「彼所乘真良馬也。」尉遲敬德請往取之。乃與三騎，直入賊軍擒琬，引其馬以歸，賊衆無敢當者。敬德常侍宴慶善宫，時有班在其上者，敬德怒曰：「汝有何功，合坐我上？」任城王道宗次其下，解喻之。敬德勃焉，拳毆道宗，目幾至眇。

《譚賓録》(《廣記》一九一)。

4 〔尉遲敬德〕嘗因内宴,於御前毆宇文士及曰:「汝有何功,合居吾上!」太宗慰諭之,方止。《唐曆》(《通鑑考異》一〇)。

5、6 見唐太宗66、17。

7 太宗謂尉遲公曰:「朕將嫁女與卿,稱意否?」敬德謝曰:「臣婦雖鄙陋,亦不失夫妻情。臣每聞説古人語:『富不易妻,仁也。』臣竊慕之,願停聖恩。」叩頭固讓。帝嘉之而止。《隋書嘉話》中。《唐語林》五。

侯君集

1 侯君集得幸於太宗,命李靖教其兵法。既而奏曰:「李靖將反。至隱微之際,輒不以示臣。」太宗以讓靖,靖對曰:「此君集反耳。今中夏乂安,臣之所教,足以安制四夷矣。今君集求盡臣之術者,是將有異志焉。」時靖爲左僕射,君集爲兵部尚書,俱自朝還省。君集馬過門數步而不覺,靖謂人曰:「君集意不在人,必將反矣。」至十七年四月,大理因紇干承基告太子承乾、漢王元昌與侯君集反。太宗大驚,亟命召之,以出期不鞫問,且將貰其死。羣臣固争,遽請斬之,以明大法。謂之曰:「與公長訣矣!」遂歔欷下泣。君集亦自投於地。遂戮於四達之衢。君集謂監者曰:「君集豈反者乎?蹉跌至此!昔自藩邸早承羈紲,擊滅二虜,頗有微功。爲言於陛下,乞令一子以主禋祀。」太宗特原其妻並一子爲庶人,流之嶺南。《大唐新語》七。《隋唐嘉話》上。《唐語林》三。

2 侯君集與承乾謀通逆，意不自安，忽夢二甲士録至一處，見一人高冠鼓髯，叱左右取君集威骨來。俄有數人操屠刀，開其腦上及右臂間，各取骨一片，狀如魚尾。因啽囈而覺，腦臂猶痛。自是心悸力耗，至不能引一鈞弓。欲自首，不決而敗。《酉陽雜俎》前集八。又《廣記》二七九引。

3～5 見唐太宗93～95。

6 侯君集既誅，録其家，得二美人，容色絶代。太宗問其狀，曰：「自爾已來，常食人乳而不飯。」《隋唐嘉話》上。《唐語林》五。

7 又君集之破高昌，得金簟一甚精，御府所無，亦隱而不獻，至時并得焉。《隋唐嘉話》上。《唐語林》五。

程知節

1 唐裴行儼與王充戰，先馳赴敵，爲流矢所中，墜於地。程知節救之，殺數人，充軍披靡，知節乃抱行儼，重騎而還，爲充騎所逐。刺槊洞過，知節廻身，捩折其槊，斬獲者，與行儼皆免。《譚賓録》（《廣記》一九一）。

虞世南

1 顔師古《隋朝遺事》載：洛陽獻合蒂迎輦花，煬帝令袁寶兒持之，號司花女。時詔世南草《征遼指揮德音敕》於帝側，寶兒注視久之。帝曰：「昔傳飛燕可掌上舞，今得寶兒，方昭前事，然多憨態。今注目於卿，卿才人，可便嘲之。」世南爲絶句曰：「學畫鴉黄半未成，垂肩嚲袖太憨生。緣憨却得君王惜，長把花枝傍輦行。」《唐詩紀事》四。

2　虞世南初仕隋，歷起居舍人。宇文化及殺逆之際，其兄世基時爲内史侍郎，將被誅，世南抱持號泣，請以身代死，化及竟不納。世南自此哀毁骨立者數載，時人稱重焉。《貞觀政要》五。參看許敬宗7。

3　太宗謂侍臣曰：「朕戲作艶詩。」虞世南便諫曰：「聖作雖工，體制非雅。上之所好，下必隨之。此文一行，恐致風靡。而今而後，請不奉詔。」太宗曰：「卿懇誠如此，朕用嘉之。羣臣皆若世南，天下何憂不理。」乃賜絹五十疋。先是，梁簡文帝爲太子，好作艶詩，境内化之，浸以成俗，謂之宫體。晚年改作，追之不及，乃令徐陵撰《玉臺集》，以大其體。永興之諫，頗因故事。《大唐新語》三。《唐會要》六五。

4　虞公之爲秘書，於省後堂集羣書中事可爲文用者，號爲《北堂書鈔》。今此堂猶存，而《書鈔》盛行於代。《隋唐嘉話》中。又《廣記》一六四引作《國朝雜記》。《太平御覽》六〇一引作《國朝傳記》。《大唐新語》八。《唐語林》二。

5　太宗令虞監寫《列女傳》以裝屏風，未及求本，乃暗書之，一字無失。《隋唐嘉話》中。《廣記》一九七引作《國史異纂》。《唐語林》三。

6　太宗將致櫻桃於酅公，稱「奉」則以尊，言「賜」又以卑，乃問之虞監。曰：「昔梁帝遺齊巴陵王稱『餉』。」遂從之。《隋唐嘉話》中。又《廣記》四九三引作《國史纂異》。《唐語林》一。

7　太宗嘗出行，有司請載副書以從，上曰：「不須。虞世南在，此行秘書也。」《隋唐嘉話》中。又《廣記》一六四引作《國朝雜記》、一九七引作《國史異纂》。《太平御覽》六一二引作《國朝傳記》。《大唐新語》八。《唐語林》二。

8　太宗稱虞監：博聞、德行、書翰、詞藻、忠直，一人而已，兼是五善。《隋唐嘉話》中。又《廣記》一六四引作《國朝雜記》。《太平御覽》六一二引作《國朝傳記》。《獨異志》下。《南部新書》癸。《唐語林》三。

9 太宗聞虞監亡，哭之慟，曰：「石渠、東觀之中，無復人矣！」《隋唐嘉話》中。又《廣記》一六四引作《國朝雜記》。《唐語林》四。

10 見李守素1。

11 虞監草行，本師於釋智永。嘗樓上學書，業成方下，其所棄筆頭至盈瓮。《隋唐嘉話》中。《太平御覽》六〇五引作《國朝傳記》。

12 虞世南書冠當時，人謂其有羲之鬼。《字錦》(《雲仙雜記》四)。

13 有人收得虞永興與圓機書一紙，剪開，字字賣之。「磬鄉」一字得麻一斗，「鶴口」一字得銅硯一枚，「房村」二字得芋千頭，隨人好之之淺深。《字錦》(《雲仙雜記》三)。

14 見褚遂良14。

15 虞世南以犀如意爬癢，久之歎曰：「妨吾聲律半工夫。」《餅餘事》(《雲仙雜記》三)。

16 虞伯施手帖論儒學，不使一日失業，恐子弟墜其家聲，且戒之使其不息也。觀《北堂書鈔》，大見功力深至，非積學之久不能盡此。子纂雖識書學，而文業衰矣。故知虞氏九世文名，爲儒林所嘆，可以爲難也。方隋時，伯施以文學推選任祕書郎，來護兒以武略任將帥。至唐，來氏有恒、濟，反以文顯；而虞氏子昶以下不能世其業，而爲入仗宿衛。故陸元方戲曰：「來護兒兒把筆，虞世南男帶刀。」故曰雖在父兄，不能移子弟，理固然也。《廣川書跋》三。參看許敬宗11。

唐儉

1～3 見唐太宗64～66。

李勣

1 英公嘗言：「我年十二三爲無賴賊，逢人則殺；十四五爲難當賊，有所不快者，無不殺之；十七八爲好賊，上陣乃殺人；年二十，便爲天下大將，用兵以救人死。」《隋唐嘉話》上。《大唐傳載》。《侯鯖録》六。

2 李勣少與鄉人翟讓聚衆爲盜，以李密爲主，言於密曰：「天下大亂，本爲饑苦。若得黎陽一倉，大事濟矣。」遂襲取之。時在饑餓，就倉者數十萬人。魏徵、高季輔、杜正倫、郭孝恪皆客遊，勣一見便加禮敬，引之卧内，談謔無倦。及平武牢，獲戴胄，亟推薦。咸至大官。時稱勣有知人之鑒。《大唐新語》七。《唐會要》七五。又《廣記》一六九引。

3 李密既降，徐勣尚守黎陽倉，謂長史郭恪曰：「魏公既歸于唐，我士衆土地，皆魏公之有也。吾若上表獻之，即是自邀富貴，吾所耻也。今宜具録以啓魏公，聽公自獻，則魏公之功也。」及使至，高祖聞其表，甚怪之。使者具以聞，高祖大悦曰：「徐勣盛德推功，真忠臣也。」即授黎州總管，賜姓李氏。《大唐新語》三。

4 見李密5。

5 英公始與單雄信俱臣李密，結爲兄弟。密既亡，雄信降王充，勣來歸國。雄信壯勇過人。勣後與海陵王元吉圍洛陽，元吉恃其膂力，每親行圍。王充召雄信告之，酌以金碗，雄信盡飲，馳馬而出，槍不及海陵者尺。勣惶遽，連呼曰：「阿兄阿兄，此是勣主。」雄信攬轡而止，顧笑曰：「胡兒不緣你，且了竟。」充既平，雄信將就戮，英公請之不得，泣而退。雄信曰：「我固知汝不了此。」勣曰：「平生誓共爲灰土，豈敢念生，但以身已許國，義不兩遂。雖死之顧兄妻子何如？」因以刀割其股，以肉啖雄信曰：「示無忘前誓。」雄信食之不疑。《隋唐嘉話》上。《唐語林》五。

6 見唐太宗13。

7 貞觀元年，勣爲并州都督，時侍中張文瓘爲參軍事。勣嘗歎曰：「張稚珪後來管、蕭，吾不如也。」待以殊禮。時有二寮，亦被禮接，勣將入朝，一人贈以佩刀，一人贈以玉帶。文瓘獨無所及，因送行二十餘里。勣曰：「諺云：千里相送，歸於一別。稚珪何行之遠也，可以還矣。」文瓘曰：「均承尊獎，彼皆受賜而返，鄙獨見遺，以此於悒。」勣曰：「吾子無苦，老夫有説：某遲疑少決，故贈之以刀，戒令果斷也；某放達不拘，故贈之以帶，戒令檢約也；吾子宏才特達，無施不可，焉用贈爲？」因極推引。後文瓘累遷至侍中。《廣人物志》（《廣記》一六九）。

8、9 見唐太宗113、114。

10 見唐高宗7。

11 唐高宗曰：「隋煬帝拒諫而亡，朕常以爲戒，虚心求諫。而無諫者，何也？」李勣曰：「陛下所爲盡善，羣臣無得而諫。」予謂高宗立太宗才人武氏爲后，決於李勣「陛下家事勿問外人」一言。又謂高宗

「盡善無可諫」。太宗以勣遺高宗，失於知人矣。《邵氏聞見後録》九。

12 高宗命英公勣伐高麗，既破，上於苑中樓上望，號「望英樓」。《僉載補遺》（《古今合璧事類備要》後集七四）。

13 李勣征高黎，將引其子壻杜懷恭行，以求勳效。懷恭性滑稽，勣甚重之。懷恭初辭以貧，勣贍給之。又辭以無奴馬，又給之。既而辭窮，乃亡匿岐陽山中，謂人曰：「乃公將我作法則耳。」固不行。勣聞，泫然流涕曰：「杜郎放而不拘，或有此事。」遂不之逼。時議曰：「英公持法者，杜之懷慮深矣。」《大唐新語》四。

14 英公雖貴爲僕射，其姊病，必親爲粥，火燃，輒焚其鬚。姊曰：「僕妾多矣，何爲自苦如此？」勣曰：「豈爲無人耶！顧今姊年老，勣亦年老，雖欲久爲姊粥，復可得乎？」《隋唐嘉話》上。《大唐新語》六。《大唐傳載》。《唐語林》一。

15 英公李勣爲司空，知政事，有一番官者參選被放，來辭英公。公曰：「明朝早向朝堂見我來。」及期而至，郎中並在傍，番官至辭，英公頻眉謂之曰：「汝長生不知事尚書、侍郎，我老翁不識字，無可教汝，何由可得留，深負媿汝。努力好去。」侍郎等惶懼，遽問其姓名，令南院看牓。須臾引入，注與吏部令史。英公時爲宰相，有鄉人嘗過宅，爲設食。食客裂却餅緣，英公曰：「君大少年。此餅，犂地兩遍熟，槩下種鋤塒收刈打颺訖，磑羅作麵，然後爲餅。少年裂却緣，是何道？此處猶可，若對至尊前，公作如此事，參差斫却你頭。」客大慚悚。《朝野僉載》五。《南部新書》辛。

16 李勣每臨陣選將，必相有福禄者而後遣之。人問其故，對曰：「薄命之人。不足與成功名。」君子以爲知言。《譚賓録》（《廣記》一六九）。

17 唐左司郎中封道弘，身形長大，而臠甚闊。道弘將入閣奏事，英公李勣在後，謂道弘曰：「封道弘，你臀斟酌坐得即休，何須爾許大！」《啓顔録》（《廣記》二四八）。

18 見賈嘉隱1。

19 唐英公徐勣初卜葬，繇曰：「朱雀和鳴，子孫盛榮。」張景藏聞之，私謂人曰：「所占者過也。此所謂朱雀悲哀，棺中見灰。」後孫敬業揚州反，弟敬貞答款曰：「敬業初生時，於蓐下掘得一龜，云大貴之象。英公令祕而不言，果有大變之象。」則天怒，斲英公棺，焚其屍，灰之應也。《朝野僉載》（《廣記》三八九）。

20 見徐敬業2。

21 英公既薨，高宗思平遼勳，令制其塚像高麗中三山，猶漢霍去病之祁連云。後孫敬業兵起，武后令掘平之，大霧三日不解，乃止焉。《隋唐嘉話》中。《廣記》一六九引作《國史異纂》。《唐語林》三。

秦叔寶

1 秦叔寶屬隋將來護兒帳内，寶母死，護兒遣使弔之。軍吏咸怪曰：「士卒遭喪多矣，將軍未嘗降問，弔叔寶何也？」護兒曰：「此人勇有志節，吾豈以卑賤處之。」叔寶後事李密。密收，入王充。程齕金謂叔寶曰：「充好爲呪誓，乃師老嫗耳，豈是撥亂主乎？」後充拒王師，二人統兵戰，馬上揖充而降。太宗甚重之。功名克成，死於牖下，皆萬人敵也。《大唐新語》七。

2 唐太宗每臨陣，望賊中驍將驍士，炫燿人馬出入來去者，頗病之，輒命秦叔寶取之。叔寶應命躍馬，負槍而進，必刺之於萬衆之中，人馬俱倒。《譚賓録》（《廣記》一九一）。

3　秦武衛勇力絶人，其所將槍踰越常制。初從太宗圍王充於洛陽，馳馬頓之城下而去，城中數十人，共拔不能動，叔寶復馳馬舉之以還。迄今國家每大陳設，必列於殿庭，以旌異之。《隋唐嘉話》上。

4　武衛將軍秦叔寶，晚年常多疾病，每謂人曰：「吾少長戎馬，經三百餘戰，計前後出血不啻數斛，何能無病乎？」《隋唐嘉話》上。《譚賓録》（《廣記》一九一）。《唐語林》一。

5　秦叔寶所乘馬號忽雷駮，常飲以酒。每於月明中試，能豎越三領黑氊。及胡公卒，嘶鳴不食而死。《酉陽雜俎》前集一二。又《廣記》四三五引。

褚　亮

1　貞觀初，褚亮檢校修文館務，學士號爲館主。館中有四部書。《海録碎事》一一下。

2　褚遂良貴顯，其父亮尚在，乃别開門。敕嘗有以賜遂良，使者由正門而入，亮出曰：「渠自有門。」《隋唐嘉話》中。《唐語林》五。

李百藥

1　唐李百藥七歲能屬文。齊中書舍人陸乂，常遇其父德林宴集，有説徐陵文者，云「刈琅邪之稻」，坐客並稱無其事。百藥進曰：「傳稱『鄅人籍稻』。注云：『鄅國在琅邪開陽縣。』」人皆驚喜，云：「此兒即神童。」百藥幼多疾，祖母以百藥爲名。名臣之子，才行相繼，四海名流，莫不宗仰。藻思沉鬱，尤長五言，雖樵童牧豎，亦皆吟諷。及懸車告老，怡然自得，穿地築山，文酒讌賓，以盡平生之志。年八十五。先是和太宗《帝京篇》，手詔曰：「卿何身之老而才之壯，何齒之宿而意之新乎？」子安期，永徽末遷中書舍人。三代皆掌制誥。安期孫羲仲又爲中書。《譚賓録》（《廣記》一七五）。又《唐詩紀事》四引。《大唐新語》八。

2 李德林爲内史令，與楊素共執隋政。素功臣豪侈，後房婦女，錦衣玉食千人。德林子百藥夜入其室，則其寵妾所召也。素俱執於庭，將斬之。百藥年未二十，儀神儁秀，素意惜之，曰：「聞汝善爲文，可作詩自叙。稱吾意，當免汝死。」後解縛，授以紙筆，立就。素覽之欣然，以妾與之，並資從數十萬。《隋唐嘉話》上。《御覽》六〇〇引作《國朝傳記》。

姚思廉

1 貞觀元年，太宗嘗從容言及隋亡之事，慨然歎曰：「姚思廉不懼兵刃，以明大節，求諸古人，亦何以加也！」思廉時在洛陽，因寄物三百段，並遺其書曰：「想卿忠節之風，故有斯贈。」初，大業末，思廉爲隋代王侑侍讀，及義旗尅京城時，代王府僚多駭散，惟思廉侍王，不離其側。兵士將昇殿，思廉厲聲謂曰：「唐公舉義兵，本匡王室，卿等不宜無禮於王！」衆服其言，於是稍却，布列階下。須臾，高祖至，聞而義之，許其扶代王侑至順陽閤下，思廉泣拜而去。見者咸歎曰：「忠烈之士。仁者有勇，此之謂乎！」《貞觀政要》五。《大唐新語》五。

李守素

1　秦王府倉曹李守素尤精譜學，人號爲「肉譜」。虞秘書世南曰：「昔任彦昇善談經籍，時稱爲『五經笥』，宜改倉曹爲『人物志』。」《隋唐嘉話》上。《大唐新語》八。《唐會要》三六較詳。

令狐德棻

1　唐趙元楷與令狐德棻從駕至陜，元楷召德棻河邊觀砥柱，德棻不去，遂獨行。及還，德棻曰：「砥柱共公作何語？」答曰：「砥柱附參承公。」德棻應聲曰：「石不能言，物或憑焉。」時羣公以爲佳對。《啓顔録》（《廣記》二四九）。

李大亮

1　李大亮，隋末爲賊所獲，同輩餘人皆死，賊帥張弼見而異之，獨釋與語，遂定交於幕下。大亮既貴，每懷張弼之恩。貞觀末，張弼爲將作丞，自匿不言。大亮遇諸途而識之，持弼而泣，悉推家産以遺之，弼辭而不受。言於太宗曰：「臣有今日之榮貴，乃張弼之力也。乞迴臣之官爵以復之。」太宗即以弼爲中郎，俄遷代州都督。大亮性志忠謹，雖妻子不見惰容，外若不能言而内剛烈。房玄齡每稱曰：「李大亮忠貞文武，有大將節，比之周勃、王陵矣。」後收葬五宗之無後者三十餘柩，送終之禮莫不備具。所賜賞分遺親戚。事兄嫂如父母焉。臨終，歎曰：「吾聞禮：男子不死婦人之手。」於是命屏婦人，言畢而卒。家無餘財，無珠玉以爲含。親戚孤遺爲大亮鞠養，而服之如父者五十人。天下歎伏之。《大唐新語》六。

李道裕

1 見唐太宗109。

薛萬徹

1 見唐太宗121。

薛萬備

1 唐契苾何力征遼東，以騎八百，遇賊合戰，被槊中腰，爲賊所窘。尚輦奉御薛萬備單馬入殺賊騎，救何力於羣賊之中，與之俱出。何力氣盡，束瘡而戰，賊乃退。《譚賓録》（《廣記》一九一）。

趙元楷

1 趙元楷爲交河道行軍大總管，時侯君集爲元帥。君集馬病顙瘡，元楷以指霑其膿而嗅之，以諛君集。爲御史所劾，左遷刺史。《譚賓録》（《廣記》二四〇）。《續世説》一二。

2 見唐太宗54。

丘行恭

1 見唐太宗92。

蘭　謩

1 劉童爲御史，東都留臺，時蘭謩爲留守，輒役數百人修宫内。劉童爲盛夏不宜擅役工力，謩拒之曰：「别奉進旨。」童奏之，詔決謩二十下，謫嶺南。童後因他事左授臨朐令，時有敕令上佐縣令送租。謩已爲司農卿，知出納。謩雅知童清介，不以曩事嫌惡，乃召倉吏謂之曰：「劉侍御頃在憲司，革非懲違，今觀自送租，固無瑕玷。數州行納，與劉侍御同行，亦必無欠折。」一切令受納，更無所問。時人賞謩忠恕。劉名靈童。《大唐新語》七。

2 太宗與大將軍蘭謩語，謩不對，太宗怒而繫之，後知其聾，乃釋不問。《魏鄭公諫録》四。

岑文本

1 唐中書令岑文本，江陵人，少信佛，常念誦《法華經·普門品》。《法苑珠林》（《廣記》一六二）。

2 岑文本初仕蕭詵，江陵平，授祕書郎，直中書。校省李靖驟稱其才，擢拜中書舍人，漸蒙恩遇。時顏師古諳練故事，長於文誥。時無逮，冀復用之。太宗曰：「我自舉一人，公勿復也。」乃以文本爲中書侍郎，專與樞密。及遷中書令，歸家有憂色。其母怪而問之，文本對曰：「非勳非舊，濫登寵榮，位高責重，古人所戒，所以憂耳。」有來賀者，輒曰：「今日也，受弔不受賀。」遼東之役，凡所支度，一以委之，神用頓竭。太宗憂之曰：「文本與我同行，恐不與我同反。」俄病卒矣。《大唐新語》六。《唐會要》五四。《唐詩紀事》四。

3 岑文本，太宗顧問曰：「梁陳名臣，有誰可稱？復有子弟堪引進否？」文本對曰：「頃日隋師入陳，百司奔散，莫有留者，唯袁憲獨坐在後主之傍。王充將受禪，羣寮勸進，憲子承家託疾，獨不署名。此之父子，足稱忠烈。承家弟承序，清貞雅操，實繼兄風。」乃由是召拜晉王友記，高宗更贈金紫光祿大夫，吏部尚書。《大唐新語》六。

4 岑文本爲中書令，宅卑濕，無帷帳之飾，有勸其營產業者，文本歎曰：「吾本漢南一布衣耳，竟無汗馬之勞，徒以文墨，致位中書令，斯亦極矣。荷俸祿之重，爲懼已多，更得言產業乎？」言者歎息而退。《貞觀政要》六。

5 見袁天綱1。

6 見馬周7。

劉 泊

1 唐劉泊少時嘗遇異人謂之曰：「君當佐太平，須謹磨兜堅之戒。」穀城國門外有石人，刻其腹曰：

「磨兜堅，慎勿言。」故云。逮京口新第成，大廳照壁用楮糊，大書《家語》周廟三緘銘背之戒，深戒子孫慎言。此事載《蘇魏公談訓》，可謂知所警戒矣。《甕牖閒評》八。

2　太宗征遼東，留侍中劉洎與高士廉、馬周輔太子於定州監國。洎兼右庶子，總吏、禮、户三尚書事。太宗謂之曰：「我今遠征，使爾輔翊太子，社稷安危，所寄尤重，爾宜深識我意。」洎對曰：「願陛下無憂，大臣有僭失者，臣謹即行誅。」太宗以其言發無端，甚怪之，誡之曰：「君不密則失臣，臣不密則失身。卿性疏而太健，必以自敗。宜深誡慎，以保終吉。」及征遼還，太宗有疾，洎從外至，因大悲泣曰：「疾如此，獨可憂聖躬耳！」黄門侍郎褚遂良誣奏洎曰：「國家之事，不足慮也。正當輔少主，行伊霍之事耳。大臣有異志，誅之自然定矣。」太宗疾愈，詔問其故，洎以實對，遂良執證之。洎引馬周以自明。及問周，言如洎所陳。遂良固執曰：「同諱之耳。」遂賜洎死。遂良終於兩朝，多所匡正；及其敗也，咸以爲陷洎之報焉。《大唐新語》一二。

2　見唐太宗133。

馬周

1　馬周少落拓，不爲州里所敬，補州助教，頗不親事。刺史達奚怒杖之，乃拂衣去曹、汴，爲浚儀令崔賢育所辱，遂感激，西之長安，止於將軍常何家。貞觀初，太宗命文武百官陳時政利害，何以武吏不涉學，乃委周草狀。周備陳損益四十餘條，何見之，驚曰：「條目何多也？不敢以聞。」周曰：「將軍蒙國厚恩，親承聖旨，所陳利害，已形翰墨，業不可止也。將軍即不聞，其可得耶？」何遂以聞。太宗大駭，召問何，遽召周與語，甚奇之。直門下省，寵冠卿相，累遷中書令。周所陳事：六街設鼓以代傳呼，飛驛以達警急，納居人税及宿衛大小交，即其條也。太宗有事遼海，詔周輔皇太子，留定州監國。及凱旋，高宗遣所留貴嬪承恩寵者迓於行在。太宗喜悦高宗，高宗曰：「馬周教臣耳。」太宗笑曰：「山東輒窺我。」錫賚甚厚。及薨，太宗爲之慟，每思之甚，將假道術以求見，其恩遇如此。初，周以布衣直門下省，太宗就命監察裏行，俄拜監察御史。「裏行」之名，自周始也。《大唐新語》六。

2 馬周西行長安，至新豐，宿於逆旅。主人唯供諸商販而不顧周，遂命酒悠然獨酌，主人翁深異之。及爲常何陳便宜二十餘事，太宗怪其能。問何，何答曰：「此非臣發慮，乃臣家客馬周也。」太宗即日召之，未至間，遣使催促者數四。及謁見，語甚悦，授監察御史。奏罷傳呼，置皷，每擊以驚衆，時人便之。遷中書令。周病消渴，彌年不瘳。時駕幸翠微宫，敕求勝地，爲周起宅。名醫内使，相望不絶。每令常食以御膳供之。太宗躬爲調藥，皇太子臨問。《譚賓録》（《廣記》一六四）。

3 唐馬周字賓王，少孤貧，明詩傳，落魄不事産業，不爲州里所重。補博州助教，日飲酒。刺史達奚怒，屢加咎責，周乃拂衣南遊曹、汴之境。因酒後忤浚儀令崔賢，又遇責辱。西至新豐，宿旅次，主人唯供設諸商販人，而不顧周。周遂命酒一斗，獨酌，所飲餘者，便脱靴洗足，主人竊奇之。因至京，停於賣䭔媪肆。數日，祈覓一館客處，媪乃引致於中郎將常何之家。媪之初賣䭔也，李淳風、袁天綱嘗遇而異之，皆竊云：「此婦人大貴，何以在此？」馬公尋取爲妻。後有詔，文武五品官已上，各上封事。周陳便宜二十條事，遣何奏之，乃請置街鼓，及文武官緋紫碧緑等服色，並城門左右出入，事皆合旨。太宗怪而問何所見，何對曰：「乃臣家客馬周所爲也。」召見與語，命直門下省，仍令房玄齡試經及策，拜儒林郎，守監察御史。以常何舉得其人，賜帛百匹。周後轉給事中、中書舍人。有機辯，能敷奏，深識事端，動無不中。岑文本見之曰：「吾見馬君，令人忘倦。然鳶肩火色，騰上必速，但恐不能久耳。」數年内，官至宰相，其媪亦爲夫人。後爲吏部尚書，病消渴，彌年不瘳。年四十八而卒，追贈右僕射高唐公。《定命録》（《廣記》二二四）。

4 中書令馬周，始以布衣上書，太宗覽之，未及終卷，三命召之。所陳世事，莫不施行。舊諸街晨昏傳叫，以警行者，代之以鼓，城門入由左，出由右：皆周法也。《隋唐嘉話》中，《唐語林》五。

5 馬周，太宗將幸九成宫，上疏諫曰：「伏見明敕，以二月二日幸九成宫。臣竊惟太上皇春秋已高，陛下宜朝夕侍膳，晨昏起居。今所幸宫，去京二百餘里，鑾輿動軔，俄經旬日，非可朝行暮至也。脱上皇情或思感，欲見陛下者，將何以赴之？且車駕今行，本意只爲避暑，則上皇尚留熱處，而陛下自逐涼處，温凊之道，臣切不安。」文多不載。太宗稱善。《大唐新語》二。《唐會要》二七。《唐語林》一。

6 咸亨二年五月十六日，城陽公主薨。公主初適杜荷，坐承乾事誅，公主改適薛瓘，太宗使卜之。卜人曰：「兩火俱食，始則同榮，末亦雙悴。若晝日行合巹之禮，則終吉。」上將從之，馬周諫曰：「臣聞朝謁以朝，思相戒也；講習以晝，思相成也；讌飲以昃，思相歡也；婚合以夜，思相親也。是以上下有成，内外有親，動息有時，吉凶有儀。先王之教，不可黷也。今陛下欲謀其始而亂其紀，不可爲也。夫卜筮者，所以決嫌疑，若黷禮亂常，先王所不用。」上從其言。瓘後爲房州刺史，公主隨之，及薨，雙柩齊引而還。《唐會要》六。

7 馬周雅善敷奏，動無不中。岑文本謂人曰：「吾觀馬周論事多矣，援引事類，揚搉古今，舉要删蕪，言辯而理切。奇鋒高論，往往間出，聽之靡靡，令人忘倦。然鳶肩火色騰上，必速死，恐不能久矣。」無何而卒，如文本言。《大唐新語》七。《唐語林》一。

8 馬周臨終，索陳事草一篋，手自焚之。曰：「管、晏彰君之過，求身後名，吾不爲也。」《南部新書》戊。

常何

1 唐太宗貞觀五年，以旱，詔文武官極言得失。時馬周客游長安，舍於中郎將常何之家。何武人，不學，不知所言，周代之陳便宜二十餘條。上怪其能，以問何。對曰：「此非臣所能，家客馬周爲臣具草耳。」上即召周與語，甚悦，以何爲知人，賜絹三百匹。常何後亦不顯，莫知其所以進。予案《李密傳》，密從翟讓與張須陁戰，率驍勇常何等二十人爲游騎，遂殺須陁，常何之名蓋見於此。唐史亦採於劉仁軌《行年河洛記》也。《容齋四筆》一〇。參見馬周1。

崔仁師

1 崔仁師爲度支郎中，嘗陛奏度支錢物數千言，手不執本，太宗怪之。令杜正倫賫本，仁師對唱，一無差殊。刑部以反逆緣坐，兄弟没官爲輕，改從死。仁師議，以爲父子天屬，昆季同氣，誅其父子，足累其心。此而不顧，何愛兄弟。既欲改法，請審商量。竟從仁師議。《譚賓録》(《廣記》一七四)。《大唐新語》四。《神異録》(《廣記》一六四)。《續世説》一。

于志寧

1 于志寧爲僕射，與修史，恨不得學士。來濟爲學士，恨不得修史。《南部新書》丁。

高季輔

1 見唐太宗91。

2 〔貞觀十七年〕，吏部尚書高季輔知選，凡所銓綜，時稱允協。十八年，於東都獨知選事，太宗賜金背鏡一面，以表其清鑒焉。《唐會要》七四。又《廣記》一八五引。《譚賓録》(《廣記》一六四)。《續世説》四。

張行成

1 太宗嘗臨軒，謂侍臣曰：「朕所不能恣情以樂當年，而勵心苦節、卑宫菲食者，正爲蒼生耳。我爲人主，兼行將相事，豈不是奪公等名？昔漢高得蕭、曹、韓、彭，天下寧晏；舜、禹、殷、周得稷、契、伊、吕，四海乂安。如此事，朕並兼之。」給事中張行成諫曰：「有隋失道，天下沸騰。陛下撥亂反正，拯生人於塗炭，何禹、湯所能擬！陛下聖德含光，規模弘遠，然文武之烈，未嘗無將相。何用臨朝對衆，與其較量，將以天下已定，不籍其力，復以萬乘至尊，與臣下争功。臣聞：『天何言哉，而四時行焉。』又曰『汝唯弗矜，天下莫與汝争功。』臣備員近樞，非敢知獻替事，輒陳狂直，伏待葅醢。」太宗深納之，俄遷侍中。《大唐新語》一。《唐語林》一。

2 高宗朝，晉州地震，雄雄有聲，經旬不止。高宗以問張行成，行成對曰：「陛下本封于晉，今晉州地震，不有徵應，豈使徒然哉！夫地，陰也，宜安静，而乃屢動。自古禍生宫掖，釁起宗親者，非一朝一夕。或恐諸王、公主，謁見頻頻，承間伺隙。復恐女謁用事，臣下陰謀。陛下宜深思慮，兼修德，以杜未萌。」高宗深納之。《大唐新語》一。《唐語林》一。

任　瓌

1 初，兵部尚書任瓌敕賜宫女二人，皆國色。妻妒，爛二女頭髮秃盡。太宗聞之，令上宫齎金壺缾酒賜之，云：「飲之立死。瓌三品，合置姬媵。爾後不妒，不須飲；若妒，即飲之。」柳氏拜敕訖，曰：「妾與瓌結髮夫妻，俱出微賤，更相輔翼，遂致榮官。瓌今多内嬖，誠不如死。」飲盡而卧，然實非酖也，至夜半睡醒。帝謂瓌曰：「其性如此，朕亦當畏之。」因詔二女令别宅安置。《朝野僉載》三。又《廣記》二七二引。參看房玄齡15。

2 唐管國公任瓌酷怕妻。太宗以功賜二侍子，瓌拜謝，不敢以歸。太宗召其妻，賜酒，謂之曰：「婦人妬忌，合當七出。若能改行無妬，則無飲此酒；不爾，可飲之。」曰：「妾不能改妬，請飲酒。」遂飲之。比醉歸，與其家死訣，其實非鴆也，既不死。他日，杜正倫譏弄瓌，瓌曰：「婦當怕者三：初娶之時，端居若菩薩，豈有人不怕菩薩耶？既長生男女，如養兒大蟲，豈有人不怕大蟲耶？年老面皺，如鳩盤茶鬼，豈有人不怕鬼耶？以此怕婦，亦何怪焉？」聞者歡喜。《御史臺記》（《廣記》二四八）。參看裴談1。

傅奕

1 太史令傅奕，博綜羣言，尤精《莊》、《老》，以齊生死、混榮辱爲事，深排釋氏，嫉之如讎。嘗至河東，遇彌勒塔，士女輻輳禮拜，奕長揖之曰：「汝往代之聖人，我當今之達士。」奕上疏請去釋教，其詞曰：「佛在西域，言妖路遠。漢譯胡書，恣其假託。故不忠不孝，削髮而揖君親；游手游食，易服以逃租稅。凡百黎庶，不察根源，乃追既往之罪，虛覬將來之福。布施一錢，希萬倍之報；持齋一日，期百日之糧。」又上論十二首，高祖將從之，會傳位而止。《大唐新語》九。

2 傅奕常不信佛法。高祖時，有西國胡僧能口吐火以威脅衆，奕對高祖曰：「此胡法不足信。若火能燒臣，即爲聖者。」高祖試之，立胡僧於殿西，奕於殿東，乃令胡僧作法。於是跳躍禁呪，火出僧口，直觸奕，奕端笏曰：「乾，元亨利貞，邪不干正。」由是火返焰燒僧，立死。《獨異志》上。

3 貞觀中有婆羅僧，言得佛齒，所擊前無堅物，於是士馬奔湊，其處如市。時傅奕方卧病，聞之，謂其子曰：「是非佛齒。吾聞金剛石至堅，物不能敵，唯羚羊角破之。汝可往試之焉。」胡僧緘縢甚嚴，固求良久，乃得見。出角叩之，應手而碎，觀者乃止。今理珠玉者皆用之。《隋唐嘉話》中。又《廣記》一九七引作《國史異纂》。《唐語林》三。

4 貞觀中，西域獻胡僧，咒術能死生人。太宗令於飛騎中揀壯勇者試之，如言而死，如言而蘇。帝以告太常卿傅奕，奕曰：「此邪法也。臣聞邪不犯正，若使咒臣，必不得行。」帝召僧咒奕，奕對之，初無所覺。須臾，胡僧忽然自倒，若爲所擊者，便不復蘇。《隋唐嘉話》中。又《廣記》二八五引作《國朝雜記》。《唐語林》三。案：今本《劉賓客嘉話録》亦載之，唐蘭考爲誤入。

5 唐太史令傅奕，本太原人，隋末，徙至扶風。少好博學，善天文曆數，聰辯，能劇談。自武德、貞觀中，嘗爲太史令。性不信佛法，每輕僧尼，至以石像爲塼瓦之用。《地獄苦記》（《廣記》一一六）。

吕才

1 見玄奘6。

張玄素

1 張玄素，貞觀初太宗聞其名，召見，訪以理道。玄素曰：「臣觀自古已來，未有如隋室喪亂之甚，豈非其君自專，其法日亂。向使君虛受於上，臣弼違於下，豈至於此。且萬乘之主，欲使自專庶務，日斷十事，而有五條不中者，何況萬務乎？以日繼月，乃至累年，乖繆既多，不亡何待？陛下若近鑒危亡，日慎一日，堯舜之道，何以加之。」太宗深納之。《大唐新語》二。《唐語林》一。

2 張玄素爲給事中，貞觀初修洛陽宫以備巡幸，上書極諫，其略曰：「臣聞阿房成，秦人散；章華就，楚衆離； 及乾陽畢功，隋人解體。 且陛下今時功力，何異昔日，役瘡痍之人，襲亡隋之弊。 以此言之，恐甚於煬帝，深願陛下思之。 無爲由余所笑，則天下幸甚。」太宗曰： 「卿謂我不如煬帝，何如桀紂？」玄素對曰： 「若此殿卒興，所謂同歸於亂。 且陛下初平東都，太上皇敕： 『高門大殿，並宜焚毁。』陛下以瓦木可用，不宜焚灼，請賜與貧人。 事雖不行，天下稱爲至德。 今若不遵舊制，即是隋役復興。 五六年間，取捨頓異，何以昭示萬姓，光敷四海？」太宗曰： 「善。」賜采三百疋。 魏徵歎曰： 「張公論事，遂有迴天之力，可謂仁人之言，其利溥哉！」《大唐新語》二。《貞觀政要》二。《唐語林》一。

3　見孫伏伽3。

柳　亨

1　柳亨飲未嘗醉，有白鷄盞，取其迅速。《朝野僉載》（《錦繡萬花谷》前集三五）。

閻立德

1、2　見閻立本3、7。

閻立本

1　閻立本家代善畫。 至荆州視張僧繇舊迹，曰： 「定虚得名耳。」明日又往，曰： 「猶是近代佳手。」

明日更往，曰：「名下定無虚士。」坐卧觀之，留宿其下，十日不能去。張僧繇始作《醉僧圖》，道士每以此嘲僧，羣僧耻之，於是聚錢數十萬，貿閻立本作《醉道士圖》，今並傳於代。《隋唐嘉話》中。又《廣記》二一一引作《國史異纂》。《圖畫見聞誌》五。《唐語林》三。《宣和畫譜》一。　案：《劉賓客嘉話録》亦載此文，唐蘭考爲誤入。

2　國初閻立本善畫，尤工寫真。太宗之爲秦王也，使立本圖秦府學士杜如晦等一十八人，文學士褚亮爲讚。今人間《十八學士圖》是也。《封氏聞見記》五。《唐朝名畫録》。又《廣記》二一一、《御覽》七五一引作《唐畫斷》。《宣和畫譜》一。《圖繪寶鑑》二。

3　唐貞觀三年，東蠻謝元深入朝，冠烏熊皮冠，以金絡額，毛帔以裳，爲行縢，著履。中書侍郎顔師古奏言：「昔周武王治致太平，遠國歸款，周史乃集其事爲《王會》篇。今聖德所及，萬國來朝，卉服鳥章，俱集蠻邸，實可圖寫貽于後，以彰懷遠之德。」從之，乃命立德等圖畫之。又趙郡李嗣真論畫，其上品之第三序右相博陵子閻立本，洎其兄工部尚書大安公立德之畫曰：「大安博陵，難兄難弟。自江右陸謝云亡，北朝子華長逝，象人之妙，實爲中興。至如萬國來庭，奉塗山之玉帛；百蠻朝貢，接應門之序位，折旋矩規，端簪奉笏之儀；魁詭譎怪，鼻飲頭飛之俗，莫不盡該豪末，備得精神。」《譚賓録》（《廣記》二一一）。又張本《説郛》七三引。《宣和畫譜》一。

4　閻立本畫《宣王吉日圖》，太宗文皇帝尚爲題字。時朝中諸公皆議論東都從幸，上出示圖於諸臣，稱爲「越絶前世」，已而忽藏於衣袖，笑謝而退。自是立本有丹青之譽。《龍城録》上。

5　太宗嘗與侍臣泛舟春苑，池中有異鳥隨波容與，太宗擊賞數四，詔坐者爲詠，召閻立本寫之。閣外傳呼云：「畫師閻立本。」立本時爲主爵郎中，奔走流汗，俯伏池側，手揮丹青，不堪愧赧。既而戒其子曰：「吾少好讀書，幸免面牆。緣情染翰，頗及儕流。唯以丹青見知，躬厮養之務，辱莫大焉。汝宜深戒，勿習此也。」《大唐新語》一一。又《廣記》二一一引。《歷代名畫記》九。《唐朝名畫録》。《宣和畫譜》一。

6　閻立本，太宗朝官至刑部侍郎，位居宰相，與兄立德齊名於當世。嘗奉詔寫太宗御容，後有佳手傳寫於玄都觀東壁前間，以鎮九崗之氣，猶可仰神武之英威也。《唐朝名畫録》。又《廣記》二一一引作《唐畫斷》。

7　閻立德《職貢》圖異方人物詭怪之質，自梁、魏以來名手，不可過也。時南山有猛獸害人，太宗使驍勇者往捕之，不獲。又虢王元鳳忠義奮發，往射之，一箭而斃。太宗壯之，使其弟立本圖其狀，鞍馬僕從，皆若真；觀者莫不驚嘆其神妙。……惟《職貢》、《鹵簿》等圖，與立德皆同製之。又云慈恩寺畫功德，親手設色，不見其蹤跡。凡畫人物，冠冕車服，皆神妙也。《唐朝名畫録》。又《御覽》七五一、《廣記》二一一引作《唐畫斷》。《歷代名畫記》九。

8　立本以高宗總章元年遷右相，今之中書令也，時人號爲「丹青神化」。今西京延康坊立本舊宅西亭，立本所畫山水存焉。《封氏聞見記》五。《唐語林》三。

9　高宗朝，姜恪以邊將立功爲左相，閻立本爲右相。時以年饑，放國子學生歸，又限令史通一經。時人爲之語曰：「左相宣威沙漠，右相馳譽丹青。三館學生放散，五臺令史明經。」以末伎進身者，可爲炯戒。《大唐新語》一一。又《廣記》二一一引。《歷代名畫記》九。

10　見狄仁傑2。

李乾祐

1 見汲師1。

唐皎

1 唐皎貞觀中爲吏部。先時選集，四時隨到即補，皎始請以冬時大集，終季春而畢。至今行之。《大唐傳載》。

2 先是，侍郎唐皎銓引選人，問其穩便。對曰「家在蜀」，乃注吴；有言「親老在江南」，即唱隴右。有一信都人，心希河朔恩，紿曰「願得淮、淝」，即注漳、滏間一尉。由是大爲選人作法，取之往往有情願者。《封氏聞見記》三。《唐會要》七四。又《廣記》一八五引。

唐臨

1 唐臨爲大理卿，初莅職，斷一死囚。先時坐死者十餘人，皆他官所斷。會太宗幸寺，親録囚徒。他官所斷死囚，稱冤不已；臨所斷者，嘿而無言。太宗怪之，問其故，囚對曰：「唐卿斷臣，必無枉濫，所以絶意。」太宗歎息久之，曰：「爲獄固當若是。」因遂見原。即日，拜御史大夫，太宗親爲之考詞曰：「形若死灰，心如鐵石。」初，臨爲殿中侍御史，正班大夫韋挺責以朝列不肅，臨曰：「此將爲小事，不以介意，請俟後命。」翌日，挺離班與江夏王道宗語，趨進曰：「王亂班。」將彈之。道宗曰：「共公卿大夫語。」臨曰：「大夫亦亂班。」挺失色而退。同列莫不悚動。《大唐新語》四。又《御覽》二三一引。《唐會要》六二。

2　唐公臨性寬仁多慈恕。欲弔喪，令家僮歸取白衫，僮僕誤持餘衣，懼未敢進。臨祭，公謂之曰：「今日氣逆，不宜哀泣，向取白衫且止之。」又令煮藥，不精，潛覺其故，又謂曰：「今日陰晦，不宜服藥，可棄之。」終不揚其過也。《大唐傳載》。又《廣記》四九三引。《唐語林》三。

劉德威

1　太宗問大理卿劉德威曰：「近來刑網稍密，何也？」對曰：「誠在君上，不由臣下。主好寬則寬，好急則急。律文：失入減三等，失出減五等。今則反是，失入無辜，失出則獲戾，所以吏各自愛，競執深文，畏罪之所致也。」太宗深納其言。《大唐新語》四。

竇　静

1　竇静爲司農卿，趙元楷爲少卿。静頗方直，甚不悦元楷之爲官。屬大會，謂元楷曰：「如隋煬帝意在奢侈，竭四海以奉一人者，司農須公矣。方今聖上躬履節儉，屈一人以安兆庶，司農何用於公哉！」元楷赧然而退。初，太宗既平突厥，徙其部衆於河南，静上疏極諫，以爲不便。又請太宗置屯田，以省饋餉。皆有弘益。《大唐新語》三。

竇師綸

1 竇師綸字希言，納言陳國公抗之子。初爲太宗秦王府諮議、相國録事參軍，封陵陽公。性巧絶。草創之際，乘輿皆闕，敕兼益州大行臺檢校修造。凡創瑞錦宫綾，章彩奇麗，蜀人至今謂之陵陽公樣。官至太府卿，銀、坊、邛三州刺史。高祖、太宗時内庫瑞錦對雉鬭羊、翔鳳游麟之狀，創自師綸，至今傳之。

王師旦

1 貞觀二十年，王師旦爲員外郎，冀州進士張昌齡、王公瑾並文詞俊楚，聲振京邑。師旦考其文策爲下等，舉朝不知所以。及奏等第，太宗怪無昌齡等名，問師旦。師旦曰：「此輩誠有詞華；然其體輕薄，文章浮艷，必不成令器。臣擢之，恐後生倣效，有變陛下風俗。」上深然之。後昌齡爲長安尉，坐贓罪解官，而王公瑾亦無所成。《封氏聞見記》三。《譚賓録》（《廣記》一六九）。《唐會要》七六。《唐語林》三。《唐詩紀事》八。

裴明禮

1 唐裴明禮，河東人，善於理生。收人間所棄物，積而鬻之，以此家産巨萬。又於金光門外市不毛地，多瓦礫，非善價者，乃於地際竪標，懸以筐，中者輒酬以錢，十百僅一二中。未洽浹，地中瓦礫盡矣。乃舍諸牧羊者，糞既積，預聚雜果核，具犂牛以耕之。歲餘滋茂，連車而鬻，所收復致巨萬。乃繕甲第，周院置蜂房以營蜜。廣栽蜀葵、雜花果，蜂採花逸而蜜豐矣。營生之妙，觸類多奇，不可勝數。貞觀中，自右臺主簿拜殿中侍御史，轉兵、吏員外，中書舍人，累遷太常卿。《御史臺記》（《廣記》二四三）。

蕭德言

1 唐蕭德言篤志於學，每開五經，必盥濯束帶，危坐對之。妻子謂曰：「終日如是，無乃勞乎？」德言曰：「敬先師之言，豈憚於此乎。」《譚賓録》（《廣記》二〇二）。

袁承序

1 見岑文本3。

敬　播

1 太宗破高麗於安市城東南，斬首二萬餘級，降者二萬餘人，俘獲牛馬十萬餘匹。因名所幸山爲「駐蹕山」。許敬宗爲文刻石紀功焉。中書舍人敬播曰：「聖人與天地合德，山名駐蹕，此蓋天意鑾輿不復更東矣。」自七月攻安市，城拔，乃班師焉。《大唐新語》七。

谷那律

1 谷那律，貞觀中爲諫議大夫，褚遂良呼爲九經庫。永徽中，嘗從獵，途中遇雨。高宗問：「油衣若爲得不漏？」那律曰：「能以瓦爲之，不漏也。」意不爲畋獵。高宗深賞焉，賜那律絹帛二百疋。《大唐新語》一。《唐會要》二八。《唐語林》一。 案：《貞觀政要》一〇、《舊唐書》一八九、《新唐書》一九八亦載之，並爲太宗事跡。《通鑑》一九九則同此。

契苾何力

1 見薛萬備1。

2 契苾何力，鐵勒酋長也。太宗征遼，以爲前軍總管。軍次白雀城，被矟中腰，瘡重疾甚，太宗親爲傅藥。及城破，敕求得傷何力者，付何力令自殺之。何力奏曰：「犬馬猶爲主，況於人乎？彼爲其主致命，冒白刃而刺臣者，是義勇士也。不相識，豈是冤讎？」遂捨之。《大唐新語》七。

3 司稼卿梁孝仁，高宗時造蓬萊宮，諸庭院列樹白楊。將軍契苾何力，鐵勒之渠率也，於宫中縱觀。孝仁指白楊曰：「此木易長，三數年間宫中可得陰映。」何力一無所應，但誦古詩云：「白楊多悲風，蕭蕭愁殺人。」意謂此是塚墓間木，非宫中所宜種。孝仁遽令拔去，更樹梧桐也。《隋唐嘉話》中。《唐語林》一。

薛大鼎

1　薛大鼎爲滄州刺史，界内先有〔無〕棣河，隋末填塞，大鼎奏聞開之，引魚鹽於海。百姓歌曰：「新河得通舟檝利，直至滄海魚鹽至。昔日徒行今騁駟，美哉薛公德滂被。」大鼎又决長盧及漳、衡等三河，分洩夏潦，境内無復水害。《大唐新語》四。

2　薛大鼎爲滄州刺史，引海水，利魚鹽，邑人歌之。時瀛州刺史賈敦（順）〔頤〕、冀州刺史鄭德本，俱有美政，河北稱爲「鐺脚刺史」。《獨異志》上。

尹伊　楊纂

1　貞觀中，金城坊有人家爲胡所劫者，久捕賊不獲。時楊纂爲雍州長史，判勘京城坊市諸胡，盡禁推問。司法參軍尹伊異判之曰：「賊出萬端，詐僞非一，亦有胡着漢帽，漢着胡帽，亦須漢裏兼求，不得胡中直覓。請追禁西市胡，餘請不問。」纂初不同其判，遽命，沉吟少選，乃判曰：「纂輸一籌。餘依判。」太宗聞之，笑曰：「朕用尹伊，楊纂聞義伏輸一籌，朕復得幾籌耶？」俄果獲賊。尹伊嘗爲坊州司户，尚藥局牒省索杜若，省符下坊州供送。伊判之曰：「坊州本無杜若，天下共知。省符忽有此科，應由謝朓詩誤。華省曹郎如此判，豈不畏二十八宿向下笑人！」由是知名。改補雍州司法。《大唐新語》九。《御史臺記》（《廣記》二四九）。《隋唐嘉話》中。又《廣記》四九三引作《國史異纂》。《南部新書》己。　案：今本《劉賓客嘉話録》亦載坊州事，唐蘭考爲誤入。

馮立

1 馮立，武德中爲東宫率，甚被隱太子親遇。太子之死也，左右多逃散，立歎曰：「豈有生受其恩，而死逃其難！」於是率兵犯玄武門，苦戰，殺屯營將軍敬君弘。謂其徒曰：「微以報太子矣。」遂解兵遁於野。俄而來請罪，太宗數之曰：「汝昨者出兵來戰，大殺傷吾兵，將何以逃死？」立飲泣而對曰：「立出身事主，期之効命，當戰之日，無所顧憚。」因戲欷，悲不自勝。太宗慰勉之，授左屯衛中郎將。立謂所親曰：「逢莫大之恩幸而獲免，終當以死奉答。」未幾，突厥至便橋，率數百騎與虜戰於咸陽，殺獲甚衆，所向皆披靡，太宗聞而嘉歎之。時有齊王元吉府左車騎謝叔方率府兵與立合軍拒戰，及殺敬君弘、中郎將吕衡，王師不振，秦府護軍尉尉遲敬德乃持元吉首以示之，叔方下馬號泣，拜辭而遁。明日出首，太宗曰：「義士也。」命釋之，授右翊衛郎將。《貞觀政要》五。《大唐新語》三。

2 出牧南海，前後牧守率多貪冒，蠻夷患之，數爲叛逆。立不營生業，衣食取給而已。嘗至貪泉，歎曰：「此吴隱之所酌泉也。飲一杯何足道哉，吾當汲而爲食。」畢飲而去。《大唐新語》三。

王璥

1 貞觀中，左丞李行廉弟行詮前妻子忠烝其後母，遂私將潛藏，云敕追入内。行廉不知，乃進狀問，奉敕推詰極急。其後母詐以領巾勒項卧街中，長安縣詰之，云有人詐宣敕唤去，一紫袍人見留宿，不知姓名，勒項送至街中。忠惶恐，私就卜問，被不良人疑之，執送縣。縣尉王璥引就房内推問，不承。璥先令一人於案褥下伏聽，令一人走報長使喚，璥鎖房門而去。子母相謂曰：「必不得承。」並私密之語。璥至開門，案下之人亦起，母子大驚，並具承伏法云。《朝野僉載》五。《折獄龜鑑》三。

蔣恒

1 貞觀中，衛州板橋店主張迪妻歸寧。有衛州三衛楊貞等三人投店宿，五更早發。夜有人取三衛刀殺張迪，其刀却内鞘中，貞等不知之。至明，店人趨貞等，拔刀血狼藉，囚禁拷訊，貞等苦毒，遂自誣。上疑之，差御史蔣恒覆推。至，總追店人十五以上集，爲人不足，且散，唯留一老婆年八十已上。晚放出，令獄典密覘之，曰：「婆出，當有一人與婆語者，即記取姓名，勿令漏洩。」果有一人共語者，即記之。明日復爾。其人又問婆：「使人作何推勘？」如是者二日，並是此人。恒總追集男女三百餘人，就中喚與老婆語者一人出，餘並放散。問之具伏，云與迪妻姦殺有實。奏之，敕賜帛二百段，除侍御史。《朝野僉載》四。《折獄龜鑑》一。

裴略

1 唐初，裴略宿衛考滿，兵部試判，爲錯一字落第。此人即向僕射温彦博處披訴，彦博當時共杜如晦坐，不理其訴。此人即云：「少小以來，自許明辯。至於通傳言語，堪作通事舍人。並解作文章，兼能嘲戲。」彦博始迴意共語。時廳前有竹，彦博即令嘲竹，此人應聲嘲曰：「竹，風吹青肅肅，凌冬葉不凋，經春子不熟。虚心未能待國士，皮上何須生節目。」彦博大喜，即云：「既解通傳言語，可傳語與廳前屏牆。」此人走至屏牆，大聲語曰：「方今聖上聰明，闢四門以待士。君是何物，久在此妨賢路，即推倒。」彦博云：「此意著博。」此人云：「非但著膊，亦乃着肚。」當爲杜如晦在坐。有此言。彦博、如晦，俱大歡笑，即令送吏部與官。《啓顏録》(《廣記》二五四)。《大唐新語》一三。《羣居解頤》(張本《説郛》三二、陶本《説郛》二四)。

張昌齡

1　見王師旦1。

2　張昌齡與太皇作息兵甲詔，歎曰：「禰衡、潘岳之儔也。」《南部新書》丙。《唐詩紀事》八。

3　見蘇味道9。

慧　静

1　貞觀中，紀國寺僧慧静撰《續英華詩》十卷，行於代。慧静嘗言曰：「作之非難，鑒之爲貴。吾所搜揀，亦《詩》三百篇之次矣。」慧静俗姓房，有藻識。今復有詩篇十卷，與《英華》相似，起自梁代，迄於今朝，以類相從，多於慧静所集，而不題撰集人名氏。《大唐新語》九。《南部新書》乙。

尉遲乙僧

1 尉遲乙僧者，吐火羅國人。貞觀初，其國王以丹青奇妙薦之闕下。又云其國尚有兄甲僧，未見其畫蹤也。乙僧今慈恩寺塔前功德，又凹凸花面中間千手眼大悲精妙之狀，不可名焉。又光宅寺七寶臺後面畫降魔像千怪萬狀，實奇蹤也。凡畫功德、人物、花鳥，皆是外國之物像，非中華之威儀。前輩云：「尉遲乙僧，閻立本之比也。」景玄嘗以閻畫外國之人，未盡其妙；尉遲畫中華之像，抑亦未聞。由是評之，所攻各異。其故居神品也。《唐朝名畫録》。又《廣記》二一一引作《唐畫斷》。《宣和畫譜》一。

2 尉遲乙僧，于闐國人，父跋質那。乙僧國初授宿衛官，襲封郡公。善畫外國及佛像。時人以跋質那爲大尉遲，乙僧爲小尉遲。畫外國及菩薩，小則用筆緊勁，如屈鐵盤絲，大則灑落有氣概。僧悰云：「外國鬼神，奇形異貌，中華罕繼。」竇云：「澄思用筆，雖與中華道殊，然氣正迹高，可與顧、陸爲友。」《歷代名畫記》九。

3 尉遲乙僧畫平陽公主像，據鞍佩橐鞬，唐初奇筆。畫馬尤精好，在韓幹上。《緯略》一〇。

4 普賢堂，本天后梳洗堂，蒲萄垂實，則幸此堂。今堂中尉遲畫頗有奇處，四壁畫像及脱皮白骨，匠意極險。又變形三魔女，身若出壁。又佛圓光，均彩相錯亂目成。講東壁佛座前錦如斷古標。又左右梵僧及諸蕃往奇，然不及西壁。西壁逼之摽摽然。《酉陽雜俎》續集六。

王定

1 王定爲中書，常僻于畫。公政之外，每圖像菩薩、高僧、士女，皆冠於當代。每經畫處，咸謂驚人。《唐朝名畫録》。《圖繪寶鑑》二。

張孝師

1 張孝師爲驃騎尉，尤善畫地獄，氣候幽默。孝師曾死復蘇，具見冥中事，故備得之。吴道玄見其畫，因效爲地獄變。《歷代名畫記》九。又《御覽》七五一引。《宣和畫譜》一。《圖繪寶鑑》二。

蕭翼

1 太宗以翼爲監察御史，充使取羲之《蘭亭序》真蹟於越僧辯才。翼初作北人南遊，一見款密，留宿，設缸面酒。江東缸面，猶河北曰甕頭，蓋初熟酒也。酣樂之後，探韻賦詩。才探來字詩云：「初醖一缸開，新知萬里來。披雲同落莫，步月共徘徊。夜久孤琴思，風長旅雁哀。非君有祕術，誰照不燃灰。」翼探招字詩云：「邂逅款良宵，慇懃荷勝招。彌天俄若舊，初地豈成遥。酒蟻傾還泛，心猿躁似調。誰憐失羣翼，長苦業風飄。」既而以術取其書以歸。本名世翼。《唐詩紀事》五出《法書要録》三載何延之《蘭亭記》，又《廣記》二〇八引之。

趙耶利

1 趙耶利居士，唐初天水人也。以琴道見重於海内，帝王賢貴靡不欽風。舊錯謬十五餘弄，皆削凡歸雅，無一徵玷不合於古。述《執法象》及《胡笳五弄譜》兩卷。弟子達者三人，並當代翹楚。貞觀十年，終於曹，壽七十六。弟子宋孝臻、公孫常。《樂纂》(《御覽》五七九)。案：趙耶利《新唐書·藝文志》作「趙邪利」。

羅黑黑

1 見唐太宗143。

裴洛兒

1 貞觀中，彈琵琶裴洛兒始廢撥用手，今俗謂搊琵琶是也。《隋唐嘉話》中。《廣記》二〇五、張本《説郛》六七引作《國史異纂》。《琵琶録》(陶本《説郛》一〇二、張本《説郛》二〇)。

王君操

1 王君操父大業中爲鄉人李君則毆死。貞觀初，君則以運代遷革，不懼憲綱；又以君操孤微，必無復讎之志，遂詣州府自露，爲君操密藏白刃刺殺之，刳其心肝，咀之立盡。詣刺史自陳，州司以其擅殺，問之曰：「殺人償死，律有明文，何方自理，以求生路？」君操曰：「亡父被殺二十餘年，聞諸典禮，父讎不同天，早願從之，久而未遂。常懼滅亡，不展冤情。今耻既雪，甘從刑憲。」州司上聞，太宗特原之。《大唐新語》五。

甄權

1 甄權精究醫術，爲天下最。年一百三歲，唐太宗幸其宅，拜朝散大夫。《譚賓録》（《廣記》二一八）。《唐會要》八二。

孫思邈

1 孫思邈，華原人，七歲就學，日諷千言。及長，善譚莊老百家之説。周宣帝時，以王室多故，隱於太白山。隋文帝輔政，徵爲國子博士，不就。常謂人曰：「過是五十年，當有聖人出，吾方助之，以濟生人。」太宗召詣京師，嗟其顔貌甚少，謂之曰：「故知有道者誠可尊重，羨門之徒，豈虚也哉！」將授之以爵位，固辭不受。高宗召拜諫議大夫，又固辭。時年九十餘，而視聽不衰，頗明推步導養之術。時范陽盧照鄰，有盛名於朝，而染惡疾，嗟禀受之不同，昧彭殤之殊致，嘗問於思邈曰：「名醫愈疾，其道如何？」對曰：「吾聞善言天者，必本之於人。天有四時五行，寒暑迭代，其運轉也。和而爲雨，怒而爲風，凝爲霜雪，張爲虹蜺，此天地之常數。人有四肢五藏，一覺一寐，呼吸吐納，精氣往來，流而爲榮衛，彰而爲氣色，發而爲聲音，此人之常數也。陽用其精，陰用其形，天人之所同也。及其失也，蒸則生熱，否則生寒，結而爲瘤贅，陷而爲癰疽，奔而爲喘乏，竭而爲焦枯，沴發乎面，變動乎形，推此以及天，則兆亦如之。故五緯盈縮，星辰錯行，日月薄蝕，彗孛流飛，此天文之危沴也。寒暑不時，此天地之蒸否也。石立土踴，此天地之瘤贅也。山崩地陷，此天地之癰疽也。奔風暴雨，此天地之喘乏也。雨澤不降，川瀆涸竭，此天地之焦枯也。良醫導之以藥石，救之以針劑。聖人和之以至德，輔之以人事。故體有可愈之疾，天地有可消之災也。」又曰：「膽欲大而心欲小，智欲圓而行欲方。詩曰：『如臨深淵；如履薄冰。』謂小心也。『赳赳武夫，公侯干城。』謂大膽也。不爲利回，不爲義疚，仁之方也。見幾而作，不俟終日，智之圓也。」制授承務郎，直尚藥局。永徽初卒，遺令薄葬，不設明器牲牢之奠。月餘顔色不變，舉屍入棺，如空焉。時人疑其屍解矣。《大唐新語》一〇。《譚賓録》(《廣記》二一八)。《仙傳拾遺》及《宣室志》(《廣記》二一)。

2 初，魏徵等受詔修齊、梁、周、隋等五代史，恐有遺漏，屢訪於思邈，口以傳授，有如目覩。東臺侍郎孫處約嘗將其五子侹、儆、俊、侑、佺，以謁思邈。思邈曰：「俊當先貴，侑當晚達，佺最居重位，禍在執兵。」後皆如其言。太子詹事盧齊卿，自幼時請問人倫之事，思邈曰：「汝後五十年，位登方伯，吾孫當爲屬吏，可自保也。」齊卿後爲徐州刺史，思邈孫溥，果爲徐州蕭縣丞。邈初謂齊卿言時，溥猶未生，而預知其事。凡諸異跡，多如此焉。《仙傳拾遺》及《宣室志》(《廣記》二一)。《續前定録》(張本《説郛》一〇〇、陶本《説郛》七二)。

3 孫思邈年百餘歲，善醫術。謂高仲舒曰：「君有貴相，當數政刺史。若爲齊州刺史，邈有一兒作尉，事使君，雖合得杖，君當憶老人言，願放之。」後果如其言，已剥其衣訖，忽記憶，遂放。《定命録》(《廣記》二二二)。

4 孫思邈以交加木造百齒梳用之，養生要法也。《樵人直說》（《雲仙雜記》三）。

5 孫思邈嘗隱終南山，與宣律和尚相接，每來往互參宗旨。時大旱，西域僧請於昆明池結壇祈雨，詔有司備香燈，凡七日，縮水數尺。忽有老人夜詣宣律和尚求救，曰：「弟子昆明池龍也，無雨久，匪由弟子。胡僧利弟子腦，將爲藥，欺天子言祈雨，命在旦夕，乞和尚法力加護。」宣公辭曰：「貧道持律而已，可求孫先生。」老人因至思邈石室求救。孫謂曰：「我知昆明龍宮有仙方三十首，爾傳與予，予將救汝。」老人曰：「此方上帝不許妄傳，今急矣，固無所吝。」有頃，捧方而至。孫曰：「爾第還，無慮胡僧也。」自是池水忽漲，數日溢岸，胡僧羞恚而死。孫復著《千金方》三十卷，每卷入一方，人不得曉。及卒後，時有人見之。《酉陽雜俎》前集二。《仙傳拾遺》及《宣室志》（《廣記》二一）。

李淳風

1 見袁天綱4。

2 太史令李淳風校新曆成，奏太陽合朔，當蝕既，於占不吉。太宗不悅，曰：「日或不蝕，卿將何以自處？」曰：「有如不蝕，則臣請死之。」及期，帝候日於庭，謂淳風曰：「吾放汝與妻子別。」對以尚早一刻，指表影曰：「至此蝕矣。」如言而蝕，不差毫髮。《隋唐嘉話》中。《廣記》七六引作《國史異纂》。

3 見唐太宗111。

4 李太史與張文收率更坐，有暴風自南而至，李以南五里當有哭者，張以爲有音樂。左右馳馬觀之，則遇送葬者，有鼓吹焉。《隋唐嘉話》中。《廣記》七六引作《國史異纂》。《唐語林》五。

5　見武皇后3。

袁客師

1　天綱有子客師，傳其父業，所言亦驗。客師官爲廩犧令。顯慶中，與賈文通同供奉。高宗以銀合合一鼠，令諸術數人射之，皆言有一鼠，客師亦曰：「鼠也，然入一出四。」其鼠入合中，已生三子。果有四矣。客師嘗與一書生同過江，登舟，遍視舟中人顔色，謂同侣曰：「不可速也。」遂相引登岸。私語曰：「吾見舟中數十人，皆鼻下黑氣，大厄不久。豈可知而從之，但少留。」舟未發間，忽見一丈夫，神色高朗，跛一足，負擔驅驢登舟。客師見此人，乃謂侣曰：「可以行矣。貴人在内，吾儕無憂矣。」登舟而發。至中流，風濤忽起，危懼雖甚，終濟焉。詢驅驢丈夫，乃是婁師德也。後位至納言焉。《定命録》（《廣記》二二一）。《雲谷雜記》二。

張冏藏

1　張冏藏善相，與袁天綱齊名。有河東裴某，年五十三爲三衛，當夏季番，入京，至滻水西店買飯。同坐有一老人謂裴曰：「貴人。」裴因對曰：「某今年五十三，尚爲三衛，豈望官爵？老父奈何謂僕爲貴人？」老父笑曰：「君自不知耳。從今二十五日，得三品官。」言畢便别。乃張冏藏也。裴至京，當番已二十一日。屬太宗氣疾發動，良醫名藥，進服皆不効，坐卧寢食不安，有詔：三衛已上，朝士已下，皆令進方。裴隨例進一方，乳煎蓽撥而服，其疾便愈。敕付中書，使與一五品官。宰相逡巡，未敢進擬。數日，太宗氣疾又發，又服蓽撥差，因問前三衛得何官，中書云：「未審與五品文官、武官？」太宗怒曰：「治一撥亂天子得活，何不與官？向若治宰相病可，必當日得官。」其日，特恩與三品正員京官，拜鴻臚卿，累遷至本州刺史。劉仁軌，尉氏人。年七八歲時，冏藏過其門見焉，謂其父母曰：「此童子骨法甚奇，當有貴禄，宜保養教誨之。」後仁軌爲陳倉尉，冏藏時被流劍南，經岐州過，馮長命爲岐州刺史，令看判司已下，無人至五品者。出逢仁軌，凛然變色，却謂馮使君曰：「得貴人也。」遂細看之，後至僕射。謂之曰：「僕二十年前於尉氏見一小兒，其骨法與公相類，當時不問姓名，不知誰耳。」軌笑曰：「尉氏小兒，仁軌是也。」冏藏曰：「公不離四品。若犯大罪，即三品已上。」後從給事中出爲青州刺史，知海運，遭風失船，被河間公李義府譖之，差御史袁異式推之，大理斷死，特敕免死除名，於遼東効力。入爲大司憲，竟位至左僕射。盧嘉瑒有莊田在許州，與表丈人河清張某鄰近，張任監察御史，丁憂，及終制，攜嘉瑒同詣張冏藏。其時嘉瑒年尚齠齔，張入見冏藏，立嘉瑒於中門外。張謂冏藏曰：「服終欲見宰執，不知何如？」冏藏曰：「侍御且得本官，縱遷，不過省郎。」言畢，冏藏相送出門，忽見嘉瑒，謂張曰：「侍御官爵不及此兒。此兒甚貴而壽，典十郡已上。」後嘉瑒歷十郡守，壽至八十。魏齊公元忠少時，曾謁冏藏，冏藏待之甚薄，就質通塞，亦不答也。公大怒曰：「僕不遠千里裹糧，非徒行耳，必謂明公有以見教，而含木舌，不盡勤勤之意耶！且窮通貧賤，自屬蒼蒼，何預公焉！」因拂衣而去。冏藏遽起，言曰：「君之相禄，正在怒中。後當位極人臣。」……姚元崇、李迥秀、杜景佺三人，因選同詣冏藏，冏藏云：「公三人並得宰相。然姚最富貴，出入數度爲相。」後皆如言。《定命録》（《廣記》二二一）。

2 見李勣19。

3 見婁師德2。

4 見張嘉貞6。

5 周郎中裴珪妾趙氏，有美色，曾就張璟藏卜年命。藏曰：「夫人目長而漫視。準相書，豬視者淫。婦人目有四白，五夫守宅。夫人終以姦廢，宜慎之。」趙笑而去。後果與人姦，没入掖庭。《朝野僉載》一。

玄　奘

1 沙門玄奘俗姓陳，偃師人，少聰敏，有操行。貞觀三年，因疾而挺志往五天竺國，凡經十七歲，至貞觀十九年二月十五日，方到長安。足所親踐者一百一十一國，探求佛法，咸究根源。凡得經論六百五十七部，佛舍利並佛像等甚多。京城士女迎之，填城隘郭。時太宗在東都，乃留所得經像於弘福寺，有瑞氣徘徊像上，移晷乃滅。遂詣駕，並將異方奇物朝謁，太宗謂之曰：「法師行後，造弘福寺，其處雖小，禪院虚静，可謂翻譯之所。」太宗御製《聖教序》。高宗時爲太子，又作《述聖記》，並勒於碑。麟德中，終於坊郡玉華寺。玄奘撰《西域記》十二卷，見行於代。著作郎敬播爲之序。《大唐新語》一三。《南部新書》壬。

2 唐初，有僧玄奘往西域取經，一去十七年。始去之日，於齊州靈巖寺院，有松一本立於庭，奘以手摩其枝曰：「吾西去求佛教，汝可西長。若歸，即此枝東向，使吾門人弟子知之。」及去，年年西指，約長數丈。一年忽東向指，門人弟子曰：「教主歸矣。」乃西迎之。奘果還歸，得佛經六百部。至今衆謂之摩頂松。《獨異志》上。又《廣記》九二引。《廣異記》(《類説》八)。

3 沙門玄奘俗姓陳，偃師縣人也。幼聰慧，有操行。唐武德初，往西域取經。行至罽賓國，道險，虎豹不可過，奘不知爲計，乃鏁房門而坐。至夕開門，見一老僧，頭面瘡痍，身體膿血，牀上獨坐，莫知來由。奘乃禮拜勤求，僧口授《多心經》一卷，令奘誦之。遂得山川平易，道路開闢，虎豹藏形，魔鬼潛跡。遂至佛國，取經六百餘部而歸。其《多心經》至今誦之。《獨異志》及《唐新語》(《廣記》九二)。

4 奘法師至中印度鄔爛陁寺，館於幼日王院覺賢房第四重閣，日供步羅果一百二十枚，大人米等。《五色線》下。

5 國初，僧玄奘往五印取經，西域敬之。成式見倭國僧金剛三昧，言嘗至中天，寺中多畫玄奘麻屩及匙筯，以綵雲乘之，蓋西域所無者。每至齋日，輒膜拜焉。《酉陽雜俎》前集三。《南部新書》庚。

6 慈恩寺，寺本浄覺故伽藍，因而營建焉。凡十餘院，總一千八百九十七間，敕度三百僧。初，三藏自西域迴，詔太常卿江夏王道宗設九部樂，迎經像入寺，綵車凡千餘輛，上御安福門觀之。太宗嘗賜三藏衲，約直百餘金，其工無針綖之迹。初，三藏翻《因明》，譯經僧栖玄，以論示尚藥奉御吕才，才遂張之廣衢，指其長短，著《破義圖》。其序云：「豈謂象繫之表，猶開八正之門；形器之先，更弘二知之教。」立難四十餘條。詔才就寺對論。三藏謂才云：「檀越平生未見太玄，詔問須臾即解。由來不窺象戲，試造旬日即成。以此有限之心，逢事即欲穿鑿。」因重申所難，一一收攝，折毫藏耳，衮衮不窮，凡數千言。才屈不能領，辭屈禮拜。塔西面畫濕耳師子，仰摹蟠龍，尉遲畫。及花子鉢、曼殊，皆一時絶妙。《酉陽雜俎》續集六。

7 玄奘以回鋒紙印普賢象，施于四衆，每歲五馱無餘。《僧圖逸録》（《雲仙雜記》五）。

王宏

1 王宏，濟南人，太宗幼日同學，因問爲八體書。太宗既即極，因訪宏，而鄉人竟傳隱去。是亦子陵之徒歟！《龍城録》上。

辛郁

1 唐辛郁，管城人也。舊名太公，弱冠，謁太宗於行所。問何人，曰：「辛太公。」太宗曰：「何如舊太公？」郁曰：「舊太公八十始遇文王。臣今適年十八，已遇陛下，過之遠矣。」太宗悦，命直中書。《御史臺記》（《廣記》二四九）。

盧莊道

1 盧莊道，范陽人也，天下稱爲名家。聰慧敏悟，冠於今古。父彦與高士廉有舊。莊道少孤，年十二，造士廉，廉以故人子，引令坐。會有上書者，莊道竊窺覽，謂士廉曰：「此文莊道所作。」士廉怪，謂曰：「後生勿妄言，爲輕薄之行。請誦之。」果通。復請倒誦，又通。士廉稱歎久之。乃跪謝曰：「此文實非莊道所作，向傍窺而記耳。」士廉取他文及案牘，命讀之，一覽而倒誦。並呈示所撰文章。士廉具以聞，太宗召見，策試擢第，年十六，授河池尉。滿二歲，制舉擢甲科。召見，太宗曰：「此是朕聰明小兒邪？」特授長安尉。太宗將省囚徒，莊道年纔二十，縣令以幼年，懼不舉，將以他尉代之。莊道不從。時繫囚四百餘人，俱預書狀，莊道但閒暇，不之省也。令丞等憂懼，屢以爲言，莊道從容自若。翌日，太宗召囚，莊道乃徐書狀以進，引諸囚入。莊道對御評其罪狀輕重，留繫月日，應對如神。太宗驚嘆，即日拜監察御史。《御史臺記》（《廣記》一七四）。《大唐新語》八。

賈嘉隱

1 賈嘉隱年七歲，以神童召見。時長孫太尉無忌、徐司空勣於朝堂立語。徐戲之曰：「吾所倚者何樹？」曰：「松樹。」徐曰：「此槐也，何得言松？」嘉隱云：「以公配木，何得非松。」長孫復問：「吾所倚何樹？」曰：「槐樹。」公曰：「汝不能復矯對耶？」嘉隱曰：「何煩矯對，但取其以鬼對木耳。」年十一二，貞觀年被舉，雖有俊辯，儀容醜陋。嘗在朝堂取進止，朝堂官退朝並出，俱來就看。餘人未語，英國公徐勣先即諸宰貴云：「此小兒恰似獠面，何得聰明？」諸人未報，賈嘉隱即應聲答之曰：「胡頭尚爲宰相，獠面何廢聰明。」舉朝人皆大笑。徐狀胡故也。《隋唐嘉話》中。又《廣記》二五四引。《大唐新語》八。《唐語林》三。

案：《劉賓客嘉話録》亦有此文，近人唐蘭考爲誤入。

柴紹弟

1 柴紹之弟某，有材力，輕趫迅捷，踴身而上，挺然若飛，十餘步乃止。太宗令取趙公長孫無忌鞍韉，仍先報無忌，令其守備。其夜，見一物如烏飛入宅内，割雙韂而去，追之不及。又遣取丹陽公主鏤金函枕，飛入房内，以手撚土公主面上，舉頭，即以他枕易之而去，至曉乃覺。嘗着吉莫韡走上磚城，直至女牆，手無攀引。又以足踏佛殿柱，至簷頭，捻椽覆上。越百尺樓閣，了無障礙。太宗奇之，曰：「此人不可處京邑。」出爲外官。時人號爲「壁龍」。太宗嘗賜長孫無忌七寶帶，直千金，時有大盜段師子從屋上上椽孔間而下，露拔刀謂曰：「公動即死。」遂於函中取帶去，以刀拄地，踴身椽孔間出。《朝野僉載》六。

裴玄智

1 武德中，有沙門信義習禪，以三階爲業，于化度寺置無盡藏。貞觀之後，捨施錢帛金玉，積聚不可勝計，常使此僧監當。分爲三分，一分供養天下伽藍增修之備，一分以施天下饑餒悲田之苦，一分以充供養無礙士女禮懺。闐咽捨施，争次不得。更有連車載錢絹，捨而棄去，不知姓名。貞觀中，有裴玄智者，戒行精勤，入寺灑掃，積十數年。寺内徒衆以其行無玷缺，使守此藏。後密盜黄金，前後所取，略不知數，寺衆莫之覺也。因僧使去，遂便不還。驚疑所以，觀其寢處，題詩云：「放羊狼頷下，置骨狗前頭。自非阿羅漢，安能免得偷？」更不知所之。《辨疑志》（《廣記》四九三）。

唐人軼事彙編卷七

褚遂良

1　見唐太宗73。

2　貞觀中，有雄雉集於東宮明德殿，太宗問羣臣曰：「是何祥也？」褚遂良對曰：「昔秦文公時，有童子化爲雉，雌者鳴於陳倉，雄者鳴於南陽，童子言曰：『得雄者王，得雌者霸。』文公以爲寶雞祀。漢光武膺得雄之祥，遂起南陽而有四海。陛下舊封秦王，故雄雉見於秦地，所以彰明德也。」太宗悦曰：「立身之道，不可無學。遂良博識，深可重也。」《大唐新語》八。

3　見唐太宗97。

4　魏王泰有寵於太宗，所給月料逾於太子。褚遂良諫曰：「聖人制禮，尊嫡卑庶。故立嫡以長，謂之儲君，其所承也重矣。俾用物不計，與王者共之。庶子雖賢，不是正嫡。先王所以塞嫌疑之漸，除禍亂之源。伏見儲君料物翻少魏王，陛下非所以愛子也。」文多不盡載，太宗納之。《大唐新語》七。

5　高麗莫離支蓋蘇文貢白金，褚遂良進曰：「莫離支弑其君，陛下以之興兵，將弔伐，爲遼東之人報主之耻。古者討弒君之賊，不受其賂。昔宋督遺魯君以郜鼎，桓公受之於太廟，臧哀伯諫以爲不可。春秋書之，百王所法。受不臣之筐篚，納弒逆之朝貢，不以爲愆，何以示後。臣謂莫離支所獻不宜受。」太宗從之。《大唐新語》七。

6　見劉洎2。

7　褚遂良爲太宗哀册文，自朝還，馬誤入人家而不覺也。《隋唐嘉話》中。又《御覽》五九六引作《國朝傳記》。《唐語林》二。

8　見唐太宗137。

9　見韋仁約（思謙）1、2。

10　高宗之將册武后，河南公褚遂良謀於趙公無忌、英公勣，將以死諍。趙公請先入，褚曰：「太尉，國之元舅，脱事有不如意，使上有怒舅之名，不可。」英公曰：「勣請先入。」褚曰：「司空，國之元勳，有不如意，使上有罪功臣之名，不可。遂良出自草茅，無汗馬功，蒙先帝殊遇，以有今日。且當不諱之時，躬奉遺詔，不効其愚衷，何以下見先帝？」揖二公而入。帝深納其言，事遂中寢。《隋唐嘉話》中。《唐語林》五。

11　永徽五年，召長孫無忌、李勣、于志寧、褚遂良等，李勣稱疾不至，皆曰：「當緣昭儀事。」或曰：「長孫太尉當先言之。」遂良曰：「太尉，上之元舅，脱事有不如意，使上有怒舅之名，不可。」又曰：「英公勣，上之所重，當先言之。」遂良曰：「司空，國之元勳，有不如意，使上有罪功臣之名，不可。遂良躬奉遺詔，若不盡其愚誠，何以下見先帝？」及上謂長孫無忌曰：「莫大之罪，絶嗣爲重。皇后無嗣息，昭儀有子，今欲立爲皇后，公等以爲何如？」遂良曰：「皇后出自名家，先朝所娶，伏事先帝，無愆婦德。先帝疾甚，執陛下手以語臣曰：『我好兒好新婦，今將付卿。』陛下親承德音，言猶在耳，皇后未有愆過，恐不可廢，臣不敢從上違先帝之命。」上不悦。翌日，又言之。遂良曰：「陛下必別立皇后，伏請妙擇天下令族，何必要在武氏？且昭儀經事先帝，衆所共知，陛下豈可蔽天下耳目，使萬世之後，何以稱傳此事？陛下倘虧人子之道，自招不善之名，敗亂之端，自此始也。臣上忤聖顔，罪合萬死，倘得不負先帝，則甘從鼎鑊。」遂置笏於殿階，叩頭流血曰：「還陛下此笏，乞放歸田里。」上大怒，命引出之。《唐會要》五二。參見唐高宗7。

12 唐褚遂良貶潭州都督，行部至邑，洗筆池上，後人爲立祠。宗邑令榜曰：「唐大都督褚公洗筆池。」咸淳中，邑令趙必穆於池中得斷碑，上刻褚公湘潭偶題詩云。《宗山詩話》上。

13 褚遂良問虞監曰：「某書何如永師？」曰：「聞彼一字直錢五萬，官豈得若此？」曰：「何如歐陽詢？」曰：「聞詢不擇紙筆，皆能如志，官豈得若此？」褚恚曰：「既然，某何更留意於此？」虞曰：「若使手和筆調，遇合作者，亦深可貴尚。」褚喜而退。《隋唐嘉話》中。又《廣記》二〇八引作《國史異纂》。《宣和書譜》三。《負暄野録》下。《書小史》九。

14 貞觀六年正月八日，命整理御府古今工書鍾、王等真蹟，得一千五百一十卷。至十年，太宗嘗謂侍中魏徵曰：「虞世南死後，無人可與論書。」徵曰：「褚遂良下筆遒勁，甚得王逸少之體。」太宗即日召令侍書。嘗以金帛購求王羲之書蹟，天下争齎古書詣闕以獻，當時莫能辨其真僞。遂良備論所出，一無舛誤。《唐朝叙書録》(《法書要録》四)。《書小史》九。

來濟

1 見高智周1。
2 見許敬宗11。
3 見于志寧1。

來恒

1 見許敬宗11。

上官儀

1 高宗承貞觀之後,天下無事,上官侍郎儀獨持國政。嘗凌晨入朝,巡洛水堤,步月徐轡,詠詩云:「脈脈廣川流,驅馬歷長洲。鵲飛山月曉,蟬噪野風秋。」音韻清亮,羣公望之,猶神仙焉。《隋唐嘉話》中。《廣記》二〇一引作《國史異纂》。《詩話總龜》前集二九引作《小説舊聞》。《大唐新語》八。《唐語林》四。《唐詩紀事》六。

2 高宗即位,儀爲相。麟德元年,坐梁王忠事下獄死,武后惡之也。儀應詔詩中用影娥池,學士時無解其事。祭酒令狐德棻召張柬之等十餘人示此詩,柬之對云:「《洞冥記》:漢武帝於望鶴臺西起俯月臺，臺下穿影娥池，每登臺眺月，影入池中，使宮人乘舟笑弄月影，因名影娥池，亦曰眺蟾臺。」令狐德棻嘆其博識。《唐詩紀事》六。《鷄跖集》(《白孔六帖》一)。

3 見唐高宗14。

許敬宗

1 文德皇后喪，百官衰絰，率更令歐陽詢狀貌醜異，衆或指之。中書舍人敬宗見而大笑，爲御史所劾，左授洪州司馬。《譚賓録》(《廣記》四九三)。

2 太宗之征遼，作飛梯臨其城，有應募爲梯首，城中矢石如雨，而競爲先登，英公指謂中書舍人許敬宗曰：「此人豈不大健？」敬宗曰：「健即大健，要是不解思量。」帝聞，將罪之。《隋唐嘉話》中。《廣記》四九三引作《國史纂異》。《唐語林》一。《羣居解頤》(張本《説郛》三二，陶本《説郛》二四)。《傳載》(張本《説郛》三八)。

3 文德皇后崩，未除喪，許敬宗以言笑獲譴。及太宗梓宮在前殿，又垂臂過。侍御史閻玄正彈之曰：「敬宗往居先后喪，已坐言笑黜；今對大行梓宮，又垂臂無禮。」敬宗懼獲罪，高宗寢其奏，事雖不行，時人重其剛正。《大唐新語》三。

4 高宗東封，竇德玄騎而從。上問德玄曰：「濮陽古謂之帝丘，何也？」德玄不能對。許敬宗策馬前對所問，上意稱善。敬宗退而告人曰：「大臣不可無學。吾向見德玄不能對，心實羞之。」德玄聞之曰：「人各有能有不能。善守其拙，不强所不知也。」李勣曰：「敬宗多聞，信美矣。德玄之言，亦善也。」《譚賓録》(《廣記》一七四引)。

5 見唐高宗7。

6 則天以長孫無忌不附己，且惡其權，深銜之。許敬宗希旨樂禍，又伺其隙。會櫟陽人李奉節告太子洗馬韋季方、監察御史李巢交通朝貴，有朋黨之事，詔敬宗推問。敬宗甚急，季方自殺，又搜奉節，得私書與趙師者。遂奏言：「趙師即無忌，少髮，呼作趙師，陰爲隱語，欲謀反耳。」高宗泣曰：「我家不幸，親戚中頓有惡事。往年高陽公主與朕同氣，與夫謀反，今阿舅復作惡心。近親如此，使我慚見百姓，其若之何！」翌日，又令審問，敬宗奏曰：「請准法收捕。」高宗又泣曰：「阿舅果耳，我決不忍殺之。」竟不引問，配流黔州。則天尋使人逼殺之。涼州長史趙持滿，與韓瑗、無忌姻親，許敬宗懼爲己患，誣其同反。追至京，考訊，歎曰：「身可殺，詞不可辱。」吏更代占而結奏之，遂死獄中。尸於城西，親戚莫敢視。友人王方翼歎曰：「欒布之哭彭越，大義也。周文之掩枯骸，至仁也。絶友之義，蔽主之仁，何以事君。」遂具禮葬之。高宗義之，不問。《大唐新語》一二。又《廣記》二三五引。

7 許敬宗父善心，與虞基同爲宇文化及所害。封德彝時爲内史舍人，備見其事。貞觀初，敬宗以便佞爲恩，德彝薄其爲人，每謂人曰：「虞基被戮，虞南匍匐以請代；善心之死，敬宗蹈舞以求生。」敬宗深愧恨焉。初，煬帝之被戮也，隋官賀化及。善心獨不至，化及以其人望而釋之，善心又不舞蹈，由是見害。及爲封德彝立傳，盛加其罪惡，掌知國史，記注不直，論者尤之。與李義府贊立則天，屠害朝宰，公卿以下，重足累息。移皇家之社稷，剿生人之性命，敬宗手推轂焉。子昂，頗有才藻，爲太子舍人。母裴氏早卒，裴侍婢有姿色，敬宗以爲繼，假姓虞氏。昂素與之通，敬宗奏昂不孝，流於嶺南。又納資數十萬，嫁女與蠻首領馮盎子及監門將軍錢九隴，叙其閥閱。又爲子娶尉遲寶琳孫女，利其金帛，乃爲寶琳父敬德修傳，隱其過咎。太宗作《威鳳賦》賜長孫無忌，敬宗改云賜敬德。其虛美隱惡，皆此類也。敬宗卒，博士袁思古等議曰：「敬宗位以才昇，歷居清級。棄長子於荒徼，嫁少女於夷落。聞《詩》聞《禮》，事絶於家庭；納采問名，唯同於黷貨。易名之典，須憑實行。案謚法，名與實爽曰繆。請謚爲繆。」敬宗孫彦伯訴於執政，請改謚。禮官議以爲既過能改曰恭，乃謚爲恭。彦伯，昂之子也，既與思古忿兢，將於衆中毆之。思古謂曰：「吾與賢家君報仇，緣何反怒？」彦伯大慚而退。《大唐新語》九。《隋唐嘉話》中。《唐會要》六三。

8 許敬宗性輕傲，見人多忘之。或謂其不聰，曰：「卿自難記，若遇何、劉、沈、謝，暗中摸索著，亦可識。」《隋唐嘉話》中。又《廣記》二六五引作《國史纂異》、《廣記》二四九引作《國朝雜記》。《羣居解頤》（張本《説郛》三二、陶本《説郛》二四）。

9 唐許敬宗奢豪，嘗造飛樓七十間，令妓女走馬于其上，以爲戲樂。《獨異記》（《廣記》二三六）。

10 唐吏部侍郎楊思玄恃外戚之貴，待選流多不以禮而排斥之，爲選人夏侯彪之所訟，御史中丞郎餘慶彈奏免。中書令許敬宗曰：「固知楊吏部之敗也。」或問之，宗曰：「一彪一狼，共着一羊。不敗何待？」《國朝雜記》（《廣記》二四九）。《唐會要》七四。又《廣記》一八五引。《南部新書》甲。

11 來恒，侍中濟之弟。弟兄相繼秉政，時人榮之。恒父護兒，隋之猛將也。時虞世南子無才術，爲將作大匠。許敬宗聞之，歎曰：「事之倒置，乃至于斯。來護兒兒爲宰相，虞世南男作木匠。」《大唐新語》（《廣記》四九三）。

李義府

1　李義府僑居於蜀，袁天綱見而奇之，曰：「此郎君貴極人臣，但壽不長耳。」因請舍之，託其子曰：「此子七品相，願公提挈之。」義府許諾，因問天綱壽幾何，對曰：「五十二外，非所知也。」安撫使李大亮、侍中劉洎等連薦之，召見，試令詠烏，立成，其詩曰：「日裏颺朝彩，琴中半夜啼。上林多許樹，不借一枝棲。」太宗深賞之曰：「我將全樹借汝，豈唯一枝！」自門下典儀超拜監察御史。其後，位壽咸如天綱之言。《大唐新語》七。《隋唐嘉話》中。《小説舊聞》（《詩話總龜》前集五）。《芝田録》（《類説》一一）。《定命録》（《廣記》二二一）。《廣語林》三。《唐詩紀事》四。

2　見王義方4。

3　李義府既居榮寵，葬其父祖，自京至於一原七十餘里，役者相繼。始國家以來，人臣喪事之盛，所未有也。《隋唐嘉話》中。

4　見唐高宗7。

5　李義府定策立則天，自中書舍人拜相，與許敬宗居中用事，連起大獄，誅鋤將相，道路以目駭。入則諂諛，出則奸宄，責官鬻獄，海內囂然。百寮畏憚，如畏天后。高宗知其罪狀，謂之曰：「卿兒子女壻，皆不謹慎，多作罪過。今且爲卿掩覆，勿復如此。」義府憑恃則天，不慮高宗加怒，勃然變色，顋頸俱起，徐對曰：「誰向陛下道此？」高宗曰：「但知我言，何須問我所從得耶？」義府怫然，竟不引過，緩步而出。

會右金吾倉曹楊仁穎奏其贓污，詔劉祥道並三司鞫之。獄成，長流嶲州，朝野莫不稱慶。或作《河間道元帥劉祥道破銅山賊李義府露布》，牓之通衢。義府先取人奴婢，及敗，一夕奔散，各歸其家。露布云：「混奴婢而亂放，各識家而競入。」乾封初，大赦，唯長流人不許還。義府憤恚而死。海内快之。《大唐新語》一二。

6 唐李義府狀貌温恭，與人語，必嬉怡微笑，而褊忌陰賊。既處權要，欲人附己，微忤意者輒加傾陷。故時人言義府笑中有刀。楊行穎表言義府罪狀，制令劉祥道對推其事，李勣監焉。按有實，長流嶲州。或作《劉祥道破銅山之大賊李義府露布》，稱「混奴婢而亂放。各識家而競入」。《譚賓録》（《廣記》二四〇）。

杜正倫

1 古有宅墓之書，世人多尚其事，識者猶或非之。杜公正倫與京兆宗派不同，常蒙輕遠，銜之。洎公宦達後，因事塹斷杜陵山脈。由是諸杜數代不振。《北夢瑣言》一二。

盧承慶

1 盧尚書承慶，總章初考内外官。有一官督運，遭風失米，盧考之曰：「監運損糧，考中下。」其人容止自若，無一言而退。盧重其雅量，改注曰：「非力所及，考中中。」既無喜容，亦無愧詞。又改注曰：「寵辱不驚，考中上。」《隋唐嘉話》中。《廣記》一七六引作《國史異纂》。《大唐新語》七。《唐語林》三。

竇德玄

1　見許敬宗4。

李敬玄

1　見劉仁軌3。

2　唐中書令李敬玄爲元帥討吐蕃，至樹墩城，聞劉尚書没蕃，著韡不得，狼狽而走。時將軍王杲、副總管曹懷舜等驚退，遺却麥飯，首尾千里，地上尺餘。時軍中謡曰：「姚河李阿婆，鄯州王伯母。見賊不能鬭，總由曹新婦。」《朝野僉載》四。《實賓録》六。

戴至德

1　劉仁軌爲左僕射，戴至德爲右僕射，人皆多劉而鄙戴。有老婦陳牒，至德方欲下筆，老婦問左右曰：「此劉僕射、戴僕射？」曰：「戴僕射。」因急就前曰：「此是不解事僕射，却將牒來。」至德笑令授之。戴僕射在職無異迹，當朝似不能言，及薨，高宗歎曰：「自吾喪至德，無可復聞。當其在時，事有不是者，未嘗放我過。」因索其前後所陳章奏盈篋，閲而流涕，朝廷始追重之。《隋唐嘉話》中。又《廣記》一七六引作《國史異纂》。《唐語林》三。　案：《劉賓客嘉話録》亦有此文，唐蘭考爲誤入。《唐會要》五七記此事，繫於上元二年，文略異。

楊弘武

1 楊弘武爲司戎少常伯，高宗謂之：「某人何因輒受此職？」對曰：「臣妻韋氏性剛悍，昨以此人見囑。臣若不從，恐有後患。」帝嘉其不隱，笑而遣之。《隋唐嘉話》中。又《廣記》二七二引作《國史異纂》。

李義琰

1 見李義琛1。

2 高宗時，中書侍郎李義琰宅亦至褊迫。義琰雖居相位，在官清儉，竟終于方丈室之内。高宗聞而嗟嘆，遂勑將作造堂以安靈座焉。《封氏聞見記》五。

李義琛

1 李義琛，隴西人，居于魏。自咸陽主簿拜監察。少孤貧，唐初草創，無復生業。與再從弟義琰、三從弟上德同居，事從姑，定省如親焉。武德中，俱進士，共有一驢，赴京。次潼關，大雨，投逆旅。主人鄙其貧，辭以客多，不納。進退無所舍，徙倚門旁。有咸陽商客見而引之，同舍多唶嗚，商客曰：「此三人遊學者，今無所止，奈何覩其狼狽？」乃引與同寐處。數日方晴，道開，義琛等議鬻驢以一醉，商客竊知，固止之，仍資以道糧。琛既擢第，歷任咸陽，召商客，與之抗禮。商客不復識，但悚懼遜退。琛語其由，乃悟，因引升堂。後任監察。《雲溪友議》(《廣記》四九三)。《唐摭言》七。又《廣記》一七九引。案：據新、舊《唐書·李義琰傳》，義琛爲義琰從祖弟。

2　太宗朝，文成公主自吐蕃貢金數百，至岐州遇盜。前後發使案問，無獲賊者。太宗召諸御史目之，特命李義琛前，曰：「卿神清俊拔，暫勞卿推逐，必當獲賊。」琛受命，施以密計，數日盡獲賊矣。太宗喜，特加七階，錫金二十兩。《御史臺記》(《廣記》一七一)。

孫處約

1　見高智周1。

高智周

1　高智周，義興人也。少與安陸郝處俊、廣陵來濟、富陽孫處約同寓於石仲覽。仲覽，宣城人，而家於廣陵，破產以待此四人，其相遇甚厚。嘗夜卧，因各言其志，處俊先曰：「願秉衡軸一日足矣。」智周、來濟願亦當然。處約於被中遽起曰：「丈夫樞軸或不可冀，願且爲通事舍人，殿庭周旋吐納足矣。」仲覽素重四人，嘗引相工視之，皆言貴極人臣，顧視仲覽曰：「公因四人而達。」後各從官州郡，來濟已領吏部。處約以瀛州書佐，因選引時隨銓而注，濟見約，遽命筆曰：「如志如志。」乃注通事舍人。往畢下階，叙平生之言，亦一時之美也。智周嘗出家爲沙門，鄉里惜其才學，勉以進士充賦。擢第，授越王府參軍，累遷費縣令，與佐官均分俸錢。遷秘書郎，累遷中書侍郎知政事，拜銀青光禄大夫。智周聰慧，舉朝無比，日誦數萬言，能背碑覆局。淡泊於冠冕，每辭職輒遷。贈越州都督。謚曰定。《御史臺記》（《廣記》一四七）。《唐高宗曆》（《廣卓異記》七）。《大唐新語》六。

郝處俊

1 見高智周1。

2 唐太宗問光禄卿韋某，須無脂肥羊肉充藥。韋不知所從得，乃就侍中郝處俊宅問之。俊曰：「上好生，必不爲此事。」乃進狀自奏：「其無脂肥羊肉，須五十口肥羊，一一對前殺之，其羊怖懼，破脂並入肉中。取最後一羊，則極肥而無脂也。」上不忍爲，乃止。賞處俊之博識也。《朝野僉載》（《廣記》一九七）。

3 總章中，天子服婆羅門藥，郝處俊諫曰：「修短有天命，未聞萬乘之主，輕服蕃夷之藥。」《南部新書》甲。

4 見唐高宗14。

5 唐郝處俊爲侍中死，葬訖，有一書生過其墓，歎曰：「葬壓龍角，其棺必斲。」後其孫象賢坐不道，斲俊棺，焚其屍，俊髮根入腦骨，皮託毛著髑髏，亦是奇毛異骨，貴相人也。《朝野僉載》（《廣記》三八九）。

6 見許欽明1。

薛元超

1 高宗爲太子也，元超爲舍人。太宗親征時，元超、韓王元嘉同太子監守，賦《違戀》詩。《唐詩紀事》五。

2 薛振，字元超，收之子。高宗謂元超曰：「我昔在春宫，與卿俱少壯。倏忽已三十年，與卿白首相見。歷觀書傳，共白首者幾人？」《古今事文類聚》前集二〇。

3 中書省有磐石，初，薛道衡爲内史侍郎，常踞其石草詔。後孫元超每見此石，未嘗不泫然。《南部新書》甲。

4 薛中書元超謂所親曰：「吾不才，富貴過分，然平生有三恨：始不以進士擢第，不得娶五姓女，不得修國史。」《隋唐嘉話》中。《廣卓異記》一五。《唐語林》四。

李安期

1 吏部侍郎李安期，隋内史德林之孫，安平公百藥之子，性好機警。常有選人被放，訴云：「羞見來路。」安期問：「從何關來？」「從蒲津關來。」安期曰：「取潼關路去。」選者曰：「恥見妻子。」安期曰：「賢室本自相諳，亦不笑。」又一選人引銓，安期看判曰：「弟書稍弱。」對曰：「昨墜馬損足。」安期曰：「損足何廢好書？」爲讀判曰：「向看賢判，非但傷足，兼似内損。」其人慚而去。又選士姓杜名若，注芳洲官，其人慚而不伏。安期曰：「君不聞芳洲有杜若？」其人曰：「可以贈名公。」曰：「此期非彼期。」

若曰：「此若非彼若。」安期笑，爲之改注。又一吴士，前任有酒狀，安期曰：「君狀不善。」吴士曰：「知暗槍已入。」安期曰：「爲君拔暗槍。」答曰：「可憐美女。」安期曰：「有精神選，還君好官。」對曰：「怪來晚。」安期笑而與官。《朝野僉載》六。案：對選人訴「羞見來路」之事，《羣居解頤》（張本《説郛》三二，陶本《説郛》二四）作吏部侍郎李迥秀事，《羣居解頤》後出，或誤。

張文瓘

1 張文瓘少時，曾有人相云：「當爲相，然不得堂飯食喫。」及在此位，每昇堂欲食，即腹脹痛霍亂，每日唯喫一椀漿水粥。後數年，因犯堂食一頓，其夜便卒。《定命録》（《廣記》一四七）。

2 見李勣7。

3 張賓客文瓘之爲大理，獲罪者皆曰：「張卿所罰，不爲枉也。」《隋唐嘉話》中。《唐語林》五。

4 張文瓘爲侍中，同列宰相以政事堂供饌珍美，請減其料。文瓘曰：「此食，天子所以重樞機，待賢才也。若不任其職，當自陳乞，以避賢路，不宜減削公膳，以邀虚名。國家所貴，不在於此。苟有益於公道，斯不爲多也。」初爲大理卿，旬日決遣疑獄四百餘條，無一人稱屈。文瓘嘗卧疾，繫囚設齋以禱焉。及遷侍中，諸囚一時慟哭。其得人心如此。四子，潛、沛、洽、涉，皆至三品，時人呼爲「萬石張家」。咸以爲福善之應也。《大唐新語》七。《譚賓録》（《廣記》一六〇）。《唐會要》六六。

張文收

1　貞觀中，景雲見，河水清，張率更以爲《景雲河水清歌》，名曰燕樂，今元會第一奏是也。《隋唐嘉話》中。又《廣記》二〇三引作《國史異纂》。

2　潤州得玉磬十二以獻，張率更叩其一，曰：「是晉某歲所造也。是歲閏月，造者法月，數當十三，今缺其一。宜於黄鍾東九尺掘，必得焉。」敕州求之，如其言而得之。《隋唐嘉話》中。又《御覽》六一二引作《國朝傳記》。《廣記》二〇三引作《國史異纂》。《唐語林》三。

3　見李淳風4。

4　有梟晨鳴於張率更庭樹，其妻以爲不祥，連唾之。文收云：「急灑掃，吾當改官。」言未畢，賀者已在門。《隋唐嘉話》中。又《廣記》一三七引作《國史異纂》。　案：《朝野僉載》一作張文成（鷟）事。

郭正一

1　郭正一爲李英公征遼管記，勳還曰：「此段行，我録郭正一可笑事，雖滿十卷，猶未能盡。」《朝野僉載》（《類説》六）。

2　見魏昶1。

樂彦瑋　竇曉

1　唐竇曉形容短小，眼大露睛，樂彦偉身長露齒。彦偉先弄之云：「足下甚有功德。」旁人怪問，彦偉曰：「既已短肉，又復精進，豈不大有功德？」竇即應聲答曰：「公自有大功德，因何道曉？」人問其故，竇云：「樂工小來長齋。」又問長齋之意，竇云：「身長如許，口齒齊崖，豈不是長齋？」衆皆大笑。《啓顔録》（《廣記》二五〇）。　案：樂彦偉，新、舊《唐書》有傳，作樂彦瑋。

薛仁貴

1　唐太宗征遼東，駐蹕于陣。薛仁貴著白衣，握戟櫜鞬，張弓大呼，所向披靡。太宗謂曰：「朕不喜得遼東，喜得卿也。」後率兵擊突厥於雲州。突厥先問唐將爲何，曰：「薛仁貴也。」突厥曰：「吾聞薛仁貴流會州死矣，安得復生？」仁貴脱兜鍪見之。突厥相視失色，下馬羅拜。稍遁去。《譚賓録》（《廣記》一九一）。

劉仁軌

1　見唐太宗75。

2　見張冏藏1。

3　劉仁軌爲給事中，與中書令李義府不協，出爲青州刺史。時有事遼海，義府逼仁軌運糧，果漂没，敕御史袁異式按之。異式希義府意，遇仁軌不以禮，或對之猥洩，曰：「公與當朝餂者爲誰？何不引決？」仁軌曰：「乞方便。」乃於房中裂布，將頭自縊。使與掩扇，少頃仁軌出曰：「不能爲公死，劉仁軌豈失却死耶！」坐此除名。大將軍劉仁願剋百濟，奏以爲帶方州刺史。仁願凱旋，高宗謂之曰：「卿將家子，處置補署，皆稱朕意，何也？」仁願拜謝曰：「非臣能爲，乃前青州刺史教臣耳。」遽發詔徵之，至則拜大司憲御史大夫也。初，仁軌被徵，次於萊州驛，舍於西廳。夜已久，有御史至，驛人曰：「西廳稍佳，有使止矣。」御史曰：「誰？」答曰：「帶方州刺史。」命移仁軌於東廳。既拜大夫，此御史及異式俱在臺內，不自安。仁軌慰之曰：「公何瘦也？無以昔事不安耶？知君爲勢家所逼。仁軌豈不如韓安國，但恨公對仁軌卧而洩耳。」又謂諸御史曰：「諸公出使，當舉冤滯，發明耳目，興行仁義，無爲煩擾州縣而自重其權。」指行中御史曰：「只如某御史，夜到驛，驛中東廳西廳復有何異乎？若移乃公就東廳，豈忠恕之道也！願諸公不爲也。」仁軌後爲左僕射，與中書令李敬玄不協。時吐蕃入寇，敬玄奏仁軌征之。軍中奏請，多爲敬玄所掣肘。仁軌表敬玄知兵事，敬玄固辭。高宗曰：「仁軌須朕，朕亦行之，卿何辭！」敬玄遂行，大敗於青海，時議稍少之。始，仁軌既官達，其弟仁相在鄉曲昇沉不同，遂搆嫌恨，與軌別籍。每與縣祇奉户課，或謂之曰：「何不與給事同籍？五品家當免差科。」仁相曰：「誰能向狗尾底避陰涼！」兄弟以榮賤致隔者，可爲至戒。《大唐新語》一一。《唐會要》六二。

4 青州刺史劉仁軌知海運，失船極多，除名爲民，遂遼東効力。遇病卧平壤城下，褰幕看兵士攻城。有一卒直來前頭背坐，叱之不去，仍惡罵曰：「你欲看，我亦欲看，何預汝事？」不肯去。須臾城頭放箭，正中心而死。微此兵，仁軌幾爲流矢所中。《朝野僉載》一。

5 少府監裴匪舒善營利，奏賣苑中馬糞，歲得錢二十萬緡，上以問劉仁軌，對曰：「利則厚矣，恐後代稱唐家賣馬糞，非佳名也。」乃止。《續世説》一。又《類説》三一引。《朝野僉載》（《後村詩話》續集三）。

6 唐劉仁軌爲左僕射，天下號爲「解事僕射」。《朝野僉載》（張本《説郛》二）。參看戴至德1。

7 見魏克己1。

裴行儉

1 裴行儉少聰敏多藝，立功邊陲，屢剋凶醜。及爲吏部侍郎，賞拔蘇味道、王勮，曰：「二公後當相次掌鈞衡之任。」勮，勃之兄也。時李敬玄盛稱主勃、楊炯等四人，以示行儉，曰：「士之致遠，先器識而後文藝也。勃等雖有才名，而浮躁淺露，豈享爵禄者！楊稍似沉静，應至令長，並鮮克令終。」卒如其言。《大唐新語》七。《唐會要》七五。又《廣記》一八五引。《唐詩紀事》七。

黑齒常之

1 將軍黑齒常之鎮河源軍，城極嚴峻。有三口狼入營，繞官舍，不知從何而至，軍士射殺。黑齒忌之，移之外。奏討三曲党項，奉敕許，遂差將軍李謹行充替。謹行到軍，旬日病卒。《朝野僉載》六。

王方翼

1 見許敬宗6。

王義方

1 王義方博學有才華，杖策入長安，數月，名動京師。敕宰相與語，侍中許敬宗以員外郎獨孤悊有詞學，命與義方譚及史籍，屢相詰對。義方驚曰：「此郎何姓？」悊曰：「獨孤。」義方曰：「識字耶？」悊不平之，左右亦憤憤。斯須復相詰，乃錯亂其言，謂悊曰：「長孫識字耶？」若此者再三，悊不勝忿怒，對敬宗毆之。敬宗曰：「此拳雖俊，終不可爲。」乃黜悊，拜義方爲侍御史。《大唐新語》八。

2 王義方初拜御史，意望殊高，忽略人間細務。買宅酬直訖，數日，對賓朋，忽驚指庭中雙青梧樹曰：「此忘酬直。」遽召宅主付直四千。賓朋曰：「侍御貴重，不知交易，樹當隨宅，無別酬例。」義方曰：「此嘉樹，不比他也。」及貶黜，或問其故，答曰：「初以居要津、作宰相，示大耳。」初，義方將彈李義府，懼不捷，沉吟者久之，獨言曰：「可取萬代名耶？循默以求達耶？」他日忽言曰：「非但爲國除蠹，亦乃名在身前。」遂彈焉。坎坷以至於終。《大唐新語》一一。

3 王義方，時人比之稷卨，鄭公每云：「王生太直。」高宗朝，李義府引爲御史。義府以定册武后勳，恃寵任勢，王惡而彈之，坐是見貶，坎軻以至於終矣。《隋唐嘉話》中。《唐語林》三。

4 李義府恃恩放縱，婦人淳于氏有容色，坐繫大理，乃托大理丞畢正義曲斷出之。或有告之者，詔劉仁軌鞫之，義府懼謀洩，斃正義於獄。侍御史王義方將彈之，告其母曰：「奸臣當路，懷祿而曠官，不忠；老母在堂，犯難以危身，不孝。進退惶惑，不知所從。」母曰：「吾聞王陵母殺身以成子之義，汝若事君盡忠，立名千載，吾死不恨焉。」義方乃備法冠，横玉階彈之。先叱義府令下，三叱乃出，然後跪宣彈文曰：「臣聞春鸎鳴於獻歲，蟋蟀吟於始秋，物有微而應時，士有賤而言忠者。」乃庭劾義府曰：「臣聞誣下罔上，聖主之所宜誅；心狠貌恭，明時之所必罰。是以隱賊掩義，不容唐帝之朝；竊幸乘權，終齒漢皇之劍。中書侍郎李義府，因緣際會，遂階通職。不盡忠竭節，對揚王休，策蹇勵駑，祇奉皇眷，而乃馮附城社，蔽虧日月，託公行私，交游羣小，貪冶容之美，原有罪之淳于；恐漏洩其謀，殞無辜之正義。挾山超海之力，望此猶輕；迴天轉地之威，方斯更烈。此而可恕，孰不可容。方當金風屆節，玉露啓途，霜簡與秋典共清，忠臣將鷹鸇並擊。請除君側，少答鴻私，碎首玉階，庶明臣節。」高宗以義方毀辱大臣，言詞不遜，貶萊州司户。秩滿，於昌樂聚徒教授。母亡，遂不復仕進。總章二年卒。撰《筆海》十卷。門人何彦先、員半千制師服三年，喪畢而去。《大唐新語》二。《唐會要》六一。《唐語林》三。

韋機

1 上元二年，司農卿韋機始移中橋，自立德坊西南置于安衆坊之左，南當長夏門街，都人甚以爲便，因廢利涉橋，所省萬計。然每年洛水泛溢，必漂損橋梁，倦于繕葺。内使李昭德始創意，令所司改用石脚，鋭其前以分水勢，自是無漂損之患。初韋機橋畢，上大悦，令于中橋南刻一方石，刻其年辰簡速之跡紀一十六字，蓋黄絹之辭也。《唐會要》八六。　案：《新唐書》本傳作「韋弘機」。

2　儀鳳元年十一月四日，司農卿韋宏機爲東都留守，時有道士朱欽遂，爲中官所使至都，所爲横恣，宏機執而囚之，奏曰：「道士假稱中官驅使，依倚形勢，臣恐虧損皇明，爲禍患之漸。」高宗特發中官，賜書慰諭，仍曰：「不須漏洩。」《唐會要》六七。

韋仁約

1　永徽元年十月二十四日，中書令褚遂良抑買中書譯語人史訶擔宅，監察御史韋仁約劾之。大理丞張山壽斷以遂良當徵銅二十斤。少卿張叡册以爲非當，估宜從輕。仁約奏曰：「官市依估，私但兩和耳。園宅及田，不在市肆，豈用應估？叡册曲憑估買，斷爲無罪，大理之職，豈可使斯人處之？」遂遷遂良及叡册官。《唐會要》六一。

2　韋仁約彈右僕射褚遂良，出爲同州刺史。遂良復職，黜仁約爲清水令。或慰勉之，仁約對曰：「僕守狂鄙之性，假以雄權，而觸物便發。丈夫當正色之地，必明目張膽，然不能碌碌爲保妻子也。」時武侯將軍田仁會與侍御史張仁禕不協而誣奏之，高宗臨軒問仁禕，仁禕惶懼，應對失次。仁約歷階而進曰：「臣與仁禕連曹，頗知事由。仁禕懦而不能自理。若仁會眩惑聖聽，致仁禕非常之罪，則臣事陛下不盡，臣之恨矣。請專對其狀。」詞辯縱横，音旨朗暢。高宗深納之，乃釋仁禕。仁約在憲司，於王公卿相未嘗行拜禮，人或勸之，答曰：「鵰鶚鷹鸇，豈衆禽之偶，奈何設拜以狎之？且耳目之官，固當獨立耳。」後爲左丞，奏曰：「陛下爲官擇人，非其人則闕。今不惜美錦，令臣製之。此陛下知臣之深矣，亦微臣盡命之秋。」振舉綱目，朝庭肅然。《大唐新語》二。《唐會要》六二。《唐語林》三。

胡元範

1 顯慶三年七月，監察御史胡元範使越巂。至益州，駙馬都尉喬師望爲長史，出迎之。先是，勑斷迎使臣，師望託言他行，元範引卻，不與相見。師望又忿憾，按轡專道，徐反駐後塵。及元範按劾其枉僧事，師望素與許敬宗善，先驛奏之。元範及迴，免官。《唐會要》六二。

賈言忠

1 賈言忠數歲能諷書，一日萬言，七歲神童擢第，事親以孝聞，遷監察御史。時有事遼海，委以支度軍糧，還奏便宜，遷侍御史。高宗問遼東事意，言忠奏：「遼東可平。」畫其山川地勢，皆如目見。又問諸將所能，言忠對曰：「李勣先朝舊臣，聖鑒所委。龐同善雖非鬭將，所持軍嚴整。薛仁貴勇冠三軍，名可震敵。高偘儉素自處，中果有謀。契苾何力沉毅持重，有統禦才，頗、剪之儔。諸將夙夜小心，忠身憂國，莫逮於李勣。」高宗深納之，累遷吏部員外。《大唐新語》八。《唐會要》九五。

2 唐賈言忠撰《監察本草》云：「服之心憂，多驚悸，生白髮。時義云：裏行及試員外者，爲合口椒，最有毒。監察爲開口椒，毒微歇。殿中爲蘿蔔，亦曰生薑，雖辛辣而不爲患。侍御史爲脆梨，漸入佳味。遷員外郎爲甘子，可久服。或謂合口椒少毒而脆梨毒者，此由觸之則發，亦無常性。唯拜員外郎，號爲摘去毒。歡悵相半，喜遷之，惜其權也。」《御史臺記》(《廣記》二五五)。

王本立

1　唐韓琬與張昌宗、王本立同遊太學。博士姓張，即昌宗之從叔，精五經，懵於時事。畜一雞，呼爲勃公子，愛之不已。每講經，輒集于學徒中。或攫破書，比逐之，必被嗔責曰：「此有五德，汝何輕之。」昌宗嘗爲此雞被杖。本立與琬頗不平之，曰：「腐儒不解事，爲公殺此雞。」張生素取學徒回殘食料。本立以業長，乃見問合否，本立曰：「明文案即得。」張生喜，每日受之，皆立文案。他日，張生請假。本立舉牒，數雞罪，殺而食之。及張生歸學，不見雞，驚曰：「吾勃公子何在。」左右報本立殺之。大怒云：「索案來。索案來。」見數雞之罪，曰：「縱如此，亦不合死。」本立曰：「雞不比人，不可加笞杖，正合殺。」張以手再三拍案曰：「勃公子，有案時，更知何道。」當時長安，以有案，動曰爲實。故知躭翫經史者，宜詳時事。不然，何古人號爲愚儒、朴儒、腐儒、豎儒耶。亦可貽誡子弟。《御史臺記》(《廣記》二五九)。

2　舊，御史遇長官於塗，皆免帽降乘，長官戢轡，辭而止焉。乾封中，王本立爲侍御史，意氣頗高，塗逢長官端揖而已。自是，諸人或降而立，或一足至地，或側鞍弛蹬，輕重無常。開元以來，但舉鞭聳輯而已。《海録碎事》一一下。

汲師

1 汲師，滑州人也。自溧水尉拜監察御史。時大夫李乾祐爲萬年令，師按縣獄，乾祐差池而出晚。師怒，不顧而出，銜之。乾祐尋巡察，韋務静與師鄉里，充乾祐判官。會制書拜乾祐中丞，乾祐顧謂務静曰：「邑子可出矣，足下可入矣。」遂左授新樂令。性躁率。時直長李沖寂，即高宗從弟也，微有犯，師將彈而謂之，呼沖寂爲弟。沖寂謂之曰：「沖寂主上從弟，公姓汲，於皇家何親，而見呼爲弟？」師慙而止。嘗監享太廟，責署官，將彈之，署官徹曉伺其失。汲履赤舄如廁，共訐之，乃止。《御史臺記》(《廣記》二六五)。《唐會要》六二。

楊德裔

1 唐楊德裔拜御史中丞，性遲澹，嘗因朝會舞，舉袖舒回，發聲遲緩，久而不輟，列侍相顧，忍笑不禁。西臺舍人杜範固號爲「安穩朝」。《實賓録》七。

韓思彦

1 韓思彦以御史巡察於蜀。成都富商積財巨萬，兄弟三人，分資不平争訴。長吏受其財賄，不決與奪。思彦推案數日，令廚者奉乳自飲訖，以其餘乳賜争財者，謂之曰：「汝兄弟久禁，當饑渴，可飲此乳。」纔遍，兄弟竊相語，遂號哭攀援，相咬肩髆，良久不解，但言曰：「蠻夷不識孝義，惡妻兒離間，以至是。侍御豈不以兄弟同母乳耶？」復擗踴悲號，不自勝，左右莫不流涕。請同居如初。思彦以狀聞，敕付史官，時議美之。《大唐新語》一二。

趙仁恭

1 明崇儼爲正諫大夫，以奇術承恩。夜遇刺客，敕三司推鞫，其妄承引連坐者衆。高宗怒，促法司行刑。刑部郎中趙仁恭奏曰：「此輩必死之囚，願假數日之命。」高宗曰：「卿以爲枉也？」仁恭曰：「臣識慮淺短，非的以爲枉，恐萬一非實，則怨氣生焉。」緩之旬餘，果獲賊。高宗善之，遷刑部侍郎。《大唐新語》四。

袁利貞

1 袁利貞爲太常博士。高宗將會百官及命婦於宣政殿，並設九部樂，利貞諫曰：「臣以前殿正寢，非命婦宴會之地；象闕路門，非倡優進御之所。望請命婦會於別殿，九部樂從東門入，散樂一色伏望停省。若於三殿別所，自可備極恩私。」高宗即令移於麟德殿。至會日，使中書侍郎薛元超謂利貞曰：「卿門傳忠鯁，能獻直言，不加厚賜，何以獎勸。」賜綵百疋，遷祠部員外。《大唐新語》二。《唐語林》五。

楊思玄

1 見許敬宗10。

馬　載

1 劉思立任考功員外，子憲爲河南尉。思立今日亡，明日選人有索憲闕者。吏部侍郎馬載深咨嗟，以爲名教所不容，乃書其無行，注名籍。朝庭咸曰：「直。銓宗流品之奇，可謂振理風俗。」其人比出選門，爲衆目所視，衆口所訐，亦趑趄而失步矣。自垂拱之後，斯風大壞，苟且公行，無復曩日之事。《大唐新語》一一。

許欽明

1 仁和坊，兵部侍郎許欽明宅。欽明，户部尚書圉師猶子，與中書令郝處俊鄉黨親族，兩家子弟類多醜陋，而盛飾車馬，以遊里巷。京洛爲之語曰：「衣裳好，儀觀恶，不姓許，即姓郝。」《兩京記》（《御覽》一八〇）。又《天中記》二一引。

魏克己

1　劉仁軌爲左僕射，暮年頗以言詞取悦訴者。户部員外魏克己斷案，多爲仁軌所異同。克己執之曰：「異方之樂不入人心，秋蟬之聲徒聒人耳。」仁軌怒焉，罵之曰：「癡漢！」克己俄遷吏部侍郎。《大唐新語》三。

2　弘道中，魏克己爲侍郎，放牓遂出得留者名，街路喧譁，甚爲冬集人授接。坐此出爲同州刺史。同時鄧玄挺素無藻鑑，又患消渴，選人作《鄧渴》詩牓之南院，亦被貶爲壽州。《封氏聞見記》三。《唐會要》七四。又《廣記》一八五引。《續世説》六。

鄧玄挺

1　見魏克己2。

2　唐鄧玄挺入寺行香，與諸僧詣園，觀植蔬。見水車以木桶相連，汲於井中，乃曰：「法師等自踏此車，當大辛苦。」答曰：「遣家人挽之。」鄧應聲曰：「法師若不自踏，用如許木桶何爲？」僧愕然思量，始知玄挺以木桶爲幪秃。又嘗與謝佑同射，先自矜敏手，及至對射，數十發皆不中垛。佑乃云：「直由箭惡，從來不曾如此。」玄挺應聲報云：「自須責射，因何尤箭。」衆人歡笑，以爲辯捷。權玄福任肅機，遣郎中、員外，極晚始許出。有郎中廳前逼階棗樹下生一小棗，穿砌塼而出，皆訝焉。既就看，玄挺時任員外郎，云：「此樹不畏肅機，遂即塼輒棗出。」兵部侍郎韋慎形容極短，時人弄爲侏儒。玄挺初得員外已後，郎中、員外俱來看，韋慎云：「慎以庸鄙，濫任郎官。公以高才，更作緑袍員外。」鄧即報云：「緑袍員外，何由可及侏儒郎中。」衆皆大笑。《啓顔録》（《廣記》二五〇）。《實賓録》一。

董思恭

1 龍朔中，勑右史董思恭與考功員外郎權原崇同試貢舉。思恭，吴士，輕脱，洩進士問目，三司推，贓污狼藉；後于西堂朝次，告變，免死，除名流梧州。《封氏聞見記》三。《唐語林》八。

趙弘智

1 趙弘智事父以孝聞，學通三《禮》、漢史。武德中爲詹事府主簿，與諸司同修六代史。又同令狐德棻、袁朗等修《藝文類聚》。事兄弘安，同於事父，凡所動止，諮而後行。累遷黄門侍郎。高宗令弘智於百福殿講《孝經》，召宰臣以下聽之。弘智演暢微言，略陳五孝，諸儒難問相繼，酬應如響。高宗怡然曰：「朕頗躭墳籍，至於《孝經》偏所留意。然孝之爲德，弘益實深。故云：『德教加於百姓，刑於四海。』是知《孝經》之益爲大也。」顧謂弘智曰：「宜略陳此經切要者，以輔不逮。」弘智對曰：「昔者，天子有争臣七人，雖無道，不失其天下。微臣願以此言奉獻。」高宗大悦，賜綵二百疋，遷國子祭酒。文集二十卷行於代。《大唐新語》六。　案：趙弘智，原作「隨弘智」，據新、舊《唐書·趙弘智傳》改。

邢文偉

1 咸亨元年，皇太子久在内不出，稀與宫臣接見。典膳丞邢文偉請減膳，上啓曰：「竊見《禮大戴記》曰：『太子既冠成人，免於保傅之嚴，則有司過之史，虧膳之宰。史之義不得不書過，不書則死之；宰之義不得不徹膳，不徹則死之。』近者以來，未甚延納，談義不接，謁見尚稀，參朝之後，但與内人獨居，何由發揮聖智，使濬哲文明者乎？今史雖闕官，宰當奉職。忝備所司，不敢逃死，謹守《禮》經，遽申減膳。」其年，右史員闕，宰臣進擬數人。上曰：「邢文偉嫌我兒不讀書，不肯與肉喫。此人甚正，宜可爲右史。」遂拜。《唐會要》六七。

劉審禮　劉易從

1 劉審禮爲工部尚書。儀鳳中吐蕃將入寇，審禮率兵十八萬與吐蕃將論欽陵戰於青海，王師敗績，審禮没焉。審禮諸子詣闕，自請入吐蕃以贖其父，詔許之。次子岐州司兵易從投蕃中省父，比至，審禮已卒。易從晝夜泣血。吐蕃哀其至性，還其父屍。易從徒跣萬里，護櫬以歸，葬於彭城故塋。朝廷嘉之，贈審禮工部尚書，謚曰悼。審禮，刑部尚書德威之子也，少喪母，爲祖母元氏所養。元氏有疾，審禮親嘗藥膳，事母亦以孝聞。與再從弟同居，家無異爨，闔門二百餘口，人無間言。易從後爲彭城長史，爲周興所陷，繫於彭城獄，將就刑，百姓荷其仁恩，痛其誣枉，競解衣投於地曰：「爲長史祈福。」有司平準，直十餘萬。易從一門仁孝，舉無與比，而橫遇冤酷，海内痛之。子昪，年十歲，配流嶺南。後六道使誅流人，昪以言行忠信，爲首領所保，匡救獲免。《大唐新語》五。

裴敬彝

1 裴敬彝父知周，爲陳國王典儀，暴卒。敬彝時在長安，忽泣涕謂家人曰：「大人必有痛處，吾即不安。今日心痛，手足皆廢，事在不測，能不戚乎！」遂急告歸，父果已殁，毁瘠過禮。事以孝聞，累遷吏部員外。《大唐新語》五。《南部新書》辛。

元萬頃

1 元萬頃初爲契苾何力征高麗管記，作檄書云：「不知守鴨緑之險。」莫離支報云：「謹聞命矣。」遂移兵固守，官軍不得入，萬頃坐流嶺南。《國朝記傳》（《御覽》五九七）。《南部新書》辛。《續世説》一一。《唐詩紀事》五。

薛克構　薛瓘

1 薛瓘尚城陽公主，瓘之子紹尚太平公主。紹兄顗，爲黄門侍郎，懼其公主寵盛，問於克構，克構曰：「帝甥尚主，由來故事，若以恭慎行之，何懼也？然室有傲婦，善士所惡。故鄙諺曰：『娶婦得公主，平地買官府。』遠則平陽公主，妖孽致亂，近則新然晉安，爲時所誡，欲求無患，難矣。」瓘之堂姪儆，儆之子鏽，自瓘至鏽，一門四尚公主。《唐書》（《廣卓異記》二）。《唐詩紀事》一三。

李　晦

1 李晦爲雍州長史，私第有樓，下臨酒肆。其人嘗候晦，言曰：「微賤之人，雖則禮所不及，然家有長幼，不欲外人窺之。家逼明公之樓，出入非便，請從此辭。」晦即日毀其樓。《譚賓録》（《廣記》四九三）。

田仁會

1 唐田仁會爲郢州刺史，自暴得雨，人歌曰：「父母育我田使君，精誠爲人上天聞。田中致雨山出雲，但願常在不患貧。」《廣德神異録》（《廣記》一六二）。

權懷恩

1 唐邢州刺史權懷恩無賴，除洛州長史，州差參軍劉犬子迎。至懷州路次拜，懷恩突過，不與語。步趁二百餘步，亦不遣乘馬。犬子覺不似，乃自上馬馳之。至驛，令脱靴訖，謂曰：「洛州幾箇參軍？」對曰：「正員六人，員外一人。」懷恩曰：「何得有員外？」對曰：「餘一員遣與長史脱靴。」懷恩驚曰：「君誰家兒？」對曰：「阿父爲僕射。」懷恩憮然而去。僕射劉仁軌謂曰：「公草裏刺史，至神州不可以造次。參軍雖卑微，豈可令脱靴耶？」懷恩慚，請假不復出。旬日爲益州刺史。《朝野僉載》（《廣記》二六三）。

楊德幹

1 楊汴州德幹，高宗朝爲萬年令。有宦官恃貴寵，放鷂不避人禾稼，德幹擒而杖之二十，悉拔去鷂頭。宦者涕泣袒背以示於帝，帝曰：「你情知此漢獰，何須犯他百姓？」竟不之問。《隋唐嘉話》中。

李　備

1 唐老三衞宗玄成，邢州南和人。祖齊，黄門侍郎。玄成性粗猛，禀氣凶豪，凌轢鄉村，横行州縣。屬紀王爲邢州刺史，玄成與之抗行。李備爲南和令，聞之，每降階引接，分庭抗禮，務在招延，養成其惡。屬河朔失稔，開倉賑給，玄成依勢，作威鄉墅，强乞粟一石。備與客對，不命，玄成乃門外揚聲，奮臂直入。備集門内典正一百餘人，舉牒推窮，强乞是實。初令項上著鎖，後却鎖上著枷。文案既周，且決六十，杖下氣絶，無敢言者。《朝野僉載》（《廣記》二六三）。

張松壽

1 張松壽爲長安令，時昆明池側有劫殺，奉敕十日内須獲賊，如違，所由科罪。壽至行劫處尋踪跡，見一老婆樹下賣食，至以從騎馱來入縣，供以酒食。經三日，還以馬送舊坐處，令一腹心人看，有人共婆語，即捉來。須臾一人來問：「明府若爲推逐？」即披布衫籠頭送縣，一問具承，并贓並獲。時人以爲神明。《朝野僉載》五。《疑獄集》一。《折獄龜鑑》七。

魏昶

1 中書舍人郭正一，破平壤得一高麗婢，名玉素，極姝艷，令專知財物庫。正一夜須漿水粥，非玉素煮之不可。玉素乃毒之而進，正一急曰：「此婢藥我！」索土漿、甘草服解之，良久乃止。覓婢不得，並失金銀器物十餘事。録奏，勅令長安、萬年捉不良脊爛求賊，鼎沸三日不獲。不良主帥魏昶有策略，取舍人家奴，選年少端正者三人，布衫籠頭至衞。縛衞士四人，問十日内已來，何人覓舍人家。衞士云：「有投化高麗留書，遣付舍人捉馬奴，書見在。」檢云「金城坊中有一空宅」，更無語。不良往金城坊空宅，並搜之。至一宅，封鎖正密，打鎖破開之，婢及高麗並在其中。拷問，乃是投化高麗共捉馬奴藏之，奉敕斬於東市。《朝野僉載》五。《折獄龜鑑》七。

裴琰之

1 裴琰之弱冠爲同州司户，但以行樂爲事，略不視案牘。刺史李崇儀怪之，問户佐，户佐對：「司户小兒郎，不閒書判。」數日，崇儀謂琰之曰：「同州事物殷繫，司户尤甚。公何不別求京官，無爲滯此司也。」琰之唯諾。復數日，曹事委積，衆議以爲琰之不知書，但遨遊耳。他日，崇儀召入，勵而責之。琰之出問户佐曰：「文案幾何？」對曰：「急者二百餘道。」琰之曰：「有何多，如此逼人！」命每案後連紙十張，令五六人供研墨點筆。琰之不上廳，語主案者略言其事意，倚柱而斷之，詞理縱橫，文筆燦爛，手不停綴，落紙如飛。傾州官寮，觀者如堵。既而迴案於崇儀，崇儀曰：「司户解判耶？」户佐曰：「司户大高手筆。」仍未之奇也。比四五案，崇儀悚怍，召琰之，降階謝曰：「公詞翰若此，何忍藏鋒以成鄙夫之過？」由此名動一州。數日，聞於京邑，除雍州判司。子漼，開元中爲吏部尚書。《大唐新語》八。《御史臺記》(《廣記》一七四)。

王福時

1 唐王福時名行温恭，累授齊、澤二州，世以才學稱。子勔、勮、勃，俱以文筆著天下。福時與韓琬父有舊。福時及婚崔氏，生子勃，嘗致書韓父曰：「勔、勮、勃文章並清俊，近小者欲似不惡。」韓復書曰：「王武子有馬癖，明公有譽兒癖。王氏之癖，無乃多乎！要當見文章，方可定耳。」福時乃致諸子文章，韓與名人閱之，曰：「生子若是，信亦可誇。」《御史臺記》(《廣記》二四九)。

王勮

1 天授中，壽春郡王成器等五人同日册命。有司忘載册文，及百寮在列，方知闕禮。宰臣以下相顧失色。中書舍人王勮立召小吏五人，各執筆，口授分寫，斯須而畢。詞理典贍，舉朝歎伏。《大唐新語》八。《唐摭言》一三。又《廣記》一七四引。《續世説》二。《唐詩紀事》七。案：王勮，《唐會要》五五誤作「王教」。

王勃

1 王勃之先文中子，見勃弄筆，令作《題太公遇文王贊》，曰：「姬昌好德，吕望贊華。城闕雖近，風雲尚賒。漁舟倚石，釣浦横沙。路幽山谷，溪深岸斜。豹韜禳惡，龍鈐辟邪。雖逢切近，猶待安車。君王握手，何其晚耶！」《芝田録》（《類説》一一）。《唐語林》二。

2 王勃著《滕王閣序》，時年十四。都督閻公不之信，勃雖在座，而閻公意屬子壻孟學士者爲之，已宿構矣。及以紙筆巡讓賓客，勃不辭讓。公大怒，拂衣而起，專令人伺其下筆。第一報云：「南昌故郡，洪都新府。」公曰：「亦是老先生常談！」又報云：「星分翼軫，地接衡廬。」公聞之，沈吟不言。又云：「落霞與孤鶩齊飛，秋水共長天一色。」公矍然而起曰：「此真天才，當垂不朽矣！」遂亟請宴所，極歡而罷。《唐摭言》五。又《廣記》一七五引。

3 唐王勃，方十三，隨舅游江左。嘗獨至一處，見一叟，容服純古，異之，因就揖焉。叟曰：「非王勃乎？」勃曰：「與老丈昔非親舊，何知勃之姓名？」叟曰：「知之。」勃知其異人，再拜問曰：「仙也？神也？以開未悟。」叟曰：「中元水府，吾所主也。來日滕王閣作記，子有清才，何不爲之？子登舟，吾助汝清風一席，子回，幸復過此。」勃登舟，舟去如飛，乃彈冠詣府下。府帥閻公已召江左名賢畢集，命吏以筆硯授之，遞相推遜。及勃，則留而不拒。公大怒曰：「吾新帝子之舊閣，乃洪都之絶景，悉集英俊，俾爲記以垂萬古，何小子輒當之！」命吏得句即誦來。勃引紙，方書兩句，一吏入報曰：「南昌故郡，洪都新府。」公曰：「老儒常談。」一吏又報曰：「星分翼軫，地接衡廬。」公曰：「故事也。」一吏又報曰：「襟三江而帶五湖，控蠻荆而引甌越。」公即不語。自此往復吏報，但頷頤而已。至報「落霞與孤鶩齊飛，秋水共長天一色」，公不覺引手鳴几曰：「此天才也！」文成，閻公閲之，曰：「子落筆似有神助，令帝子聲流千古，吾之名聞後世，洪都風月，江山無價，子之力也。」乃厚贈之。勃旋再過向遇神地，登岸，叟已坐前石上。勃再拜曰：「神既助以好風，又教以不敏，當修牢酒以報神賜。」勃因曰：「某之壽夭窮達，可得而知否？」叟曰：「壽夭係陰司，言之是泄陰機而有陰禍。子之窮通，言亦無患。子之軀，神强而骨弱，氣清而體羸，腦骨虧陷，目精不全，雖有不羈之才，高世之俊，終不貴矣，況富貴自有神主之乎！請與子別。」勃聞之不悦，後果如言。羅隱《中元傳》（《分門古今類事》三）。

4 王勃年未冠，以重名調補虢州參軍。才大官小，拂衣遊天下。《職官分紀》（《錦繡萬花谷》後集一二）。

5 高宗時，王勃著《大唐千年曆》：「國家土運，當承漢氏火德。上自曹魏，下至隋室，南北兩朝，咸非一統，不得承五運之次。」勃言迂闊，未爲當時所許。《封氏聞見記》四。《唐語林》五。

6 燕公嘗讀其《夫子學堂碑頌》，頭自帝車至太甲四句，悉不解，訪之一公。一公言：「北斗建午，七曜在南方，有是之祥，無位聖人當出。」華蓋以下，卒不可悉。《酉陽雜俎》前集一二。

7 《翰林盛事》云：王勃所至，請託爲文，金帛豐積。人謂心織筆耕。《翰林盛事》（《雲仙雜記》九）。《唐才子傳》一。

8 王勃每爲碑頌，先墨磨數升，引被覆面而卧，忽起，一筆書之，初不竄點。時人謂之腹藁。少夢人遺以丸墨盈袖。《酉陽雜俎》前集一二。《談藪》（《廣記》一九八）。《唐語林》二。《唐詩紀事》七。

9 王勃圍棋，率下四子成一首詩，勃猶詫之，向人曰：「吾材奪造化，雖一時之間，百用亦可。」《棋天洞覽》（《雲仙雜記》二）。

10 見裴行儉1。

楊炯

1 楊盈川顯慶五年待制宏文館，时年方十一。上元三年制舉，始補校書郎。尤最深於宣夜之學，故作《老人星賦》尤佳。《南部新書》己。

2 唐衢州盈川縣令楊炯詞學優長，恃才簡倨，不容於時。每見朝官，目爲「麒麟楦」，人問其故，楊曰：「今餔樂假弄麒麟者，刻畫頭角，脩飾皮毛，覆之驢上，巡場而走。及脱皮褐，還是驢馬。無德而衣朱紫者，與驢覆麟皮何别矣！」《朝野僉載》（《廣記》二六五）。又《雲仙雜記》九引。《唐才子傳》一。

3 華陰楊炯與絳州王勃、范陽盧照鄰、東陽駱賓王，皆以文詞知名海内，稱爲「王楊盧駱」。炯與照鄰則可全，而盈川之言爲不信矣。張説謂人曰：「楊盈川之文，如懸河注水，酌之不竭，既優於盧，亦不減王。恥居王後則信然，愧在盧前則爲誤矣。」《大唐新語》八。

4 見盧照鄰1。

5 見裴行儉1。

6 楊炯初見鄭羲真，誦其姪女容華《臨鏡曉妝》詩，鄭大擊節。後誦己作數十首，鄭皆曰：「不如首作。」炯爲之汗背。容華詩曰：「啼鳥驚眠罷，房櫳曙色開。鳳釵金作縷，鸞鏡玉爲臺。妝似臨池出，人疑向月來。自憐方未已，欲去復徘徊。」《林下詩談》（《瑯嬛記》中）。

楊容華

1 楊盈川姪女曰容華，幼善屬文，嘗爲《新妝》詩，好事者多傳之。詩曰：「宿鳥驚眠罷，房櫳乘曉開。鳳釵金作縷，鸞鏡玉爲臺。妝似臨池出，人疑向月來。自憐終不見，欲去復徘徊。」《朝野僉載》三。

2 见楊炯6。

盧照鄰

1 盧照鄰字昇之，范陽人。弱冠拜鄧王府典籤，王府書記一以委之。王有書十二車，照鄰總披覽，略能記憶。後爲益州新都縣尉，秩滿，婆娑於蜀中，放曠詩酒，故世稱「王楊盧駱」。照鄰聞之曰：「喜居王後，耻在駱前。」時楊之爲文，好以古人姓名連用，如「張平子之略談，陸士衡之所記」，「潘安仁宜其陋矣，仲長統何足知之」。號爲「點鬼簿」。駱賓王文好以數對，如「秦地重關一百二，漢家離宮三十六」。時人號爲「算博士」。如盧生之文，時人莫能評其得失矣。惜哉，不幸有冉耕之疾，著《幽憂子》以釋憤焉。文集二十卷。《朝野僉載》六。《唐詩紀事》七。

2 見鄧王李元裕1。

3 見孫思邈1。

駱賓王

1 賓王七歲詠鵝云：「鵝鵝，曲項向天歌。白毛浮淥水，紅掌撥清波。」《唐詩紀事》七。

2 裴炎爲中書令，時徐敬業欲反，令駱賓王畫計，取裴炎同起事。賓王足踏壁，静思食頃，乃爲謡曰：「一片火，兩片火，緋衣小兒當殿坐。」教炎莊上小兒誦之，並都下童子皆唱。炎乃訪學者令解之。召賓王至，數啖以寶物錦綺，皆不言。又賂以音樂、女妓、駿馬，亦不語。乃對古忠臣烈士圖共觀之，見司馬宣王，賓王歘然起曰：「此英雄丈夫也。」即説自古大臣執政，多移社稷，炎大喜。賓王曰：「但不知謡讖何如耳。」炎以謡言「片火緋衣」之事白，賓王即下，北面而拜曰：「此真人矣。」遂與敬業等合謀。揚州兵起，炎從内應，書與敬業等合謀。唯有「青鵞」，人有告者，朝廷莫之能解，則天曰：「此『青』字者十二月，『鵞』字者我自與也。」遂誅炎，敬業等尋敗。《朝野僉載》五。

3 見武皇后15。

4 明堂主簿駱賓王《帝京篇》曰：「倏忽摶風生羽翼，須臾失浪委泥沙。」賓王後與敬業興兵揚州，大敗，投江而死，此其讖也。《朝野僉載》一。又《廣記》一六三引。《唐詩紀事》七。

5 宋考功以事累貶黜，後放還，至江南，遊靈隱寺。夜月極明，長廊吟行，且爲詩曰：「鷲嶺鬱岧嶢，龍宮隱寂寥。」第二聯搜奇思，終不如意。有老僧點長明燈，座大禪牀，問曰：「少年夜夕久不寐，而吟諷甚苦，何邪？」之問答曰：「弟子業詩，適偶欲題此寺，而興思不屬。」僧曰：「試吟上聯。」即吟與聽之。再三吟諷，因曰：「何不云『樓觀滄海日，門聽浙江潮』？」之問愕然，訝其遒麗。又續終篇曰：「桂子月中落，天香雲外飄。捫蘿登塔遠，刳木取泉遥。霜薄花更發，冰輕葉未凋。待入天台路，看余度石橋。」僧所贈句，乃爲一篇之警策。遲明更訪之，則不復見矣。寺僧有知者，曰：「此駱賓王也。」之問詰之，曰：當敬業之敗，與賓王俱逃，捕之不獲。將帥慮失大魁，得不測罪，時死者數萬人，因求戮類二人者，函首以獻。後雖知不死，不敢捕送，故敬業得爲衡山僧，年九十餘乃卒。出趙魯《遊南嶽記》賓王亦落髮，徧遊名山，至靈隱，以周歲卒。當時雖敗，且以匡復爲名，故人多護脱之。《本事詩·徵異》。又《廣記》九一引。《古今詩話》（《詩話總龜》前集一三）。《唐詩紀事》七。《唐才子傳》一。案：《四庫全書總目》一四九《駱丞集》提要有辨誤之言。

6 駱賓王未顯時，庸作于杭州梵天寺，終日執役，至夜方休。因憑欄而立，時月色如晝，一老僧苦吟不已，繼以永歎，因問之曰：「和尚何不睡去，而冥搜如是？」僧云：「我作梵天寺詩，止得兩句，云：『桂子月中落，天香雲外飄』。思之切至，竟不能成章，遂太息也。」賓王曰：「我當爲汝足成之。」僧云：「爾何人，而敢言詩？」然亦不能抑也。令僧再舉前句，即應聲曰：「樓觀滄海日，門聽浙江潮。」僧大奇之。《五總志》。

7 見盧照鄰1。

杜易簡

1 唐格輔元拜監察，遷殿中，充使。次龍門遇盜，行裝都盡，袒被而坐。監察御史杜易簡戲詠之曰：「有恥宿龍門，精彩先瞰渾。眼瘦呈近店，睡響徹遥林。捋囊將舊識，掣被異新婚。誰言驄馬使，翻作蟄熊蹲。」《御史臺記》(《廣記》二五五)。

郭齊宗

1 高宗問：「兵書所云『天陣、地陣、人陣』，各何謂也？」員半千越次對曰：「臣覩載籍，此事多矣。或謂天陣，星宿孤虚也。地陣，山川向背也。人陣，編伍彌縫也。」郭齊宗對曰：「以臣愚見則不然。夫師出以義，有若時雨；得天陣也。兵在足食足兵，且耕且戰，得地之利，此地陣也。卒乘輕利，將帥和睦，此人陣也。若用兵，使三者去一，其何以戰？」高宗嗟賞之，擢拜左衛胄曹也。《盧氏雜説》(《廣記》一八九)。參看員半千1。

辛弘智　羅道琮

1 國子進士辛弘智詩云：「君爲河邊草，逢春心剩生。妾如堂上鏡，得照始分明。」同房學士常定宗爲改「始」字爲「轉」字，遂争此詩，皆云我作。乃下牒見博士，羅爲宗判云：「昔五字定表，以理切稱奇；

今一言競詩，取詞多爲主。詩歸弘智，『轉』還定宗。以狀牒知，任爲公驗。」《朝野僉載》二。《唐詩紀事》三五。案：羅爲宗，《唐詩紀事》作「羅道琮」。新、舊《唐書》有《羅道琮傳》。

胡楚賓

1 見唐高宗23。

趙武蓋

1 趙武蓋少孤，生於河右，遂狎弋獵，獲鮮禽以膳其母。母勉之以學，武蓋不從，母歔欷謂曰：「汝不習典墳，而肆情畋獵，吾無望矣。」不御所膳。感激而學焉，數年博通經史，進士擢第，侍御史。著《河西人物志》，有集行於代。《大唐新語》一二。案：趙武蓋，新、舊《唐書·趙彥昭傳》作「趙武孟」，《新唐書·宰相世系表》同《大唐新語》。

裴元質

1 河東裴元質初舉進士，明朝唱策，夜夢一狗從竇出，挽弓射之，其箭遂擘。以爲不祥，問曹良史，曰：「吾往唱策之夜，亦爲此夢。夢神爲吾解之曰：狗者，第字頭也；弓，第字身也；箭者，第豎也；有擘爲第也。」尋而唱第，果如夢焉。《朝野僉載》三。

高正臣

1 高正臣，廣平人，官至衛尉卿。習右軍之法。睿宗愛其書。張懷瓘之先，與高有舊，朝士就高乞書，或憑書之。高嘗爲人書十五紙，張乃戲換其五紙，又令示高，再看不悟。客曰：「有人換公書。」高笑曰：「必是張公也。」乃詳觀之，得其三紙。客曰：「猶有在。」高又觀之，竟不能辨。高嘗許人書一屏障，逾時未獲，其人乃出使淮南，臨別，大悵惋。高曰：「正臣故人在申州，正與僕書一類，公可便往求之。」遂立申此意。陸柬之嘗爲高書告身，高常嫌之，不將入秩。後爲鼠所傷，乃持示張公曰：「此鼠甚解正臣意。」風調不合，一至於此。正臣隸行草入能。《書斷》(《廣記》二〇八)。又《法書要録》九、《御覽》七四八引。《書小史》九。

潘師正

1 唐高宗幸嵩山，至逍遥谷，見室中大瓠，問潘師正，字子真，答曰：「中有青飢，昔西城王君以南燭草爲之，服食得道。」上乃命道士葉法善往江東造青飢飯。《海録碎事》八下，又一三下。

田遊巖

1 唐田遊巖初以儒學累徵不起，侍其母隱嵩山。甘露中，中宗幸中嶽，因訪其居，遊巖出拜。詔命中書侍郎薛元超入問其母。御題其門曰「隱士田遊巖宅」。徵拜弘文學士。《翰林盛事》（《廣記》二〇二）。案：據兩《唐書》，此爲高宗時事。

2 唐隱君子田遊巖，一日冬晴，就湯泉沐髮，風於朝暉之下，適所親者至，曰：「高年豈不自愛，而草草若是耶？」遊巖笑而答曰：「天梳日帽，他復何需？」《清異録》上。

李榮

1 京城流俗，僧、道常爭二教優劣，遞相非斥。總章中興善寺爲火災所焚，尊像蕩盡。東明觀道士李榮因詠之曰：「道善何曾善，云興遂不興。如來燒亦盡，唯有一羣僧。」時人雖賞榮詩，然聲稱從此而減。《大唐新語》一三。

2 唐有僧法軌，形容短小，於寺開講。李榮往共論議，往復數番。僧有舊作詩詠榮，於高座上誦之云：「姓李應須李，言榮又不榮。」此僧未及得道下句，李榮應聲接曰：「身長三尺半，頭毛猶未生。」四座歡喜，伏其辯捷。《啓顔録》（《廣記》二四八）。又《詩話總龜》前集四一引。

僧伽

1 僧伽大師，西域人也，俗姓何氏。唐龍朔初來遊北土，隸名於楚州龍興寺。後於泗州臨淮縣信義坊乞地施標，將建伽藍，於其標下掘得古香積寺銘記，並金像一軀，上有普照王佛字，遂建寺焉。唐景龍二年，中宗皇帝遣使迎師，入内道場，尊爲國師。尋出居薦福寺。常獨處一室，而其頂有一穴，恒以絮塞之。夜則去絮，香從頂穴中出，煙氣滿房，非常芬馥。及曉，香還入頂穴中，又以絮塞之。師常濯足，人取其水飲之，痼疾皆愈。一日，中宗於内殿語師曰：「京畿無雨，已是數月，願師慈悲，解朕憂迫。」師乃將瓶水泛洒，俄頃陰雲驟起，甘雨大降。中宗大喜，詔賜所修寺額，以臨淮寺爲名。師請以普照王寺爲名，蓋欲依金像上字也。中宗以「照」字是天后廟諱，乃改爲普光王寺，仍御筆親書其額以賜焉。至景龍四年三月二日，於長安薦福寺端坐而終。本傳及《紀聞録》(《廣記》九六)。

2 僧伽，龍朔中遊江淮間，其迹甚異。有問之曰：「汝何姓？」答曰：「姓何。」又問：「何國人？」答曰：「何國人。」唐李邕作碑，不曉其言，乃書傳曰：「大師姓何，何國人。」此正所謂對癡人説夢耳，李邕遂以夢爲真，真癡絶也。僧贊寧以其傳編入僧史，又從而解之曰：「其言姓何，亦猶僧會本康居國人，便命爲康僧會。詳何國在碎葉東北，是碎葉國附庸耳。」此又夢中説夢，可掩卷一笑。《冷齋夜話》九。

高崔巍

1 敬宗時，高崔巍喜弄癡。大帝令給使捺頭向水下，良久，出而笑之。帝問，曰：「見屈原，云：『我逢楚懷王無道，乃沈汨羅水。汝逢聖明主，何爲來？』」帝大笑，賜物百段。《朝野僉載》六。又《酉陽雜俎》續集卷四、《廣記》二四九引。《羣居解頤》(張本《説郛》三二、陶本《説郛》二四)。案：「大帝」，《廣記》作「太宗」。「敬宗時」三字，唯《朝野僉載》有，與文中「大帝」不合，當爲衍文。

秦鳴鶴

1 見唐高宗18。

薛眘惑

1 薛眘惑者，善投壺，龍躍隼飛，矯無遺箭。置壺於背後，却反矢以投之，百發百中。《朝野僉載》六。《唐詩紀事》五。

宋令文

1 宋令文者，有神力。禪定寺有牛觸人，莫之敢近，築圍以闌之。令文怪其故，遂袒裼而入。牛竦角向前，令文接兩角拔之，應手而倒，頸骨皆折而死。又以五指撮碓觜壁上書，得四十字詩。爲太學生，以一手挾講堂柱起，以同房生衣於柱下壓之。許重設酒，乃爲之出。令文有三子：長之問，有文譽；次之遜，善書；次之悌，有勇力。之悌後左降朱鳶，會賊破驩州，以之悌爲總管擊之。募壯士，得八人。之悌身長八尺，被重甲，直前大叫曰：「獠賊，動即死。」賊七百人一時俱劉，大破之。《朝野僉載》六。

2 宋令文，河南陝人，官至左衛中郎將。奇姿偉麗，身有三絶，曰書、畫、力。尤於書，備兼諸體，偏意在草，甚欲究能。翰簡翩翩，甚得書之媚趣。《書斷》(《法書要録》九)。又《御覽》七四八引。《書小史》九。

彭博通

1 彭博通者，河間人也，身長八尺。曾於講堂堦上臨堦而立，取鞋一緉以臂夾，令有力者後拔之，鞋底中斷，博通脚終不移。牛駕車正走，博通倒曳車尾，却行數十步，橫拔車轍深二尺餘，皆縱橫破裂。曾遊瓜埠，江有急風張帆，博通捉尾纜挽之，不進。《朝野僉載》六。

2 唐彭先覺叔祖博通膂力絶倫，嘗於長安與壯士魏弘哲、宋令文、馮師本角力，博通堅卧，命三人奪其枕，三人力極，牀脚盡折，而枕不動。觀者踰主人垣牆，屋宇盡壞，名動京師。嘗與家君同飲，會暝，獨持兩牀降階，就月于庭，酒俎之類，略無傾瀉矣。《御史臺記》（《廣記》一九二）。

張公藝

1 唐初張公藝九世同居，高宗東封過其家，問之：「何以致然？」公藝執筆，唯書百餘「忍」字，餘無他言。遂旌表其門。《獨異志》中。

鄒鳳熾

1 鄒駱駝，長安人。先貧，常以小車推蒸餅賣之。每勝業坊角有伏磚，車觸之即翻，塵土涴其餅，駝苦之。乃將钁劚去十餘磚，下有瓷甕，容五斛許，開看，有金數斗，於是巨富。其子昉，與蕭佺交厚，時人語曰：「蕭佺駙馬子，鄒昉駱駝兒。非關道德合，只爲錢相知。」《朝野僉載》五。又《廣記》四〇〇引。

2 西京懷德坊南門之東，有富商鄒鳳熾，肩高背曲，有似駱駞，時人號爲鄒駱駞。其家巨富，金寶不可勝計，常與朝貴遊，邸店園宅，遍滿海内，四方物盡爲所收，雖古之猗白，不是過也。其家男女婢僕，錦衣玉食，服用器物，皆一時驚異。嘗因嫁女，邀請朝士往臨禮席，賓客數千，夜擬供帳，備極華麗。及女郎將出，侍婢圍遶，綺羅珠翠，垂釵曳履，尤艷麗者，至數百人。衆皆愕然，不知孰是新婦矣。又嘗謁見高宗，請市終南山中樹，估絹一匹，自云：「山樹雖盡，臣絹未竭。」事雖不行，終爲天下所誦。後犯事流瓜州，會赦還。及卒，子孫窮匱。《西京記》（《廣記》四九五）。《兩京新記》三。《桂苑叢談·史遺》。《實賓録》八。

劉龍子

1 高宗時，有劉龍子妖言惑衆。作一金龍頭藏袖中，以羊腸盛蜜水繞繫之。每相聚出龍頭，言聖龍吐水，飲之百病皆差。遂轉羊腸，水於龍口中出，與人飲之，皆罔云病愈，施捨無數。遂起逆謀，事發逃走，捕訪久之擒獲，斬之于市，並其黨十餘人。《朝野僉載》三。

白鐵余

1 白鐵余者，延州稽胡也，左道惑衆。先於深山中埋一金銅像於柏樹之下，經數年，草生其上。紿鄉人曰：「吾昨夜山下過，每見佛光。」大設齋，卜吉日以出聖佛。及期，集數百人，命於非所藏處斸，不得。

乃勸曰：「諸公不至誠布施，佛不可見。」由是男女争布施者百餘萬。更於埋處斸之，得金銅像。鄉人以爲聖，遠近傳之，莫不欲見。乃宣言曰：「見聖佛者，百病即愈。」左側數百里，老小士女皆就之。乃以緋紫紅黄綾爲袋數十重盛像，人聚觀者，去一重一迴布施，收千端乃見像。如此矯僞一二年，鄉人歸伏，遂作亂，自號光王，署置官職，殺長史，數年爲患。命將軍程務挺斬之。《朝野僉載》三。又《廣記》二三八引。

秦令言

1　龍朔二年十月，秦令言新除監察御史，推雒州長史許力士子犯法。使還，將奏，諸御史謂曰：「未經奏事，宜習之。」笑曰：「由來所便。」問作手狀，又都不曉。及奏，不稱臣。上問：「力士知否？」對曰：「許長史不知。」上曰：「對朕猶喚許長史，豈能推事？」令法官重推。令言免官。《唐會要》六二。

張玄靖

1　唐張玄靖，陝人也，自左衛倉曹拜監察。性非敦厚，因附會慕容寶節而遷。時有兩張監察，號玄靖爲小張。初入臺，呼同列長年爲兄。及選殿中，則不復兄矣。寶節既誅，頗不自安，復呼舊列爲兄。監察杜文範因使還，會鄭仁恭方出使，問臺中事意，恭答曰：「寶節敗後，小張復呼我曹爲兄矣。」時人以爲談笑。《御史臺記》（《廣記》二五九）。

張由古

1 張由古有吏才而無學術，累歷臺省。嘗於衆中歎班固大才，文章不入《文選》。或謂之曰：「《兩都賦》、《燕山銘》、《典引》等並入《文選》，何爲言無？」由古曰：「此並班孟堅文章，何關班固事！」聞者掩口而笑。又謂同官曰：「昨買得《王僧襦集》，大有道理。」杜文範知其誤，應聲曰：「文範亦買得《張佛袍集》，勝於僧襦遠矣。」由古竟不之覺。仕進者可不勉歟！《大唐新語》一一。又《廣記》二五八引。《兩京雜記》（《類説》四）。案：《廣記》所引《大唐新語》又載别事，原書無。見下條。

2 〔張由古〕累遷司計員外，以罪放于庭州。時中書令許敬宗綜理詔獄，帖召之。由古喜，至則爲所責，懼而手戰，笏墜於地，口不能言。初，爲殿中正班，以尚書郎有錯立者，謂引駕曰：「員外郎小兒難共語，可鼻衝上打。」朝士鄙之。《大唐新語》（《廣記》二五八）。《唐會要》六二。

杜文範

1 唐杜文範，襄陽人也。自長安尉應舉，擢第，拜監察御史。選殿中，授刑部員外，以承務郎特授西臺舍人。先時與高上智俱任殿中，爲侍御史張由古、宋之順所排蹙，與上智遷員外。既五旬，由古、之順方入省，文範衆中謂之曰：「張、宋二侍御俱是俊才。」由古問之，答曰：「若非俊才，那得五十日騎土牛，趁及殿中。」舉衆歡笑。《御史臺記》（《廣記》二五四）。

2 見張由古1。

張懷慶

1 李義府嘗賦詩曰：「鏤月成歌扇，裁雲作舞衣。自憐迴雪影，好取洛川歸。」有棗强尉張懷慶，好偷名士文章，乃爲詩曰：「生情鏤月成歌扇，出意裁雲作舞衣。照鏡自憐迴雪影，時來好取洛川歸。」人謂之諺曰：「活剥王昌齡，生吞郭正一。」《大唐新語》一三。又《廣記》二六〇引。《詩話總龜》前集四一。

2 唐張狗兒亦名懷慶，愛偷人文章。與冀州棗强尉。才士製述，多翻用之。時爲之語曰：「活剥張昌齡，生吞郭正一。」諒不誣也。《朝野僉載》（張本《説郛》二、《後村詩話》續集）。

麴崇裕

1 冀州參軍麴崇裕送司功入京詩云：「崇裕有幸會，得遇明流行。司士向京去，曠野哭聲哀。」司功曰：「大才士。先生其誰？」曰：「吳兒博士教此聲韻。」司功曰：「師明弟子哲。」《朝野僉載》二。

裴　聿

1 滕王爲隆州刺史，多不法，參軍裴聿諫之止，王怒，令左右摑搨。他日，聿入計，具訴于帝，問聿：「曾被幾搨？」聿曰：「前後八搨。」即令遷階。聿歸，嘆曰：「何其命薄，若言九搨，當入五品矣。」聞者晒之，號「八搨將軍」。《朝野僉載》(《紺珠集》三)。

夏侯彪

1 夏侯彪夏月食飲，生蟲在下，未曾瀝口。嘗送客出門，奴盜食臠肉。彪還覺之，大怒，乃捉蠅與食，令嘔出之。《朝野僉載》一。

夏侯彪之

1 益州新昌縣令夏侯彪之初下車，問里正曰：「雞卵一錢幾顆？」曰：「三顆。」彪之乃遣取十千錢，令買三萬顆，謂里正曰：「未須要，且寄母雞抱之，遂成三萬頭雞。經數月長成，令縣吏與我賣；一雞三十錢，半年之間成三十萬。」又問：「竹筍一錢幾莖？」曰：「五莖。」又取十千錢付之，買得五萬莖，謂里正曰：「吾未須要筍，且向林中養之。至秋竹成，一莖十錢，成五十萬。」其貪鄙不道皆類此。《朝野僉載》三。又《廣記》二四三引。

唐人軼事彙編卷八

裴炎

1 高宗大漸，顧命裴炎輔少主。既而則天以太后臨朝，中宗欲以后父韋玄貞爲侍中，並乳母之子五品官。炎争以爲不可。中宗不悦，謂左右曰：「我讓國與玄貞豈不得！何爲惜侍中？」炎懼，遂與則天定策，廢中宗爲廬陵王，幽於别所。則天命炎及中書侍郎劉禕之率羽林兵入，左右承則天旨，扶中宗下殿。中宗曰：「我有何罪？」則天曰：「汝欲將天下與韋玄貞，何得無罪！」炎居中執權，親授顧託，未盡匡救之節，遽行伊霍之謀，神器假人，爲獸傅翼，其不免也宜哉！《大唐新語》一一。

2 裴炎有雅望於朝廷，高宗臨崩，與舅王德真俱受遺詔輔少主。則天既臨朝，廢中宗爲廬陵王，將行革命之事。徐敬業舉兵於揚州，時炎爲内史，示閒暇不急討。則天潛察之，下炎詔獄，鳳閣侍郎胡元範、劉齊賢等庭争，以炎忠鯁無反狀。則天曰：「炎反有端，顧卿不知耳。」範、賢曰：「若裴炎反，臣等亦反。」則天曰：「朕知裴炎反，知卿不反。」炎既誅，範、賢亦被廢黜。炎將刑，顧謂兄弟曰：「可憐官職並自得之，炎無分毫過，今坐炎流竄矣。」炎雖官達而甚清貧，收其家，略無積聚，時人傷焉。《大唐新語》三。

3 見駱賓王2。

4 舊制，宰相臣嘗於門下省議事，謂之政事堂。故長孫無忌、魏徵、房玄齡等，以他官兼政事者，皆云知門下省事。弘道初，裴炎自侍中轉中書令，執朝政，始移政事堂於中書省，至今以爲故事。《大唐新語》一〇。《南部新書》甲。

劉禕之

1 見郭翰1。

李昭德

1 襄州胡延慶得一龜，以丹漆書其腹曰「天子萬萬年」以進之。鳳閣侍郎李昭德以刀刮之並盡，奏請付法。則天曰：「此非惡心也，捨而勿問。」《朝野僉載》三。《國史補》（《廣記》二三八）。

2 李昭德：則天朝諛佞者必見擢用，有人於洛水中獲白石，有數點赤，詣闕請進，諸宰臣詰之，其人曰：「此石赤心，所以進。」昭德叱之曰：「洛水中石豈盡反邪？」左右皆失笑。昭德建立東都羅城及尚書省洛水中橋，人不知其役而功成就。除數凶人，大獄遂罷。以正直廷諍，爲皇甫文所搆，與來俊臣同日棄市。國人歡憾相半，哀昭德而快俊臣也。《大唐新語》二。《唐語林》三。

3 見武皇后13。

4 則天以武承嗣爲左相，李昭德奏曰：「不知陛下委承嗣重權，何也？」則天曰：「我子姪，委以心腹耳。」昭德曰：「若以姑姪之親，何如父子？何如母子？」則天曰：「不如也。」昭德曰：「父子、母子尚有逼奪，何諸姑所能容？使其有便可乘御，寶位其遽安乎？且陛下爲天子，陛下之姑受何福慶，而委重權於姪乎？事之去矣！」則天矍然，曰：「我未思也。」即日罷承嗣政事。《大唐新語》一。《唐語林》一。

5 時來俊臣棄故妻，奏逼娶太原王慶詵女，侯思止亦奏請娶趙郡李自挹女，敕政事商量。鳳閣侍郎李昭德撫掌謂諸相曰：「大可笑，大可笑！」諸相問之，昭德曰：「往年來俊臣賊劫王慶詵女，已大辱國。今日此奴又請娶李自挹女，無乃復辱國耶？」事遂寢。竟爲李昭德榜殺之。《御史臺記》（《廣記》二五八）。《大唐新語》三。

6 唐鳳閣侍郎李昭德威權在己，宣出一敕云：「自今以後，公坐徒，私坐流，經恩百日不首，依依科罪。」昭德先受孫萬榮賄財，奏與三品。後萬榮據營州反，貨求事敗，頻經恩赦，以百日不首，准贓斷絞。《朝野僉載》（《廣記》一二一）。

蘇良嗣

1 蘇良嗣爲洛州長史，坐妻犯贓，左遷冀州刺史。及事釋，妻妹詣良嗣，初無恨色，謂之曰：「牧守遷轉出入是常，不聞有所累也。」後爲荆州長史，高宗使中官緣江採異竹，植於苑内。中官科船載竹，所在縱暴。還過荆州，良嗣因之上疏切諫。高宗謂則天曰：「吾約束不嚴整，果爲良嗣所怪乎？」詔慰諭，便令棄竹於江中。荊州舊有河東寺，後梁蕭詧爲其兄河東王所造。良嗣見而驚曰：「此在江漢之間，與河東有何關涉？」遂奏改之。良嗣寡學，深爲人所笑。《大唐新語》七。《靖康緗素雜記》一〇。

2　高宗時，司農欲以冬藏餘菜賣之百姓，以墨敕示僕射蘇良嗣，判曰：「昔公儀相魯，猶拔去園葵，況臨御萬邦，而販蔬鬻菜。」事竟不行。《隋唐嘉話》中。《大唐新語》四。《唐語林》二。《續世説》一。

3　見薛懷義2。

狄仁傑

1　狄梁公爲兒童時，與諸昆同遊于道，遇善相者海濤法師，驚曰：「此郎位極人臣，蒼生是賴。但恨衰朽之質，所不見爾。」《南部新書》丙。

2　狄仁傑爲兒童時，門人被害者，縣吏就詰之。衆咸移對，仁傑堅坐讀書。吏責之，仁傑曰：「黄卷之中，聖賢備在，猶未對接，何暇偶俗人而見耶？」以資授汴州判佐。工部尚書閻立本黜陟河南，仁傑爲吏人誣告，立本驚謝曰：「仲尼云：『觀過，斯知仁矣。』足下可謂海曲明珠，東南遺寶。」特薦爲并州法曹。其親在河陽別業，仁傑赴任，於并州登太行，南望白雲孤飛，謂左右曰：「吾親所居，近此雲下！」悲泣，佇立久之，候雲移乃行。《大唐新語》六。

3　狄仁傑，太原人，爲府法曹參軍。時同僚鄭崇資母老且病，當充使絶域。仁傑謂曰：「太夫人有危亟之病，而公遠使，豈可貽親萬里之泣乎？」乃請代崇資。《譚賓録》（《廣記》一六六）。　案：新、舊《唐書·狄仁傑傳》

鄭崇資作鄭崇質。

4 狄梁公性閑醫藥，尤妙針術。顯慶中，應制入關，路由華州。闤闠之北，稠人廣衆，聚觀如堵。狄梁公引轡遥望，有巨牌大字云：「能療此兒，酬絹千疋。」即就觀之，有富室兒，年可十四五，卧牌下。鼻端生贅，大如拳石，根蒂綴鼻，纔如食筯，或觸之，酸痛刺骨，於是兩眼爲贅所縋，目睛翻白，痛楚危亟，頃刻將絶。惻然久之，乃曰：「吾能爲也。」其父母洎親屬叩顙祈請，即輦千縑，置于坐側。公因令扶起，即於腦後下針寸許，仍詢病者曰：「針氣已達病處乎？」病人頷之。公遽抽針，而疣贅應手而落，雙目登亦如初，曾無病痛。其父母親眷，且泣且拜，則以縑物奉焉。公笑曰：「吾哀爾命之危逼，吾蓋急病行志耳，吾非鬻伎者也。」不顧而去焉。《集異記》二。

5 上元二年，大理寺丞狄仁傑考中上，考使尚書左僕射劉仁軌以新任不録，大理卿張文瓘稱獨知理司之要，仁軌乃驚問：「公斷幾何獄？」文瓘曰：「歲竟，凡斷一萬七千八百人。」仁軌乃擢爲上下考。《唐會要》八一。《獨異志》下。

6 權善才，高宗朝爲將軍，中郎將范懷義宿衛昭陵，有飛騎犯法，善才繩之。飛騎因番請見，先涕泣不自勝，言善才等伐陵柏，大不敬。高宗悲泣不自勝，命殺之。大理丞狄仁傑斷善才罪止免官。高宗大怒，命促刑。仁傑曰：「法是陛下法，臣僅守之。奈何以數株小柏而殺大臣？請不奉詔。」高宗涕泣曰：「善才斫我父陵上柏，我爲子不孝，以至是。知卿好法官，善才等終須死。」仁傑固諫，侍中張文瓘以笏揮令出，仁傑乃引張釋之高廟、辛毗牽裾之例，曰：「臣聞逆龍鱗，忤人主，自古以爲難，臣以爲不難。

居桀紂時則難，堯舜時則不難。臣今幸逢堯舜，不懼比干之誅。陛下不納臣言，臣瞑目之後，羞見釋之、辛毗於地下。」高宗曰：「善才情不可容，法雖不死，朕之恨深矣，須法外殺之。」仁傑曰：「陛下作法，懸諸象魏，徒流及死，具有等差，豈有罪非極刑，特令賜死？法既無恒，萬方何所措其手足？陛下必欲變法，請今日爲始。」高宗意乃解，曰：「卿能守法，朕有法官。」命編入史。又曰：「仁傑爲善才正朕，豈不能爲朕正天下耶？」授侍御史。後因諫事，高宗笑曰：「卿得權善才便也。」時左司郎中王本立恃寵用事，朝廷懼之，仁傑按之，請付法。高宗特原之，仁傑奏曰：「雖國之英秀，豈少本立之類。陛下何惜罪人，而虧王法？必不欲推問，請曲赦之，棄臣於無人之境，以爲忠貞將來之戒。」高宗乃許之。由是朝廷肅然。《大唐新語》四。

7　狄仁傑因使岐州，遇背軍士卒數百人，夜縱剽掠，晝潛山谷，州縣擒捕繫獄者數十人。仁傑曰：「此途窮者，不輯之，當爲患。」乃明榜要路，許以陳首。仍出繫獄者，廩而給遣之。高宗喜曰：「仁傑識國家大體。」乃頒示天下，宥其同類，潛竄畢首矣。《大唐新語》四。

8　狄仁傑爲度支員外郎，車駕將幸汾陽宫，仁傑奉使先脩官頓。并州長史李玄沖以道出妒女祠，俗稱有盛衣服車馬過，必致雷風之異，欲別開路。仁傑謂曰：「天子行幸，千乘萬騎，風伯清塵，雨師灑道，何妒女之敢害而欲避之！」玄沖遂止，果無他變。上聞之，嘆曰：「可謂真丈夫也！」《封氏聞見記》九。《唐語林》三。《唐會要》二七亦載此事，繫於高宗調露元年。

9　後爲冬官侍郎，充江南安撫使，吴、楚風俗，歲時尚淫祀，祠廟凡一千七百餘所，仁傑並令焚之。有項羽神，號爲楚王廟，祈禱至多，爲吴人所憚。仁傑先致檄書，責其喪失江東八千子弟而妄受牲牢之薦，然後焚除。《封氏聞見記》九。《唐語林》三。

10 唐垂拱四年，安撫大使狄仁傑檄告西楚霸王項君將校等，略曰：「鴻名不可以謬假，神器不可以力争，應天者膺樂推之名，背時者非見機之主。自祖龍御寓，横噬諸侯，任趙高以當軸，棄蒙恬而齒劍。沙丘拚禍於前，望夷覆滅於後，七廟墮圮，萬姓屠原，鳥思静于飛塵，魚豈安于沸水。赫矣皇漢，受命玄穹，膺赤帝之鎮符，當素靈之缺運。俯張地紐，彰鳳舉之符，仰緝天綱，鬱龍興之兆。而君潛遊澤國，嘯聚水鄉，矜扛鼎之雄，逞拔山之力，莫測天符之所會，不知曆數之有歸。遂奮關中之翼，竟垂垓下之翅，蓋盡由於人事，焉有屬於天亡！雖驅百萬之兵，終棄八千之子。以爲殷鑑，豈不惜哉！當匿魄東峯，收魂北極，豈合虚承廟食，廣費牲牢。仁傑受命方隅，循革攸寄，今遺焚燎祠宇，削平臺室，使蕙櫋銷燼，羽帳隨烟，君宜速遷，勿爲人患。檄到如律令。」遂除項羽廟，餘小神並盡，惟會稽禹廟存焉。《朝野僉載》（張本《説郛》二）。《廣記》三一五引作《吴興掌故集》。

11 狄内史仁傑始爲江南安撫使，以周赧王、楚王項羽、吴王夫差、越王勾踐、吴夫槩王、春申君、趙佗、馬援、吴桓王等神廟七百餘所，有害於人，悉除之。惟夏禹、吴太伯、季札、伍胥四廟存焉。《隋唐嘉話》下。《唐語林》三。

12 則天將不利王室，越王貞於汝南舉兵，不克，士庶坐死者六百餘人，没官人五千餘口，司刑使相次而至，逼促行刑。時狄仁傑檢校刺史，哀其詿誤，止司刑使，停斬決，飛奏表曰：「臣欲聞奏，似爲逆人論理；知而不言，恐乖陛下存恤之意。奏成復毀，意不能定。此輩非其本心，願矜其詿誤。」表奏，特敕配流豐州。諸囚次于寧州，寧州耆老郊迎之，曰：「我狄使君活汝耶！」相攜哭于碑側，齋三日而後行。諸囚至豐州，復立碑紀德。初，張光輔以宰相討越王，既平之後，將士恃威，徵斂無度，仁傑率皆不應。光輔怒曰：「州將輕元帥耶？何徵發之不赴？」仁傑〔曰〕：「汝南勃亂，一越王(耶)〔耳〕。(仁傑曰)今一越王已死，而萬越王生。」光輔質之，仁傑曰：「明公親董戎旃二十餘萬，所在劫奪，遠邇流離，創鉅之餘，肝腦塗地。此非一越王死而萬越王生耶？且脅從之徒，勢不自固，所以先著綱理之也。自天兵暫臨，其棄城歸順者不可勝計，縋墜四面成蹊，奈何縱求功之人，殺投降之士？但恐冤聲騰沸，上徹于天，將請尚方(斷)〔斬〕馬劍斬足下，當北面請命，死猶生也。」遂爲光輔所譖，左授復州刺史。尋徵還魏州刺史，威惠大行，百姓爲立生祠。遷內史，及薨，朝野悽慟。則天贈文昌左相，中宗朝贈司空，睿宗朝追封梁國公，哀榮備於三朝，代莫與爲比。《大唐新語》四。　案：原文有誤，據《舊唐書》本傳改。

13　狄仁傑爲內史，則天謂之曰：「卿在汝南，甚有善政，欲知譖卿者乎？」仁傑謝曰：「陛下以臣爲過，臣當改之；陛下明言，臣之幸也。若臣不知譖者，並爲友善，臣請不知。」則天深加歎異。《大唐新語》七。

14　見來俊臣2。

15　唐狄仁傑之貶也，路經汴州，欲留半日醫疾，開封縣令霍獻可追逐當日出界，狄公甚銜之。及回爲宰相，霍已爲郎中，狄欲中傷之而未果。則天命擇御史中丞，凡兩度承旨，皆忘。後則天又問之，狄公卒對，無以應命，唯記得霍獻可，遂奏之，恩制除御史中丞。後狄公謂霍曰：「某初恨公，今却薦公，乃知命也，豈由於人耶？」《定命録》（《廣記》一四六）。

16　魏州南郭狄仁傑廟，即生祠堂也。天后朝，仁傑爲魏州刺史，有善政，吏民爲之立生祠。及入朝，魏之士女，每至月首皆詣祠奠醊。仁傑方朝，是日亦有醉色，天后素知仁傑初不飲酒，詰之，具以事對。天后使驗問乃信。《玉堂閒話》（《廣記》三一三）。

17　《新唐史·狄仁傑傳》載仁傑轉幽州都督，賜紫袍龜帶，后自製金字十二於袍，以旌其忠。其十二字史不著。予按，《家傳》云：「以金字環繞五色雙鸞，其文曰：『敷政術，守清勤。昇顯位，勵相臣。』乃命録之。」《新史》不惟不著十二字，雖「五色雙鸞」亦不録也。《能改齋漫録》一四。

18　見婁師德6、7。

19　唐天后既立國號周，又欲立三思爲後。狄仁傑切諫，上曰：「奈何有武氏臨朝萬萬年之謡？」公對曰：「陛下改萬歲登封元年，又改萬歲通天元年，又改大足元年，則萬萬之數足矣。」武后大悟，始有歸中宗之意。《紀異録》（《分門古今類事》一五）。　案：狄仁傑卒於聖曆三年，此條叙事年代有誤。

20　后納諸武之議，將移宗社，擬立武三思爲儲副，遷廬陵王於房陵。諸武陰計，日夜獻謀曰：「陛下姓武，合立武氏，未有天子而取别姓將爲後者也。」天后既已許，禮問羣臣曰：「朕年齒將衰，國無儲主，今欲擇善，誰可當之？朕雖得人，終在羣議。」諸宰臣多聞計定，言皆希旨；仁傑獨退立，寂無一言。天后問曰：「卿獨無言，當有異見。」公曰：「有之。臣上觀乾象，無易主之文；中察人心，實未厭唐德。」天后曰：「卿何以知之？」公曰：「頃者匈奴犯邊，陛下使梁王三思於都市召募，一月之外，不滿千人。

後盧陵王踵之，未經二旬，數盈五萬。以此觀之，人心未去。陛下將欲繼統，非廬陵王，餘實非臣所知。」天后震怒，命左右扶而去之。《狄梁公傳》（《通鑑考異》一一）。　案：《通鑑考異》有考辨之言。

21 後經旬，召公入，曰：「朕昨夜夢與人雙陸，頻不見勝，何也？」對曰：「雙陸不勝，蓋爲宮中無子。此是上天之意，假此以示陛下，安可久虛儲位哉？」天后曰：「是朕家事，斷在胸中，卿豈合預焉！」仁傑對曰：「臣聞王者以天下爲家，四海之内，悉爲臣妾，何者不爲陛下家事！君爲元首，臣爲股肱，臣安得不預焉！」又命扶出，竟不納。《狄梁公傳》（《通鑑考異》一一）。參看王方慶2。

22 則天后嘗夢一鸚鵡，羽毛甚偉，兩翅俱折。以問宰臣，羣公默然，内史狄仁傑曰：「鵡者，陛下姓也；兩翅折，陛下二子廬陵、相王也。陛下起此二子，兩翅全也。」武承嗣、武三思連項皆赤。後契丹圍幽州，檄朝廷曰「還我廬陵、相王來」，則天乃憶狄公之言，曰：「卿曾爲我占夢，今乃應矣。朕欲立太子，何者爲得？」仁傑曰：「陛下内有賢子，外有賢姪，取舍詳擇，斷在聖衷。」則天曰：「我自有聖子，承嗣、三思是何疥癬！」承嗣等懼，掩耳而走。即降敕追廬陵，立爲太子，充元帥。初募兵，無有應者，聞太子行，北邙山頭皆兵滿，無容人處。賊自退散。《朝野僉載》三。《金鑾密記》（陶本《説郛》四九）。　案：《通鑑考異》一一引《朝野僉載》此文，「即降敕追廬陵」下有「河内王奏，不許入城，龍門安置。賊徒轉盛，陷没冀州，則天急」數句。「立爲太子」，引作「乃立廬陵王爲太子」。

23 天后御一小殿，垂簾於後，左右隱蔽，外不能知，乃命公坐於階下，曰：「前者所議，事實非小，寤寐反覆，思卿所言，彌覺理非甚乖。朕意忠臣事主，豈在多違！今日之間，須易前見。以天下之位在卿一言，可朕意即兩全，逆朕心即俱斃！」公從容言曰：「陛下所言，天子之位，可得專之。以臣所知，是太宗文武皇帝之位，陛下豈得而自有也！太宗身陷鋒鏑，經綸四海，所以不告勞者，蓋爲子孫，豈爲武三思邪！陛下身是大帝皇后，大帝寢疾，權使陛下監國；大帝崩後，合歸冢嫡。陛下遂奄有神器，十有餘年。今議纘承，豈可更異！且姑與母孰親？子與姪孰近？」云云。天后於是歔欷流涕，命左右褰簾，手撫公背，大叫曰：「卿非朕之臣，是唐社稷之臣！」回謂廬陵王曰：「拜國老！今日國老與爾天子！」公免冠頓首，涕血灑地，左右扶策，久不能起。天后曰：「即具所言，宣付中外，擇日禮册。」公揮涕而言曰：「自古以來，豈有偷人作天子！廬陵王留在房州，天下所悉知，今日在内，臣亦不知。臣欲奉詔，若同衛太子之變，陛下何以明臣？」天后曰：「安可卻向房陵！只於石像驛安置，具法駕，陳百僚，就迎之。」於是大呼萬歲，儲位乃定。《狄梁公傳》（《通鑑考異》一一）。案：《通鑑考異》有考辨之言。

24 聖曆三年，則天曰：「朕令宰相各舉尚書郎一人。」狄仁傑獨薦男光嗣，由是拜地官尚書郎。莅事有聲，則天謂仁傑曰：「祁奚内舉，果得人也。」《唐會要》五三。又《廣記》一八五引。

25 見張柬之2。

26 張柬之、桓彦範、敬暉、崔玄暐、袁恕己皆公所薦。公嘗退食之後，謂五公曰：「所恨衰老，身先朝露，不得見五公盛事，冀各保愛，願盡本心。」五公心知目擊，懸悟公意。公寢疾，五公候問，偶對終日，竟無一言。少頃，流涕及枕，但相視而已。五公退出，遞不測其由。袁恕己曰：「豈不氣力轉羸，須問家事乎？」張柬之曰：「未有大賢廢國謀家者也。」斯須，命張柬之、袁恕己、桓彦範三公入，餘二公立於門外，曰：「向者無言，蓋以二公之故。此二公能斷而不能密，若先與議之，事必外泄，一泄之後，則國異而家亡也。至其時或不與共之，事亦不就。梁王三思掌權，可先收而後行也。不然，則必反生大禍。」狄公没後，經歲餘，五公潛會於幽閒之處，叙公當時之言，重結盟約。徹饌之後，相顧欲言，未至其時，恐負前諾，欲言又止，前後數四，桓彦範乃叙其言。言猶未畢，聞户牖之外，聲若雷霆，須臾風雨，咫尺莫辨，所坐牀褥悉擲於階下。五公戰懼，不知所據，乃相謂曰：「此是狄公忠烈之至，假此靈變以驚衆心，不欲吾輩先論此事，未至其時，不可復言也。」斯須，天清日明，不異於初。易之等既誅，袁謂張公曰：「昔有遺言，使先收三思，豈可捨諸？」張公曰：「但大事畢功，此是機上之物，豈有逃乎！」後梁王交通於内，王公果爲所譖，俱遭流竄。所期興廢年月，遺約軌模少無異也。《狄梁公傳》(《通鑑考異》一一)。　案：《通鑑考異》曰：「此蓋作傳者因五人建興復之功，附會其事，云皆仁傑所舉，受教於仁傑耳。其言譎怪無稽，今所不取。」

27 狄梁公既立中宗，薦張柬之、袁恕己、桓彦範、崔玄暐、敬暉，五公咸出門下，皆自州縣拔居顯名，外以爲五公爲一代之盛桃李也。《廬陵王傳》(《演繁露》一一)。

28 狄仁傑之爲相也，有盧氏堂姨居于午橋南別墅。姨止有一子，而未嘗來都城親戚家。梁公每遇伏臘晦朔，修禮甚謹。嘗經甚雪多休暇，因候盧姨安否，適見表弟挾弓矢攜雉兔來歸，膳味進於北堂。顧揖梁公，意甚輕簡。公因啓姨曰：「某今爲相，表弟有何樂從，願悉力以從其旨。」姨曰：「相自貴爾，有一子不欲令其事女主。」公大慚而退。《松窗雜録》。又《廣記》二七一引。《唐語林》四。《古今合璧事類備要》前集三六引作《朝野僉載》，誤。

29 則天時，南海郡獻集翠裘，珍麗異常。張昌宗侍側，則天因以賜之，遂命披裘，供奉雙陸。宰相狄梁公仁傑時入奏事，則天令昇座，因命梁公與昌宗雙陸，梁公拜恩就局。則天曰：「卿二人賭何物？」梁公對曰：「争先三籌，賭昌宗所衣毛裘。」則天謂曰：「卿以何物爲對？」梁公指所衣紫絁袍曰：「臣以此敵。」則天笑曰：「卿未知此裘價逾千金，卿之所指，爲不等矣。」梁公起曰：「臣此袍乃大臣朝見奏對之衣，昌宗所衣乃嬖倖寵遇之服，對臣之袍，臣猶怏怏。」則天業已處分，遂依其説。而昌宗心赧神沮，氣勢索莫，累局連北。梁公對御就褫其裘，拜恩而出。及至光範門，遂付家奴衣之，乃促馬而去。《集異記》二。又《廣記》四〇五引。

30 武后信重狄仁傑，羣臣莫及，常謂之國老而不名。仁傑好面折廷諍，太后每屈意從之。嘗從太后游幸，遇風吹仁傑巾墜，而馬驚不能止，太后命太子追執其鞚而繫之。仁傑屢以老病乞骸骨，太后不許。入見常止其拜，曰：「每見公拜，朕亦身痛。」仁傑薨，太后泣曰：「朝堂空矣。」《續世説》五。

31 唐狄仁傑倜儻不羈，嘗授司農員外郎，每判事，多爲正員卿同異。仁傑不平之，乃判曰：「員外郎有同側室，正員卿位擅嫡妻，此難曲事女君，終是不蒙顔色。」正員頗亦慙悚。時王及善、豆盧欽望拜左右相，仁傑以才望時議歸之，頗冀此命，每戲王、豆盧，略無屈色。王、豆盧俱善長行，既拜，謂時宰曰：「某無材行，濫有此授。」狄謂曰：「公二人並能長行，何謂無材行？」或曰左相事，云適已白右相，狄謂曰：「不審喚爲右相，合呼爲有相。」王、豆盧問故，狄曰：「公不聞：聰明兒不如有相子，公二人可謂有相子也。」二公强笑，意亦悒悒。《御史臺記》（《廣記》二五四）。

32 秋官侍郎狄仁傑嘲秋官侍郎盧獻曰：「足下配馬乃作驢。」獻曰：「中劈明公，乃成二犬。」傑曰：「狄字犬傍火也。」獻曰：「犬邊有火，乃是煮熟狗。」《朝野僉載》六。

王方慶

1 王方慶爲鳳閣侍郎知政事，患風俗偷薄，人多苟且，乃奏曰：「准令式，齊縗大功未葬，並不得朝會。仍終喪，不得參燕樂。比來朝官不依禮法，身有哀慘，陪厠朝賀，手舞足蹈，公違憲章，名教既虧，實玷皇化。請申明程式，更令禁止。」則天從之。方慶，周司空褒之曾孫，博通羣書，所著論凡二百餘卷，尤精三《禮》，好事者多訪之，每所酬答，咸有典據，時人編次之，名曰《禮雜問》。聚書甚多，不減秘閣。至於圖畫，亦多異本。子晙工札翰，善琴棋，少聰悟而性嚴整，歷殿中侍御史。《大唐新語》七。

2 武后問石泉公王方慶曰：「朕夜夢雙陸不勝，何也？」曰：「蓋謂宫中無子，意者恐有神靈儆夫陛下。」因陳人心在唐之意。后大悟，召廬陵王，復其儲位，俾石泉公爲宫相以輔翊之。《大唐説纂》（《容齋四筆》八）。參看狄仁傑21。

3 見武皇后56。

4 見鍾紹京3。

5 唐相石泉公王方慶著《花木疏》。《花木録》（《類説》一三）。

6 見張元一1。

陸元方

1 陸元方爲鸞臺鳳閣侍郎，居相國，則天將有遷除，必先訪之。元方密以進，不露其恩，人莫之知者。先所奏進狀章，緘於函中，子弟未嘗見。臨終，命焚之，曰：「吾陰德于人多矣，其後福必不衰也。吾本當壽，但以領選曹，銓擇流品，吾傷心神耳。」言畢而終。《御史臺記》（《廣記》四九三）。《封氏聞見記》三。

2 陸少保，字元方，曾于東都賣一小宅。家人將受直矣，買者求見，元方告其人曰：「此宅子甚好，但無出水處。」買者聞之，遽辭不買。子姪以爲言，元方曰：「汝太奇，豈可爲錢而誑箇人！」《封氏聞見記》九。《唐語林》三。

王及善

1 唐王及善才行庸猥，風神鈍濁，爲内史時，人號爲「鳩集鳳池」。俄遷文昌右相，無他政，但不許令史之驢入臺，終日迫逐，無時暫舍。時人號爲「驅驢宰相」。《朝野僉載》四。又《雲仙雜記》九。

2 見狄仁傑31。

3 王及善爲文昌左相國，因内宴，見張易之兄弟恃寵，無人臣禮，數奏抑之。則天不悦，謂及善曰：「卿既無事，更有遊宴，但檢校閣中，不須去也。」及善因請假月餘，則天不之問。及善歎曰：「豈有宰相而天子得一月不見乎？事可知矣。」乃乞骸骨。《大唐新語》七。

杜景儉

1 杜景佺，信都人也。本名元方，垂拱中，更爲景佺。剛直嚴正，進士擢第，後爲鸞臺侍郎、平章事。時内史李昭德以剛直下獄，景佺廷諍其公清正直。則天怒，以爲面欺，左授溱州刺史。初任溱州，會善筮者於路，言其當重入相，得三品，而不着紫袍。至是夏中服紫衫而終。《朝野僉載》一。

2 司刑卿杜景佺授并州長史，馳驛赴任。其夜有大星如斗，落於庭前，至地而没。佺至并州祈縣界而卒。羣官迎祭，迴所上食爲祭盤。《朝野僉載》六。

3 鳳閣侍郎杜景儉，文章知識並高遠，時號「鶴鳴雞樹」。《朝野僉載》（《雲仙雜記》九）。

朱敬則

1 朱正諫敬則，代著孝義，自宇文周至國家，並令旌表，門標六闕。《隋唐嘉話》下。《獨異志》中。《南部新書》乙。《唐語林》一。

2 初，冬官侍郎朱敬則以張易之等權寵日盛，恐有異圖。時敬暉爲左羽林將軍，敬則謂之曰：「公若假皇太子之令，舉北軍誅易之兄弟，兩飛騎之力耳。」暉等竟用其策。及易之、昌宗伏誅，暉遂矜功自恃，故賞不及於敬則，俄出爲鄭州刺史。《中宗實録》（《通鑑考異》一二）。

楊再思

1 楊再思爲玄武尉，使於京，舍於客院。盜者竊其囊袋，邂逅遇之，盜者謝罪。再思曰：「足下有遺行，勿復聲，恐傍人害足下。但留公文，餘並仰遺。」不形顔色。時人莫測其量。累官至納言。則天朝，旱澇，輒閉坊市南門以禳之。再思晨入朝，值一重車，將牽出西門，峻而又滑，馭者遽叱牛不前，乃罵曰：「一羣癡宰相，不得和得陰陽，而閉坊門，遣我匯行，如此辛苦！」再思徐謂之曰：「你牛亦自弱，不得嗔他宰相。」《大唐新語》七。《續世説》六。

2 張易之兄同休，嘗請公卿宴於司禮寺，因請御史大夫楊再思曰：「公面似高麗，請作高麗舞。」再思欣然，帖紙旗巾子，反披紫袍，作高麗舞，略無慚色。再思又見易之弟昌宗以貌美被寵，因諛之曰：「人言六郎似蓮花。再思以爲不然，只是蓮花似六郎耳。」有識咸笑之。後昌宗兄弟犯贓，則天命桓彦範、李承嘉勘當以取實。經數日，彦範等奏：「昌宗兄弟共有贓四千餘貫，法當解職。」昌宗奏：「臣有功於國家，所犯不至解免。」則天謂諸宰臣曰：「昌宗於國有功否？」再思時爲内史，奏曰：「昌宗合鍊神丹，聖躬服之有效，此實莫大之功。」乃赦之。天下名士視再思爲糞土也。《大唐新語》九。

3 李嶠、楊再思相唐中宗，皆以諛悦保位，爲世所詆，然亦有可稱。……神龍初，要官闕，執政以次用其親。韋巨源秉筆，當除十人，再思得其一，試問餘授，皆諸宰相近屬。再思喟然曰：「吾等誠負天下！」巨源曰：「時當爾耳。」再思此言，自狀其短，觀過知仁，亦足稱也。《容齋四筆》一六。

李懷遠

1　李懷遠久居榮位，而好尚清簡，宅舍屋宇無所增改。嘗乘款段，豆盧欽望謂之曰：「公榮貴如此，何不買駿乘之？」答曰：「此馬幸免驚蹶，無假别求。」聞者歎服。《大唐新語》三。

崔元綜

1　崔元綜則天朝爲宰相，令史奚三兒云：「公從今六十日内，當流南海。六年三度合死，然竟不死，從此後發初，更作官職，後還於舊處坐。壽將百歲，終以餒死。」經六十日，果得罪，流於南海之南。經數年，血痢百日，至困而不死。會赦得歸，乘船渡海，遇浪漂没，同船人並死，崔公獨抱一板，隨波上下，漂泊至一海渚。入叢葦中，板上一長釘，刺脊上，深入數寸，其釘板壓之，在泥水中，晝夜忍痛呻吟而已。忽遇一船人來此渚中，聞其呻吟，哀而救之，扶引上船，與踏血拔釘，良久乃活。問其姓名，云是舊宰相，衆人哀之，濟以糧食，隨路求乞。於船上卧，見一官人著碧，是其宰相時令史，唤與語，又濟以糧食，得至京師。六年之後，收録乃還。選曹以舊相奏上，則天令超資與官，及過謝之日，引於殿庭對，崔公著碧，則天見而識之，問得何官，具以狀對，乃詔吏部，令與赤尉。及引謝之日，又敕與御史。自御史得郎官，累遷至中書侍郎，九十九矣。子姪並死，唯獨一身，病卧在牀，顧令奴婢取飯粥，奴婢欺之，皆笑而不動。崔公既不能責罰，奴婢皆不受處分，乃感憤不食，數日而死矣。《定命録》（《廣記》一四六）。《南部新書》壬。

周允元

1 則天時，鳳閣侍郎周允元朝罷入閣。……食訖還房，午後如厠，長參典怪其久私，往候之，允元踣面於厠上，目直視，不語，口中涎落。給使奏之，上問醫曰：「此可得幾時？」對曰：「緩者三日，急者一日。」上與錦被覆之，并床舁送宅，止夜半而卒。上自爲詩以悼之。《朝野僉載》一。

顧琮

1 顧琮爲補闕，嘗有罪繫詔獄，當伏法。琮一夕憂愁，坐而假寐，忽夢見其母下體。琮愈懼，形於顏色。流輩問，琮以夢告之，自謂不祥之甚也。時有善解者賀曰：「子其免乎？」問何以知之，曰：「太夫人下體，是足下生路也。重見生路，何吉如之！吾是以賀也。」明日，門下侍郎薛稷奏刑失入，竟得免。琮後至宰相。《廣異記》（《廣記》二七七）。

2 久視中，侍郎顧琮性公直，時多權倖，公行屬託，琮不堪其弊。常因官齋見壁畫，指爲同位曰：「此亦至苦，何不畫天官掌選乎？」《封氏聞見記》三。《唐會要》七四。

3 天官侍郎顧琮新得三品，有子婿來謁。時大門造成，琮乘馬至門，鼓鼻踣地不進。鞭之，跳躍而入，從騎亦如之。有頃，門無故自倒，琮不悦，遂病。郎中、員外已下來問疾，琮云：「未合入三品，爲諸公成就至此，自知不起矣。」旬中而薨。《朝野僉載》六。

傅遊藝

1　傅遊藝除左補闕，上書言武氏合革命，拜給事中，又爲鸞臺平章事。天授元年，改姓武氏。夢登湛露殿，陳于所親。及事發，伏誅。遊藝一年内，青緑緋紫皆遍轉，號爲四時仕宦。請則天置六道使，死後竟從其言，於是萬國俊、丘神勣皆酷虐。《神異經》（《廣記》二六八）。《實賓録》一。

吉頊

1　唐冀州長史吉懋欲爲男頊娶南宫縣丞崔敬女，敬不許。因有故脅以求親，敬懼而許之。擇日下函，並花車卒至門首。敬妻鄭氏初不知，抱女大哭，曰：「我家門户低，不曾有吉郎。」女堅卧不起。其小女白其母曰：「父有急難，殺身救解。設令爲婢，尚不合辭；姓望之門，何足爲恥。姊若不可，兒自當之。」遂登車而去。頊遷平章事，賢妻達節，談者榮之。頊坐與河内王武懿宗争競，出爲温州司馬而卒。《朝野僉載》三。《南部新書》庚。　案：《新唐書·吉頊傳》、《宰相世系表四下》及《南部新書》並載吉頊父名哲。

2　天后時，太常博士吉頊父哲易州刺史，以贓坐死。頊於天津橋南要内史魏王承嗣，拜伏稱死罪。承嗣問之，曰：「有二妹，堪事大王。」承嗣然之，遂犢車載入。三日不語，承嗣怪問之，二人曰：「兒父犯國法，憂之無復聊賴。」承嗣既幸，免其父極刑，遂進頊籠馬監，俄遷中丞、吏部侍郎。不以才昇，二妹請求承嗣故也。《朝野僉載》五。

3 周明堂尉吉頊夜與監察御史王助同宿，王助以親故，爲説綦連耀男大覺、小覺云：「應兩角麒麟也。耀字光翟，言光宅天下也。」頊明日録狀付來俊臣，敕差河內王懿宗推，誅王助等四十一人，皆破家。後俊臣犯事，司刑斷死，進狀三日不出，朝野怪之。上入苑，吉頊攏馬，上問在外有何事意，頊奏曰：「臣幸預控鶴，爲陛下耳目，在外惟怪來俊臣狀不出。」上曰：「俊臣於國有功，朕思之耳。」頊奏曰：「于安遠告虺貞反，其事並驗，今(貞)爲成州司馬。俊臣聚結不逞，誣遘賢良，贓賄如山，冤魂滿路，國之賊也，何足惜哉！」上令狀出，誅俊臣於西市。敕追于安遠還，除尚食奉御，頊有力焉。除頊中丞，賜緋。頊理綦連耀事，以爲己功，授天官侍郎、平章事。與河內王競，出爲溫州司馬，卒。《朝野僉載》二。

4 則天朝，默啜陷趙、定等州，詔天官侍郎吉頊爲相州刺史，發諸州兵以討之，略無應募者。中宗時在春宮，則天制皇太子爲元帥，親征之。吏人應募者，日以數千。賊既退，頊徵還，以狀聞。則天曰：「人心如是邪？」因謂頊曰：「卿可於衆中説之。」頊於朝堂昌言，朝士聞者喜悦。諸武患之，乃發頊弟兄贓狀，貶爲安固尉。頊辭日，得召見，涕淚曰：「臣辭闕庭，無復再謁請言事。臣疾亟矣，請坐籌之。」則天曰：「可。」頊曰：「水土各一盆，有競乎？」則天曰：「無。」頊曰：「和之爲泥，競乎？」則天曰：「無。」頊曰：「分泥爲佛，爲天尊，有競乎？」則天曰：「有。」頊曰：「臣亦爲有。竊以皇族外戚，各有區分，豈不兩安全耶？今陛下貴賤是非於其間，則居必競之地。今皇太子萬福，而三思等久已封建，陛下何以和之？臣知兩不安矣。」則天曰：「朕深知之，然事至是。」頊與張昌宗同供奉控鶴府。昌宗以貴寵懼不全，計於頊。頊曰：「公兄弟承恩澤深矣，非有大功，必無全理。唯一策，若能行之，豈唯全家，當享茅土之封。除此外，非項所謀。」昌宗涕泣請聞之，項曰：「天下思唐德久矣，主上春秋高，武氏諸王殊非所屬意。公何不從容請復相王、廬陵，以慰生人之望？」昌宗乃乘間屢言之。幾一歲，則天意乃易。既知項之謀，乃召項問，項(封)〔對〕曰：「廬陵、相王，皆陛下子。高宗初顧託於陛下，當有所注意。」乃迎中宗，其興復唐室，項有力焉。睿宗登極，下詔曰：「曩時王命中圮，人謀未輯，首陳反正之議，克創祈天之業。永懷忠烈，寧忘厥勳，可贈御史大夫。」《大唐新語》一。《譚賓録》(《通鑑考異》一一)。《唐會要》五一。

5、6 見張元一1、4。

李迥秀

1 李迥秀任考功員外，知貢舉。有進士姓崔者，文章非佳，迥秀覽之良久，謂之曰：「第一清河崔郎，儀貌不惡，鬚眉如戟，精彩甚高，出身處可量，豈必要須進士？」再三慰諭而遣之。聞者大噱焉。《大唐新語》七。

2 見李安期1。

3 見張易之7。

4 李迥秀爲兵部尚書，有疾，朝士問之，秀曰：「僕自知當得侍中，有命，固不憂也。」朝士退，未出巷而薨。有司奏，有詔贈侍中。《定命録》(《廣記》一四六)。《唐詩紀事》九。

魏元忠

1　魏齊公元忠少時曾謁張憬藏，待之甚薄，就質通塞，亦不答。公大怒曰：「僕不遠千里，裹糧求見，非徒行也，意必謂明公有以見教，而含木舌，不盡勤勤之意，何耶？且窮通貴賤自屬蒼蒼，何與公焉！」因拂衣而去。憬藏遽起，言曰：「君之相禄，正在怒中。」後位極人臣。《大唐傳載》。《廣異記》（《廣記》四四四）。《定命録》（《廣記》二二一）。

2　魏元忠本名貞宰，儀鳳中以封事召見，高宗與語，無所屈撓，慰喻遣之，忠不舞蹈而出。高宗目送之，謂中書令薛元超曰：「此書生雖未解朝廷禮儀，名以定體，真宰相也。」則天時爲酷吏羅織下獄，有詔出之，小吏先聞以告。元忠驚喜，問：「汝名何？」曰：「元忠。」乃改名爲元忠也。《大唐新語》七。

3　魏僕射元忠每立朝，必得常處，人或記之，不差尺寸。魏僕射本名真宰，武后朝被羅織下獄，有命出之。小吏聞者以告，魏驚喜曰：「汝名何？」曰：「元忠。」乃改從元忠焉。《隋唐嘉話》下。《唐語林》四。

4　高宗幸東都，時關中饑饉，上慮道路多草竊，命監察御史魏元忠檢校車駕前後。元忠受詔，即閱視赤縣獄，得盜一人，神采語言異於衆，命釋桎梏，襲冠帶，乘驛以從，與之共食宿，託以詰盜，其人笑而許諾。比及東都，士馬萬數，不亡一錢。《續世説》四。

5　唐魏元忠神氣剛直。初爲洛陽令，有罪戮於都市，已坐訖。天后以元忠有平徐敬業之功，特敕免之。承制者走而傳呼釋元忠。傳呼先至，執捉者扶令起，元忠曰：「敕未至，豈可求生？」有頃方至。觀者咸服其安閒神異也。《獨異志》下。

6　見侯思止3。

7　見張説4、5。

8　見郭霸1。

9　魏元忠忤二張，出爲端州高要尉。二張誅，入爲兵部尚書、中書令、左右僕射，不能復直言。古人有言：「妻子具則孝衰，爵禄厚則忠衰。」《朝野僉載》（《後村詩話》續集三）。

10　見安樂公主1。

11　唐京臺監察院西行中間，號「横劈房」。凡遷此房者，必先盛饌臺中，而後居焉。先無窗，後人置之。神龍中，侍中楊再思兼大夫，諸相畢送視事。中書令魏元忠嘗任監察，臺中故事素諳，遽指房曰：「此是横劈房。」諸相問故，元忠具述其由。御史曰：「此房近日遷耶？」曰：「無別遷。」元忠曰：「當爲開窗出氣，故不遷耳。」左右歡笑殆不禁。《御史臺記》（《廣記》二五〇）。

韋安石

1　神龍中，相地者僧泓師與韋安石善，嘗語安石曰：「貧道近於鳳棲原見一地，可二十餘畝，有龍起伏形勢，葬於此地者，必累世爲台座。」安石曰：「老夫有別業在城南，待閒時，陪師往詣地所，問其價幾何。同遊林泉，又是高興。」安石妻聞，謂曰：「公爲天子大臣，泓師通陰陽術數，奈何一旦潛遊郊野，又買墓地，恐禍生不測矣。」安石懼，遂止。泓歎曰：「國夫人識達先見，非貧道之所及。公若要買地，不必躬親。」夫人曰：「欲得了義，兼地不要買。」安石曰：「舍弟紹，有中殤男未葬，便與買此地。」泓曰：「如賢弟得此地，即不得將相，位止列卿。」已而紹竟買其地，葬中殤男。紹後爲太常卿禮儀使，卒官。《戎幕閒談》（《太平廣記》三八九）。

2 左僕射韋安石女適太府主簿李訓。訓未婚以前有一妾，成親之後遂嫁之，已易兩主。女患傳屍瘦病，恐妾厭禱之，安石令河南令秦守一捉來，搒掠楚苦，竟以自誣。前後決三百以上，投井而死。不出三日，其女遂亡，時人咸以爲冤魂之所致也。安石坐貶蒲州，太極元年八月卒。《朝野僉載》二。

蘇味道

1 見李師旦1。

2 見宋璟1。

3 唐蘇味道初拜相，有門人問曰：「天下方事之殷，相公何以燮和？」味道無言，但以手摸牀稜而已。時謂模稜宰相也。《盧氏雜記》（《廣記》二五九）《朝野僉載》（《紺珠集》三）。《唐語林》五。

4 蘇味道使嶺南，聞崔、馬二侍御入省，因寄詩曰：「振鷺齊飛日，遷鶯遠聽聞。明光共待漏，請鑒各披雲。喜得廊廟舉，嗟爲臺閣分。皎林懷柏悅，新幄阻蘭孫。冠去神羊影，車連瑞雉羣。獨憐南斗外，空仰列星文。」味道富才華，代以文章著稱，累遷鳳閣侍郎、知政事，與張錫俱坐法，繫於司刑寺。所司以上相之貴，所坐事雖輕，供待甚備。味道終不敢當，不乘馬，步至繫所，席地而卧，蔬食而已。錫乘馬至寺，舍二品院，氣色自若，帷屏飲膳，無忝平居。則天聞之，原味道而放錫於嶺南。《大唐新語》八。

5　周矩爲殿中侍御史，大夫蘇味道待之甚薄，屢言其不了事。矩深以爲恨。後味道下獄，敕矩推之，矩謂味道曰：「嘗責矩不了事，今日了公事也。好答辯。」味道由是坐誅。《大唐新語》一一。

6　神龍之際，京城正月望日，盛飾燈影之會。金吾弛禁，特許夜行。貴遊戚屬，及下隸工賈，無不夜遊。車馬駢闐，人不得顧。王主之家，馬上作樂以相誇競。文士皆賦詩一章，以紀其事。作者數百人，惟中書侍郎蘇味道、吏部員外郭利貞、殿中侍御史崔液三人爲絶唱。味道詩曰：「火樹銀花合，星橋鐵鎖開。暗塵隨馬去，明月逐人來。遊妓皆穠李，行歌盡落梅。金吾不禁夜，玉漏莫相催。」利貞曰：「九陌連燈影，千門度月華。傾城出寶騎，匝路轉香車。爛熳唯愁曉，周旋不問家。更逢清管發，處處落梅花。」液曰：「今年春色勝常年，此夜風光正可憐。鳷鵲樓前新月滿，鳳凰臺上寶燈燃。」文多不盡載。《大唐新語》八。

7　蘇味道三度合得三品，並辭之，則天問其故，對曰：「臣自知不合得三品。」則天遣行步，視之曰：「卿實得不合三品。」十三年中事侍郎平章事，不登三品。其後出爲眉州刺史，改爲益州長史，敕賜紫綬。至州日，衣紫畢，其夜暴卒。《定命録》（《廣記》一四六）。

8　蘇味道詞亞于李嶠，時稱蘇、李。崔融嘗戲蘇曰：「我詞不如公有『銀花合』也。」蘇即答：「猶不及公『金銅釘』。」謂「今同丁令威」也。《唐語林》五。《唐詩紀事》八。

9 開元中，宰相蘇味道與張昌齡俱有名，暇日相遇，互相誇誚。昌齡曰：「某詩所以不及相公者，爲無『銀花合』故也。」蘇有《觀燈》詩曰：「火樹銀花合，星橋鐵鎖開。暗塵隨馬去，明月逐人來。」味道云：「子詩雖無『銀花合』，還有『金銅釘』。」昌齡贈張昌宗詩曰：「昔日浮丘伯，今同丁令威。」遂相與拊掌大笑。《本事詩·嘲戲》。《詩話總龜》前集四〇。　案：蘇味道卒于中宗時，張昌齡卒于高宗時，此事當爲蘇味道、崔融事。

10 見張元一1。

李鎮惡

1 李鎮惡，即趙公嶠之父，選授梓州郪縣令，與友人書云：「州帶子號，縣帶妻名，由來不屬老夫，並是婦兒官職。」《大唐傳載》。又《廣記》二四九引。

李嶠

1 贊皇公李嶠幼有清才，昆弟五人，皆年不過三十而卒，唯嶠已長成矣。母憂之益切，詣〔袁〕天綱。天綱曰：「郎君神氣清秀，而壽苦不永，恐不出三十。」其母大以爲慼。嶠時名振，咸望貴達，聞此言不信。其母又請袁生，致饌診視，云：「定矣。」又請同於書齋連榻而坐寢。袁登牀穩睡，李獨不寢，至五更忽睡。袁適覺，視李嶠無喘息，以手候之，鼻下氣絶。初大驚怪，良久偵候，其出入息乃在耳中。撫而告之曰：「得矣。」遂起賀其母曰：「數候之，皆不得，今方見之矣。郎君必大貴壽，是龜息也，貴壽而不富耳。」後果如其言，則天朝拜相，而家常貧。是時帝數幸宰相宅，見嶠卧青絁帳，帝歎曰：「國相如是，乖大國之體。」賜御用繡羅帳焉。嶠寢其中，達曉不安，覺體生疾，遂自奏曰：「臣少被相人云：『不當華。』故寢不安焉。」帝歎息久之，任意用舊者。嶠身材短小，鼻口都無厚相，時意不以重禄待之。其在潤州也，充使宣州山採銀，時妄傳其暴亡，舉朝傷歎。冬官侍郎張詢古，嶠之從舅也，聞之甚憂，使諸親訪候其實。適會南使云：「亡實矣。」詢古潸然涕泗，朝士多相慰者。時有一人，稱善骨法，頗得袁天綱之術。朝貴多竊問之，其人曰：「久知李舍人禄位稍薄，諸人竦聽。」其人又曰：「李舍人雖有才華，而儀冠耳目鼻口，略無成就者。頃見其加朝散，已憂之矣。」衆皆然之。嶠竟三秉衡軸，極人臣之貴。然則嶠之相難知，而天綱得之。《定命録》(《廣記》二二一)。案：李嶠與袁天綱年代不相及。

2　見武皇后20。

3、4　見唐中宗12、15。

5　見唐玄宗91。

6　中書令李嶠有三戾：性好榮遷，憎人升進；性好文學，憎人才華；性好貪濁，憎人受賂。《南部新書》丁。《唐詩紀事》一〇。原出《朝野僉載》四。

7　御史裴周使幽州日，見參謀姓胡，云是易州人，不記名，項有刀痕。問之，對曰：「某昔爲番官，曾事特進李嶠。嶠獎某聰明，每有詩什，皆令收掌。常熟視謂之曰：『汝甚聰明，然命薄，少官禄。年至六十已上，方有兩政。三十有重厄，不知得過否？爾後轗軻，不得覓身名。』」胡至三十，忽遇孫佺北征，便隨入軍，軍敗，賊刃頸不斷，於積屍中卧，經一宿，乃得活。自此已後，每憶李公之言，更不敢覓官，於寺中洒掃，展轉至六十。因至鹽州，於刺史郭某家爲客，有日者見之，謂刺史曰：「此人有官禄，今合舉薦，前十月當得官。」刺史曰：「此邊遠下州，某無公望，豈敢輒薦舉人？」俄屬有恩赦，令天下刺史各舉一人。其年五月，郭舉此人有兵謀。至十月，策問及第，得東宮衛佐官，仍參謀范陽軍事。《定命録》（《廣記》一六九）。

8 李贊皇嶠初與李奉宸迥秀同在廟堂，奉詔爲兄弟。又西祖令璋，與信安王禕同産。故趙郡、隴西二族，昭穆不定。一會中，或孫爲祖，或祖爲孫。《國史補》上。又《廣記》一八四引。

房　融

1 房融在韋后時用事，謫南海，過韶之廣果寺，今之靈鷲也，有詩云：「零落嗟殘命，蕭條託勝因。方燒三界火，遽洗六情塵。隔嶺天花發，凌空月殿新。誰憐鄉國思，終此學分身。」融之文章見《楞嚴經》，詩止此一篇。李嶠、沈、宋之流，方爲律詩，謂之近體，此詩近體之祖也。《猗覺寮雜記》上。

婁師德

1 見袁客師1。

2 婁師德爲揚州江都尉，馮元常亦爲尉，共見張冏藏。藏曰：「二君俱貴，馮位不如婁。馮唯取錢多，即官益進；　婁若取一錢，官即落。」後馮爲浚儀尉，多肆慘虐，巡察以爲彊，奏授雲陽尉，又緣取錢事雪，以爲清彊監察。　婁竟不敢取一錢，位至台輔，家極貧匱。　馮位至尚書左丞，後得罪，賜自盡。　婁至納言卒。《朝野僉載》六。

3　婁師德以殿中充河源軍使。　永和中，破吐蕃於白羊澗，八戰七勝，優詔褒美，授左驍衛郎將。　高宗手詔曰：「卿有文武才幹，故授卿武職，勿辭也。」累遷納言。　臨終數日，寢興不安，無故驚曰：「拊我背者誰？」侍者曰：「無所見。」乃獨言，若有所争者，曰：「我壽當八十，今追我何也？」復自言，往爲官誤殺二人，减十年。　詞氣若有屈伏，俄而氣絶。　以婁公之明恕，尚不免濫，爲政者得不慎歟！《大唐新語》一一。

又《廣記》一二一引。《分門古今類事》二〇。

4　納言婁師德，鄭州人，爲兵部尚書。　使并州，接境諸縣令隨之。　日高至驛，恐人煩擾驛家，令就廳同食。　尚書飯白而細，諸人飯黑而麤，呼驛長嗔之曰：「飯何爲兩種者？」驛客將恐，對曰：「邂逅浙米不得，死罪。」尚書曰：「卒客無卒主人，亦復何損。」遂换取麤飯食之。　檢校營田，往梁州，先有鄉人姓婁者爲屯官犯贓，都督許欽明欲决殺。　令衆鄉人謁尚書，欲救之，尚書曰：「犯國法，師德當家兒子亦不能捨，何况渠！」明日宴會，都督與尚書俱坐，尚書曰：「聞有一人犯國法，云是師德鄉里。　師德實不識，但與其父爲小兒時共牧牛耳。　都督莫以師德寬國家法。」都督遽令脱枷至，尚書切責之曰：「汝辭父娘，求覓官職，不能謹潔，知復奈何。」將一楪槌餅與之曰：「噇却，作箇飽死鬼去。」都督從此捨之。　後爲納言、平章事，又檢校屯田，行有日矣。　諮執事早出，婁先足疾，待馬未來，於光政門外横木上坐。　須臾有一縣令，不知其納言也，因訴身名，遂與之並坐。令有一子遠覘之，走告曰：「納言也。」令大驚，起曰：「死罪！」納言曰：「人有不相識，法有何死罪。」令因訴云，有左嶷，以其年老眼暗奏解，「某夜書表狀亦得，眼實不暗。」納言曰：「道是夜書表狀，何故白日裏不識宰相？」令大慚，曰：「願納言莫説向宰相，納言南無佛不説。」公左右皆笑。使至靈州，果驛上食訖，索馬，判官諮意家漿水，亦索不得，全不祇承。納言曰：「師德已上馬，與公料理。」往呼驛長，責曰：「判官與納言何別，不與供給？索杖來。」驛長惶怖拜伏，納言曰：「我欲打汝一頓，大使打驛將，細碎事，徒涴却名聲。若向你州縣道，你即不存生命。且放却。」驛將跪拜流汗，狼狽而走。婁目送之，謂判官曰：「與公躓頓之矣。」衆皆怪嘆。其行事皆此類。浮休子曰：司馬徽、劉寬無以加也。《朝野僉載》五。又《廣記》一七六引。

5 李昭德爲内史，婁師德爲納言，相隨入朝。婁體肥行緩，李屢顧待不即至，乃發怒曰：「叵耐殺人田舍漢！」婁聞之，反徐笑曰：「師德不是田舍漢，更阿誰是？」婁師德弟拜代州刺史，將行，謂之曰：「吾以不才，位居宰相。汝今又得州牧，叨據過分，人所嫉也，將何以全先人髮膚？」弟長跪曰：「自今雖有唾某面者，某亦不敢言，但拭之而已。以此自勉，庶免兄憂。」師德曰：「此適所謂爲我憂也。夫前人唾者，發于怒也。汝今拭之，是惡其唾而拭之，是逆前人怒也。唾不拭將自乾，何若笑而受之？」武后之年，竟保其寵禄，率是道也。《隋唐嘉話》下。《廣記》一七六引作《國史異纂》。《唐語林》三。《大唐新語》七。《獨異志》中。

6 婁師德弱冠進士擢第。上元初，吐蕃强盛，詔募猛士以討之，師德以監察御史應募。高宗大悦，授朝散大夫，專總邊任。前後四十餘年，恭勤接下，孜孜不怠，而樸忠沉厚，心無適莫。狄仁傑入相也，師德密薦之。及爲同列，頗輕師德，頻擠之外使。師德知之而不憾。則天覺之，問仁傑曰：「師德賢乎？」對曰：「爲將謹守，賢則臣不知？」又問：「師德知人乎。」對曰：「臣嘗同官，未聞其知人。」則天曰：「朕之用卿，師德實薦也，亦可謂知人矣。」仁傑大慚而退，歎曰：「婁公盛德，我爲其所容，莫窺其際也。」《大唐新語》七。《唐會要》五三。

7 狄梁公與婁師德同爲相，狄公排斥師德非一日。則天問狄公曰：「朕大用卿，卿知所自乎？」對曰：「臣以文章直道進身，非碌碌因人成事。」則天久之曰：「朕比不知卿，卿之遭遇，實師德之力。」因命左右取筐篋，得十許通薦表，以賜梁公。梁公閱之，恐懼引咎，則天不責。出於外曰：「吾不意爲婁公所涵，而婁公未嘗有矜色。」《唐語林》三。

8 婁師德位貴而性通豁，尤善捧腹大笑，人謂師德爲「齒牙春色」。《清異録》下。

9 則天禁屠殺頗切，吏人弊于蔬菜。師德爲御史大夫，因使至于陝，廚人進肉，師德曰：「敕禁屠殺。何爲有此？」廚人曰：「豺咬殺羊。」師德曰：「大解事豺。」乃食之。又進鱠，復問：「何爲有此？」廚人復曰：「豺咬殺魚。」師德因大叱之：「智短漢，何不道是獺？」廚人即云是獺。師德亦爲薦之。《御史臺記》(《廣記》四九三)。《實賓録》一〇。

10 見張元一1。

唐休璟

1　唐休璟爲靈武大總管，諳練邊事，自碣石西逾四鎮，綿亘萬里，山川要害皆記在目前。先是突厥與諸蕃相攻，安西道絶。表奏押至，則天令宰臣商度事宜。休璟俄頃草奏，便施行。居十餘日，安西道果奏請兵馬應接，程期一如所畫。則天謂休璟曰：「恨用卿晚。」乃委以政事，謂魏元忠等曰：「休璟諳練邊事，卿等十當一也。」《大唐新語》八。《譚賓録》（《廣記》一八九）。

張仁愿

1　張仁亶幼時貧乏，恒在東都北市寓居。有閻庚者，馬牙荀子之子也，好善自喜，慕仁亶之德，恒竊父資，以給其衣食，亦累年矣。荀子每怒庚云：「汝商販之流，彼才學之士，於汝何有，而破産以奉？」仁亶聞其辭，謂庚曰：「坐我累君，今將適詣白鹿山，所勞相資，不敢忘也。」庚久爲仁亶胥附之友，心不忍别，謂仁亶曰：「方愿志學，今欲皆行。」仁亶奇有志，許焉。庚乃私備驢馬糧食同去。《廣異记》（《廣記》三二八）。　案：仁亶，張仁愿之本名。

2　朔方總管張仁亶好殺。時有突厥投化，亶乃作檄文駡默啜，言詞甚不遜。書其腹背，鑿其肌膚，涅之以墨，炙之以火，不勝楚痛，日夜作蟲鳥鳴。然後送與默啜，識字者宣訖，臠而殺之。匈奴怨望，不敢降。《朝野僉載》二。

3 見安禄山3。

郭元振

1 郭代公年十六，入太學，與薛稷、趙彦昭爲友。時有家信至，寄錢四十萬以爲舉糧。忽有一衰服者叩門云：「五代未葬，各在一方，今欲同時舉大事，乏於資財。聞公家信至，頗能相濟否？」公即命以車，一時載去，略無留者，亦不問姓氏。深爲趙、薛所誚。元振怡然曰：「濟彼大事，亦何誚焉！」其年，爲糧食斷絶，竟不成舉。《唐摭言》四。又《廣記》一六六引。《寓簡》四。

2 郭代公十八擢第；其年冬，制入高等。《唐摭言》三。

3 郭元振少時，美風姿，有才藝，宰相張嘉貞欲納爲婿。元振曰：「知公門下有女五人，未知孰陋。事不可倉卒，更待忖之。」張曰：「吾女各有姿色，即不知誰是匹偶。以子風骨奇秀，非常人也，吾欲令五女各持一絲，幔前使子取便牽之，得者爲婿。」元振欣然從命，遂牽一紅絲線，得第三女，大有姿色，後果然隨夫貴達也。《開元天寶遺事》上。　案：《容齋隨筆》一有辨正之言。

4 郭元振家狀：　元振爲通泉縣尉，前後掠買所部千餘人，以遺賓客，百姓告之。武后聞之，使籍其家，唯有書數百卷。后令問其資財所在，知皆以濟人，於是奇而免之。召見，大愜聖旨，并令口占《古劍歌》進。天后奇之，命繕寫賜諸學士。歌曰：「君不見昆吾鐵冶飛炎煙，紅光紫氣俱赫然。良工鍛鍊經幾年，鑄得寶劍名龍泉。顔色如霜雪，良工咨嗟歎奇絶。琉璃匣裏吐蓮花，錯鏤金環生明月。正逢天下無飛塵，幸得周防君子身。精光黯黯青蛇色，文章片片緑龜鱗。非直結交遊俠子，亦嘗親得英雄人。何言中路遭棄捐，零落漂淪古獄邊。雖復沈埋無所用，猶能夜夜氣衝天。」《唐書》（《廣卓異記》三）。《唐摭言》四。

5　郭尚書元振，始爲梓州射洪令，徵求無厭，至掠部人賣爲奴婢者甚衆。武后聞之，使籍其家，唯有書數百卷。后令問資財所在，知皆以濟人，於是奇而免之。後爲涼州都督，路不拾遺。蕃國聞其風，多請朝獻。自國家善爲涼州者，郭居其最。《隋唐嘉話》下。《唐語林》二。

6　郭元振爲涼州都督。先是涼州南北不過四百餘里，吐蕃、突厥二寇頻至城下，百姓苦之。元振於南界硤石置和戎城，北界磧中置白亭軍，控其路要，遂拓州境一千五百里。自是虜不復縱。又令甘州刺史李漢通置屯田，盡水陸之利。往年粟麥斛至數千，及元振爲都督，一縑易數千斛，軍糧積數十年，牛羊被野，路不拾遺。至涼州五年，夷夏畏慕。《大唐新語》四。

7　郭代公元振爲西涼州牧，時西蕃酋帥烏質勒强盛，元振爲之立語。俄頃雪下盈尺，質勒既老，久立，歸而遂死。人謂詭殺烏質勒。《南部新書》甲。

8　馮嘉賓爲中丞，神龍中，起復，持節甘、涼。時郭元振都督涼州，奏中書令宗楚客受婆葛金兩石，請紹封爲可汗。楚客憾之，既用事，時議云委嘉賓與侍御史吕守素按元振。元振竊知之，乃諷番落害嘉賓于驛中，獲函中敕，云「元振父亡，匿不發喪，至是爲發之，仍按其不臣之狀，便誅之」。元振以爲僞敕，具以聞。《御史臺記》（《通鑑考異》一二）。

9　郭元振落梅妝閣，有婢數十人。客至則拖鴛鴦擷裙衫，一曲終則賞以糖雞卵，明其聲也。宴罷散九和握香。《敘聞録》(《雲仙雜記》一)。

10 郭代公愛姬薛氏，貯食物以散風奩，收妝具以染花奩。《品物類聚記》(《雲仙雜記》三)。

11 相有二親：代國郭元振。謹按李邕撰行狀云：「自我有唐受宰相臣，未有二親存者，惟元振而已。」《卓異記》。

徐敬業

1 見李勣19。

2 徐敬業年十餘歲，好彈射。英公每曰：「此兒相不善，將赤吾族。」射必溢鏑，走馬若滅，老騎不能及。英公嘗獵，命敬業入林趁獸，因乘風縱火，意欲殺之。敬業知無所避，遂屠馬腹，伏其中，火過，浴血而立，英公大奇之。《酉陽雜俎》前集一二。《唐語林》二。

3 高宗時，蠻羣聚爲寇，討之輒不利，乃以徐敬業爲刺史。州發卒郊迎，敬業盡放令還，單騎至府。賊聞新刺史至，皆繕理以待。敬業一無所問，他事已畢，方曰：「賊皆安在？」曰：「在南岸。」乃從一二佐史而往，觀者莫不駭愕。賊初持兵覘望，見船中無所有，乃閉營藏隱。敬業直入其營内，使告曰：「國家知君等爲貪吏所苦，非有他惡，可悉歸田里。後去者爲賊。」唯召其魁帥，責以早降之意，各杖數十而遣之，境内肅然。其祖英公聞之，壯其膽略，曰：「吾不辦此，然破我家者必此兒。」《隋唐嘉話》中。又《廣記》一六九引作《國史異纂》。《唐語林》三。

4 永淳之後，天下皆唱「楊柳，楊柳，漫頭馳」。後徐敬業犯事，出柳州司馬，遂作僞敕，自授揚州司馬，殺長史陳敬之，據江淮反。使李孝逸討之，斬業首，驛馬馳入洛。「楊柳，楊柳，漫頭馳」，此其應也。《朝野僉載》一。

5 唐則天朝，徐敬業揚州作亂。則天討之，軍敗而遁。敬業竟養一人，貌類於己，而寵遇之。及敬業敗，擒得所養者，斬其元以爲敬業。而敬業實隱大孤山，與同伴數十人結廬不通人事，乃削髮爲僧，其侶亦多削髮。天寶初，有老僧法名住括，年九十餘，與弟子至南岳衡山寺訪諸僧而居之。月餘，忽集諸僧徒，懺悔殺人罪咎。僧徒異之。老僧曰：「汝頗聞有徐敬業乎？則吾身也。吾兵敗，入於大孤山，精勤修道。今命將終，故來此寺，令世人知吾已證第四果矣。」因自言死期。果如期而卒，遂葬於衡山。《紀聞》（《廣記》九一）。

6 南岳天柱寺，僧道相居。寺之西嶺枯木中，其徒常數百人。李邕見之，曰：「昔徐敬業敗走入海，李孝逸使別將追之不得，乃斬類敬業者，獻其首。和尚識此人否？」師曰：「始以足下爲洞悟物理，今乃暗於事機如是。」師將終，召門弟子曰：「予本姓徐，國初有大功，逃難至此。」言訖而終。乃敬業也。沈拾遺爲作碑，不敢正言，乃云徐敬業昆弟。《樹萱録》（《類説》一三）。

武承嗣

1 見喬知之1。

武三思

1 見張易之2、張昌宗2。

2 見張易之4。

3 武三思既廢五王，慮爲後患，乃令宣州司功參軍鄭愔告張柬之與王同皎同謀反，又令人陰疏韋后穢行，牓於天津橋，請行廢黜。中宗大怒，付執政按之。諸相皆佯假寐，唯李嶠、韋巨源、楊再思遽出承制，攘袂於其間。遂命御史大夫李承嘉深竟其事。承嘉奏云：「柬之等令人密爲此牓，雖託廢皇后爲名，實有危君之計。請加族誅。」中宗大怒，遽令法司結罪。又諷皇太子上表，請夷柬之等三族。中書舍人崔湜又勸三思盡殺之，絶其歸望。三思問誰可使者，湜薦表兄周利貞，先爲桓、景所惡，貶嘉州司馬。三思即以利貞爲南海都督，令矯詔殺之。唯桓彦範於竹槎上曳，肉盡而死。初，柬之懼三思讒，引湜以爲耳目，自使伺其動静。湜反黨三思以圖柬之等。君子知湜之不免耳。《大唐新語》一二。

4 内官過武三思宅，三思曲意祇承，恣其所欲。裝束少年男子，衣以羅綺，出入行觴，馳驅不食，淫戲忘反，倡蕩不歸。争稱三思之忠節，共譽三思之才賢。外受來婆之奸，内搆逆韋之釁。《朝野僉載》（張本《説郛》二）。

5 梁王武三思，唐神龍初改封德靖王。讖者言：「『德靖』，『鼎賊』也。」果有窺鼎之志，被鄭克等斬之。《朝野僉載》一。

武懿宗

1 周默啜之陷恒、定州，和親使楊齊莊勅授三品，入匈奴，遂没賊。將至趙州，褒公段瓚同没，唤莊共出走。莊懼，不敢發，瓚遂先歸。則天賞之，復舊任。齊莊尋至，勅付河内王懿宗鞫問。莊曰：「昔有人相莊，位至三品，有刀箭厄。莊走出被趕，斫射不死，走得脱來，願王哀之。」懿宗性酷毒，奏莊初懷猶豫，請殺之，勅依。引至天津橋南，於衛士鋪鼓格上縛磔手足。令段瓚先射，三發皆不中；又段瑾射之，中。又令諸司百官射，箭如蝟毛，仍氣殜殜然微動。即以刀當心直下，破至陰，割取心擲地，仍趌趌跳數十迴。懿宗忍毒如此。《朝野僉載》二。

2 則天朝，契丹寇河北，武懿宗將兵討之，畏懦不進。比賊退散後，乃奏滄、瀛等州詿誤者數百家。左拾遺王永禮廷折之曰：「素無良吏教習，城池又不完固，遇賊畏懼，苟從之以求生，豈其素有背叛之心耶？懿宗擁兵數萬，聞賊輒退走，失城邑，罪當誅戮。今乃移禍草澤詿誤之人以自解，豈爲官之道！請斬懿宗，以謝河北百姓。」懿宗惶懼，諸詿誤者悉免。《大唐新語》二。

3 見張元一1。

4 周則天内宴甚樂，河内王懿宗忽然起奏曰：「臣急告君，子急告父。」則天大驚，引問之，對曰：「臣封物承前府家自徵，近勑州縣徵送，太有損折。」則天大怒，仰觀屋椽良久，曰：「朕諸親飲正樂，汝是親王，爲三二百户封幾驚殺我。不堪作王。」令曳下。懿宗免冠拜伏，諸王救之曰：「懿宗愚鈍，無意之失。」上乃釋之。《朝野僉載》四。

武攸寧

1 建昌王武攸寧别置勾使，法外枉徵財物，百姓破家者十而九，告冤於天，吁嗟滿路。爲大庫長百步，二百餘間，所徵獲者貯在其中。天火燒之，一時蕩盡，衆口所呪。攸寧尋患足腫，粗於瓮，其酸楚不可忍，數月而終。《朝野僉載》二。《廣記》一二六。

武攸緒

1 武攸緒，天后從子。年十四，潛於長安市中賣卜，一處不過五六日。因徙升中岳，遂隱居，服赤箭、伏苓。貴人王公所遺鹿裘藤器，上積塵蘿，棄而不用。晚年肌肉始盡，目有紫光，晝見星月，又能辨數里外語。安樂公主出降，上遣璽書召，令勉受國命，暫屈高標。至京，親貴候謁，寒温之外，不交一言。封國公，及還山，敕學士賦詩送之。《酉陽雜俎》前集二。

楊廷玉

1 見武皇后39。

張易之

1 張易之、昌宗初入朝，官位尚卑，諂附者乃呼爲五郎、六郎，自後因以成俗。《隋唐嘉話》下。又《廣記》一八八引作《國史異纂》。

2 天后梁王武三思爲張易之作傳，云是王子晉後身。於緱氏山立廟，詞人才子佞者爲詩以詠之，舍人崔融爲最。周年，易之族，佞者並流於嶺南。《朝野僉載》五。

3 張易之、昌宗目不識字，手不解書，謝表及和御製皆諂附者爲之。所進《三教珠英》，乃崔融、張説輩之作，而易之竊名爲首。《朝野僉載》(《後村詩話》續集二)。

4 張易之、昌宗命畫工圖武三思、李嶠、蘇味道等十八人形像爲《高士圖》。《續世説》(《類説》三二)。

5 天后朝，張易之奏召天下畫工修内庫圖畫，因使工人各推所長，鋭意模寫，仍舊裝背，一毫不差。其真者多歸易之。《歷代名畫記》一。又《御覽》七五一引。

6 張易之初造一大堂甚壯麗，計用數百萬。紅粉泥壁，文柏帖柱，琉璃沉香爲飾。夜有鬼書其壁曰「能得幾時」，令削去，明日復書之。前後六七，易之乃題其下曰「一月即足」，自是不復更書。經半年，易之籍没，入官。《朝野僉載》六。

7 張易之爲母阿臧造七寶帳，金銀、珠玉、寶貝之類罔不畢萃，曠古以來，未曾聞見。鋪象牙床，織犀角簟，鼲貂之褥，蛩蟁之氈，汾晉之龍鬚、河中之鳳翮以爲席。阿臧與鳳閣侍郎李迥秀通，逼之也。同飲以盌盞一雙，取其常相逐。迥秀畏其盛，嫌其老，乃荒飲無度，昏醉是常，頻喚不覺。出爲衡州刺史。易之敗，阿臧入官，迥秀被坐，降爲衞州長史。《朝野僉載》三。

8　周張易之爲控鶴監，弟昌宗爲秘書監，昌儀爲洛陽令，競爲豪侈。易之爲大鐵籠，置鵝鴨於其内，當中取起炭火，銅盆貯五味汁，鵝鴨繞火走，渴即飲汁，火炙痛即迴，表裏皆熟，毛落盡，肉赤烘烘乃死。昌宗活攔驢於小室内，起炭火，置五味汁如前法。昌儀取鐵橛釘入地，縛狗四足於橛上，放鷹鷂活按其肉食，肉盡而狗未死，號叫酸楚，不復可聽。易之曾過昌儀，憶馬腸，取從騎破脇取腸，良久乃死。後誅易之、昌宗等，百姓臠割其肉，肥白如猪肪，煎炙而食。昌儀打雙脚折，抉取心肝而後死，斬其首送都。諺云「走馬報」。《朝野僉載》二。

9　天后時，謡言曰：「張公喫酒李公醉。」張公者，斥易之兄弟也；李公者，言李氏大盛也。《朝野僉載》一。《演繁露》續集二。案：「李氏大盛」，《演繁露》作「李氏不盛」。

10　周垂拱已來，《苾拏兒》歌詞皆是邪曲。後張易之小名苾拏。《朝野僉載》一。

張昌宗

1　見張易之1。

2　張昌宗之貴也，武三思謂之王子晉後身，爲詩以贈之。詩至今猶傳。《隋唐嘉話》下。又《廣記》一八八引作《國史異纂》。

3 見狄仁傑29。

4 見楊再思2。

5 見吉頊4。

6 見張易之8。

7 見武皇后64。

張昌期

1 張易之兄弟驕貴，彊奪莊宅、奴婢、姬妾不可勝數。昌期於萬年縣街内行，逢一女人，婿抱兒相逐。昌期馬鞭撥其頭巾，女婦罵之。昌期顧謂奴曰：「横馱將來。」婿投匭三四狀，並不出。昌期捉送萬年縣，誣以他罪，决死之。昌儀常謂人曰：「丈夫當如此：今時千人推我不能倒；及其敗也，萬人擎我不能起。」俄而事敗，兄弟俱斬。《朝野僉載》（《廣記》二六三）。

2 汝州刺史張昌期，易之弟也，恃寵驕貴，酷暴羣僚。梁縣有人白，云有白鵲見，昌期令司户楊楚玉捕之。部人有鷂子七十籠，令以蠟塗爪。至林見白鵲，有羣鵲隨之，見鷂迸散，惟白者存焉。鷂竦身取之，一無損傷，而籠送之。昌期笑曰：「此鵲贖君命也。」玉叩頭曰：「此天活玉，不然投河赴海，不敢見公。」拜謝而去。《朝野僉載》四。

張昌儀

1 張昌儀爲洛陽令，借易之權勢，屬官無不允者。風聲鼓動，有一人姓薛，賫金五十兩遮而奉之。儀領金，受其狀，至朝堂，付天官侍郎張錫。數日失狀，以問儀，儀曰：「我亦不記，得有姓薛者即與。」錫檢案内姓薛者六十餘人，並令與官。其蠹政也如此。《朝野僉載》三。

2 張昌儀兄弟，恃易之、昌宗之寵，所居奢溢，逾於王主。末年有人題其門曰：「一絇絲，能得幾日絡？」昌儀見之，遽命筆書其下曰：「一日即足。」無何而禍及。《隋唐嘉話》下。《廣記》一八八引作《國史異纂》。

3 張昌儀兄弟，恃易之、昌宗之寵，請託如市，甲第奢侈。李湛曰：「此海市蜃樓比耳，豈長久計耶！」未幾禍及。《隋唐遺事》（《古今事文類聚》別集一九、《古今合璧事類備要》續集三八）。

4 見張易之8。

薛懷義

1 周證聖元年，薛師名懷義造功德堂一千尺於明堂北。其中大像高九百尺，鼻如千斛船，中容數十人並坐，夾紵以漆之。五月十五，起無遮大會於朝堂。掘地深五丈，以亂綵爲宫殿臺閣，屈竹爲胎，張施爲楨蓋。又爲大像金剛，並坑中引上，詐稱從地湧出。又刺牛血畫作大像頭，頭高二百尺，誑言薛師膝上血作之，觀者填城溢郭，士女雲會。内載錢拋之，更相踏藉，老少死者非一。至十六日，張像於天津橋南，設齋。二更，功德堂火起，延及明堂，飛焰衝天，洛城光如晝日。其堂作仍未半，已高七十餘尺，又延燒金銀庫，鐵汁流液，平地尺餘，人不知錯入者，便即焦爛。其堂煨燼，尺木無遺。至曉，乃更設會，暴風欻起，裂血像爲數百段。《朝野僉載》五。

2 武后臨朝，薛懷義勢傾當時，雖王主皆下之。蘇良嗣僕射遇諸朝，懷義偃蹇不爲禮，良嗣大怒，使左右牽拽，搭面數十。武后知曰：「阿師當向北門出入，南衙宰相往來，勿犯他。」《隋唐嘉話》下。

3 見周矩2。

4 見宗楚客1。

惠範

1 周有婆羅門僧惠範，奸矯狐魅，挾邪作蠱，咨趄鼠黠，左道弄權。則天以爲聖僧，賞賚甚重，太平以爲梵王，接納彌優，生其羽翼，長其光價。孝和臨朝，常乘官馬，往還宮掖。太上登極，從以給使，出入禁門，每入即賜綾羅、金銀器物。氣岸甚高，風神傲誕，内府珍寶，積在僧家。矯説祆祥，妄陳禍福。神武斬之，京師稱快。《朝野僉載》五。

2 見魏傳弓2。

3 見薛登1。

4 見唐睿宗9。

來俊臣

1　來俊臣、侯思止、王弘義、郭霸等數十人爲推官。俊臣父操，與鄉人蔡本善。本與操樗蒱，贏本錢數十萬，本無以酧，遂將其妻馮折。及至操家，已有娠，而産俊臣。于禾州犯盜，遂因密告，則天以爲忠，累拜侍御史。《神異經》(《廣記》二六八)。

2　來俊臣，雍人也。父操，松州長史。俊臣少詭譎無賴，反覆險詖，殘忍荒慝，舉世無比。則天朝，羅告諸王貴臣，授朝散大夫。拜侍御史。按制獄，少不會意者，必牽引之，前後坐族滅千餘家。朝廷累息，無敢言者，道路以目。與侍御史王弘義、侯思止腹心，羅告衣冠，無間春夏，誅斬人不絶。時于麗景門內置制獄，亦號爲新開門，但入新開門，百不全一。弘義戲謂麗景門爲例竟門，言入此門例竟也。俊臣與其黨朱南山等十餘輩，造《告密羅織經》數千言，皆有條貫支節張本，布置事狀由緒。令其黨告之，或投匭以聞，則天多委俊臣按問。俊臣别造枷，號爲突地吼。遭其枷者，輪轉于地，斯須悶絶矣。又作枷有十，號棒名見即承。復有鐵圈籠頭，當訊囚，圈中下楔。其餘名號數十，大略如此也。因人無貴賤，必先列枷棒于地，召囚前曰：「此是作具。」見之魂膽飛越，無不自誣者。則天重其爵賞以酬之，故更競勸爲酷矣。由是告密之徒，紛然道路，名流僶俛，閲日而已。朝士因朝，默遭掩襲，至於族滅。與其家訣曰：「不知重相見否。」天授中，春官尚書狄仁傑、天官侍郎任令暉、文昌左丞盧獻等五人，並爲其羅告。俊臣既以族人家爲功，欲引人承反，乃奏請降勅：一問即承，同首例得減死。以脅仁傑等，令承反。傑歎曰：「大周革命，萬物惟新，唐室舊臣，甘從誅戮。反是實。」俊臣乃少寬之。其判官王德壽謂傑曰：「尚書事已爾，且得減死。壽今業已受驅策，意欲求少階級，憑尚書牽楊執柔可乎？」傑曰：「若之何？」壽曰：「尚書昔在春官，執柔任某司員外，引之可也。」傑曰：「皇天后土，遣狄仁傑行此事耶？」以頭觸柱，血流被面，德壽懼而謝焉。仁傑既承反，所司待日行刑，不復嚴防，得憑守者求筆硯，折被頭帛書之，敘冤苦，置于綿衣中。遣謂德壽曰：「時方熱，請付家人去其綿。」德壽不復疑也。家人得衣中書，傑子光遠持之稱變，得召見。則天覽之惘然，召問俊臣曰：「卿言仁傑等承反，今其子弟訟冤，何也？」俊臣曰：「此等何能自伏其罪？臣寢處之甚安，亦不去其巾帶。」則天令通事舍人周綝往視之，俊臣遂命獄人，令假傑等巾帶，行立於西，命綝視之。綝懼俊臣，莫敢西顧，但視東唯諾而已。俊臣令綝少留，附進狀，乃令判官妄爲傑等作謝死表，代署而進之。鳳閣侍郎樂思誨男，年八九歲，其家已族，且隸于司農，上變得召見，言俊臣等苛毒，願陛下假條反狀以付之，無大小皆如狀矣。則天意少解，乃召見傑等曰：「卿承反何也？」傑等曰：「向不承，已死于枷棒矣。」則天曰：「何爲作謝死表？」傑等曰：「無。」因以表示之，乃知其代署，因釋此五家。俊臣復奏大將軍張乾勗、大將軍給使范雲仙于洛陽牧院，虔勗等不堪苦，自訟于國有功，言辭頗厲，俊臣命衞士亂刀斫殺之。雲仙亦言歷事先朝，稱使司冤苦，俊臣命截去其舌。士庶破膽，無敢言者。俊臣累坐贓，出同州參軍，逼奪同列參軍妻，仍辱其母，莫敢言者。尋授河南尉，累遷太僕卿，則天賜其奴婢十人，當受于司農。時西番酋長大將軍斛瑟羅，家有細婢，善歌舞，俊臣且止司農賜，令其黨羅告斛瑟羅反，將圖其婢。諸酋長詣闕，割耳剺面訟冤者數十人，乃得不族。時綦連耀與劉思禮等有議，長安尉吉頊知之，以語俊臣，俊臣發之，連坐族者數十。俊臣恃擅其功，復羅遘頊，頊得召見庭訴，僅而免。俊臣先逼取太原王慶詵女。俊臣素與河東衞遂忠有舊，忠名行雖不著，然好學，有詞辨。酒酣詣俊臣，俊臣方與妻族宴集，應門者妄云：「已出矣。」遂忠知妄，入其家，慢罵辱之。俊臣耻其親族，命毆擊反接。既而免之，自此搆隙。俊臣將羅告武氏諸僞王及太平公主、張易之等，遂忠發之，則天屢保持，而諸武及公主可懼，共毀之，乃棄市。國人無少長皆怨恨，競剮其肉，斯須而盡。則天覺悟，降敕曰：「來俊臣閭巷小人，輕險有素。以其頗申糺謫，當謂微効欵誠。諸王等磐石宗枝，必期毀敗；南北衙文武將相，咸擬傾危。宜加赤族之誅，以雪蒼生之憤。」既族之，無問士庶男女，相慶于道路，咸曰：「自此後卧，乃背得著牀。不爾，朝不謀夕矣。」《御史臺記》（《廣記》二六七）《大唐新語》一二。《神異經》（《廣記》二六八）。

3 周興、來俊臣等，羅告天下衣冠，遇族者不可勝紀。俊臣案詔獄，特選十箇大枷，一曰定百脈，二曰喘不得，三曰突地吼，四曰着即承，五曰失魂魄，六曰實同反，七曰反是實，八曰死猪愁，九曰求即死，十曰求破家。遭其枷者，宛轉於地，斯須悶絶。又有枷名鉋尾榆，棒名見即承。復有鐵圈籠頭，名號數十，大略如此。《大唐新語》一二。《神異經》（《廣記》二六八）。

4 見周興2。

5 載初年中，來俊臣羅織，告故庶人賢二子夜遣巫祈禱星月，呪咀不道。栲楚酸痛，奴婢妄證，二子自誣，並鞭殺之，朝野傷痛。《朝野僉載》三。

6 劉如璿事親以孝聞，解褐唐昌尉，累遷乾封尉，爲侍御史，轉吏部員外。則天朝，自夏官郎中左授都城令，轉南鄭令，遷司僕、司農少卿、秋官侍郎。時來俊臣黨人與司刑府史姓樊者不協，誣以反誅之，其子訟冤于朝堂，無敢理者，乃援刀自刳其腹。朝士莫不目而悚惕，璿不覺唧唧而淚下。俊臣奏云黨惡，下詔獄。璿訴曰：「年老，因遇風而淚下。」俊臣劾之曰：「目下涓涓之淚，乍可因風？口稱唧唧之聲，如何取雪？」處以絞刑。則天特流于瀼州。子景憲訟冤，得徵還，復秋官侍郎，辭疾，授兖州都督。好著述，文集四十卷行於代。俊臣但苛虐，無文，其劾乃鄭愔之詞也。《御史臺記》(《廣記》二六九)。《大唐新語》一二。

7 俊臣嘗以三月三日萃其黨於龍門，竪石題朝士姓名以卜之，令投石遥擊，倒者則先令告。至暮，投李昭德不中。《朝野僉載》(《通鑑考異》一一)。

8 周來俊臣羅織人罪，皆先進狀，勑依奏，即籍没。徐有功出死囚，亦先進狀，某人罪合免，勑依，然後斷雪。有功好出罪，皆先奉進止，非是自專。張湯探人主之情，蓋爲此也。《朝野僉載》二。

9 來紹乃唐酷吏俊臣之裔，天稟鷙忍，以决罰爲樂。嘗宰郃陽，生靈困於孽手。創造鐵繩千條，或有令不承，則急縛之，仍以其半搥手，往往委頓。每肆枯木之威，則百囚俱斷，轟響震動一邑，時呼肉雷。《清異録》上。

周興

1 周秋官侍郎周興推劾殘忍，法外苦楚無所不爲，時人號「牛頭阿婆」，百姓怨謗。興乃牓門判曰：「被告之人，問皆稱枉。斬决之後，咸悉無言。」《朝野僉載》二。《實賓録》九。

2 唐秋官侍郎周興與來俊臣對推事。俊臣别奉進止鞫興，興不之知也。及同食，謂興曰：「囚多不肯承，若爲作法？」興曰：「甚易也。取大甕，以炭四面炙之，令囚人處之其中，何事不吐！」即索大甕，以火圍之，起謂興曰：「有内狀勘老兄，請兄入此甕。」興惶恐叩頭，咸即款伏。斷死，放流嶺南。所破人家流者甚多，爲讎家所殺。傳曰「多行無禮必自及」，信哉！《朝野僉載》(《廣記》一二一)。

索元禮

1 周推事使索元禮，時人號爲「索使」。訊囚作鐵籠頭，䩫其頭，仍加楔焉，多至腦裂髓出。又爲「鳳䴔翅」、「獼猴鑽火」等。以椽關手足而轉之，並斫骨至碎。又懸囚於梁下，以石縋頭。其酷法如此。元禮故胡人，薛師之假父，後坐贓賄，流死嶺南。《朝野僉載》二。

2 唐索元禮爲鐵籠頭以訊囚。後坐贓賄，不承，使人曰：「取公鐵籠頭。」禮即承伏。《朝野僉載》(《廣記》一二一)。

侯思止

1 唐侯思止貧窮，不能理生業，乃依事恒州參軍高元禮，而無賴詭譎，無以踰也。時恒州刺史裴貞杖一判司，則天將不利王室，羅織之徒已興矣。判司謂思止曰：「今諸王多被誅戮，何不告之？」思止因請狀，遂告舒王及裴貞謀反。詔按問，並族誅，授思止游擊將軍。元禮懼而思媚之，引與同坐，呼爲侯大，曰：「國家用人不次，若言侯大不識字，可奏云：『獬豸亦不識字，而能觸邪。』」則天果曰：「欲與汝御史，人云汝不能識字。」思止以獬豸對，則天大悦，即授焉。元禮復教曰：「聖上知侯大無宅，倘以没官宅見借，可拜謝而不受。聖上必問所由，可奏云：『諸反逆人宅，惡其名，不願坐其内。』」果如言，則天復大喜，恩賞甚優。《譚賓録》（《廣記》二四〇）。《神異經》（《廣記》二六八）。

2　周侍御史侯思止，醴泉賣餅食人也，羅告準例酧五品。於上前索御史，上曰：「卿不識字。」對曰：「獬豸豈識字？但爲國觸罪人而已。」遂授之。凡推勘，殺戮甚衆，更無餘語，但謂囚徒曰：「不用你書言筆語，但還我白司馬。若不肯來俊，即與你孟青。」横遭苦楚非命者，不可勝數。白司馬者，北邙山白司馬坂也；來俊者，中丞來俊臣也；孟青者，將軍孟青棒也。後坐私蓄錦，朝堂决殺之。《朝野僉載》二。

3　唐侯思止出自阜隸，言音不正，以告變授侍（書）御史，按制獄，苛酷日甚。嘗按中丞魏元忠，曰：「急承白司馬，不然即吃孟青。」白司馬者，洛陽有坂，號曰白司馬坂。孟青者，將軍姓孟名青〔棒〕，曾杖殺琅琊王沖者也。思止閭巷庸人，常以此言逼諸囚。元忠辭氣不屈，思止怒而倒曳之。元忠徐起曰：「我薄命，如乘惡驢而墜，脚爲鐙所挂，遂被賊曳耳。」思止大怒，又曳之曰：「汝拒捍制使，奏斬之。」元忠曰：「侯思止，汝今爲國家御史，須識禮儀輕重。如此須魏元忠頭，何不以鋸截去？無爲抑我反！奈何佩服朱紱，親銜天命，不能行正道之事，乃言『白司馬、孟青』，是何言也？若非魏元忠，無人仰教。」思止驚起，悚怍曰：「思止死罪，實不解。幸蒙中丞見教。」乃引上階，禮坐而問之，元忠徐就坐自若。《御史臺記》（《廣記》二五八）。《大唐新語》一二。《神異經》（《廣記》二六八）。

4　又思止言音不正，時斷屠殺，思止曰：「今斷屠殺，鷄、古梨反。魚、愚。猪、計。驢，蔞。俱居。不得吃，苦竝反。謂空吃米弭。麪，滅之去聲。如儒齊。何得飽？」侍御史霍獻可笑之。思止訴於則天，則天怒謂獻可曰：「我知思止不識字，我已用之，卿笑何也？」獻可具言雞猪之事，則天亦大笑。《御史臺記》(《廣記》二五八)。《大唐新語》一三。

5 思止嘗命作籠餅，謂膳者曰：「與我作籠餅，可縮葱作。」比市籠餅，葱多而肉少，故令縮葱加肉也。時人號爲縮葱侍御史。《御史臺記》(《廣記》二五八)。《實賓録》一。

6 見李照德5。

來子珣

1 來子珣除右臺監察，時朝士有不著靴帶而朝者，必彈之曰：「臣聞束帶立于朝。」舉朝大噱。《神異經》(《廣記》二六八)。(《續世説》一一。

2 唐來子珣，則天委之按制獄，多希旨，賜姓武氏，字家臣。丁父憂起復，累加游擊將軍、右羽林軍中郎將。常衣錦半臂，言笑自若，朝士誚之。諭德張元一好譏謔，曰：「豈有武家兒，爲你來家老翁制服耶？」《御史臺記》(《廣記》二五八)。

王弘義

1 王弘，冀州恒水人，少無賴，告密羅織善人。曾游河北趙、貝，見老人每年作邑齋，遂告二百人，授游擊將軍。俄除侍御史。時有告勝州都督王安仁者，密差弘往推索，大枷夾頸，安仁不承伏。遂於枷上斫安仁死，便即脱之。其男從軍，亦擒而斬之。至汾州，與司馬毛公對食，須臾喝下，斬取首級，百姓震悚。後坐誣枉流雷州，將少姬花嚴，素所寵也。弘於舟中僞作敕追，花嚴諫曰：「事勢如此，何忍更爲不軌乎？」弘怒曰：「此老嫗欲敗吾事。」縛其手足，投之於江。船人救得之，弘又鞭二百而死，埋於江上。俄而僞敕發，御史胡元禮推之，錮身領迴。至花嚴死處，忽云「花嚴來喚對事」。左右皆不見，唯弘稱「叩頭死罪」，如受枷棒之聲，夜半而卒。《朝野僉載》二。案：王弘，新、舊《唐書·酷吏傳》作王弘義。

2 王弘義，衡水人也，告變授游擊將軍。天授中，拜御史，與俊臣羅告衣冠。俊臣敗，義亦流於嶺南，妄稱敕追，時胡元禮以御史使嶺南，次于襄鄧，會而按之。弘義詞窮，乃謂曰：「與公氣類。」元禮曰：「足下昔任御史，禮任洛陽尉。禮今任御史，公乃流囚。復何氣類！」乃榜殺之。弘義每暑月繫囚，必于小房中積蒿而施氈褥，遭之者斯須氣將絶矣。苟自誣或他引，則易于别房。俊臣常行移牒，州縣慴懼，自矜曰：「我之文牒，有如狼毒冶葛也。」弘義嘗于鄉里求旁舍瓜，瓜主吝之，義乃狀言瓜園中有白兔，縣吏會人捕逐，斯須苗盡矣。内史李昭德曰：「昔聞蒼鷹獄吏，今見白兔御史。」《御史臺記》（《廣記》二六八）。

郭霸

1 魏元忠爲御史大夫，卧病，諸御史省之。侍御史郭霸獨後，見元忠，憂形於色，請視元忠便液，以驗疾之輕重，元忠辭拒。霸固請嘗之，元忠驚惕。霸喜悦曰：「大夫泄味甘，或難瘳；而今味苦矣，即日當愈。」元忠剛直，甚惡其佞，露其事於朝庭。《大唐新語》九。《神異經》（《廣記》二六八）。

2 侍御史郭霸嘗來俊臣糞穢，宋之問捧張易之溺器，並偷媚取容，實名教之大弊也。《朝野僉載》五。

3 郭霸與來俊臣爲羅織之黨。嘗按芳州刺史李思徵，思徵不承反，乃殺之。聖曆中，思徵出見霸，霸甚惡之，退朝遽歸家，命人速請僧轉經設齋。須臾，見思徵從數十騎止其庭，詬曰：「汝枉陷我，今取汝。」霸周章惶怖，拔刀自刳腹而死。是日，閭里咸見焉。霸纔氣絶，思徵亦没。太子諭德張元一以齋諧供奉，時中橋新成，則天問元一在外有何好事，元一對曰：「洛橋成而郭霸死，即好事也。」則天默然。《大唐新語》一二。《神異經》（《廣記》二六八）。《續世説》六。

4 唐侍御史郭霸，奏殺宋州三百人，暴得五品，經月患重。臺官問疾，見老巫曰：「郭公不可救也。有數百鬼遍體流血，攘袂齘齒，皆云不相放。有一碧衫人喝緋衣人曰：『早合去，何因許時？』答曰：『比緣未得五品，未合放。』」俄而霸以刀子自刺乳下，攪之，曰：「大快！」家人走問之，曰：「御史孫容師刺我。」其子經御史顧琮訟容師，琮以荒亂言不理。其夜而卒。容師以明年六月霸死日而終，皆不知其所以。司勳郎中張元一云：「自春大旱，至霸死雨足。」天后問在外有何事，元一曰：「外有三慶：旱降雨，一慶；中橋新成，萬代之利，二慶；郭霸身死，百姓皆歡，三慶也。」天后笑曰：「霸見憎如此耶？」《廣記》一二六。《南部新書》戊。

胡元禮

1 唐胡元禮，定城人也。進士擢第，累授洛陽尉。則天朝，右臺員外監察，尋即真，加朝請大夫。丁憂免，起復。尋檢校秋官郎中，累遷司刑少卿、滑州刺史、廣州都督。性殘忍深刻，不可以情祈。時李日知任司刑丞，每按獄，務從寬。元禮屢折之，日知終不易。嘗出一死囚，元禮異，判殺之，與日知往復，至于再三。元禮怒，命府吏謂曰：「元禮不離刑曹，此囚無活法。」日知命報曰：「日知不離刑曹，此囚無死法。」竟以兩狀申，日知果直。時人忌元禮之苛刻，嘗于宣仁門外爲冤家羅辱于泥中，幸金吾救助。敕榜仇者百，臺中罰元禮五千，以其辱臺也。《御史臺記》（《廣記》二六九）。參看李日知1。

霍獻可

1 唐霍獻可，貴鄉人也。父毓，岐州司法。獻可有文學，好詼諧，累遷至侍御史、左司員外。則天法峻，多不自保，競希旨以爲忠。獻可頭觸玉階，請殺狄仁傑、裴行本。裴即獻可堂舅也。既損額，以綠帛裹於巾下，常令露出，冀則天以爲忠。時人比之李子慎。子慎，則天朝誣告其舅，加游擊將軍。母見其著緋衫，以面覆牀，涕淚不勝曰：「此是汝舅血染者耶！」《御史臺記》（《廣記》二五九）。《大唐新語》一二。《續世說》一二。

2 見狄仁傑15。

常元楷　常彦瑋

1　羽林將軍常元楷，三代告密得官。男彦瑋告劉誡之破家，彦瑋處侍御。先天二年七月三日，楷以反逆誅，家口配流。可謂積惡之家殃有餘也。《朝野僉載》二。

2　唐天授年，彭城劉誡之粗險不調，高言庳語，凌上忽下，恐嚇財物，口無關鑰，妄説祆災。從萬年縣尉常彦瑋索錢一百千，云：「我是劉果毅，當與富貴。」彦瑋進狀告之，上令二給使先入彦瑋房中，下簾坐窗下聽之。有頃，誡之及盧千仞至，於廳上坐談話，彦瑋引之説國家長短，無所忌諱。給使一一紙筆抄之以進。上怒，令金吾捕捉，親問之，具承，遂腰斬誡之，千仞處絞，授彦瑋侍御史。《朝野僉載》（《廣記》二六三）。

唐人軼事彙編卷九

徐有功

1 徐大理有功，少蒲州司法參軍，爲政寬仁。吏感其恩信，遞相約曰：「若犯徐司法杖，必斥罰！」終官不杖一人。《大唐傳載》。案：「有功」原誤作「宥」。

2 唐徐有功爲司刑丞，時有韓紀孝者，受徐敬業僞官，前已物故，推事使顧仲琰奏稱家口合緣坐，詔依斷籍没。有功議曰：「作謀反者斬，身亡即無斬法。若情狀難捨，或敕遣戮屍。除非此塗，理絶言象。緣坐緣因處斬，無斬豈合相緣？既所緣之人亡，則所因之罪滅。減止徒坐，頻會赦恩。今日劫斷没官，未知據何條例。」詔依有功議斷放，由是獲免籍没者凡數百家。《折獄龜鑑》四。

3 皇甫文備，武后時酷吏也，與徐大理論獄，誣徐黨逆人，奏成其罪，武后特出之。無何，文備爲人所告，有功訊之在寬。或曰：「彼曩時將陷公於死，今公反欲出之，何也？」徐曰：「汝所言者，私忿也；我所守者，公法也。安可以私害公？」《隋唐嘉話》下。《大唐新語》七。《唐語林》一。

4 徐大理有功每見武后將殺人，必據法廷争。嘗與后反復，辭色愈厲，后大怒，令拽出斬之，猶迴顧曰：「臣身雖死，法終不可改。」至市，臨刑得免，除名爲庶人。如是再三，終不挫折，朝廷倚賴，至今猶懷之。其子預選，有司皆曰：「徐公之子，豈可拘以常調者乎？」《隋唐嘉話》下。《唐語林》三。

5 見來俊臣8。

6 則天朝，奴婢多通外人，輒羅告其主，以求官賞。潤州刺史竇孝諶妻龐氏，爲其奴所告夜醮，敕御史薛季旭推之。季旭言其呪詛，草狀以聞，先於玉堦涕泣不自勝，曰：「龐氏事狀，臣子所不忍言。」則天納之，遷季旭給事中。龐棄市，將就刑，龐男希瑊訴冤於侍御史徐有功，有功覽狀曰：「正當枉狀。」停决以聞。三司對按，季旭益周密其狀。秋官及司刑兩曹既宣覆而自懼，衆迫有功。有功不獲申，遂處絞死。則天召見，迎謂之曰：「卿比按，失出何多也？」有功曰：「失出，臣下之小過；好生，聖人之大德。願陛下弘大德，天下幸甚！」則天默然久之，曰：「去矣！」敕減死，放于嶺南。月餘，復授侍御史。有功俯伏流涕，固不奉制。則天固授之，有功曰：「臣聞鹿走於山林，而命懸於廚者何？勢使然也。陛下以法官用臣，臣以從寬行法，必坐而死矣。」則天既深器重，竟授之，遷司刑少卿。時周興、來俊臣等羅告天下衣冠，遇族者數千百家。有功居司刑，平反者不可勝紀，時人方之于定國。中宗朝，追贈越州都督，優賜其家，並授一品官。開元初，竇希瑊外戚榮貴，奏請迴己之官，以酬其子。《大唐新語》四。

7 徐有功爲秋官郎中，司刑少卿，歷居法官，數折大獄，持平守正，不以生死易節，全活者數千百家。有鹿城主簿潘好禮者，慕其爲人，乃著論稱有功斷賢於張釋之。其略曰：「釋之爲廷尉，天下無冤人；有功之斷獄，亦天下無冤人。然釋之所行甚易，徐公所行甚難。難易之間，優劣可知矣。」君子以爲知言。

《大唐新語》七。

李嗣真

1 李嗣真聰敏多才能，以許州判佐直弘文館。高宗東封還，幸孔子廟，詔贈太師，命有司爲祝文。司文郎中富少穎、沙直撰進，不稱旨，御筆濺破，付左寺丞。賀蘭敏之已下戰慄，遽召嗣真，咋筆立成。其章句云：「庶能不遺百代，助損益而可知；永鑒千年，同比肩而爲友。」高宗覽之，問曰：「誰作此文？」有司言嗣真。高宗曰：「此人那解我意，遂有此句？」詔加兩階。時敏之恃寵驕盈，嗣真審其必敗，謂所親曰：「久蔭大樹，或有顛墜，吾屬無賴矣！」因饑年，諷執政，求出爲義烏令。敏之，則天姊子也，無何果敗。《大唐新語》八。

2 李嗣真嘗與朝列同過太清觀，道士劉槩、輔儼爲設樂。嗣真曰：「此樂宫商不和，君臣相阻之徵也。角徵失次，父子不和之兆也。殺聲既多，哀調又苦，若國家無事，太子受其咎矣。」居數月，章懷太子果爲則天所搆，廢爲庶人，死於巴州。劉槩、輔儼奏其事，自始平令擢爲太常丞也。《大唐新語》七。《唐會要》三四。

3 永徽之理，有貞觀之遺風，製《一戎衣大定樂》曲。至永隆元年，太常丞李嗣真善審音律，能知興衰，云：「近者樂府有《堂堂》之曲，再言之者，唐祚再興之兆也。」《南部新書》己。《唐會要》三四。

4 天后時，太常丞李嗣真聞東夷三曲一遍，援胡琴彈之，無一聲遺忘。《南部新書》丙。

5　唐朝承周隋離亂之後，樂懸散失，獨無徵音，國姓所闕，知者不敢聞達其事。天后末，御史大夫李嗣真常密求之，不得。一旦秋爽，聞砧聲有應之者，在今弩營，是當時英公宅。又數年，無由得之。其後敬業舉兵敗走，后瀦其宫，嗣真乃求得喪車一鐸，入而振之於東南隅，果有應也。遂掘之，得石一段，裁爲四具，補樂懸之散闕。今享宗廟郊天掛簨簴者，乃嗣真所得也。《大周正樂》(《御覽》五八四)。《獨異志》(《廣記》二〇三)。

6　天授中，中丞李嗣真等爲十道存撫使，合朝有詩送之，名曰《存撫集》，凡十卷。《南部新書》丙。

7　周興、來俊臣羅織衣冠，朝野懼懾，御史大夫李嗣真上疏奏曰：「臣聞陳平事漢祖，謀疏楚之君臣，乃用黄金七千斤，行反間之術，項羽果疑臣下，陳平之計遂行。今告事紛紜，虚多實少。如當有凶慝，焉知不先謀疏陛下君臣，後除國家良善。臣恐有社稷之禍。伏乞陛下迴思遷慮，察臣狂瞽，然後退就鼎鑊，實無所恨。臣得歿爲忠鬼，孰與存爲諂人。如羅織之徒，即是疏間之漸，陳平反間，其遠乎哉？」遂爲俊臣所搆，放於嶺表。俊臣死，徵還，途次桂陽而終，贈濟州刺史。中宗朝，追復本官。《大唐新語》二。《唐語林》三。　案：「黄金七千斤」，原作「黄金七十斤」，據《唐語林》改。

張楚金

1　張楚金年十七，與兄越石同以茂才應舉。所司以兄弟不可兩收，將罷越石。楚金辭曰：「以順則越石長，以才則楚金不如。請某退。」時李勣爲州牧，歎曰：「貢才本求才行，相推如此，可雙舉也。」令兩人同赴上京，俱擢第，遷刑部尚書。後爲周興搆陷，將刑，仰天歎曰：「皇天后土，豈不察忠臣乎？奈何以無辜獲罪！」因泣下。市人爲之歔欷。須臾陰雲四塞，若有所感。旋降敕免刑，宣未訖，天開朗，慶雲紛郁。時人感其忠正孝悌之報。《大唐新語》六。《譚賓録》(《廣記》二〇二。)

2 唐張楚金歷虞鄉令，略無留事，號爲「神宰」。《海録碎事》一二。

3 垂拱年，則天監國，羅織事起。湖州佐史江琛取刺史裴光判書，割字合成文理，詐爲徐敬業反書以告。差使推光，款書是光書，疑語非光語。前後三使推，不能決。敕令差能推事人勘當取實，僉曰張楚金可，乃使之。楚金憂悶，仰卧西窗，日高，向看之，字似補作。平看則不覺，向日則見之。令唤州官集，索一甕水，令琛投書於水中，字一一解散，琛叩頭伏罪。敕令决一百，然後斬之。賞楚金絹百疋。《朝野僉載》五。《疑獄集》一。《折獄龜鑑》三。

4 唐張楚金爲秋官侍郎，奏反逆人特敕免死，家口即絞斬及配没入官爲奴婢等，並入律。後楚金被羅織反，特敕免死，男子十五以上斬，妻子配没。識者曰：爲法自斃，所謂交報也。《朝野僉載》(《廣記》一二一)。

楊 昉

1 楊昉爲左丞時，宇文化及子孫理資蔭，朝庭以事隔兩朝，且其家親族亦衆，多爲言者。所司理之，至於左司。昉未詳其案狀，訴者以道理已成，無復疑滯，勃然逼昉。昉曰：「適朝退未食，食畢當詳案。」訴者曰：「公云未食，亦知天下有累年羈旅訴者乎？」昉遽命案，立批之曰：「父殺隋主，子訴隋資。生者猶配遠方，死者無宜更叙。」時人深賞之。《大唐新語》一一。

馮元常

1　馮元常閨門孝友，天下無比。或居兄弟服制，晝則從事，夜則盡會禮堂，雖病亦各卧東西壁一牀而已，除服乃歸私室。歷官左右丞，多所釐革，朝無留事。高宗大漸，敕諸長史曰：「朕四體不好，百司奏事，可共元常平章以聞。」其委任如此。則天深忌之。及高宗崩，四方多説怪妄，以爲祥瑞。嵩陽令樊文進瑞石，則天命示百寮。元常奏論其妖妄，不可誣罔士庶。則天甚不悦，出爲隴州刺史，尋搆害之。神龍初，詔旌其門爲「忠臣門」。元常忠孝正直，冠絶古今，而神理福善眇然無依，天下咸惜之。《大唐新語》六。

劉　奇

1　證聖元年，劉奇爲吏部侍郎，注張文成、司馬鍠爲監察御史，二人因申屠瑒以謝之，奇正色曰：「舉賢自無私，二君何爲見謝？」《唐會要》七五。又《廣記》一八五引。《譚賓録》（《廣記》一六九）。

2　見石抱忠1。

石抱忠

1　石抱忠檢校天官郎中，與侍郎劉奇、張詢古同知選。抱忠素非静慎，劉奇久著清平，詢古通婚名族，將分鈐，時人語曰：「有錢石下好，無錢劉下好，士大夫張下好。」斯言果徵。復與許子儒同知選。劉奇獨以公清稱，抱忠、師範、子儒頗任令史勾直，每注官，呼曰：「勾直乎？」時人又爲之語曰：「碩學師劉子，儒生用典言。」抱忠後與奇同棄市。選人或爲擯抑者，復爲語曰：「今年柿子併遭霜，爲語石榴須早摘。」抱忠在始平，嘗爲諧詩曰：「平明發始平，薄暮至何城。庫塔朝雲上，晃池夜月明。略彴橋頭逢長史，欞星門外揖司兵。一羣縣尉驢騾驟，數箇參軍鵞鴨行。」《御史臺記》(《廣記》二五五)。

鄭杲

1 唐聖曆中，侍郎鄭杲注韓思復太常博士、元希聲京兆府士曹參軍。嘗謂人曰：「今年當選，得韓、元二子，是吏部不負朝廷矣。」《譚賓録》(《廣記》一六九)。《唐會要》七五。又《廣記》一八五引。

李休烈

1 見武皇后19。

李至遠

1 則天如意元年，李志遠掌選，有姓方姓王者並被放，私與令史相知，減其點畫，「方」改爲「丁」，「王」改爲「士」，擬授官後即加增文字。志遠一見便覺曰：「今年銓覆數萬人，總知姓字，何處有『丁』『士』乎？此必『方』『王』也。」令史並承伏。《封氏聞見記》三。《唐會要》七四。又《廣記》一八五引。案：李志遠，《唐會要》(《廣記》

引同)作「李至遠」。

郝象賢

1 唐郝象賢，侍郎處俊之孫，頓丘令南容之子也。弱冠，諸友生爲之字曰「寵之」，每於父前稱字。父給之曰：「汝朋友極賢，吾爲汝設饌，可命之也。」翼日，象賢因邀致十數人，南容引生與之飲。謂曰：「諺云『三公後，出死狗』。小兒誠愚，勞諸君製字，損南容之身尚可，豈可波及侍中也！」因涕泣，衆慚而退。「寵之」者，反語爲「癡種」也。《朝野僉載》四。

2 郝象賢，處俊孫也。武后宿怒其祖，戮及其孫。象賢臨刑，極駡而死。自此法司恐是，將殺人，必先以木丸塞口，然後加刑。《譚賓録》(《廣記》二六七)。

鄭惟忠

1 鄭惟忠，名行忠信，天下推重。自山陰尉應制，則天臨軒，問何者爲忠，諸應制者對，率不稱旨。惟忠曰：「臣聞外揚君之美，内匡君之惡。」則天幸長安，惟忠待制引見，則天曰：「朕識卿，前於東都言忠臣外揚君之美，内匡君之惡。至今不忘。」中宗朝，拜黄門侍郎。時議禁嶺南首領家蓄兵器，惟忠議曰：「夫爲政不可驟革其習俗，且《蜀都賦》云：『家有鶴膝，户有犀渠。』如或禁之，豈無驚擾耶？」事遂不行。《大唐新語》四。

周矩

1 見蘇味道5。

2 薛懷義承寵遇，則天俾之改姓，云是駙馬薛紹再從叔，或俗人號爲薛師。猖狂恃勢，多度膂力者爲僧，潛圖不軌。殿中侍御史周矩奏請按之，則天曰：「不可。」矩固請。則天曰：「卿去矣！朕即遣來。」矩至臺，薛師亦至，踏階下馬，但坦腹於牀。將按之，薛師躍馬而去，遽以聞則天。則天曰：「此道人患風，不須苦問。所度僧，任卿窮按其事。」諸僧流遠惡州。矩後竟爲薛師之所搆，下獄死。《大唐新語》二。

王求禮

1 薛師有巧性，常入宫闈。補闕王求禮上表曰：「太宗時，羅黑黑能彈琵琶，遂閹爲給使，以教宫人。今陛下要懷義入内，臣請閹之，庶宫闈不亂。」表寢不出。《朝野僉載》（《後村詩話》續集三）。

2 則天朝，豆盧欽望爲丞相，請輟京官九品已上兩月日俸以贍軍，轉帖百司令拜表，羣臣俱赴拜表，而不知事由。拾遺王求禮謂欽望曰：「羣官見帖即赴，竟不知拜何所由。既以輟俸供軍，而明公禄厚俸優，輟之可也；卑官貧迫，奈何不使其知而欺奪之，豈國之柄耶？」欽望形色而拒之。表既奏，求禮歷階進曰：「陛下富有四海，足以儲軍國之用，何籍貧官九品之俸！而欽望欺奪之，臣竊不取。」納言姚璹前進曰：「秦漢皆有税算以贍軍，求禮不識大體，妄有争議。」求禮曰：「秦皇、漢武税天下，使空虚以事邊，奈何使聖朝倣習之？」姚璹言臣不識大體，不知璹言是大體耶？」遂寢。《大唐新語》二。

3 則天朝，嘗三月降雪，鳳閣侍郎蘇味道等以爲祥瑞，草表將賀。左拾遺王求禮止之。味道曰：「國家事，何爲誑妄以賀朝庭？」求禮曰：「宰相不能燮理陰陽，令三月降雪。此災也，乃誣爲瑞。若三月雪是瑞雪，臘月雷當爲瑞雷耶？」舉朝善之，遂不賀。求禮方正有詞華，歷左臺殿中，轉衛王掾而卒。《大唐新語》九。

王無競

1 大足元年，王無競爲殿中侍御史，正班於閤門外，宰相團立於班北，無競前曰：「去上不遠，公雖大臣，自須肅敬。」以笏揮之，請齊班。當時朝議是非參半。《唐會要》六二。

2 見白居易15。

裴懷古

1 則天朝，恒州鹿泉寺僧凈滿有高行，衆僧嫉之，乃密畫女人居高樓，凈滿引弓射之狀，藏於經笥，令其弟子詣闕告之。則天大怒，命御史裴懷古推按，便行誅決。懷古窮其根本，釋凈滿而坐告者，以聞。則天驚怒，色動聲戰，責懷古寬縱，懷古執之不屈。李昭德進曰：「懷古推事疏略，請令重推。」懷古厲而言曰：「陛下法無親疏，當與天下執一，奈何使臣誅無辜之人，以希聖旨？向使凈滿有不臣之狀，臣復何顔能寬之乎？臣守平典，庶無冤濫，雖死不恨也。」則天意解，乃釋懷古。後副閻知微和親于突厥，突厥立知微爲南面可汗而入寇趙、定，懷古因得逃歸。素羸弱不堪奔馳，乃懇誠告天，願投死南土。倦而寢，夢一僧狀如浄滿者引之，曰：「可從此路出。」覺而從之，果獲全。時人以爲忠恕之報。《大唐新語》四。又《廣記》九五引。

張敬之

1 張敬之，則天時每思唐德，唯以禄仕，謂子冠宗曰：「吾今佩服，乃莽朝之服耳。」累官至春卿侍郎，當入三品，子弟將通由歷於天官。有僧泓者，善陰陽算術，與敬之有舊，謂敬之曰：「六郎無煩求三品。」敬之曰：「弟子無所求，勵此兒子耳。」敬之弟訥之，爲司禮博士，有疾甚危殆，泓師指訥之曰：「八郎今日如臨萬仞間，必不墜矣。」皆如其言。《大唐新語》五。又《廣記》七七引。

蘇安恒

1 蘇安恒博學，尤明《周禮》、《左氏》。長安二年，上疏諫請復子明辟，其詞曰：「臣聞『忠臣不順時而取寵，烈士不惜死而偷生。』故君道不明，忠臣之過；臣道不軌，烈士之罪。今太子年德俱盛，陛下貪其寶位而忘母子之恩，蔽太子之元良，據太子之神器。何以教天下母慈子孝，焉能使天下移風易俗？惟陛下思之：將何聖顔以見唐家宗廟？將何誥命以謁大帝墳陵？」疏奏不納。魏元忠爲張易之所搆，安恒又申理之。易之大怒，將殺之，賴朱敬則、桓彦範等保護獲免。後坐節愍太子事，下獄死。睿宗即位，下詔曰：「蘇安恒文學立身，鯁直成操，往年陳疏，忠讜可嘉。屬回邪擅權，奄從非命，興言軫悼，用惻于懷，可贈諫議大夫。」《大唐新語》二。《唐語林》五。

俞文俊

1　則天時，新豐縣東南露臺鄉，因風雨震雷，有山踴出高二百尺，有池周迴三頃，池中有龍鳳之形，米麥之異。則天以爲休禎，號曰慶山。荆州人俞文俊上書曰：「臣聞天氣不和則寒暑併，人氣不和而疣贅出，地氣不和而堆阜出。今陛下以女主處陽位，反易剛柔，故地氣隔塞而出變爲災。陛下謂之慶山，臣以爲非慶也。宜側身修德，以答天譴。不然，禍立至。」則天大怒，流之嶺南。《大唐新語》一三。

安金藏

1　安金藏爲太常工人，時睿宗爲皇嗣。或有誣告皇嗣潛有異謀者，則天令來俊臣按之。左右不勝楚毒，皆欲自誣，唯金藏大呼謂俊臣曰：「公既不信金藏言，請剖心以明皇嗣不反。」則引佩刀自割，其五臟皆出，流血被地，氣遂絶。則天聞，令舁入宫中，遣醫人却内五臟，以桑白皮縫合之，傅藥，經宿乃蘇。則天臨視，歎曰：「吾有子不能自明，不如汝之忠也。」即令停推。睿宗由是乃免。金藏後喪母，復於墓側躬造石墳石塔，舊源上無水，忽有湧出泉。又李樹盛冬開花，大鹿挾其道。使盧懷慎以聞，詔旌其門閭。

玄宗即位，追思金藏節，下制褒美，拜右驍衛將軍，仍令史官編次其事。《大唐新語》五。又《御覽》九六八引。

馬懷素

1 魏元忠、張説爲二張所搆，流放嶺南。夏官侍郎崔貞慎、將軍獨孤褘之、郎中皇甫伯瓊等八人並追送子郊外。易之乃假作告事人柴明狀，稱貞慎等與元忠謀反。則天命馬懷素按之，曰：「此事並實，可略問，速以聞。」斯須，中使催迫者數焉，曰：「反狀皎然，何費功夫，遂至許時？」懷素奏請柴明對問，則天曰：「我亦不知柴明處，但據此狀，何須柴明！」懷素執貞慎等無反狀，則天怒曰：「爾寬縱反者耶？」懷素曰：「魏元忠以國相流放，貞慎等以親故相送，誠則可責，若以爲謀反，臣豈誣罔神明？只如彭越以反伏誅，欒布奏事屍下，漢朝不坐。況元忠罪非彭越，陛下豈加追送者罪耶？陛下當生殺之柄，欲加之罪，取決聖衷足矣。今付臣推勘，臣但守法耳。」則天曰：「爾欲總不與罪耶？」懷素曰：「臣識見庸淺，不見貞慎等罪。」則天意解，曰：「卿守我法。」乃赦之。時朱敬則知政事，對朝堂執懷素手曰：「馬子，馬子，可愛，可愛！」時人深賞之。《大唐新語》四。《唐會要》六二。

郭翰

1 郭翰爲御史，巡察隴右，所經州縣，多爲按劾。次於寧州，時狄仁傑爲刺史，風化大行。翰纔入境，耆老薦揚之狀，已盈於路。翰就館，以州所供紙筆置於案，召府寮曰：「入境其政可知，願成使君之美。

無爲久留，徒煩擾耳。」即命駕而去。翰性寬簡不苟，讀《老子》至「和其光，同其塵」，慨然嘆曰：「大雅君子，明哲以保其身。」乃祈執政，辭以儒門不願持憲。改授麟臺郎。時劉禕之坐賜死，既洗沐而神色自若，命其子草謝死表，其子哀號將絶，不能書。監刑者催逼之，禕之乃自操紙，援筆即成，詞理懇至，見者無不傷痛。時翰讀之，爲宦者所奏，左授巫州司户，俄而徵還。《大唐新語》九。

田歸道

1 春官尚書閻知微和默啜，司賓丞田歸道副焉。至牙帳下，知微舞蹈，宛轉抱默啜鞾而鼻臭之。田歸道長揖不拜，默啜大怒，倒懸之。經一宿，明日將殺，元珍諫：「大國和親使，若殺之不祥。」乃放之。後與知微争于殿廷，言默啜必不和；知微堅執以爲和。默啜果反，陷趙、定，天后乃誅知微九族，拜歸道夏官侍郎。《朝野僉載》三。

朱履霜

1 朱履霜好學，明法理。則天朝，長安市屢非時殺人，履霜因入市，聞其稱寃聲，乘醉入兵圍中，大爲刑官所責。履霜曰：「刑人於市，與衆共之。履霜亦明法者，不知其所犯，請詳其按，此據令式也，何見責之甚？」刑官唯諾，以按示之。時履霜詳其案，遂拔其二。斯須，監刑御史至，訶責履霜。履霜容止自若，剖析分明，御史意少解。履霜曰：「准令，當刑能申理者，加階而編入史，乃侍御史之美也。」御史以聞，兩囚竟免，由是名動京師。他日當刑之家，或可分議者，必求履霜詳案，履霜懼不行。死家訴於主司，往往召履霜詳究，多所全濟。補山陰尉，巡察使必委以推案。故人或遺以數兩黄連，固辭不受，曰：「不辭受此歸，恐母妻詰問從何而得，不知所以對也。」後爲姑蔑令，威化行于浙西。著《憲問》五卷，撮刑獄之機要。《大唐新語》四。

蘇無名

1 天后時，嘗賜太平公主細器寶物兩食合，所直黄金千鎰，公主納之藏中。歲餘取之，盡爲盜所將矣。公主言之，天后大怒，召洛州長史謂曰：「三日不得盜，罪！」長史懼，謂兩縣主盜官曰：「兩日不得賊，死！」尉謂吏卒游徼曰：「一日必擒之，擒不得，先死！」吏卒游徼懼，計無所出，衢中遇湖州別駕蘇無名，相與請之至縣。游徼白尉：「得盜物者來矣。」無名遽進至階，尉迎問故，無名曰：「吾湖州別駕也，入計在茲。」尉呼吏卒：「何誣辱別駕？」無名笑曰：「君無怒吏卒，抑有由也。無名歷官所在，擒奸擿伏有名，每偷至無名前，無得過者。此輩應先聞，故將來，庶解圍耳。」尉喜，請其方。無名曰：「與君至府，君可先入白之。」尉白其故，長史大悦，降階執其手曰：「今日遇公，却賜吾命，請遂其由。」無名曰：「請與君求見對玉階，乃言之。」於是天后召之，謂曰：「卿得賊乎？」無名曰：「若委臣取賊，無拘日月，且寬府縣，令不追求，仍以兩縣擒盜吏卒盡以付臣，臣爲陛下取之，亦不出數十日耳。」天后許之。無名戒吏卒，緩則相聞。月餘，值寒食，無名盡召吏卒，約曰：「十人五人爲侣，於東門、北門伺之，見有胡人與黨十餘，皆衣縗絰，相隨出赴北邙者，可踵之而報。」吏卒伺之，果得，馳白無名。往視之，問伺者：「諸胡何若？」伺者曰：「胡至一新塚，設奠，哭而不哀。亦撤奠，即巡行塚旁，相視而笑。」無名喜曰：「得之矣。」因使吏卒盡執諸胡，而發其塚。塚開，割棺視之，棺中盡寶物也。奏之，天后問無名：「卿何才智過人，而得此盜？」對曰：「臣非有他計，但識盜耳。當臣到都之日，即此胡出葬之時，臣亦見即知是偷，但不知其葬物處。今寒節拜掃，計必出城，尋其所之，足知其墓。賊既設奠而哭不哀，明所葬非人也。奠而哭畢，巡塚相視而笑，喜墓無損傷也。向若陛下迫促府縣，此賊計急，必取之而逃。今者更不追求，自然意緩，故未將出。」天后曰：「善。」賜金帛，加秩二等。《紀聞》(《廣記》一七一)。《折獄龜鑑》七。

崔思競

1 則天朝，或羅告駙馬崔宣謀反者，敕御史張行岌按之。告者先誘藏宣家妾，而云：「妾將發其謀，宣殺之，投屍於洛水。」行岌按無狀。則天怒，令重按，行岌奏如初。則天曰：「崔宣反狀分明，汝寬縱之。我令俊臣勘當，汝無自悔。」行岌曰：「臣推事不弱俊臣，陛下委臣，必須狀實，若順旨妄族人，豈法官所守，臣必以爲陛下試臣矣。」則天厲色曰：「崔宣若實殺妾，反狀自然明矣。不獲妾，如何自雪？更不得實，我即令俊臣推勘，汝自無悔也。」行岌懼，逼宣家訪妾。宣再從弟思競，乃於中橋南北，多致錢帛，募匿妾者，數日略無所聞。而其家每竊議事，則告者輒知之。思競揣家中有同謀者，乃佯謂宣妻曰：「須絹三百疋，雇刺客殺此告者。」而侵晨微服俟於臺側。宣家有館客姓舒，婺州人，言行無缺，爲宣家所信，委之如子弟。須臾，見其人至臺側門入，以通于告者。遽密稱云：「崔家雇人刺我，請以聞。」臺中驚擾。思競素重館客，館客不之疑，密隨之行，到天津橋，料其無由至臺，乃罵之曰：「無賴險獠，崔宣破家，必引汝同謀，汝何路自雪？汝幸能出崔家妾，我遺汝五百縑，歸鄉足成百年之業；不然，殺汝必矣。」其人悔謝，乃引思競於告者之黨，搜獲其妾，宣乃得免。《大唐新語》四。又《廣記》四九四引。《折獄龜鑑》三。

房光庭

1 房光庭爲尚書郎，故人薛昭流放而投光庭，光庭匿之。既敗，御史陸遺逸逼之急，光庭懼，乃見時宰。時宰曰：「公郎官，何爲匿此人？」曰：「光庭與薛昭有舊，以途窮而歸光庭，且所犯非大故，得不納之耶？若擒以送官，居廟堂者復何以待光庭？」時宰義之，乃出爲慈州刺史，無他累。光庭嘗送親故之葬，出鼎門，際晚且饑，會鬻餺餅者，與同行數人食之。素不持錢，無以酬值。鬻者逼之，光庭命就我取直，鬻者不從。光庭曰：「與你官銜，我右臺御史也，可隨取值。」時人賞其放逸。《御史臺記》(《廣記》四九四)。《大唐新語》七。《南部新書》庚。

張潛

1 孟神爽，揚州人。稟性狼戾，執心鴆毒。巡市索物，應聲即來，入邸須錢，隨口而至。長史、縣令，高揖待之；丞、尉、判司，頷之而已。張潛爲揚州刺史，聞其暴亂，遣江都縣令店上捉來，拖入府門，高聲唱「速付法曹李廣業推鞫」，密事並虛，准敕杖百，杖下卒。《朝野僉載》（《廣記》二六三）。

季遜

1 季遜爲貝州刺史，甘露遍於庭中樹。其邑人曰：「美政所致，請以聞。」遜謙退，寢其事。歷官十七政，俸禄先兄弟嫂姪，謂其子曰：「吾厚爾曹以衣食，不如厚之以仁義，勿辭敝也。」天下莫不嗟尚。《大唐新語》六。又《御覽》四二二引。案：季遜，《御覽》作「李遜」。

員半千

1 員半千本名餘慶，與何彦先師事王義方。義方甚重之，嘗謂曰：「五百年一賢，足下當之矣。」改名半千。義方卒，半千、彦先皆制師服。上元初，應六科舉，授武陟尉。時屬旱歉，勸縣令開倉賑恤貧餒，縣令不從。俄縣令上府，半千悉發倉粟，以給百姓。刺史鄭齊宗大怒，因而按之，將以上聞。時黄門侍郎薛元超爲河北存撫使，謂齊宗曰：「公百姓不能救之，而使惠歸一尉，豈不愧也！」遽令釋之。又應岳牧舉，高宗御武成殿，召諸舉人，親問曰：「兵書所云天陣、地陣、人陣，各何謂也？」半千越次對曰：「臣觀載籍多矣。或謂：『天陣，星宿孤虚也；地陣，山川向背也；人陣，偏伍彌縫也。』以臣愚見則不然。夫師出以義，有若時雨，則天利，此天陣也。兵在足食，且耕且戰，得地之利，此地陣也。卒乘輕利，將帥和睦，此人陣也。若用兵者，使三者去，其何以戰？」高宗深嗟賞，對策上第，擢拜左衛渭上參軍，仍充宣慰吐蕃使。引辭，則天曰：「久聞卿，謂是古人，不意乃在朝列。境外小事，不足煩卿，且留待制也。」前後賜絹千餘疋。累遷正諫大夫，封平凉郡公。開元初卒。《大唐新語》四。《譚賓録》（《廣記》一六九）。《廣德神異録》（《廣記》一六四》）。《唐詩紀事》六。參看郭齊宗1。

2　員半千莊在焦戴川北，枕白鹿原，蓮塘、竹徑、酴醿架、海棠洞、會景堂、花塢、藥畦、碾、磨、麻、稻。里諺曰：「上有天堂，下有員莊。」《長安志》（《天中記》一五）。

崔融

1　久視元年，改控鶴府爲奉宸府，張易之爲奉宸令，引詞人爲供奉。佞者奏云：「昌宗，王子晉後身。」令被羽衣，吹簫乘木鶴，奏樂於庭。融賦詩爲絶唱，有「昔遇浮丘伯，今同丁令威，中郎才貌是，藏史姓名非」之句。後與宰相蘇味道相誚，云：「某詩所以不及相公，無銀花合也。」蘇有詩云：「火樹銀花合。」味道云：「子詩雖無銀花合，還有金銅丁。」取令威之句也。《唐詩紀事》八。參看蘇味道8、9。

2　見宋璟25。

3　崔融司業作武后哀策文，因發疾而卒。時人以爲三二百年來無此文。《隋唐嘉話》下。又《御覽》五九六引作《國朝傳記》、《廣記》一九八引作《國史纂異》。《唐詩紀事》八。

4　國子司業、知制誥崔融病百餘日，腹中蟲蝕極痛，不可忍。有一物如守宫從下部出，須臾而卒。《朝野僉載》一。

5　唐國子司業崔融，文章獨步當時，莫出其右。時有左司郎中崔融，宦婚絶倫，爲山東甲族。時人謂之二絶。《實賓録》四。

6　公平康里宅，乃崔司業融舊第，有司業題壁處猶在。《尚書故實》。

陳子昂

1　陳子昂，蜀射洪人，十年居京師，不爲人知。時東市有賣胡琴者，其價百萬，日有豪貴傳視，無辨者。子昂突出於衆，謂左右：「可輦千緡市之。」衆咸驚問曰：「何用之？」答曰：「余善此樂。」或有好事者曰：「可得一聞乎？」答曰：「余居宣陽里」，指其第處，「並具有酒，明日專候。不唯衆君子榮顧，且各宜邀召聞名者齊赴，乃幸遇也」。來晨，集者凡百餘人，皆當時重譽之士。子昂大張讌席，具珍羞。食畢，起捧胡琴，當前語曰：「蜀人陳子昂有文百軸，馳走京轂，碌碌塵土，不爲人所知。此樂賤工之役，豈愚留心哉！」遂舉而棄之。舁文軸兩案，遍贈會者。會既散，一日之内，聲華溢都。時武攸宜爲建安王，辟爲記室。後拜拾遺。歸覲，爲段簡所害。《獨異志》（《廣記》一七九）。又《唐詩紀事》八引。

喬知之

1　周補闕喬知之有婢碧玉，姝艷能歌舞，有文華，知之時幸，爲之不婚。僞魏王武承嗣暫借教姬人妝梳，納之，更不放還知之。知之乃作《緑珠怨》以寄之，其詞曰：「石家金谷重新聲，明珠十斛買娉婷。此日可憐偏自許，此時歌舞得人情。君家閨閣不曾觀，好將歌舞借人看。意氣雄豪非分理，驕矜勢力横相干。辭君去君終不忍，徒勞掩袂傷鉛粉。百年離恨在高樓，一代容顔爲君盡。」碧玉讀詩，飲淚不食，三日，投井而死。承嗣撩出屍，於裙帶上得詩，大怒，乃諷羅織人告之。遂斬知之於南市，破家籍没。《朝野僉載》二。《隋唐嘉話》下。《本事詩·情感》。《古今詩話》（《詩話總龜》前集三一）。《唐詩紀事》六。

杜審言

1 杜審言雅善五言，尤工書翰，恃才謇傲，爲時輩所嫉。自洛陽縣丞貶吉州司户，又與羣寮不叶。司馬周季重與員外司户郭若訥共搆之，審言繫獄，將因事殺之。審言子并，年十三，伺季重等酬醼，密懷刃以刺季重。季重中刃而死，并亦見害。季重臨死，歎曰：「吾不知杜審言有孝子，郭若訥誤我至此！」審言由是免官歸東都，自爲祭文以祭并。士友咸哀并孝烈，蘇頲爲墓誌，劉允濟爲祭文。則天召見審言，甚加歎異，累遷膳部員外。《大唐新語》五。

2 杜審言好大言，臨終，宋之問等往問之，乃曰：「甚爲造化小兒相苦。僕在，久厭公等；今死，固當慰心，但恨不見替人爾。」言訖遂絶。《景龍文館記》（《紺珠集》七）。

東方虬

1 左史東方虬每云：「二百年後，乞與西門豹作對。」《隋唐嘉話》（《廣記》二〇一作《國史異纂》）。《唐語林》五。今本

《劉賓客嘉話録》亦載此條，唐蘭考爲《隋唐嘉話》佚文。

2 見宋之問3。

3 見張元一1。

沈佺期

1 沈佺期以工詩著名，燕公張説嘗謂之曰：「沈三兄詩，直須還他第一。」《隋唐嘉話》下。《御覽》五八六引作《國朝雜記》。《廣記》二〇一引作《國史異纂》。《唐語林》二。《唐詩紀事》一一。《唐才子傳》一。

2 見上官昭容5。

3 沈佺期以罪謫，遇恩，復官秩，朱紱未復。嘗内宴，羣臣皆歌《迴波樂》，撰詞起舞，因是多求遷擢。佺期詞曰：「迴波爾時佺期，流向嶺外生歸。身名已蒙齒録，袍笏未復牙緋。」中宗即以緋魚賜之。《本事詩·嘲戲》。

4 見白居易15。

宋之問

1 見郭霸2。

2 見宋之遜1。

3 武后遊龍門，命羣官賦詩，先成者賞錦袍。左史東方虬既拜賜，坐未安，宋之問詩復成，文理兼美，左右莫不稱善，乃就奪袍衣之。《隋唐嘉話》下。又《廣卓異記》三引。《唐詩紀事》一一。

4 見上官昭容5。

5 宋考功，天后朝求爲北門學士，不許，作《明河篇》以見其意，末云：「明河可望不可親，願得乘槎一問津。更將織女支機石，還訪成都賣卜人。」則天見其詩，謂崔融曰：「吾非不知之問有才調，但以其有口過。」蓋以之問患齒疾，口常臭故也。之問終身慚憤。《本事詩·怨憤》。《古今詩話》（《詩話總龜》前集四四）。《唐詩紀事》一一。

6 劉希夷詩曰：「年年歲歲花相似，歲歲年年人不同。」其舅宋之問苦愛此兩句，知其未示人，懇乞，許而不與。之問怒，以土袋壓殺之。宋生不得其死，天報之也。《劉賓客嘉話録》。《唐語林》五。《詩話總龜》前集三一。《臨漢隱居詩話》。《滹南詩話》一。

7 見劉希夷1。

8 見駱賓王5。

宋之遜

1 唐洛陽丞宋之愻，太常主簿之問弟，羅織殺駙馬王同皎。初，之愻諂附張易之兄弟，出爲兗州司倉，遂亡而歸，王同皎匿之於小房。同皎，慷慨之士也，忿逆韋與武三思亂國，與一二所親論之，每至切齒。之愻於簾下竊聽之，遣姪曇上書告之，以希韋之旨。武三思等果大怒，奏誅同皎之黨。兄弟並授五品官，之遜爲光禄丞，之問爲鴻臚丞，曇爲尚衣奉御。天下怨之，皆相謂曰：「之問等緋衫，王同皎血染也。」誅逆韋之後，之遜等長流嶺南。《朝野僉載》（《廣記》二六三）。

2 洛陽縣令宋之遜性好唱歌，出爲連州參軍。刺史陳希古者，庸人也，令之遜教婢歌，每日端笏立於庭中，呦呦而唱，其婢隔窗從而和之，聞者無不大笑。《朝野僉載》一。

劉希夷

1 劉希夷一名挺之，汝州人。少有文華，好爲宮體，詞旨悲苦，不爲時所重。善搊琵琶，嘗爲《白頭翁詠》曰：「今年花落顏色改，明年花開復誰在？」既而自悔曰：「我此詩似讖，與石崇『白首同所歸』何異也？」乃更作一句云：「年年歲歲花相似，歲歲年年人不同。」既而歎曰：「此句復似向讖矣，然死生有命，豈復由此。」乃兩存之。詩成未周歲，爲奸人所殺。或云宋之問害之。後孫翌撰《正聲集》，以希夷爲集中之最。由是稍爲時人所稱。《大唐新語》八。又《廣記》一四三引。《唐詩紀事》一三引。《本事詩·徵咎》。《詩話總龜》前集三四。《唐才子傳》一。案：挺之，《廣記》等書作「庭芝」或「廷芝」，「庭芝」近是。

2 見宋之問6。

張鷟

1 張鷟曾夢一大鳥紫色，五彩成文，飛下至庭前不去。以告祖父，云：「此吉祥也。昔蔡衡云，鳳之類有五：其色赤者，文章鳳也；青者，鸞也；黃者，鵷鶵也；白者，鴻鵠也；紫者，鸑鷟也。此鳥爲鳳凰之佐，汝當爲帝輔也。」遂以爲名字焉。鷟初舉進士，至懷州，夢慶雲覆其身。其年對策，考功員外騫味道以爲天下第一。又初爲岐王屬，夜夢着緋乘驢，睡中自怪：我綠衣當乘馬，何爲衣緋却乘驢？其年應舉及第，授鴻臚丞。未經考而授五品，此其應也。《朝野僉載》三。

2 張文成以詞學知名，應下筆成章、才高位下、詞標文苑等三入科，俱登上第。轉洛陽尉。故有《詠燕》詩，其末章云：「變石身猶重，銜泥力尚微。從來赴甲第，兩起一雙飛。」時人無不諷詠。累遷司門員外。文成凡七應舉，四參選，其判策皆登甲第科。員半千謂人曰：「張子之文如青銅錢，萬揀萬中，未聞退時。」故人號「青銅學士」。久視中，太官令馬仙童陷默啜，問張文成何在，仙童曰：「自御史貶官。」默啜曰：「何不見用也？」後暹羅、日本使入朝，咸使人就寫文章而去。其才遠播如此。《大唐新語》八。《獨異志》下。

3 張鷟爲陽縣尉日，有稱架人呂元僞作倉督馮忱書，盜糶倉糧粟。忱不認書，元乃堅執，不能定。鷟取呂元告牒，括兩頭，唯留一字，問：「是汝書，即注是，以字押；不是，即注非，亦以字押。」元乃注曰「非」，去括即是元牒。且決五下。括詐馮忱書上一字以問之，注曰「是」，去括乃詐書也。元連項赤，叩頭伏罪。又有一客驢韁斷，并鞍失三日，訪不獲，經縣告。鷟推勘急，夜放驢出而藏其鞍，可直五千已來。鷟曰：「此可知也。」令將却籠頭放之，驢向舊餧處，鷟令搜其家，其鞍於草積下得之，人伏其計。《朝野僉載》五。《疑獄集》三。《折獄龜鑑》三。

4 浮休子張鷟爲德州平昌令，大旱。郡符下令以師婆、師僧祈之，二十餘日無效。浮休子乃推土龍倒，其夜雨足。《朝野僉載》三。

5　唐司門員外郎張文成好爲俳諧詩賦，行於代。時大將軍黑齒常之將出征，或人勉之曰：「公官卑，何不從行？」文成曰：「寧可且將朱脣飲酒，誰能逐你黑齒常之。」《御史臺記》（《廣記》二五〇）。

6　見武皇后33。

7　開元二年，梁州道士梁虚州以九宫推算張鷟云：「五鬼加年，天罡臨命，一生之大厄。以《周易》筮之，遇《觀》之《涣》，主驚恐；後風行水上，事即散。」安國觀道士李若虚，不告姓名，暗使推之。云：「此人今年身在天牢，負大辟之罪乃可以免。不然病當死，無救法。」果被御史李全交致其罪，勅令處盡。而刑部尚書李日知，左丞張廷珪、崔玄昇，侍郎程行謀咸請之，乃免死，配流嶺南。二道士之言信有徵矣。《朝野僉載》一。

8　率更令張文成，梟晨鳴于庭樹，其妻以爲不祥，連唾之。文成云：「急灑掃，吾當改官。」言未畢，賀客已在門矣。《朝野僉載》一。又《廣記》一三七引。《五色線》下。案：《隋唐嘉話》中作張文收事。

9　唐豫章令賀若瑾眼皮急，項轅麤，鷟號爲「飽乳犢子」。《朝野僉載》四。

沈全交

1　見武皇后33。

朱佐日

1 朱佐日，郡人，兩登制科，三爲御史。子承慶，年十六登秀才科，代濟其美。天后嘗吟詩曰：「白日依山盡，黄河入海流。欲窮千里目，更上一層樓。」問是誰作，李嶠對曰：「御史朱佐日詩也。」賜綵百疋，轉侍御史。承慶嘗爲昭陵輓詞，入高等，由是父子齊名。《翰林盛事》（《吴郡志》二一）。

張宣明

1 見陸象先1。

2 張宣明有膽氣，富詞翰，嘗山行見孤松，賞玩久之，乃賦詩曰：「孤松鬱山椒，肅爽凌平霄。既挺千丈榦，亦生百尺條。青青恒一色，落落非一朝。大庭今已搆，惜哉無人招。寒霜十二月，枝葉獨不凋。」鳳閣舍人梁載言賞之曰：「文之氣質，不減於長松也。」宣明爲郭振判官，使至三姓咽麪，因賦詩曰：「昔聞班家子，筆硯忽然投。一朝撫長劍，萬里入荒陬。豈不厭艱險，只思清國仇。山川去何歲，霜露幾逢秋。玉塞已遐廓，鐵關方阻修。東都日窅窅，西海此悠悠。卒使功名建，長封萬里侯。」時人稱爲絶唱。

《大唐新語》八。

鄭蜀賓

1 長壽中，有滎陽鄭蜀賓頗善五言，竟不聞達。年老方授江左一尉，親朋餞别於上東門，蜀賓賦詩留别曰：「畏途方萬里，生涯近百年。不知將白首，何處入黄泉？」酒酣自詠，聲調哀感，滿座爲之流涕。竟卒於官。《大唐新語》八。又《廣記》一四三引。《詩話總龜》前集三四引。《唐詩紀事》五。

魏奉古

1 魏奉古制舉推第，授雍丘尉。嘗日公讌，有客草序五百言。奉古覽之曰：「皆舊文。」援筆倒疏之。草序者默然自失，列座撫掌。奉古徐笑曰：「適覽記之，非舊習也。」由是知名。時姚珽蒞汴州，羣寮畢謁。珽召奉古前，曰：「此聰明尉耶？」他日，持厩目令示奉古。奉古一覽便諷千餘言。珽驚起曰：「仕宦四十年，未嘗見此。」終兵部侍郎。《大唐新語》八。

歐陽通

1 唐儀鳳中，中書舍人歐陽通起復判館，每入朝，必徒跣至城門，然後着鞋。到直省所，即席地籍藁，非公事不言，未嘗啓齒。歸經，號慟無時。國朝奪情，惟通得理。《獨異志》中。案：「儀鳳」，原作「甘露」，此據《舊唐書》一八九上《歐陽詢傳》改。

2 歐陽通，詢之子，善書，瘦怯於父。常自矜能書，必以象牙、犀角爲筆管，狸毛爲心，覆以秋兔毫；松烟爲墨，末以麝香；紙必須堅薄白滑者，乃書之。蓋自重其書。薛純陀亦効歐陽草，傷於肥鈍，亦通之亞也。《朝野僉載》三。《書小史》九。《墨史》下。

3 歐陽通善書，修飾文具，其家藏遺物尚多，皆就刻名號。研室曰「紫方館」，金茇盛研滴曰「金小相」，鎮紙曰「套子龜」、「小連城」、「千鈞史」，界尺曰「由準氏」，芒筆曰「畦宗郎君」，夾槽曰「半身龍」。《清異録》下。

王紹宗

1 王紹宗，字承烈，江都人。父修禮，越王友道雲孫也。承烈官至祕書少監。清鑒遠識，才高書古，祖述子敬，欽羡柬之。其中、小真書，體象尤異，沈邃堅密，雖華不逮陸，而古乃齊之。其行草及章草，次於真。晚節之草，則攻乎異端，度越繩墨，薰蕕同器，玉石兼儲，苦以敗爲瑕，筆乖其指。嘗與人云：「鄙夫書翰無功者，特由微水墨之積習，常清心率意，虚神静思以取之。每與吴中陸大夫論及此道，明朝必不覺已進。陸於後密訪知之，嗟賞不少，將余比虞君，以虞亦不臨寫故也，但心準目想而已。聞虚眠布被中，恒手畫肚，與余正同也。阮交州斷割不足，陸大夫蕪穢有餘，此公尤甚於陸也。」又曾謂所親曰：「自恨不能專有功，褚雖以過，陸猶未及。」承烈隸、行、章草入能。兄嗣宗亦善書。況之二陸，則少監可比德於平原矣。《書斷》（《法書要録》九）。又《廣記》二〇八引。《書小史》九。

殷仲容　王知敬

1　唐殷仲容，官至禮部郎中，善真書，尤精題額。武后嘗詔仲容題資聖寺額，王知敬題清善寺額，當時謂之雙美。《實賓録》四。《書小史》九。　案：殷仲容、王知敬，《實賓録》避宋諱作「商仲容」、「王知恭」。

2　見顔元孫1。

裴知古

1　裴知古奏樂，謂元行沖曰：「金石諧和，當有吉慶之事，其在唐室子孫耳。」其月，中宗即位。《譚賓録》（《廣記》二〇三）。

2　裴知古自中宗、武后朝以知音直太常。路逢乘馬者，聞其聲，竊曰：「此人即當墮馬。」好事者隨而觀之，行未半坊，馬驚墮殆死。嘗觀人迎婦，聞婦佩玉聲，曰：「此婦不利姑。」是日姑有疾，竟死云。其知音皆此類也。又善於攝衛，開元十二年終，年且百歲。《隋唐嘉話》下。《廣記》二〇三引作《國史異纂》。《唐語林》五。

盧齊卿

1　盧齊卿有知人之鑒。年六七歲時性慢率，諸叔父每令一奴人隨後。至十五六好夜起，於後園空庭中坐。……從此每有所論，無不中者。官至祕書監。張嘉貞之任宰相也，有人訴之，自慮左貶，命齊卿視焉。不爲決定，因其入朝，乃書笏上作「台」字，令張見之。張以爲不離台座。及敕出，貶台州刺史。張守珪，河北人，事縣尉梁萬頃，萬頃令捉馬，失衣襟，遂撻一頓。因此發憤從軍，爲幽州一果毅。齊卿常引對坐，云：「公後當富貴，秉節鉞。」守珪踧踖，不意如此，下階拜。盧公未離幽州，而守珪爲將軍節度矣。梁萬頃爲河南縣尉，初考滿，守珪喚與相見，萬頃甚懼，守珪都不恨之，謂曰：「向者不因公責怒，某亦不發憤自達。」乃遺其財物，使療病。《定命録》（《廣記》二二二）。

2 盧齊卿開元初爲幽州刺史，時張守珪爲果毅，齊卿特相禮接，謂曰：「十年内知節度。」果如其言。《譚賓録》（《廣記》一七〇）。《唐會要》七五。又《廣記》一八六引。

3 見劉幽求2。

薛季昶

1 薛季昶爲荆州長史，夢猫兒伏卧於堂限上，頭向外。以問占者張猷，猷曰：「猫兒者，爪牙；伏門限者，閫外之事。君必知軍馬之要。」未旬日，除桂州都督、嶺南招討使。《朝野僉載》三。

2 左相陳希烈初進士及第，曾與人製碑文。其人則天時破家，因搜家資，見其文，以爲與反者通。所由便以枷杖送陳於府，見河南尹薛季昶。陳神色無懼，自辯其事百餘言。薛尹觀而奇之，便引上廳，謂之曰：「公當位極台鉉，老夫當以子孫見託耳。」後陳位果至丞相。《定命録》（《廣記》一七〇）。

張元一

1　周則天朝蕃人上封事，多加官賞，有爲右臺御史者。因則天嘗問郎中張元一曰：「在外有何可笑事？」元一曰：「朱前疑着緑，逯仁傑着朱。閭知微騎馬，馬吉甫騎驢。將名作姓李千里，將姓作名吴栖梧。左臺胡御史，右臺御史胡。」胡御史，胡元禮也；御史胡，蕃人爲御史者，尋改他官。周革命，舉人貝州趙廓眇小，起家監察御史，時人謂之「臺穢」，李昭德詈之爲「中霜穀束」，元一目爲「梟坐鷹架」。時同州孔魯丘爲拾遺，有武夫氣，時人謂之「外軍主帥」，元一目爲「鶖入鳳池」。蘇味道才學識度，物望攸歸，王方慶體質鄙陋，言詞魯鈍，智不逾俗，才不出凡，俱爲鳳閣侍郎。或問元一曰：「蘇、王孰賢？」答曰：「蘇九月得霜鷹，王十月被凍蠅。」或問其故，答曰：「得霜鷹俊捷，被凍蠅頑怯。」時人謂能體物也。契丹賊孫萬榮之寇幽，河内王武懿宗爲元帥，引兵至趙州，聞賊駱務整從北數千騎來，王乃棄兵甲，南走邢州，軍資器械遺於道路。聞賊已退，方更向前。軍迴至都，置酒高會，元一於御前嘲懿宗曰：「長弓短度箭，蜀馬臨堦騙。去賊七百里，隈牆獨自戰。甲仗縱抛却，騎猪正南竄。」上曰：「懿宗有馬，何因騎猪？」對曰：「騎猪，夾豕走也。」上大笑。懿宗曰：「元一宿搆，不是卒辭。」上曰：「爾叶韻與之。」懿宗曰：「請以菶韻。」元一應聲曰：「裹頭極草草，掠鬢不菶菶。未見桃花面皮，漫作杏子眼孔。」則天大悦，王極有慚色。懿宗形貌短醜，故曰「長弓短度箭」。周静樂縣主，河内王懿宗妹，短醜；武氏最長，時號「大歌」。縣主與則天並馬行，命元一詠，曰：「馬帶桃花錦，裙拖緑草羅。定知紗帽底，形容似大歌。」則天大笑，縣主極慚。納言婁師德長大而黑，一足蹇，元一目爲「行轍方相」，亦號爲「衛靈公」，言防靈柩方相也。天官侍郎吉頊長大，好昂頭行，視高而望遠，目爲「望柳駱駝」。殿中侍御史元本竦體傴身，黑而且瘦，目爲「嶺南考典」。駕部郎中朱前疑粗黑肥短，身體垢膩，目爲「光禄掌膳」。東方虬身長衫短，骨面麤眉，目爲「外軍校尉」。唐波若矮短，目爲「鬱屈蜀馬」。目李昭德「卒（子銳反）歲胡孫」。修文學士馬吉甫眇一目，爲「端箭師」。郎中長孺子視望陽，目爲「呷醋漢」。汜水令蘇徵舉止輕薄，目爲「失孔老鼠」。《朝野僉載》四。《大唐新語》一三。《本事詩·嘲戲》。《唐詩紀事》一三。

2 見來子珣2。

3 御史糾察郡司，綱紀庶務，實爲衆官所忌，詈御史爲冷峭，而突厥號御史爲吐屯。則天朝，蕃使來朝者，而吐屯獨立不入班。諭德張元一以詼諧見稱，問蕃使曰：「此獨立者爲誰？」譯者曰：「吐屯，此御史。」元一曰：「人言我朝御史獨冷峭，此蕃御史亦甚冷峭。」舉朝喧笑。《御史臺記》（《廣記》二五〇）。

4 周張元一腹粗而脚短，項縮而眼跌，吉頊目爲「逆流蝦蟆」。《朝野僉載》四。

侯味虛

1 唐户部郎侯味虛著「百官本草」。題御史曰：大熱，有毒。又朱書云：大熱，有毒，主除邪佞，杜奸回，報冤滯，止淫濫，尤攻貪濁，無大小皆搏之。畿尉薄爲之相，畏還使，惡爆直，忌按權豪。出於雍洛州諸縣，其外州出者尤可用，日炙乾硬者爲良。服之長精神，減姿媚，久服令人冷峭。《朝野僉載》（《廣記》二五五)。案:《廣記》明鈔本、《類説》三二並云出《御史臺記》。

楊茂直　薛兼金

1 唐楊茂直任拾遺,有補闕姓王,精九經,不練時事,每自言明三教。時有僧名道儒,妖訛,則天捕逐甚急,所在題云:「訪僧道儒。」茂直與薛兼金戲謂曰:「敕捕僧道儒,足下何以安閒?」云:「何關吾事?」茂直曰:「足下明三教,僧則佛教,道則老教,何不關吾事?」乃驚懼,興寢不安,遂不敢歸,寓於曹局數宿。祈左右偵其事意,復共誑之。憂懼不已,遇人但云:「實不明三教事。」茂直等方寬慰云:「别訪人,非三教也。」乃敢出。《御史臺記》(《廣記》二五四)。

慧能

1 韶州南華寺,逌六祖大鑒禪師真身道場,有達麽衣鉢存焉。所謂袈裟,尚有髣髴。而鉢猶存有一痕,僞劉公主所觸。今寺有補鉢莊,即公主捨也。有虎夜必來守衣鉢。如則天所賜皆不存,獨有柳子厚文,亦非舊本。更有黄巢齋僧文,自稱率土大將軍,唐之丁酉年。後彭帥爲經略,適有曾忠之變,亦是丁酉年,遂碎此碑。碑陰逌東坡飯僧疏文。二碑俱不存矣。《貴耳集》下。

神秀

1 洛都天宫寺有秀禪師者，俗姓李，汴州陳留人，習禪精苦。初至荆州，後移此寺，深爲武太后所敬禮。玄鑒默識，中若符契。長安中入京，住資聖寺。忽戒禪院弟子滅燈燭，弟子留長明燈，亦令滅之，因説：「火災難測，不可不備。嘗有寺家不備火燭，佛殿被災。又有一寺鐘樓遭火，一寺經藏焚爇，殊可痛惜。」寺衆不知其意。至夜失火，果焚佛殿鐘樓，及經藏三所。唐玄宗在藩時，常與諸王俱詣作禮，留施一笛。玄宗出後，秀召弟子曰：「謹掌此。後有要時，當獻上也。」及玄宗登極，達摩等方悟其言，取笛以進。秀師年百歲，卒於此寺，瘞於龍門山，道俗奔赴數千人。燕國公張説爲其碑文。《西京記》（《廣記》九七）。

神鼎

1 則天朝有鼎師者，瀛州博野人，有奇行。太平公主進，則天試之，以銀瓮盛酒三斗，一舉而飲盡。又曰：「臣能食醬。」即令以銀缸盛醬一斗，鼎師以匙抄之，須臾即竭。則天欲與官，鼎曰：「情願出家。」即與剃頭。後則天之復辟也，鼎曰：「如來螺髻，菩薩寶首，若能修道，何必剃除。」遂長髮。使張潛決一百，不廢行動，亦無瘡疾，時人莫測。《朝野僉載》三。

2 神鼎師不肯剃頭，食醬一㪷。每巡門乞物，得麄布破衣亦着，得紬錦羅綺亦着。於利貞師座前聽，問貞師曰：「萬物定否？」貞曰：「定。」鼎曰：「闍梨言若定，何因高岸爲谷，深壑爲陵；有死即生，有生即死；萬物相糾，六道輪迴？何得爲定耶！」貞曰：「萬物不定。」鼎曰：「若不定，何不唤天爲地，唤地爲天，唤月爲星，唤星爲月？何得爲不定！」貞無以應之。時張文成見之，謂曰：「觀法師即是菩薩行人也。」鼎曰：「菩薩得之不喜，失之不悲，打之不怒，駡之不嗔，此乃菩薩行人也。鼎今乞得即喜，不得即悲，打之即怒，駡之即嗔。以此論之，去菩薩遠矣。」《朝野僉載》六。《宋高僧傳》二九。

萬迴

1 萬迴師，閿鄉人也，俗姓張氏。初，母祈於觀音像而因娠迴。迴生而愚，八九歲乃能語，父母亦以豚犬畜之。年長，父令耕田。迴耕田，直去不顧，口但連稱平等。因耕一壟，耕數十里，遇溝坑乃止，其父怒而擊之。迴曰：「彼此總耕，何須異相？」乃止擊而罷耕。迴兄戍役於安西，音問隔絶，父母謂其死矣，日夕涕泣而憂思焉。迴顧父母感念之甚，忽跪而言曰：「涕泣豈非憂兄耶！」父母且疑且信，曰：「然。」迴曰：「詳思我兄所要者，衣裘糗糧巾履之屬，請悉備焉，某將往之。」忽一日，朝齎所備而往，夕返其家，告父母曰：「兄平善矣。」視之，乃兄迹也，一家異之。弘農抵安西，蓋萬餘里，以其萬里迴，故號曰萬迴也。……後則天追入内，語事多驗。時張易之大起第宅，萬迴常指曰：「將作。」人莫之悟。及易之伏誅，以其宅爲將作監。常謂韋庶人及安樂公主曰：「三郎斫汝頭。」韋庶人以中宗第三，恐帝生變，遂鴆之，不悟爲玄宗所誅也。又睿宗在藩邸時，或遊行人間，萬迴於聚落街衢中高聲曰「天子來」，或曰「聖人來」，其處信宿間，睿宗必經過徘徊也。惠莊太子即睿宗第二子也。初。則天曾以示萬迴，萬迴曰：

「此兒是西域大樹精，養之宜兄弟。」後生申王。儀形瓌偉。善於飲啖。景龍中，時時出入。士庶貴賤，競來禮拜。萬迴披錦袍，或笑罵，或擊鼓，然後隨事爲驗。太平公主爲造宅於己宅之右。景雲中，卒於此宅。臨終大呼，遣求本鄉河水，弟子徒侶覓無，萬迴曰：「堂前是河水。」衆於堦下掘井，忽河水湧出，飲竟而終。此坊井水，至今甘美。《譚賓録》及《兩京記》（《廣記》九二）。

2 萬迴師，閿鄉人也。神用若不足，謂愚而癡，無所知，雖父母亦以豚犬畜之。……居常貌如愚癡，忽有先覺異見，驚人神異也。上在藩邸，或遊行人間，萬迴於聚落街衢高聲曰「天子來」，或曰「聖人來」。其處信宿間，上必經過徘徊也。安樂公主，上之季妹也，附會韋氏，熱可炙手，道路懼焉。萬迴望其車騎，道唾曰：「血腥不可近也。」不旋踵而滅亡之禍及矣。上知萬迴非常人，内出二宫人，日夕侍奉，特勑於集賢院圖形焉。《開天傳信記》。《南部新書》壬。

3 見崔玄暐1。

謝祐

1 見李明1。

獨孤莊

1 周瀛州刺史獨孤莊酷虐，有賊問不承，莊引前曰：「若健兒，一一具吐，放汝。」遂還巾帶，賊并吐之。諸官以爲必放，頊莊曰：「將我作具來。」乃一鐵鈎，長丈餘，甚銛利，以繩掛於樹間，謂賊曰：「汝不聞『健兒鈎下死』？」令以胲鈎之，遣壯士掣其繩，則鈎出於腦矣。謂司法曰：「此法何似？」答曰：「弔民伐罪，深得其宜。」莊大笑。後莊左降施州刺史，染病，唯憶人肉。部下有奴婢死者，遣人割肋下肉食之。歲餘卒。《朝野僉載》二。又《廣記》二六七引。

弓嗣業　張嗣明

1　唐洛州司馬弓嗣業、洛陽令張嗣明造大枷長六尺、闊四尺、厚五寸倚前，人莫之犯。後嗣明及嗣業資遣逆賊徐真北投突厥，事敗，業等自著此枷，百姓快之也。《朝野僉載》(《廣記》一二一)。

甘子布

1　益州每歲進柑子，皆以紙裹之。他時長吏嫌紙不敬，代以細布。既而恐柑子爲布所損，每懷憂懼。俄有御史甘子布使於蜀，驛使馳白長吏：「有御史甘子布至。」長吏以爲推布裹柑子事，懼曰：「果爲所推！」及子布到驛，長吏但叙以布裹柑子爲敬。子布初不之知，久而方悟。聞者莫不大笑。子布好學有文章，名聞當代。《大唐新語》一三。又《御覽》九六六、《廣記》二四二引。

2　周甘子布博學有才，年十七爲左衛長史，不入五品。登封年病，以驢轝彊至嶽下，天恩加兩階，合入五品，竟不能起。鄰里親戚來賀，衣冠不得，遂以緋袍覆其上，帖然而終。《朝野僉載》一。

路敬潛

1 懷州録事參軍路敬潛遭綦連輝事，於新開推鞫，免死配流。後訴雪，授睦州遂安縣令。前邑宰皆卒於官，潛欲不赴。其妻曰：「君若合死，新開之難早已無身，今得縣令，豈非命乎？」遂至州，去縣水路數百里上，寢堂兩間有三殯坑，皆埋舊縣令，潛命坊夫填之。有梟鳴於屏風，又鳴於承塵上，並不以爲事。每與妻對食，有鼠數十頭，或黄或白，或青或黑，以杖驅之，則抱杖而叫。自餘妖怪，不可具言。至四考滿，一無所失，選授衛令，除衛州司馬。入爲郎中，位至中書舍人。《朝野僉載》一。

2 見嚴識玄1。

嚴識玄

1 嚴識玄爲犨令，中書舍人路敬潛黜陟河南道，使還次犨。識玄自以初莅，復以敬潛使還，頗有慢色，雖郊迎之，纔上馬，弛鐙揖鞭而已。敬潛怒，攝而案之，曰：「郊外遠迎，故違明敕。馬上高揖，深慢王人。禮律有違，恭倨無准。仰具之。」識玄拜伏流汗，乃捨之。後轉魏州刺史，爲魏令李懷讓所辱。俄又俱爲兵部郎中，既同曹局，亦難以爲容。舉朝以爲深戒。《大唐新語》一一。

魚保宗

1 初，則天欲通知天下之事，有魚保宗者，頗機巧，上書請置匭以受四方之書，則天悦而從之。徐敬業于廣陵作逆，保宗曾與敬業造刀車之屬，至是爲人所發，伏誅。保宗父承曄自御史中丞坐貶義州司馬。《封氏聞見記》四。《唐語林》五。

2 唐魚思咺有沈思，極巧。上欲造匭，召工匠，無人作得者。咺應制爲之，甚合規矩，遂用之。無何，有人投匭言咺，云徐敬業在揚州反，咺爲敬業作刀輪以衝陣，殺傷官軍甚衆。推問具承，誅之。爲法自斃，乃至於此。《朝野僉載》（《廣記》一二一）。

毛俊子

1 并州人毛俊誕一男，四歲，則天召入内試字。《千字文》皆能暗書，賜衣裳放還。人皆以爲精魅所託，其後不知所終。《朝野僉載》五。

高叡妻

1 趙州刺史高叡妻秦氏，默啜賊破定州部，至趙州，長史已下開門納賊。叡計無所出，與秦氏仰藥而詐死。舁至啜所，良久，啜以金獅子帶、紫袍示之，曰：「降我與爾官，不降即死。」叡視而無言，但顧其婦秦氏。秦氏曰：「受國恩，報在此今日。受賊一品，何足爲榮！」俱合眼不語。經兩日，賊知不可屈，乃殺之。《朝野僉載》（《廣記》二七一）。

盧　獻

1 見狄仁傑32。

盧獻女

1 文昌左丞盧獻女第二，先適鄭氏，其夫早亡，誓不再醮。姿容端秀，言辭甚高。姊夫羽林將軍李思沖，姊亡之後，奏請續親，許之，兄弟並不敢白。思沖擇日備禮，贄幣甚盛。執贄就宅，盧氏拒關，抗聲詈曰：「老奴，我非汝匹也。」乃踰垣至所親家截髪。思沖奏之，敕不奪其志。後爲尼，甚精進。《朝野僉載》三。

侯知一　張悰　高筠　張栖貞

1 周夏官侍郎侯知一年老，敕放致仕。上表不伏，於朝堂踴躍馳走，以示輕便。張悰丁憂，自請起復。吏部主事高筠母喪，親戚爲舉哀，筠曰：「我不能作孝。」員外郎張栖貞被訟詐遭母憂，不肯起對。時臺中爲之語曰：「侯知一不伏致仕，張悰自請起復，高筠不肯作孝，張栖貞情願遭憂。皆非名教中人，並是王化外物。」獸心人面，不其然乎！《朝野僉載》四。

朱前疑

1 朱前疑淺鈍無識，容貌極醜。上書云「臣夢見陛下八百歲」，即授拾遺，俄遷郎中。出使迴，又上書云「聞嵩山唱萬歲聲」，即賜緋魚袋。未入五品，於緑衫上帶之，朝野莫不怪笑。後契丹反，有敕京官出馬一匹供軍者，即酧五品。前疑買馬納訖，表索緋，上怒，批其狀「即放歸丘園」。憤恚而卒。《朝野僉載》四。

2 見武皇后25。

3 兵部郎中朱前疑貌醜，其妻有美色。天后時，洛中殖業坊西門酒家有婢，蓬頭垢面，傴肩皤腹，寢惡之狀，舉世所無。而前疑大悦之，殆忘寢食。乃知前世言宿瘤蒙愛，信不虚也。《朝野僉載》五。

4 見張元一1。

逯仁傑

1 周有逯仁傑，河陽人。自地官令史出尚書，改天下帳式，頗甚繁細，法令滋章。每村立社官，仍置平直老三員，掌簿案，設鎖鑰，十羊九牧，人皆散逃。而宰相淺識，以爲萬代可行，授仁傑地官郎中。數年，百姓苦之，其法遂寢。《朝野僉載》四。

成敬奇

1　唐成敬奇有俊才。天册中，詣闕自陳，請日試文章三十道。則天乃命王勮試之，授校書郎。累拜監察大理正，與紫微令姚崇連親。崇嘗有疾，敬奇造宅省焉。對崇涕淚，懷中寘生雀數頭，乃一一持出，請崇手執之而後釋。祝云：「願令公速愈也。」崇勉從之。既出，崇鄙其謏媚，謂子弟曰：「此淚從何而來？」自兹不復禮也。《御史臺記》（《廣記》二五九）。《大唐新語》九。又《廣記》二三九引。

李師旦

1　唐李師旦，新豐人也，任會稽尉。國忌日廢務，飲酒唱歌杖人，爲吏所訟。御史蘇味道按之，俱不承引。味道厲而謂曰：「公爲官，奈何不守法，而違犯若是！」將罪之。師旦請更問，乃歎曰：「飲酒法所不禁，况飲藥酒耶？挽歌乃是哀思，撻人吏事緣急速，侍御何譴爲？」味道曰：「此反白爲黑漢。」不能繩之。《御史臺記》（《廣記》二五九）。

袁琰

1　周考功令史袁琰，國忌衆人聚會，充録事勾當。遂判曰：「曹司繁鬧，無時暫閒，不因國忌之辰，無以展其歡笑。」合坐嗤之。《朝野僉載》四。

韓令珪

1 周令史韓令珪耐羞耻，厚貌彊梁，王公貴人皆呼次第，平生未面亦彊干之。曾選，於陸元方下引銓。時舍人王勮奪情，與陸同廳而坐。珪佯驚曰：「未見王五。」勮便降階憫然。令珪嚬眉蹙刺，相慰而去。陸與王有舊，對面留住，問勮是誰，莫之識也。後嚇人事敗，於朝堂决杖，遥呼河内王曰：「大哥何不相救！」懿宗目之曰：「我不識汝。」催杖苦鞭，杖下取死。《朝野僉載》（《廣記》二六三）。

2 景龍初，有韓令珪起自細微，好以行第呼朝士。尋坐罪，爲姜武略所按，以枷錮之。乃謂：「姜五公名流，何故遽行此？」姜武略應云：「且抵承曹大，無煩喚姜五。」《唐語林》五。

張衡

1 周張衡，令史出身，位至四品，加一階，合入三品，已團甲。因退朝，路旁見蒸餅新熟，遂市其一，馬上食之，被御史彈奏。則天降敕：「流外出身，不許入三品。」遂落甲。《朝野僉載》四。

孫彦高

1 文昌左丞孫彦高，無他識用，性惟頑愚，出爲定州刺史。歲餘，默啜賊至，圍其郛郭，彦高卻鎖宅門，不敢詣聽事，文案須徵發者，於小牕内接入通判。仍簡郭下精健，自援其家。賊既乘城，四面並入，彦高乃謂奴曰：「牢關門户，莫與鑰匙。」其愚怯也皆此類。俄而陷没，刺史之宅先殲焉。《朝野僉載》（《通鑑考異》一二）。《朝野僉載》二所載稍略。

權龍襄

1 唐左衛將軍權龍襄性褊急，常自矜能詩。通天年中，爲滄州刺史，初到，乃爲詩呈州官曰：「遥看滄州城，楊柳鬱青青。中央一羣漢，聚坐打杯觥。」諸公謝曰：「公有逸才。」襄曰：「不敢，趁韻而已。」又《秋日述懷》曰：「簷前飛七百，雪白後園彊。飽食房裏側，家糞集野蜋。」參軍不曉，請釋，襄曰：「鷂子簷前飛，直七百文。洗衫掛後園，乾白如雪。飽食房中側臥。家裏便轉，集得野澤蜣蜋。」談者嗤之。皇太子宴，夏日賦詩：「嚴霜白浩浩，明月赤團團。」太子援筆爲讚曰：「龍襄才子，秦州人士。明月晝耀，嚴霜夏起。如此詩章，趁韻而已。」襄以張易之事，出爲容山府折衝。神龍中追入，乃上詩曰：「無事向容山，今日向東都。陛下敕進來，令作右金吾。」又爲《喜雨》詩曰：「暗去也没雨，明來也没雲。日頭赫赤赤，地上絲氳氳。」爲瀛州刺史日，新過歲，京中數人附書曰：「改年多感，敬想同之。」正新唤官人集，云：「有詔改年號爲多感元年。」將書呈判司已下，衆人大笑。龍襄復側聽，怪赦書來遲。高陽、博野兩縣競地陳牒，龍襄乃判曰：「兩縣競地，非州不裁。既是兩縣，於理無妨。付司。權龍襄示。」典曰：「比來長官判事，皆不著姓。」龍襄曰：「餘人不解，若不著姓，知我是誰家浪驢也！」龍襄不知忌日，謂府史曰：「何名私忌？」對曰：「父母忌日請假，獨坐房中不出。」襄至日，於房中静坐，有青狗突入，龍襄大怒，曰：「銜破我忌。」更陳牒，改作明朝好作忌日。談者笑之。《朝野僉載》四。又《廣記》二五八引。《唐詩紀事》八〇。

案：權龍襄，《唐詩紀事》作「權龍褒」。

孟詵

1 唐孟詵，平昌人也。父曜，明經擢第，拜學官。詵少敏悟，博聞多奇，舉世無與比。進士擢第，解褐長樂尉。累遷鳳閣舍人。時鳳閣侍郎劉禕之卧疾，詵候問之，因留飯，以金椀貯酪，詵視之，驚曰：「此藥金，非石中所出者。」禕之曰：「主上見賜，當非假金。」詵曰：「藥金，仙方所資，不爲假也。」禕之曰：「何以知之？」詵曰：「藥金燒之，其上有五色氣。」遽燒之，果然。禕之以聞。則天以其近臣，不當旁稽異術，左授台州司馬。累遷同州刺史。每歷官，多煩政，人吏殆不堪。薄其妻室，常曰：「妻室可烹之以啖客。」人多議之。《御史臺記》(《廣記》一九七)。

陸餘慶

1 大足元年，則天嘗引中書舍人陸餘慶入，令草詔。餘慶遲迴至晚，竟不能裁一詞，由是轉左司郎中。《南部新書》壬。

2 尚書右丞陸餘慶轉洛州長史，其子嘲之曰：「陸餘慶，筆頭無力嘴頭硬。一朝受詞訟，十日判不竟。」送案褥下。餘慶得而讀之，曰：「必是那狗。」遂鞭之。《朝野僉載》二。

3 陸餘慶爲洛州長史，善論事而繆於決判，時嘲之曰：「説事即喙長三尺，判事則手重五斤。」《朝野僉載》（《雲仙雜記》九、《紺珠集》三）。

裴　最

1 周挽郎裴最於天官試，問目曰：「山陵事畢，各還所司，供葬羽儀，若爲處分？」最判曰：「大行皇帝，奉敕昇遐，凡是羽儀，皆科官造。即宜貯納，以待後需。」殿十選。《朝野僉載》（張本《説郛》二）。

沈子榮

1 周天官選人沈子榮誦判二百道，試日不下筆。人問之，榮曰：「無非命也。今日誦判，無一相當。有一道頗同，人名又別。」至來年選，判水磑，又不下筆。人問之，曰：「我誦水磑，乃是藍田，今問富平，如何下筆。」聞者莫不撫掌焉。《朝野僉載》四。

李良弼

1 周右拾遺李良弼自矜脣頰，好談玄理，請使北蕃説骨篤禄。匈奴以木盤盛糞飼之，臨以白刃，弼懼，食一盤並盡，乃放還。人譏之曰：「李拾遺，能拾突厥之遺。」出爲真源令。秩滿還瀛州，遇契丹賊孫萬榮使何阿小取滄、瀛、冀、具。良弼謂鹿城令李懷璧曰：「『孫』者胡孫，即是獮猴，難可當也。『萬』字者有『草』，即是『草中藏』。」勸懷璧降何阿小，授懷璧五品將軍。阿小敗，懷璧及良弼父子四人並爲河內王武懿宗斬之。《朝野僉載》四。

李楷固

1 天后時將軍李楷固，契丹人也，善用羂索。李盡忠之敗也，麻仁節、張玄遇等並被羂。將麞鹿狐兔走馬遮截，放索羂之，百無一漏。鞍馬上弄弓矢矛矟如飛仙。天后惜其材不殺，用以爲將。稍貪財好色，出爲潭州喬口鎮守將，憤恚而卒。《朝野僉載》六。

閻知微

1 見田歸道1。

2 龍朔以來，人唱歌名《突厥鹽》。後周聖曆年中，差閻知微和匈奴，授三品春官尚書，送武延秀娶成默啜女，送金銀器物、錦綵衣裳以爲禮聘，不可勝紀。突厥翻動，漢使並没，立知微爲可汗，《突厥鹽》之應。《朝野僉載》一。

3 周春官尚書閻知微庸瑣駑怯，使入蕃，受默啜封爲漢可汗。賊入恒、定，遣知微先往趙州招慰。將軍陳令英等守城西面，知微謂令英曰：「陳將軍何不早降下。可汗兵到然後降者，剪土無遺。」令英不答。知微城下連手踏歌，稱「萬歲樂」。令英曰：「尚書國家八座，受委非輕，翻爲賊踏歌，無慚也？」知微仍唱曰：「萬歲樂，萬歲年，不自由，萬歲樂。」時人鄙之。《朝野僉載》四。

4 武后使閻知微與田歸道使突厥，歸道還云：「突厥叛。」知微爭之。后乃令知微多持金帛，以武延秀往聘其女，突厥果留使者而入寇，尊知微與可汗等，以示華人，大破趙、定等州，自河以北騷然。朝廷以爲知微賣國，乃族閻氏。知微不知，無何逃還，武后業已致戮，乃云其惡臣子所嫉，賜百官甘心焉。於是兵刃交下，非要職者，或不得其次云。《隋唐嘉話》下。

5 麟德已來，百姓飲酒唱歌，曲終而不盡者號爲「族鹽」。後閻知微從突厥領賊破趙、定。後知微來，則天大怒，磔於西市。命百官射之，河内王武懿宗去七步，射三發，皆不中，其怯懦也如此。知微身上箭如蝟毛，剉其骨肉，夷其九族，疏親及不相識者皆斬之。小兒年七八歲，驅抱向西市，百姓哀之，擲餠果與者，相爭奪以爲戲笑。監刑御史不忍害，奏舍之。其「族鹽」之言，於斯應也。《朝野僉載》一。又《廣記》一六三引。

陳元光

1 周嶺南首領陳元光設客，令一袍袴行酒。光怒，令拽出，遂殺之。須臾爛煮以食客，後呈其二手，客懼，攫喉而吐。《朝野僉載》二。

陳承親

1 周思州刺史陳承親，嶺南大首領也，專使子弟兵劫江。有一縣令從安南來，承親憑買二婢，令有難色。承親每日重設邀屈，甚殷勤。送别江亭，即遣子弟兵尋復劫殺，盡取財物，將其妻及女至州。妻叩頭求作婢，不許，亦縊殺之，取其女。前後官人家過親，禮遇厚者，必隨後劫殺，無人得免。《朝野僉載》二。

張柬之

1 張柬之任青城縣丞，已六十三矣，有善相者云：「後當位極人臣。」衆莫之信。後應制策被落。則天怪中第人少，令於所落人中更揀，有司奏一人策好，緣書寫不中程律，故退。則天覽之，以爲奇才，召入，問策中事，特異之，即收上第，拜王屋縣尉。後至宰相，封漢陽王。《定命録》（《廣記》二二一）。

2 張柬之進士擢第，爲清源丞，年且七十餘。永昌初，勉復應制策。試畢，有傳柬之考入下課者，柬之歎曰：「余之命也！」乃委歸襄陽。時中書舍人劉允濟重考，自下第昇甲科，爲天下第一，擢第，拜監察，累遷荆州長史。長安中，則天問狄仁傑曰：「朕要一好漢使，有乎？」仁傑對曰：「臣料陛下若求文章資歷，則今之宰臣李嶠、蘇味道，亦足爲之使矣。豈非文士齷齪，思大才用之，以成天下之務者乎？」則天悦曰：「此朕心也。」仁傑曰：「荆州長史張柬之，其人雖老，真宰相材也。且久不遇，若用之，必盡於國家。」則天乃召以爲洛州司馬。他日又求賢，仁傑曰：「臣前言張柬之，猶未用也。」則天曰：「已遷之矣。」仁傑曰：「臣薦之，請爲相也。今爲洛州司馬，非用之也。」乃遷秋官侍郎。及姚崇將赴靈武，則天令舉外司堪爲宰相者，姚崇曰：「張柬之沉厚有謀，能斷大事，且其人年老，陛下急用之。」登時召見，以爲同鳳閣鸞臺平章事，年已八十矣。與桓彦範、敬暉、袁恕己、崔玄暐等誅討二張，興復社稷，忠冠千古，功格皇天云。《大唐新語》六。

3 見李多祚1。

4 見武三思2。

5 見上官儀2。

崔玄暐

1 天后任酷吏羅織，位稍隆者日别妻子。博陵王崔玄暐，位望俱極，其母憂之曰：「汝可一迎萬迴，此僧寶誌之流，可以觀其舉止禍福也。」及至，母垂泣作禮，兼施銀匙筯一雙。萬迴忽下階，擲其匙筯於堂屋上，掉臂而去，一家謂爲不祥。經日，令上屋取之，匙筯下得書一卷。觀之，讖緯書也，遽令焚之。數日，有司忽即其家，大索圖讖不獲，得雪。時酷吏多令盜夜埋蠱遺讖於人家，經月，告密籍之。博陵微萬迴，則滅族矣。《酉陽雜俎》前集三。

2 崔玄暐初封博陵王，身爲益府長史，受封。令所司造輅，初成，有大風吹其蓋傾折，識者以爲不祥。無何，弟暈爲雲陽令，部人殺之雍州衙内。暐三從以上長流嶺南。斯亦咎徵之先見也。《朝野僉載》六。

桓彦範

1 扶陽王桓彦範少放誕，有大節，不飾細行。常與諸客遊俠，飲於荒澤中。《廣異記》(《廣記》三七二)。

2 見武皇后53。

3 神龍初，桓彦範與張柬之等發北軍入玄武門，斬張易之等，遷則天於上陽宫。柬之勒兵於景運門，將引諸武以誅之。彦範以大功既立，不欲多誅戮，遽解其縛。柬之固争，不果。既而權歸三思，諸同謀者咸曰：「斬我項者，桓彦範也。」彦範曰：「主上疇昔爲英王，素有明斷，吾留諸武，使自致耳。今日事勢既爾，乃上天之命，豈人事乎！」尋並流放，爲三思所害，海内咸痛之。《大唐新語》五。《御史臺記》（《通鑑考異》一二）。

4 中宗反正纔月餘，而武三思居中用事，皇后韋氏頗干朝政，如則天故事。桓彦範奏曰：「伏見陛下每臨朝聽政，皇后必施帷幔，坐於殿上，參聞政事。愚臣歷選列辟，詳求往代帝王有與婦人謀及政事者，無不破國亡家，傾朝繼路。以陰干陽，違天也；以婦凌夫，違人也。違天不祥，違人不義。《書》稱：『牝鷄之晨，唯家之索。』《易》曰：『無攸遂，在中饋。』言婦人不得干政也。伏願陛下覽古人之言，以蒼生爲念，不宜令皇后往正殿干外朝，專在中宫，聿修陰教，則坤儀式叙，鼎命維新矣。」疏奏不納。又有故僧惠範、山人鄭普思、葉静能等，並挾左道，出入宫禁。彦範等切諫，並不從。後彦範等反及禍。《大唐新語》二。

李多祚

1 李多祚，靺鞨酋長也，少以軍功歷右羽林大將軍，掌禁兵。神龍初，張柬之謂多祚曰：「將軍在北門幾年？」曰：「三十年。」柬之曰：「將軍擊鼓鐘鼎食，貴寵當代，豈非大帝之恩。將軍既感大帝殊澤，能有報乎？大帝之子見在東宫，易之兄弟欲危宗社。將軍誠能報恩，正在今日。」多祚曰：「苟緣王室，惟相公所使，終不顧妻子性命。」因立盟誓，義形於色，遂與柬之定策誅易之等。以功封遼陽郡王，實八百户。後從節愍太子舉兵，遇害，睿宗下詔追復本官。《大唐新語》五。《唐會要》七二。

李湛

1 見張昌儀3。

2 見武皇后53。

崔渾

1 見唐中宗5。